教育心理学

主　编　李新旺
副主编　李德俊　张秋菊　张彦君

科学出版社
北　京

内 容 简 介

本书体系以"学"与"教"的心理学为主线,兼顾心理学基础知识,系统阐述与学校教育有关的心理学知识。主要内容包括:心理学概述,青少年心理发展与教育,学习心理(学习理论、学习的认知加工过程、知识学习、问题解决与创造力、学习动机、学习策略与学习迁移、动作技能学习),德育心理和学校群体心理(品德学习与培养、学生心理健康教育和学校群体心理),课堂教学与管理心理,教师心理。每章均有知识点提示和复习思考题,便于教师和学生掌握重点,并附有"资料窗"、"知识拓展"、"例解"等栏目,能帮助读者拓宽知识、提高应用教育心理学知识的能力。

本书不仅可以作为高等院校师范专业公共课教材,亦可供参加教师资格证考试者和心理学爱好者阅读。

图书在版编目(CIP)数据

教育心理学/李新旺主编.—北京:科学出版社,2011.9
ISBN 978-7-03-032196-1

Ⅰ.①教… Ⅱ.①李… Ⅲ.①教育心理学-高等学校-教材 Ⅳ.①G44

中国版本图书馆 CIP 数据核字(2011)第 174388 号

责任编辑:席 慧 / 责任校对:陈玉凤
责任印制:师艳茹 / 封面设计:陈 敬

*科学出版社*出版
北京东黄城根北街 16 号
邮政编码:100717
http://www.sciencep.com

北京厚诚则铭印刷科技有限公司印刷
科学出版社发行 各地新华书店经销
*

2011 年 9 月第 一 版 开本:787×1092 1/16
2024 年 8 月第二十六次印刷 印张:20 3/4
字数:490 000

定价:69.80 元
(如有印装质量问题,我社负责调换)

前言

公共课心理学是各级各类师范专业的必修课,是体现师范特色的基础课程之一。该课程在培养师范院校学生未来教育能力方面有着不可替代的作用。因为,有效的教育教学活动要求教师必须遵循教与学过程中的心理学规律,充分了解教育对象的心理特点。所以,师范院校的学生必须学好并且能够应用心理学知识,以胜任未来的教育教学工作。然而,心理学的价值不仅仅体现在为教育教学提供理论和实践上的指导,它在帮助人们提高心理素质、克服心理障碍方面更具有独特的作用。师范院校学生心理素质状况如何,不仅关系到自身的发展,而且影响到他们在未来教育工作中培养的学生质量。因此,我们认为,"高师心理学兼有双重任务:一是向学生传授教育工作所必需的心理学知识与方法,提高他们未来教书育人的能力;二是向学生传授对学习科学文化知识和克服心理障碍具有指导意义的心理学知识和方法,帮助他们提高学习能力、完善心理品质"[①]。

我国教育行政主管部门明确规定,持有教师资格证者才能从事教师职业。根据我国多数省、自治区、直辖市规定,获得教师资格证的必要条件之一是通过教育心理学的考试。另外,从教育工作的实际需要上看,教育心理学对师范院校学生未来从事的教师职业的作用更大。因此,目前部分师范院校已经把公共课心理学改革为公共教育心理学。

鉴于上述情况,我们在听取各方面意见、总结公共课心理学教学经验和吸收近期出版的同类优秀教科书体系、风格基础上,编写了本书。编写过程中我们仍以上述"双重任务"为指导思想;以适应学生知识经验为基础、利教便学为原则;逻辑体系上,在兼顾心理学基础知识的同时,以"学"与"教"的心理学为主线。安排本书体系的思路是:第一部分,总论(包括心理学与教育、青少年心理发展与教育,共两章);第二部分,学习心理(包括学习理论、学习的认知加工过程、知识学习、问题解决与创造力、学习动机、学习策略与学习迁移、动作技能学习,共七章);第三部分,德育心理和学校群体心理(包括品德学习与培养、学生心理健康教育和学校群体心理,共三章);第四部分,课堂教学与管理心理(共一章);第五部分是教师心理(共一章)。在编写过程中,我们在努力保证内容的科学性的基础上,力求知识的应用性和语言的生动性。

本书提纲由主编拟定,并与各位副主编反复讨论形成统一意见;初稿形成后由各位主编、副主编分别初审;之后在首都师范大学召开通稿会,各位作者根据通稿会上提出的修改意见进行修改;最后由主编通修全稿。参加本书编写人员均为长期从事该课程教学的一线教师,具体编写分工如下:李新旺教授,第一、第九章;熊建萍讲师,第二、第八章;王争艳教授和岳建宏老师,第三章;李德俊副教授,第四、第七章;张秋菊副教授,第五、第十二章;李迎春教授,第六章;郭书林讲师,第十章;张彦君副教授,第十一、第十

---

① 李新旺.1993.高等师范院校公共课心理学整体改革建议.心理学报,25(3):330~335

四章;汪玲副教授,第十三章。

  本书不仅可以作为高等师范院校公共课教材,也可以作为中小学教师接受继续教育的培训教材,还适合于心理学爱好者阅读。

  本书的编写获得首都师范大学教材建设立项,得到了首都师范大学教育学院、河南师范大学教育科学学院、河南教育学院教育系和科学出版社高等教育出版中心的支持,作者在此一并表示感谢。

  本书引用了国内外众多专家学者的研究成果,在此谨表谢意。同时,欢迎广大专家、同行和读者对本书提出宝贵意见。

李新旺

2011 年 5 月

目录

前言

第一章　心理学与教育 ··· 1
- 第一节　心理学概述 ··· 1
- 第二节　教育心理学的研究对象和作用 ··· 9
- 第三节　教育心理学的研究方法 ··· 12
- 复习思考题 ··· 16
- 参考文献 ··· 16

第二章　青少年心理发展与教育 ··· 17
- 第一节　青少年心理发展概述 ··· 17
- 第二节　青少年的认知发展与教育 ··· 24
- 第三节　青少年的人格发展与教育 ··· 28
- 第四节　青少年心理发展的个别差异与因材施教 ··· 32
- 复习思考题 ··· 43
- 参考文献 ··· 43

第三章　学习理论 ··· 44
- 第一节　学习概述 ··· 44
- 第二节　行为主义学习理论 ··· 49
- 第三节　认知主义学习理论 ··· 55
- 复习思考题 ··· 65
- 参考文献 ··· 65

第四章　学习的认知加工过程 ··· 66
- 第一节　注意 ··· 66
- 第二节　感觉和知觉 ··· 71
- 第三节　记忆 ··· 77
- 第四节　思维和想象 ··· 85
- 复习思考题 ··· 94
- 参考文献 ··· 95

第五章　知识学习 ··· 96
- 第一节　知识学习概述 ··· 96

第二节　知识的理解 …………………………………………… 100
　　第三节　知识的保持 …………………………………………… 108
　　第四节　知识的应用 …………………………………………… 110
　　复习思考题 ……………………………………………………… 113
　　参考文献 ………………………………………………………… 113

第六章　问题解决与创造力 …………………………………… 114
　　第一节　问题解决的心理过程 ………………………………… 114
　　第二节　问题解决能力的培养 ………………………………… 121
　　第三节　创造力及其培养 ……………………………………… 126
　　复习思考题 ……………………………………………………… 136
　　参考文献 ………………………………………………………… 136

第七章　学习动机 ………………………………………………… 137
　　第一节　学习动机概述 ………………………………………… 137
　　第二节　学习动机理论 ………………………………………… 142
　　第三节　学习动机的培养与激发 ……………………………… 147
　　复习思考题 ……………………………………………………… 156
　　参考文献 ………………………………………………………… 156

第八章　学习策略与学习迁移 …………………………………… 157
　　第一节　学习策略 ……………………………………………… 157
　　第二节　学习迁移 ……………………………………………… 168
　　复习思考题 ……………………………………………………… 175
　　参考文献 ………………………………………………………… 175

第九章　动作技能学习 …………………………………………… 177
　　第一节　动作技能概述 ………………………………………… 177
　　第二节　动作技能的形成 ……………………………………… 179
　　第三节　动作技能教学 ………………………………………… 186
　　复习思考题 ……………………………………………………… 190
　　参考文献 ………………………………………………………… 190

第十章　品德学习与培养 ………………………………………… 191
　　第一节　品德概述 ……………………………………………… 191
　　第二节　品德的形成过程 ……………………………………… 195
　　第三节　品德不良的矫正 ……………………………………… 210
　　复习思考题 ……………………………………………………… 215
　　参考文献 ………………………………………………………… 216

第十一章　学生心理健康教育 ……………………………………………… 217
第一节　心理健康教育概述 …………………………………………… 217
第二节　心理健康教育的内容与途径 …………………………………… 221
第三节　常见的心理健康问题与辅导 …………………………………… 234
复习思考题 ……………………………………………………………… 243
参考文献 ………………………………………………………………… 244

第十二章　学校群体心理 …………………………………………………… 245
第一节　群体心理概述 ………………………………………………… 245
第二节　班级群体心理 ………………………………………………… 253
第三节　学校人际关系的建立与发展 …………………………………… 259
复习思考题 ……………………………………………………………… 270
参考文献 ………………………………………………………………… 271

第十三章　教学策略和课堂管理 …………………………………………… 272
第一节　教学策略 ……………………………………………………… 272
第二节　课堂管理 ……………………………………………………… 282
复习思考题 ……………………………………………………………… 296
参考文献 ………………………………………………………………… 296

第十四章　教师心理 ………………………………………………………… 297
第一节　教师的职业心理 ……………………………………………… 297
第二节　教师的专业发展 ……………………………………………… 309
第三节　教师压力管理与心理健康维护 ………………………………… 314
复习思考题 ……………………………………………………………… 323
参考文献 ………………………………………………………………… 323

第一章 心理学与教育

　　日常生活和工作中,我们能够欣赏色彩斑斓、五彩缤纷的画卷,能够聆听旋律优美、感人至深的乐曲;可以全神贯注于某些事情,而对其他事情视而不见、听而不闻;能够记忆丰富的知识,事过境迁而终身不忘;可以根据"天苍苍,野茫茫,风吹草低见牛羊"想象出大草原的壮丽景色;能创造出"嫦娥奔月"、"龙宫探宝"的神话;有时欣喜若狂,有时焦虑不安。这些都是人的心理现象,或者说是人的心理活动的体现。"人心不同,各如其面"——有的人豁达开朗,有的人谨慎深沉;有的人反应迅速,有的人行动迟缓。由此可见,人的心理现象绚丽多彩,被誉为"地球上最美丽的花朵"!

　　心理活动渗透到人类生活的各个方面。对于学校教育来说,学生"如何学",教师"怎样教",本质上主要是学生与教师的个体心理活动及其相互作用的过程。

本章知识点:
- ◆ 个体心理结构
- ◆ 心理活动机制
- ◆ 教育心理学的研究对象
- ◆ 教育心理学的作用
- ◆ 教育心理学的研究方法

第一节　心理学概述

一、心理学的研究对象

　　打开书本,文字的笔画和结构通过视觉系统进入大脑并留下映像。这是感觉或知觉。感觉和知觉使我们获得了客观事物的感性知识。合上书本,书的内容并不完全立即消失,有些内容甚至可以过目成诵,遇到适当的情景,我们还会把它们从大脑里提取出来加以应用。这些就是记忆。记忆使我们积累了经验,变得聪明起来。在学习过程中我们根据已知条件和未知条件之间的关系解答数学、物理问题。这是思维。我们通过思维活动,揭示事物的本质和规律,解决各种各样的问题。当我们看到《红楼梦》中所描写的"一双丹凤三角眼,两弯柳叶吊梢眉;粉面含春威不露,丹唇未启笑先闻",头脑中便会勾画出王熙凤的形象,从而加深对这个人物性格特点的理解。这是想象。想象使我们的心理世界更加丰富,它以具体形象的方式与思维协同活动,从而促进问题的解决。

　　感觉、知觉、记忆、思维、想象,它们紧密联系在一起共同承担着我们对客观世界的认识。因此,这些心理活动统称为认知过程。

　　人非草木,孰能无情。我们在接触人或其他客观事物的过程中,总会把这些人或事物同自己的需要联系起来,产生满意、喜爱、厌恶、憎恨等心理体验。例如,一本好书,内容引人入胜,使我们爱不释手;朗诵杜甫的诗句"白日放歌须纵酒,青春做伴好还乡"时体会诗人那种为战乱结束而开怀痛饮、纵情歌唱,于春天来临之际,在鸟语花香中与妻子、儿女们做伴,正好还乡的喜悦心情,我们也会感到心情舒畅,甚至也将"喜欲狂"。这里的"爱不释手"、"心情舒畅"就是情绪或情感过程。积极的情绪或情感能够提高认知过程的质量和效率,还能够使人们更加热爱生活,笑对人生。

一旦我们对一本好书"爱不释手",或者对某一学科的知识"如饥似渴",往往会在内心产生一种力量,力图更深入地理解书中的内容或掌握这门学科的知识。于是,确定目的、制订计划、采取行动,实现自己的目标。这些心理活动就是意志过程。顽强的意志能够使人在困难面前坚韧不拔、百折不挠,沿着既定的正确目标勇往直前。进化论的奠基人达尔文历经5年的环球旅行,采集了大量的生物学和地质学标本,经过20多年研究,终于撰写出了科学巨著《物种起源》。他所经历的困难和艰辛可想而知,但正是顽强的意志这种强大的精神力量保证了达尔文远大而崇高的目标得以实现。

认知过程、情感过程和意志过程相互影响、相互联系,组成了个体的整个心理过程。

个体心理活动的发展及其进程往往表现出比较稳定的倾向性和特征,心理学称之为个性差异。它包括个性倾向性和个性心理特征。由于生理条件的差别、所受教育的不同、实践经验的制约,我们形成了不同的需要、兴趣、动机、理想、信念、价值观和世界观。这些个性倾向性反映了人们对周围世界的趋向和追求。例如,有些同学当前渴望掌握更多的专业知识,将来从事科学研究;有些同学最紧迫的需要是提高人际交往能力和组织能力,将来从事社会工作;有些同学对足球感兴趣,为看一场球赛可以彻夜不眠;另一些同学喜欢绘画,常常为创作一幅美术作品而废寝忘食。

在个体心理活动的发展过程中,我们形成了一些稳定的、不同于他人的心理特征。例如,有的同学记忆效率高,有的同学记忆的准确性好;有的同学注意稳定性好,有的同学思维灵活性高;有的同学学习过程中不耻下问,脚踏实地,有的同学则浅尝辄止,马虎浮躁。这些分别是人与人之间在能力、气质和性格方面的差异。

个性倾向性和个性心理特征共同组成了个性心理。所谓"人心不同,各如其面"正是这个含义。

心理过程和个性差异分别反映了个体心理现象的共性和个性(图1-1)。它们相互影响和制约,组成了个体五彩缤纷的心理世界。

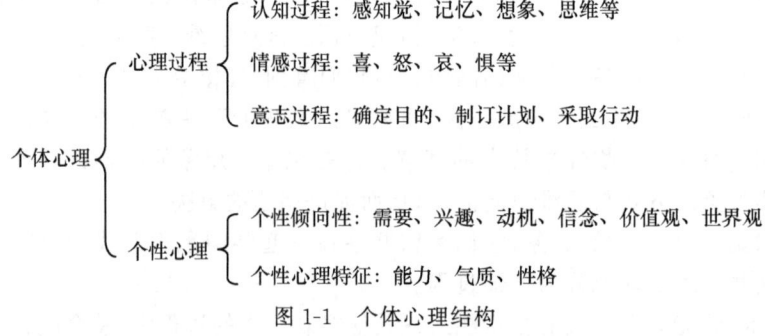

图1-1　个体心理结构

个体在参与社会群体活动并与社会环境相互作用的过程中,心理活动表现出有别于个体活动时的特点,从而形成社会心理现象。在特定的社会因素作用下,人们的心理活动具有一定程度的一致性。去个性化、社会助长与社会致弱等都是社会心理现象。

个体心理和社会心理，组成了心理学研究的两大领域。

二、心理活动的机制

人类一直在探索自身的心理现象是怎么产生的。远古时代，人们认为肉体与灵魂是两个对立本源的概念，把人的心理看做是灵魂的作用；灵魂是支配人体行动的无形的、超自然的、永垂不朽的精神实体；并认为睡眠是由于附着人体的灵魂暂时离去的结果，熟睡的躯体是不能移动位置的，否则，灵魂归来时找不着它的附着体，那么这个人也就死了。英文中"psychology"（心理学）就有"对灵魂的解说"的含义。随着科学研究的深入，人们逐渐认识到：心理活动是神经系统、尤其是脑的机能，是脑对客观现实的反映。

（一）神经系统的基本结构

神经系统包括周围神经系统和中枢神经系统。

1. 周围神经系统

周围神经系统由31对脊神经和12对脑神经组成。这些神经分布于全身各个部位。按照功能划分，周围神经又可以分为传入（感觉）神经和传出（运动）神经。前者的作用是把机体各部位感觉到的信息向脑传送；后者的功能在于把脑发出的信息（指令）传送到机体的某些部位，从而引起反应。按一般惯例，把在周围神经中控制内脏、血管及腺体运动的神经，称为植物性神经系统或自主神经神经系统。

2. 中枢神经系统

中枢神经系统由脊髓和脑组成。

脊髓位于椎管内，其功能主要是在周围神经与脑之间起着传导信息的作用，它也能够完成一些简单的反射活动。

脑由延髓、脑桥、中脑、间脑、小脑和大脑组成。大脑分为左右两个半球，是最高级的神经中枢，其表面分布的主要是神经细胞的胞体，被称为大脑皮质或大脑皮层。大脑皮层凹（称为沟或裂）凸（称为脑回）不平。每侧半球的大脑皮层分布有三条明显的沟或裂，即中央沟、外侧裂和顶枕裂，它们把大脑皮层分为5叶，即额叶、顶叶、颞叶、枕叶和岛叶（位于外侧裂深部）。

（二）心理活动的脑定位

脑的各个部位具有相对明确的功能。也就是说，脑皮层的某一部位或脑的某一结构控制着机体的特定功能。心理活动也不例外。感觉、知觉、记忆、思维、言语、情绪乃至人格等，都与脑的特定部位的活动有密切关系。

1. 感觉和知觉

躯体感觉中枢位于顶叶中央后回，听觉中枢位于颞叶颞横回，视觉中枢位于枕叶角回。这些部位的损伤将产生相应的感觉障碍。例如，右侧顶叶大面积损伤，将会出现对侧疏忽综合征：要求病人临摹一朵花，他只描绘右半部分，忽视左半部分；用餐时只用盘子右侧的饭菜，而将左侧部分的剩下；走路时该向左拐，他却往右走。

2. 记忆

颞叶中的一个结构——海马,在记忆中有重要作用。因为患有癫痫而切除海马的病人出现了严重的遗忘症:他对每天重复发生的事情几乎没有任何记忆,一遍又一遍地阅读同一篇文章,反反复复地做同一种作业,但对文章和作业却没有熟悉感。前脑底部在记忆中也有重要作用,已经发现老年性痴呆(主要表现为严重的遗忘症)主要是由于该部位乙酰胆碱能神经元功能低下所致。

3. 思维

通过脑区域血流图研究发现,进行心算时额叶等部位血流增加,表明思维活动与额叶有密切关系。额叶损伤者解决数学问题的困难十分明显。例如,病人难以解决这样的问题:有18本书在两个书架上,其中一个架子上的书是另一个架上的两倍,这两个书架上各有多少本书?

4. 言语

运动性语言中枢位于额叶的额下回、紧靠中央前回下方;损伤后引起运动性失语症——患者可以看懂文字,也能听懂别人的谈话,但丧失说话能力。听觉性语言中枢位于颞叶的颞上回后部,损伤后引起感觉性失语症——患者能听到别人说话但不能理解意义。视觉运动性语言中枢(书写中枢)位于额叶的额中回后部,损伤后引起失写症——患者书写、绘画等精细运动发生障碍。视觉性语言中枢(阅读中枢)位于顶叶皮层的顶下小叶和角回,损伤后引起失读症——患者视觉良好但看不懂文字的含义。

5. 情绪

颞叶和脑内的其他结构,如杏仁核、下丘脑等,都与情绪功能有关系。颞叶损伤后,异常凶猛的猴子变得温顺、驯服。杏仁核损伤后,动物失去了恐惧感,天生怕蛇的猴子敢于去碰正在嘶嘶乱响的蛇;人的杏仁核损伤后,在描述人的面部表情时,知道什么是高兴、悲伤和厌恶,却不能很好地表述什么是担心、恐惧。电刺激动物的下丘脑,可以诱发情绪性的攻击厮杀——有发怒的表现,如怒吼、耳朵竖立、毛发挺起等。

6. 人格

与人格关系最为密切的脑部位是额叶。额叶损伤后,人的秉性(即气质)、待人接物的方式、看待周围事物的态度都会发生改变。有一个颅骨左前部严重损伤(主要伤及额叶)的人,本来思维敏捷,对人彬彬有礼,受伤后却变得顽固任性,反复无常。

(三) 心理活动产生的方式

心理活动是通过反射产生的。反射是指在中枢神经系统参与下,有机体对体内外的刺激做出的规律性应答。其基本过程是:来自体内外的刺激作用于感受器,通过传入神经到达相应的神经中枢,经过分析整合,神经中枢兴奋,发出反应信息,反应信息通过传出神经,到达效应器,使效应器发生相应的活动。如果中枢发生抑制,则不发生反应,或使原有的反应减弱甚至停止。

反射可以分为与生俱来的无条件反射和后天获得的条件反射。其中,条件反射以无条件反射为基础。例如,狗吃到食物能够分泌唾液。这是无条件反射,食物是无条件刺激物;给狗铃声刺激不会导致唾液分泌,因为铃声与唾液分泌无关,铃声是无关刺激物。但是,在狗吃到食物以前,每次都给以铃声刺激,然后再给食物,这样多次结合以后,当铃声一出现,狗便会分泌唾液。在这个过程中,本来与唾液分泌无关的铃声,由于多次与食物结合,已经具有引起唾液分泌的作用,即成为进食的"信号"了。这时铃声已经转化为信号刺激或条件刺激。由此可见,形成条件反射的基本条件是无关刺激与无条件刺激在时间上的结合,这个过程称为强化。其神经生理学过程是:食物通过口腔味觉感受器转变为神经兴奋,沿着传入神经到达延髓唾液分泌中枢。此后,一方面通过传出神经引起唾液腺分泌,另一方面又沿传入神经继续上行经过丘脑传至大脑皮质味觉中枢(岛叶),引起味觉中枢兴奋。在产生味觉的同时,皮质也发出下行神经兴奋信息增强唾液分泌。铃声与食物多次结合,使得听觉中枢与大脑皮质味觉中枢多次同时兴奋,因而在它们之间开拓出一条新的通路,形成暂时联系。此后,当条件刺激(铃声)单独出现时,它所引起的听觉中枢兴奋过程沿暂时联系通路到达无条件反射中枢(唾液分泌中枢),引起唾液分泌。在条件反射过程中,原来的无关刺激转变成了信号刺激,而信号意义的揭露就意味着心理现象的产生(图1-2)。

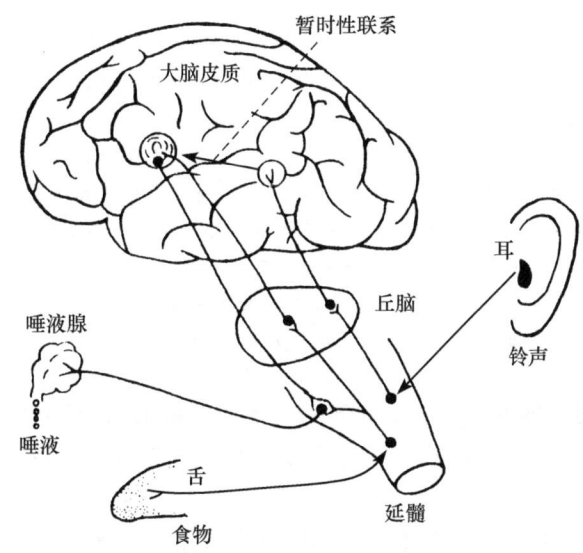

图1-2 对声音刺激建立唾液分泌性食物条件反射机制示意图

"谈梅生津"也是条件反射的结果。在这过程中人们通过联想,把过去对梅子味道的感觉和所理解的梅子这个词的意义联系起来,引起唾液分泌。联想、感觉、理解等都是心理活动。由此可见,心理活动是通过反射产生的。

总之,心理活动是脑的机能,脑是心理活动的器官。

(四) 心理活动对客观现实的依赖性

心理活动是通过反射产生的,而反射活动又是由刺激引起的。凡是能够导致有机体功能改变的内部和外部因素都可以称为刺激。刺激来源于客观现实,客观现实是心理活动的源泉和内容。例如,我们头脑中可以产生参天大树的形象,那是因为客观现实中有参天大树的存在,只不过我们头脑中的大树形象是加工过的。社会生活、知识经验不同,人们对事物的反映也有差别。鲁迅先生曾经揭示了不同主体对古典名著《红楼梦》的不同理解:经学家看见的是"易",道学家看见的是"淫",才子看见的是"缠绵悱恻",革命家看见的是"排满",荒诞家看见的是"宫廷秘史"。由于心理活动对客观现实的反映是经过主体加工改造过的,主体的生活经验、兴趣和爱好都对这种反映具有制约作用。因此,人的心理被认为是客观现实在人脑中产生的主观映像。

客观现实可以分为自然现实和社会现实。社会现实,也就是社会生活,对人的心理具有决定意义。脱离了社会生活的人是不可能具有正常人的心理的。

资料窗   **20 世纪发现的兽孩**

狼孩:1920 年,在印度加尔各答附近,人们发现过一只母狼领着两个女"狼孩",经常出现于山野中。当母狼后来被人们打死后,其中两岁多的女"狼孩"也死去了,剩下八岁的女"狼孩",经过七年教育,仅学会了四十五个词句,懂得几句简单而又普通的语言,十六岁时死去。

豹孩:1932 年,有几个猎人在印度卡查尔大森林中打猎时,打死了一只母豹,发现豹穴里还有两只小豹和一个大约五岁左右的小孩。原来,这个小孩是三年前被母豹衔走的。他虽然已经五岁了,却只会用四肢爬行,手掌和膝盖上都长满了硬茧。

熊孩:这个"熊孩"是个女性,1961 年由匈牙利的两个猎人在一座高山上的洞穴中发现。当时,她正在跟几个"熊弟妹"一起兴高采烈地玩耍,看上去,年龄只有六七岁。在猎人捕捉时,她眼里露出凶光,不顾一切地拼命撕咬。

羊孩:1972 年,在伊朗的一片大森林中,有人发现一只母羊在给一个两岁左右的孩子喂奶,感到非常奇怪。走近母羊细看,那孩子竟四肢趴在地上,津津有味的吸吮着母羊的乳汁。

鹿孩:1975 年,法国的一位探险家在非洲撒哈拉的一个林区探险时,意外地发现一个满头乌发的孩子随着鹿群飞奔,其跳跃的动作不仅十分敏捷,而且相当灵巧,与鹿并无多大差别。这位探险家费了好大的劲儿才把鹿孩捉住,一看,鹿孩的膝盖已经变得十分坚硬。

资料来源:宝成,柯敏.1994-11-20.本世纪发现的兽孩.工人日报

文化背景对人的心理也有影响。同样一个比较肥胖的人,俄罗斯人可能认为她很丰满,而美国人则可能认为她太胖了。由此可见,不同文化背景下生活的人们形成了不同的心理特征。

此外,在社会生活中人们还会通过个体的努力来丰富和调节自己的心理世界。求知欲望强烈、勤学好问的人,他所涉足的实践领域宽广,也就容易积累丰富的知识经验,并能够深入认识事物的本质和规律,弥补自己某些方面能力的不足。人们常说的"勤能补拙"就是这个道理。自制力强、希望不断自我完善的人,能够通过各种途径调节自己的情绪,保持乐观心态,完善自己的心理品质。

三、心理学的学科体系

1879 年,德国心理学家冯特(W. Wundt)建立了世界上第一个心理学实验室,这被认为是心理学成为一门独立科学的标志。此后心理学得到了蓬勃发展,成为一个由众多分支学科所组成的学科体系。

其中,偏重于基础研究的心理学分支学科主要包括:普通心理学——研究心理活动的一般规律和基本理论;发展心理学——研究心理的种系发展和个体生命过程中身心发展与年龄的关系;实验心理学——以实验的方法研究心理和行为的规律;生理心理

学——研究心理活动的生理机制；社会心理学——研究社会心理与社会行为之间的关系和规律。

偏重于应用研究的心理学分支学科主要有：教育心理学——研究教育教学过程中师生的各种心理现象和行为的规律；管理心理学——研究管理活动中的心理现象和规律；医学心理学——研究心理因素在疾病发生、治疗和预防中的作用；工业心理学——研究从事工业领域工作人员的心理活动和行为之间的关系、心理行为与工作环境之间的关系和原理。

四、当代心理学主要流派

心理学在发展过程中形成了不同的理论学派。这里简要介绍行为主义心理学、精神分析心理学、认知心理学和人本主义心理学。

(一) 行为主义心理学

1913年，美国心理学家华生(J. B. Watson)发表了《从一个行为主义者眼光中所看的心理学》，宣告了行为主义的诞生。行为主义有两个重要的特点：一是否定意识，主张心理学研究行为；二是反对内省，主张用实验方法。华生用S-R(刺激-反应)公式解释行为。刺激指的是引起有机体行为的外部和内部变化，反应则是构成行为基本成分的肌肉收缩和腺体分泌。华生否认遗传和本能对心理发展的作用，推崇教育决定论和环境决定论。他曾经夸口说："给我一打儿童，在良好的由我做主的环境中，无论他们的天资、能力、父母的职业和种族如何，我可以任意把他们培养成医生、律师、艺术家、大商人或者是乞丐、小偷。"

行为主义产生以后，在世界各国心理学界产生了很大的反响。华生竭力主张使用客观的方法研究心理现象，使心理学研究更加科学、严谨。但是，由于行为主义过于极端化，特别是早期代表人物华生的主张是采用机械主义的方法研究行为，这对心理学的发展产生了一定的消极影响。

(二) 精神分析心理学

精神分析学派是奥地利精神病学家弗洛伊德(S. Freud)创立的。他把人的心理区分为意识和潜意识(即无意识)。意识包括个人现在意识到的和现在虽然意识不到但可以回忆起来的经验(被称为前意识)。潜意识包括本能、欲望等。他认为，潜意识在人的生活中起着巨大作用，一旦发生障碍，将导致精神疾患。所以，潜意识概念也就成了精神分析理论的核心。在他看来，人格是由本我、自我和超我三种力量构成的系统。本我由先天的生物冲动组成，其唯一目的是消除或减轻机体的紧张以获得快乐和满足；超我是内化了的道德标准(代表一个人良心的要求)，竭力压抑本我的盲目冲动；自我介于两者之间，负责理智地调节本我、超我和外界三者的关系。一个人的精神状态是人格的这三种力量相互矛盾冲突的结果。当自我能很好地平衡三者的关系时，人格处于正常状态；当自我对本我、超我失去控制时，人就会产生各种焦虑。为了减轻焦虑，自我便发展出各种无意识的防卫机制，如失言、做梦等。弗洛伊德认为，意识是人的整个精神活动中很小的一部分，处于心理的表层；无意识才是人的精神活动的主体，处于心理的深层，它是被压抑的或未变成意识的本能冲动。性欲则是人的所有本能冲动中持续时间最长、冲动力最强、对人的精神活动影响最大的本能。弗洛伊德的主要研究方法是在进行心理治疗时作详细的案例研究,强调研究一个人当时的行为时要追溯其过去的历史,以探明其目前行为的原因。

随着精神分析学派的发展,原来追随弗洛伊德的心理学家,不再坚持弗洛伊德的一切行为决定于性本能的泛性论观点,加之受到社会学和人类学的影响,开始转向研究人格发展过程中的社会文化因素的影响,这些观点和理论被称为"新精神分析理论"。

(三) 认知心理学

20世纪50年代末至60年代初,心理学界涌现出一股研究认知过程的潮流,在知觉、记忆、言语和问题解决等领域中,出现了一些新的理论,被称为认知心理学流派。该学派把人看成一种信息加工者,一种具有丰富的内在资源,并能利用这些资源与周围环境发生相互作用的、积极的有机体;认知活动就是信息加工,人的认知结构和过程可以采用由感知系统、记忆系统、控制系统和反应系统四种主要成分所组成的模型来表示,这四种主要结构成分的相互作用产生了人对外部世界的认识。

现代认知心理学除了应用口头报告、测量反应时等心理学的一般研究方法外,还发展了自己特有的一些研究方法,如计算机模拟等。使用这种方法的基本设想是:如果计算机和人在某种作业上的操作模式在功能上相同,那么计算机的程序就能很好地解释人是怎样完成这一作业的。例如,如果用计算机解决了某个复杂的问题,那么计算机的解题程序就可能代表人解决同一问题的思维过程。认知心理学家相信,应用这种方法不仅能客观地描述人的某些复杂的内部过程,促进心理学的发展,而且能推动人工智能的研究并促进计算机技术的发展。

20世纪90年代,认知心理学与神经科学结合的产物——认知神经科学,利用新兴的研究技术尤其是脑成像技术探讨认知活动的脑机制,取得许多重要成果,成为当代心理学的主要发展趋势之一。

(四) 人本主义心理学

人本主义心理学是20世纪60年代在美国兴起的一个心理学流派,创始人是美国心理学家马斯洛(A. H. Maslow)和罗杰斯(C. Rogers)等人。人本主义者认为,人的本质是好的、善良的,而不是受无意识的欲望驱使并为实现这些欲望而挣扎的野兽。人有自由意志,有自我实现的需要。只要有适当的环境,人们就会力争达到某些积极的社会目标。他们主张心理学应说明人的本质,应关心人的价值和尊严,特别要研究人的创造力和自我实现,促进人的潜能的发挥,并使其发展为"健康的人"。

人本主义心理学家认为,人除了具有一般的生物潜能外,还有一种心理潜能。人类具有发挥这种心理潜能的内在倾向。马斯洛提出的以"自我实现"为最高目标的"需要层次论",就是充分发挥人的心理潜能的一种学说。马斯洛认为,人在争取获得需要满足的过程中能够产生人性的内在幸福感和丰富感,尤其是创造潜能的发挥或自我实现,能给人以最大的喜悦,这种喜悦本身就是对人的最高奖赏。这个学说在管理活动中得到了广泛的应用并收到良好的效果。罗杰斯在教育改革中提出的"以人为中心"的思想,在心理治疗中提出的"患者中心疗法",也产生了相当大的影响。但是,人本主义心理学理论的某些主张带有纲领性,并且主要依靠思辨和推测,这就难以用实验加以证明。所以,人本主义心理学的体系需要进一步完善。

第二节 教育心理学的研究对象和作用

心理活动贯穿于教育活动的整个过程。教育的任务在于遵循教育过程中的心理学规律,促进学生的学习和身心全面发展、使其成为合格人才,由此诞生了心理学的一个重要的应用分支学科——教育心理学。

一、教育心理学的研究对象

《中国大百科全书·心理学》(1999)对教育心理学的界定是:研究教育和教学过程中的种种心理现象及其变化,揭示在教育教学影响下,受教育者的学习和掌握知识、技能、发展智力和个性的心理学规律,研究形成品德的心理特点,以及教育和心理发展的关系。因此,教育心理学的研究对象可以具体分为以下几个方面。

(一) 学习心理

学习心理是教育心理学研究的重点之一。它研究学生在不同类型的学习过程中的心理学规律,如知识的获得和应用,动作技能的学习以及品德的形成与培养等,同时研究学习的主体——学生的学习动机、学习策略等。

(二) 教学心理

教学心理是教育心理学的另一重要组成部分。它主要是从教师的角度探讨教学活动中的心理现象和规律,从而为有效地进行教学活动提供原理、原则与方法上的指导。其内容包括:第一,教学过程心理分析,如怎样引起学生注意、提出教学目标、唤起已有经验、实时反馈学习结果、加强学习与记忆迁移指导等;第二,依据学生心理特点进行教学设计、选择教学手段和教学策略,如怎样依据教学内容和学生特点运用先行组织者策略、动机激发策略等。

(三) 课堂管理心理

课堂管理是提高教学效果的重要因素和教师最为关心的问题之一。提高学生学习的效率,指导学生进行自我管理是课堂管理的目标。课堂管理心理以学校群体心理为基础,其内容主要有两个方面:一是创设积极的课堂气氛,营造良好的课堂学习的心理背景;二是维持课堂学习纪律,促进学生自觉学习。

(四) 学生个体差异

"因材施教"是教育教学应该遵循的一条基本原则。这里的"材"指的就是学生的个体差异。在教育教学活动中,教师只有深入了解学生的个性特点,才能真正做到因材施教。例如,对于学习能力、气质类型和性格特点不同的学生,采取不同的教育方法才能收到良好的教育效果。教育心理学主要研究学生的先前知识基础、学习方式和策略、智力水平、兴趣和需要、能力特点以及气质和性格特点对学习活动的影响,探讨怎样根据学生的个体差异使其得到适宜的教育和协调发展。

(五) 学生的心理健康

学校教育的根本任务在于为社会输送合格的人才。教育心理学研究怎样提高学生的心理健康水平,促进他们人格健全发展的方法、途径与措施。

(六)教师心理

教师在学校教育中起主导作用。教育心理学研究教师的心理特点对教育教学活动的影响、优秀教师的心理品质、教师威信的作用及其形成途径等。

二、教育心理学的作用

教师是一种专业性很强的职业,应该具备多方面的专业知识。这些知识除了学科知识以外,还包括:教学目标;课程材料;教学方法和理论;特定学科教学法;学生的个性和文化背景;学生的学习环境——同伴、小组、班级、学校和社区。其中,教学目标和课程材料间接地与教育心理学有联系,其他方面均属于教育心理学的研究范畴。由此可见教育心理学对教师的重要性(陈琦,2001)。

(一)教育心理学在教师成长过程中的作用

教师在职业生涯中的成长过程可以分为三个阶段:一是关注生存阶段——关注自己的生存适应性问题;二是关注情景阶段——考虑与教学情境有关的问题;三是关注学生阶段——重视学生的个别差异和个体需要问题(陈琦,2001)。教育心理学,揭示在学校教育情境中如何建立良好的人际关系、教师威信的形成途径和方法,能够使教师更快地适应教育工作;提供教学设计、课堂管理的心理学原理,能够帮助教师有效地完成教育教学活动;研究如何针对学生的个体差异进行因材施教,有助于提高教师教育教学措施的针对性。

 如此对联

> 刚下数学课,老师就拿着一张纸来找班主任。那是课堂上学生写的对联,上联是:"分不在高60分就行何苦夜以继日";下联则是五花八门,诸如"女不能丑60分不行但愿……",让人看不下去,可批语是"妙哉"! 也有人唱反调:"分不可低60分哪行还得焚膏继晷",批语却是"笨猪"! 看样子参与的人数不少,花费时间也不短。老师们见了火冒三丈,连声要求严惩。班主任心中有数,始作俑者十有八九是刚转来的一位男生,他很有些聪明才气。班主任不露声色,把事情弄明白之后,第二天没有开班会,也没有在班上公开批评此事,只是请语文老师上了一节对联评析课。该男生在课上评析了对联,更评析了自己。
>
> 资料来源:田宝等.2007.教育心理学案例.北京:首都师范大学出版社,270

(二)教育心理学在教育实践中的作用

1. 描述和解释

教育心理学运用科学语言对学生的行为进行定性和定量描绘,帮助教师准确把握学生的特点,有针对性地对学生施加影响以使其形成良好品质。这项工作不仅借助于语言,而且应用数字、公式计算、量表测量、图表显示。例如,心理学不仅对智力的含义进行界定,对智力的不同成分加以区分,而且运用智力量表对个体进行智力测验,通过公式计算出被试的智商,从而比较准确评价学生的智力发展水平。

对已知的教育活动中的心理现象进行分析,探求这些现象的内在原因,找出因果关

系,就是教育心理学在教育实践中的解释功能。这项工作建立在对心理现象描述和测量的基础上,通过把已知的心理现象组织起来并加以总结概括,对心理现象之间的关系提出假设,通过理论推理或实践活动检验假设,从而对心理现象进行科学的解释和说明。

例解　中小学生回答阅读理解材料中的问题正确率低的原因

某些中小学生考试过程中回答阅读理解的问题正确率低,但在没有时间限制的情况下他们却能很好地回答这类问题,说明这个问题不是智力障碍造成的,而可能是没有掌握正确的阅读方法和技巧。观察研究发现,这类学生阅读过程中带有唇动(唇读),没有形成先看需要回答的问题,然后阅读内容的习惯,不能很好地把握阅读材料的中心思想。这样就可以做出解释:某些学生的阅读理解作业困难不是由于脑功能障碍导致的智力低下造成的,其原因是缺少快速阅读训练,没有形成良好的阅读习惯和技巧。

资料来源:李新旺根据沈德立教授的学术讲座整理

---

2. 预测和控制

人们常说"思想支配行为",实际上指的是人的心理状态,即某一段时间之内认知活动的特点、情绪的性质、意志的水平及其他个性特点等,对行为的综合制约作用。

人的心理活动受因果关系制约,具有规律性,据此可以对心理和行为活动做出预测和控制。教育心理学能够帮助教师预测学生的心理活动和行为趋势,在此基础上引导学生朝着教育目标所指引的方向发展,即在一定程度上控制学生的行为方向。例如,记忆效果不仅受学习内容的性质和记忆方法的制约,而且遗忘的进程是先快后慢,因此,可以预测识记过后的最初一段时间,学习的内容有相当一部分将会遗忘,但如果及时复习,能够巩固记忆,从而控制遗忘。再如,对于学习动机水平高、能够自觉学习的学生,可以预测他会及时复习巩固所学知识;对于那些学习动机水平较低、比较懒散的学生,可以通过创设积极向上的学习气氛,采取措施激发他们的学习兴趣,促使他们努力学习,从而达到控制学习行为的目的。

例解　上课时学生反复擅自离开座位,教师应该怎么办?

当这种情况出现的时候,如果凭直觉行事,那么每当学生站起的时候,教师都应该提醒他留在座位上,似乎只有这样才能帮助学生记住这条纪律;如果听之任之,学生会以为教师对待这条纪律的态度并不是十分严肃认真的。

科学研究表明:在低年级,当学生离开座位时教师越要学生坐下,学生就越要离开座位;当教师置这些学生于不顾,转而表扬那些坚持坐在自己的座位上不动的学生,学生的离座率反而下降;当教师反过来要求离座的学生坐下时,离座率再次上升。如果教师对学生的这种行为的原因进行一番分析,就知道该怎么应对了:如果学生是为了引起教师和其他同学的注意,那么,教师的批评或者提示正中其下怀,强化了他的不良行为;如果教师表扬其他遵守纪律的同学,则可强化好的课堂行为,抑制课堂不良行为。

资料来源:陈琦,刘儒德.教育心理学.北京:高等教育出版社,2001.11

第三节　教育心理学的研究方法

同其他科学研究一样,从事教育心理学研究必须依据明确的理论观点,也就是要有与所研究的课题相适应的理论作基础,并且针对所研究的问题,按照一定的研究程序,采用合适的方法,才能揭示教育过程中的心理现象的事实,发现心理活动的规律,并对个体心理和行为进行有效的预测和控制。教育心理学是心理学的一个分支,心理学研究方法同样适用于教育心理学。

一、观察法

观察法是在日常生活条件下,通过对被观察者的外部行为表现做系统观察,从而了解其心理和行为的一种方法。人的各种活动,如学习、劳动、交往、游戏等,都是在心理的调节、支配下实现的。这就使得通过对人的行为动作、言谈举止的观察从而了解其心理活动和特点成为可能。例如,有这样一个实验:为了研究儿童的行为特点,一天晚上,实验者在40名保育院的孩子住房附近堆放了一堆湿柴,而在远处山沟里堆放了许多干柴,要求孩子们拾回干柴取暖。结果少数孩子跑到山沟里拾回干柴,而多数孩子不敢走远,只把附近的湿柴抱了回来,还有一些孩子对布置的任务有抵触情绪,继续留在房间里说些抱怨的话。从这些行为表现中可以发现,他们中间有的人勇敢,有的人胆怯、动摇,甚至怨天尤人。

在使用观察法过程中,首先要建立行为的分类系统和等级,并且界定出记录方法。例如,要比较研究参与街头团伙的青少年与在校青少年学生的攻击性行为,首先需要对"攻击性行为"加以界定,并把它们分为"言语攻击"和"行为攻击",而"言语攻击"又可以分为"讽刺、挖苦"、"骂人"等,"行为攻击"又分为"恶意推人"、"打人"等;然后根据"攻击行为"的频次和程度,也就是严重性定出等级;最后在此基础上进行观察研究,才能够比较客观地反映出攻击性行为与青少年所处环境之间的关系(黄希庭,1997)。

观察法可以分为:自然观察法和控制观察法,参与观察法和非参与观察法。

在自然情景中观察记录人的心理行为并进行分析,从而获得心理行为变化的规律的研究方法属于自然观察法;在预先设置的情境中观察人的心理行为表现,属于控制观察法。观察者参与被观察者的活动,作为被观察者的一员,将所见所闻加以记录,属于参与观察法;观察者仅以旁观者的身份记录观察到的现象,称为非参与观察法。在心理学研究设计中,有时将这些方法综合使用。

由于观察法是在日常生活条件下实现的,被观察者并不知道自己在被观察,活动中表现比较自然,因而所得到的事实材料比较真实可靠、符合实际,这是观察法的优点。其主要缺点是观察所获得资料的质量容易受研究者的能力和其他心理因素的影响,并且观察到的资料数量有限,往往难以做出概括性的结论,并且只能了解心理事实,而不能直接解释其发生的原因。

在观察法中还有一种自我观察法,是指个体观察自己的内心活动并把自己的体验报告出来的方法,又称内省法。一个人在实践中的认识活动、情感活动、意志活动、需要和动机的意识、对某些心理特点和行为的感受与评价等,都可以进行自我观察和自我分析。因此，自我观察法在各种心理学研究中均有应用价值。由于一个人的心理与所表现出来的行为往往有不同的关系：有时表里一致，有时表里不完全一致，有时甚至完全相反，因此，单靠从外部观察一个人的行为是不够的。自我观察正是对从外部观察到的材料的一种印证和补充。但是，由于自我观察法总是以回忆的方式进行的，主要依靠个人的陈述，不免带有较大的主观成分，因而应用时必须谨慎，其只有与其他客观方法配合使用，才能发挥其应有的作用。

二、调查法

调查法是以提问题的方式要求被调查者就某个或某些问题谈自己的看法。根据研究的需要，既可以向被调查者本人作调查，也可以向熟悉被调查者的人作调查；可以用问卷调查，也可以以交谈的方式进行访谈。

问卷调查法是研究者根据研究课题的需要，设计出问题表格让被调查者填写回答的一种方法。问卷的具体形式分两种：一种是固定性结果，只要求被调查者从中选择；另一种是开放性结果，要求被调查者自由书写或填空。比如，要调查中学生的学习兴趣和原因时，可以编写这样的问题：①你最喜欢哪几门课程？为什么最喜欢它们？②你最不喜欢学习哪几门课程？为什么最不喜欢学习它们？要求学生书面回答这些问题，属于开放式问卷。若事先在每个问题的下面给出许多种答案，只要求被调查者从中选择，属于固定性结果的问卷形式。

使用问卷法作调查研究时，要针对研究的课题设计好问卷，提出的问题要简单明确，适合被调查对象的特点，易于作答。要注意消除被试的各种顾虑，使其说出真实的想法。

访谈法也称口头调查。这种方法是研究者根据事前拟好的问题对被试进行面对面的提问，随时记录被试的回答和反应。调查者必须创造良好的访谈气氛，使被试心情愉快，知无不言，这样才可能获得良好的调查效果。

三、实验法

实验法是在控制条件情况下系统地操纵某种变量的变化，研究此种变量的变化对其他变量所产生的影响。因此，实验法能够回答"心理现象为什么产生"的问题。

心理实验的研究方案要根据研究课题的实际需要来设计，通常有两种形式：一种是$R=f(S)$，在这里刺激（S）是自变量，反应（R）是因变量。该公式表示被试的行为反应因刺激的改变而改变，可以用来探索刺激与行为反应之间的规律性联系。例如，在记忆材料的性质对学生记忆效果的影响的实验研究中，"记忆材料的性质"是自变量，"记忆效果"是因变量。另一种是$R=f(O)$，在这里机体变量（O）是自变量，被试反应（R）是因变量。该公式表示反应变量是机体变量的函数。例如，在正常条件下，随着婴儿年龄（O）的增长，其动作发展水平（R）愈来愈高。当然，还有研究多种因素交互作用的更复杂的研究设计方案。

用实验法研究心理学问题时，常常要设立实验组和对照组。实验组和对照组的被试的机体变量，如年龄、性别、智力水平、文化程度、健康状况等，大致相同，情境的控制也需一样。主试按照实验方案系统地变化实验组中的自变量，对照组是作比较用的，不作实验处理。主试要仔细观察并详细、客观地记录实验组和对照组的被试的行为反应，统计分析被试在反应变量上的差异,从而探明自变量和因变量之间的关系。

实验法分为实验室实验法和自然实验法。

1. 实验室实验法

实验室实验法通常是在实验室内借助各种仪器并且在严格控制外界条件下而进行的一种实验研究方法。在设备完善的心理实验室研究心理现象过程中,采用录音、录像、电影、电子计算机等各种现代化手段呈现刺激,记录被试的反应等,并且能够自动控制,因而对心理现象产生的条件、大脑的生理变化、被试的外部表现等方面的记录与分析都是相当精确的。

实验室实验法的主要优点是:对无关变量作了严格控制,对自变量和因变量作了客观测定,因而实验的精确度高。其主要缺点是:研究情境的人为化,与日常生活有较大的差距;同时,实验的结果也常常受到被试的情绪及态度的影响,因此,实验结果的推广要受到一定限制。

2. 自然实验法

自然实验法是在日常生活情况下,适当控制条件并结合经常性业务工作进行的心理实验方法。例如,为了研究睡眠尤其是慢波睡眠对记忆的作用,Ekstrand 等(1977)把被试分三组进行实验;第一组被试在晚上学习,经过 8 小时不睡眠的间隔时间后接受测验;第二组被试,先睡半夜,然后起来学习,在测验之前再睡 4 小时;第三组被试,先学联想词汇再睡 4 小时,醒来后接受测验。结果发现第二组的成绩最好。研究者认为,更多的慢波睡眠(分段睡眠能够提高慢波睡眠在整个睡眠过程中的比例)对记忆有帮助。

使用自然实验法要先明确研究的课题,对研究的途径、进程要有一定的设想,并应逐步分析各种制约的条件,做出详细完整的记录,仔细分析、比较不同条件的不同结果,在做出结论后,还必须反复验证。

同观察法相比,实验法(包括实验室实验法和自然实验法)的主要特点是主动创造以及严格控制条件,因而实验结果在同样的条件下可以重复,也可以被别人验证。科学知识只有按照同样的程序能被别人重复验证,才能得到认可。所以,现代科学心理学的主要研究方法是实验法。

四、测验法

测验法是运用标准化心理量表对被试进行测量,从而了解其心理特点的方法。科学心理学的特征之一就是对心理现象研究的数量化。

心理测验的种类很多,按照测验内容的不同,可以分为智力测验、特殊能力测验(性向测验)、人格测验、兴趣测验、态度测验、学业成就测验等。按照测验材料的不同,心理测验可以分为文字测验和非文字测验。前者通常采用填空、选择、判断是非、问答等文字材料的测验题,要求被试口头作答或者在特制的问卷表中用文字作答,也可以在计算机上回答;后者主要采用图形、迷津、符号、模型甚至工具等实物性材料的测验题,要求被试使用操作性形式作答,或者根据这些实物性材料把自己的感受和想象报告出来。

心理测验所使用的工具是事先以某种心理学理论为指导,根据大量的取样调查,经过标准化测试和统计分析等程序而编成的心理量表。心理量表是测量人的某种心理特质的一把尺子。

为使心理测验获得准确可靠的结果,从事心理测验的人必须懂得心理测验的基本原理、心理量表的编制过程和使用方法,必须按照研究的内容和目的的需要选用合适的心理量表;同时必须按照测验说明书中的规定严格实施测验,统计测验分数,并向被测者科学地解释测验结果。

心理测验在心理诊断、心理咨询、心理治疗以及职业选择等方面已获得了广泛的应用。由于科学的心理测验产生时间不长,特别是心理学的基本理论尚未成熟,心理现象又是动态的,因此,用心理量表测量人的心理现象远没有物理测量那样准确。而且,目前使用心理测验所获得的只是心理活动的结果,被试达到这一结果的心理活动过程还无法测量出来。因此,心理测验还有其局限性。

 **教育心理学的发展概况**

早在2000多年前,中外许多哲学家、思想家已经开始关注教育教学过程中的心理活动规律。例如,我国春秋战国时期的孔子(公元前551—前479)认为:"知之者不如好之者,好之者不如乐之者"(《论语·雍也》),"学而时习之,不亦乐乎"(《论语·学而》);并要求仔细观察每一个学生的个体差异"视其所以,观其所由,查其所安"(《论语·为政第二》)等。

教育心理学作为一门独立的学科则只有100多年的历史。它的发展经历了三个阶段:

一是开创阶段(19世纪末到20世纪初)。19世纪根据教育改革的需要,瑞士教育学家裴斯塔洛齐提出"教育心理学化运动"、"教育要依靠心理学"等主张。德国心理学家、教育家赫尔巴特进行了心理与教育相结合的尝试。俄国教育家乌申斯基出版了《人是教育对象》,认为生理学、心理学和逻辑学是教育学的三个重要基础,并且把心理学放在首位。因此,他被称为俄国教育心理学的奠基人。1903年美国心理学家桑代克出版了《教育心理学》,西方教育心理学的名称和体系由此确立,因此该书标志着教育心理学的诞生。

二是发展阶段(20世纪20~50年代)。20世纪20年代末期,西方主要以行为主义为理论基础的学习心理学取得了重要成果;苏联则强调教育和教学在儿童发展中的主导作用,他们在学科教学方面也取得了许多重要成果。儿童个性、社会适应和心理卫生等内容也进入了教育心理学领域。1924年,廖世承编写出版了我国第一本《教育心理学》教科书。

三是成熟与完善阶段(20世纪60年代以来)。20世纪60年代初,美国教育心理学家布鲁纳重视教育心理学理论与教育教学实际的结合;美国教育心理学重视社会心理因素对教学的影响,把学校和课堂看成是社会情景;人本主义心理学提出了"以学生为中心"的主张;20世纪80年代实行计算机辅助教学,教育心理学家研究在此情况下如何培养学生的元认知能力和自我监控能力;建构主义学习理论的"同化与顺应"、"合作学习"等对当代教育心理学产生了深刻影响。与此同时,苏联教育心理学家注重教育心理学与发展心理学相结合的研究。我国则在十年动乱之后的20世纪80年代开始,出版了多部《教育心理学》,此后不断有新的同类著作问世。美国心理学家布鲁纳于1994年曾经总结了此前的教育心理学的研究成果:主动性,强调学生参与教学过程和对自身活动的自控性;反思性,从个体内部强调知识的获得和建构,研究元认知和自我调节学习;合作性,强调共享教学中的资源,合作学习。

资料来源:摘编自郭德俊,雷雳.1998.教育心理学.北京:警官教育出版社,6~10

复习思考题

1. 简述个体心理的组成成分及其与教育的关系？
2. 简述教育心理学的研究对象。
3. 教师学习教育心理学的意义何在？
4. 简述心理学的主要研究方法。

参考文献

陈琦,刘儒德.1997.当代教育心理学.北京:北京师范大学出版社
陈琦.2001.教育心理学.北京:高等教育出版社
黄希庭.1997.心理学.上海:上海教育出版社
李新旺.2003.心理学.北京:科学出版社
莫雷.2005.教育心理学.广州:广东高等教育出版社
彭聃龄.2007.普通心理学.北京:北京师范大学出版社

第二章 青少年心理发展与教育

青少年期是生命的黄金时期,有人称它为承前启后的"过渡期";也有人认为它是人生的"转折期";还有人说它是充满朝气的"花样年花期"。由于这个阶段的个体生理正处于加速发展期,所以又被称为人生发展的"加速期"。该时期的个体正在接受中学教育,教育者的任务之一是引导他们顺利走过这个过渡期,实现又一次生命的蜕变。要出色地完成这一使命,教育者必须了解青少年心理发展的一般规律及其独特的心路历程,针对他们的心理特点和个别差异,因势利导、因材施教。本章内容将着重阐述青少年学生的认知发展和人格发展特征以及个别差异现象,同时分析这些心理发展规律对教育的启发。

本章知识点:
- ◆ 心理发展的含义及特征
- ◆ 影响个体心理发展的主要因素
- ◆ 青少年学生心理发展的阶段特征
- ◆ 皮亚杰的认知发展理论
- ◆ 维果茨基的认知发展理论
- ◆ 埃里克森的人格发展理论
- ◆ 学生的智力差异与教育
- ◆ 学生的学习风格差异与教育
- ◆ 学生的气质类型差异与教育
- ◆ 学生的性格特征差异与教育

第一节 青少年心理发展概述

一、心理发展的含义及特征

(一) 心理发展的含义

心理发展是指个体在从出生、成熟、衰老直至死亡的整个生命进程中所发生的一系列心理变化。这一过程不仅包含积极、进步的变化,也包含消极、衰退的变化。我国心理学家按照个体在一段时期内所具有的共同的、典型的心理特点和主导活动,通常将个体心理发展划分为8个阶段:①乳儿期(0~1岁),是个体心理发展的起始阶段;②婴儿期(1~3岁),是个体心理发展速度最快的一个时期,尤其是动作和言语方面的发展;③幼儿期(3~6、7岁),游戏对该阶段个体的心理发展意义重大;④童年期(6、7~11、12岁),学习成为该阶段个体的主要活动,抽象逻辑思维能力开始发展;⑤少年期(11、12~14、15岁),该阶段个体的生理发展趋于成熟,与相对滞后的心理发展不协调,导致个体心理发展的矛盾性;⑥青年期(14、15~25岁),个体的心理发展走向成熟,人生观、世界观开始形成;⑦成年期(25~65岁),个体的心理发展相对稳定;⑧老年期(65岁以后),个体的心理和生理均出现衰退的趋向。

(二) 心理发展的特征

个体心理的发展具有以下几个特征。

1. 连续性和阶段性

在个体的心理发展过程中,当某些代表新特征的量积累到一定程度时,就会取代旧特征而处于优势的主导地位,表现出阶段性的特征。但后一阶段的发展总是在前一阶段的基础上发生的,而且孕育着下一阶段的新特征,表现出心理发展的连续性。以个体独立性的发展为例,两三岁的孩子开始有了"我"的概念,开始区分"这是我的玩具,不是你的玩具","我要自己的事情自己做",对父母的约束予以反抗,独立意识开始萌芽;随着儿童进入幼儿园,尤其是进入小学,社会赋予他的角色使他开始承担责任,独立性逐渐发展起来;到了青春期,个体内心的"成人感"出现,青少年真正开始了对独立个体的追求,从行为到内心都充满了独立的意念,直至成年发展为一个独立的自我。在这个过程中独立性的发展是连续不间断的,同时在个体发展的不同时期又表现出不同的阶段特征,体现了个体心理发展的阶段性和连续性的统一。

2. 定向性和顺序性

无论是个体的整体心理发展水平还是各种心理过程或心理机能,都按一定顺序由低级向高级发展,如从最初的感知觉、表象发展到思维,从原始的情绪和动作发展到复杂的情感和意志。早期的发展是后期发展的基础,婴幼儿时期的生长发育、生活习惯、气质和性格等对成人的心理特点有重大影响。尽管不同时期的发展速度存在差异,但发展的方向既不可逾越,也不可逆向。

3. 不平衡性

心理发展的不平衡性体现在两个方面:一方面表现为个体不同心理机能在发展的速度、起讫时间和到达成熟时期上的不同,例如,感知觉在童年期就已得到了充分的发展,自我意识在少年期以后才开始形成,抽象逻辑思维则要在青年期才能得到相当程度的发展。另一方面表现为同一心理机能在发展的不同时期有不同的发展速率,例如,婴幼儿时期和青春期是个体心理发展的加速期,成年期个体的心理发展处于稳定状态。心理学的研究发现,人的心理发展存在"关键期"(critical period),也叫"敏感期"(sensitive period),即该时期某种心理机能的发展受环境影响的作用最大,因此,关键期也是该心理机能发展最快的时期。例如,2~3岁是儿童口头言语发展的关键期,也是儿童学习社会交往的关键期;2岁半左右,是幼儿计数智力开始萌芽的关键期;3岁左右,是幼儿注意力发展的关键期;4~5岁是学习书面语言的关键期,等等。

4. 个别差异性

心理发展虽具有一般的规律,但在不同的个体身上发展又表现出特殊性,主要体现在发展的速度、发展的最终水平以及发展的优势领域上。不同的人,心理发展达到成熟的速度是不同的,有的人早熟,有的人晚熟,有的人才华早露,有的人大器晚成。不同个体的心理发展水平也存在差异,例如,有的儿童3岁时已能断文识字,有的儿童3岁时才开始牙牙学语,有的人智力超群,有的人智力迟钝。不同个体的心理发展优势领域也是千差万别的,有的人擅长运动,有的人擅长绘画等。

二、青少年心理发展的阶段特征

青少年期一般指十一二岁至十七八岁这段时期,这一时期包括两个不同的阶段:初中生阶段和高中生阶段,初中生阶段的年龄跨度一般为十一二岁至十四五岁,相当于个体的少年期;高中生阶段的年龄跨度一般为十四五岁至十七八岁,又被称为青年初期。处于这两个阶段的青少年正值青春发育时期,故又被称为青春发育期。

(一) 初中生的心理发展特征

初中生也被称为少年期学生。这个时期学生心理发展的总特点是,处在一种半幼稚半成熟的状态,充满着独立性和依赖性、自觉性和冲动性、成熟性和幼稚性错综复杂的矛盾。这一时期的学生突出表现为一种强烈的独立倾向,他们极力想争取在社会生活中独立自主的地位,他们对自己往往高估,事事都想自己做主。针对这些特点,教师既要尊重他们的合理建议和要求,又要积极地给予正面引导。如果教师仅凭自己的主观愿望,强行让学生按照自己的意愿去行动,往往会因此产生许多矛盾和冲突。为了有效地教育和引导这一阶段的学生,教师必须了解和掌握他们在各方面的变化和特点。

1. 初中生心理发展的基础——生理发育的特点

(1) 身体发育进入第二次"生长高峰"期。人体的第一次生长高峰期是在出生后1年内,身高几乎增长一半,然后发展速度减慢,到初中阶段进入第二个高峰期,身高和体重迅速增长,以每年6~8cm,多则以10~12cm的速度突增,体重每年增长约3~3.5kg。女生进入这一生长高峰期的时间比男生提前1~2年。

(2) 神经系统趋于成熟。初中生大脑的重量已与成人的平均脑重相当,神经系统的结构基本上与成人没有差异。神经系统的初步成熟和完善为初中生的心理发展,尤其是抽象逻辑思维的发展,提供了生理基础,因此为初中生创造各种条件,促使其大脑获得充分发展是初中教育的关键性工作之一。

(3) 第二性征的出现和性成熟的开始。性机能发育是影响青少年心理发展的突出生理因素。初中生随着身体的猛长,性器官和性腺迅速发展,开始进入青春发育期。第二性征也开始出现,具体表现为:男生的声音变粗,甲状软骨开始增大,出现胡须和遗精现象;女生声音变高,乳房隆起,月经初潮等。一般来说,女生的性成熟期比男生早1~2年,女生从十一二岁开始,男生则在十三四岁进入性成熟期。

性成熟促使个体性意识的觉醒。初中生开始关心异性,对异性发生了极大的好奇和兴趣,但由于羞耻感的发展,他们又不敢公开表露这种愿望和情绪,因而体验到一种强烈的冲击和压抑。到了初中高年级,男女同学的交往则出现了微妙的状态,他们既愿意同异性接触,表现得好奇而敏感,又害怕同异性个别接触,表现得惊惧而羞怯。对此,教师应客观对待并注意积极引导,对初中生对异性的好感持正确态度,同时积极开展文艺、体育、科技等有意义的课外活动,避免社会不良刺激的影响,引导男女学生在丰富的集体活动中建立正常的同学关系,形成自然交往。实践证明,只要教师注意这一时期由于性成熟引起的这些心理变化,有针对性地加以教育和管理,开展有益的集体活动并适当开展性教育,初中生的心理完全能够得到健康发展。

资料窗　　　　在两难困境下性教育推行不易

关于青少年生理发展对其心理发展的影响有两点认识:其一,现今青少年因身心发展失衡所导致的情绪困扰问题,可能是形成现今社会青少年偏差行为中与两性关系有关问题的主要原因。近年来,青少年群中在未结婚之前即发生性关系者日渐增多,单是台湾地区,每年有数以万计的"未婚妈妈"(未成年未结婚而生产的少女)出现,青春期提早,自然是形成此类问题的主要原因。其二,现今新生代身体成熟提早而心理成熟延后所导致的性行为问题,其后果不仅有害于青少年本身人格发展及未来婚姻之幸福,而且也加重了家庭教育与学校教育的负担和困难。因此,近年来关心社会人士,极力要求在学校教育中加强推行性教育。唯因对性教育一词的理念与性教育内容,一直缺乏共识,以致在我们的学校教育中,推行起来十分困难。

所谓性教育(sex education),本来是西方的舶来品。按性观念较早开放的欧美国家,他们把性教育的概念界定为有关人类生殖系统的组织、功能以及性交、受孕一直到新个体出生历程一切知识的传授。换言之,西方各国实施的性教育,其目的在于丢弃传统上对男女间性行为的神秘外衣,而改以客观的态度将之当做一门知识,让学生们在不羞赧与无顾忌的情境之下,公开讨论有关性的问题。

问题是,像上述以性生理知识为基础的性教育,能否在我们国内学校教育中推行?将性教育当做性生理知识来教学,在实施上虽较容易(生理教师即可胜任),问题是学生们是否能因对性知识的了解而减少因之引起的情绪困扰?此外,即使抛开性与道德密切关联的传统不谈,那些具有充分性知识的人,也未必能从性需求的满足中,学到人生价值。因此,现代的教育心理学家,并不完全同意上文所指的性教育定义。而是进一步主张,在性生理知识之外,应从家庭教育开始,培养儿童认识、接纳并欣赏自己与异性的性别特征,并在生活教育上培养男女儿童分别扮演两性的社会角色。换言之,性教育的概念,不应狭义地视之为性生理知识的传授,而应广义地视之为生活教育或人格教育。不过,像此种合于健康人格发展的性教育理念,在学校中推行起来未必配合时下青少年心理上的需求。这就是性教育不易推行的主要原因。

资料来源:张春兴.1998.教育心理学——三化取向的理论与实践.杭州:浙江教育出版社

2. 初中生的心理发展特点

(1) 认知活动的发展特点。初中生认识活动的随意性已显著增长,可以长时间地集中精力学习,随意调节自己的行动。在记忆发展方面,初中生的意义识记开始占优势,他们能在老师的要求下,学会使自己的记忆服从于识记的任务,并在理解材料的基础上进行记忆;同时初中生开始能够用抽象公式、定理来理解具体事物,使其识记活动向抽象水平发展。但教师不能对初中生的识记估计过高,因为他们对抽象材料的识记只是初步的。心理学实验证明,初中学生对具体材料识记的成绩仍然高于对抽象材料的识记成绩,因此,直观教学在初中阶段仍然占重要地位。

在思维发展方面,初中生的抽象思维开始占主导地位,但他们的抽象思维在很大程度上还属于"经验型",即在他们的抽象思维中具体形象的成分仍然起着重要作用。初中二年级是个体思维发展的关键期,从初中二年级开始学生的抽象逻辑思维开始由"经验型"向"理论型"转化。另外,初中生思维的独立性和批判性明显发展,如果说小学生是天真好奇地观察和认识周围世界的话,那么,初中生则开始带着戒备心理怀疑地评价着一切。他们不愿意轻易地接受别人的意见,并开始严肃认真地对待自己的观点和主张,还开始热衷于探讨深奥而神秘的宇宙和生命起源等问题。但由于缺乏实际经验,初中生的思维仍具有片面性、表面性和主观性等特点,主要表现为看问题容易偏激和走极端,不能辩证地分析解决问题,这也是"明星崇拜"的狂热出现在这一阶段的原因所在。

(2) 情绪情感的发展特点。初中生的情绪情感发展表现出从不成熟向成熟过渡的矛盾性特点。首先表现为强烈、冲动性与温和、细腻性共存。"暴风骤雨式的情感"常被用来形容少年期的情绪情感,他们可以为一件小事而狂怒或颓丧,也可以因一点成绩而兴奋不已。与此同时,情绪发展中的成熟性也逐渐表现出来,他们可以掩饰某些情绪使其以较温和的形式表现出来,而且克服了儿童期情绪体验的单一性和粗糙性,表现出情绪体验丰富和细致的特点。其次,情绪的可变性和固执性共存。一方面,初中生的情绪体验不够稳定,容易受外在环境的影响,常从一种情绪转向另一种情绪。另一方面,由于初中生在对客观事物的认识上还存在着偏执性的特点,因而在情绪体验上仍存在固执性的特点,例如,有的学生可能会因为几次小的挫折便完全陷入一种无助和抑郁的情绪之中,很长时间不能摆脱。最后,情绪的内向性与表现性共存。初中生在情绪的表现上逐渐失去了儿童期的单纯和率真,他们会将自己的情绪隐藏于内心,表现出情绪的内向性;同时在情绪的表露过程中,自觉或不自觉地带上了表演的痕迹,情绪的表露失去了童年期的自然性,带有造作的痕迹。

(3) 个性的发展特点。第一,自我意识的高涨。少年期身体的迅速发育,使个体关注的重心从客观世界重新指向主观世界,使思想意识再一次进入自我,从而导致自我意识的又一次飞跃。突出表现为内省心理的发展,"我是什么样的人?""别人喜欢我还是讨厌我?"等一系列关于"我"的问题反复萦绕于初中生的心中。自我意识的高涨还表现为个性的主观偏执性。一方面,他们总认为自己是正确的,听不进别人的意见;另一方面,他们又感到别人似乎总是以挑剔的态度对待自己,听到别人窃窃私语就断定是在议论自己,看到别人面露微笑又认为是在嘲笑自己等,总之,他们觉得周围的人时时刻刻都在品评自己,这种想法使初中生感到压抑、孤独而且神经过敏。第二,反抗心理突出。反抗心理主要表现为对一切外在力量予以排斥的意识和行为倾向。自我意识的突然高涨是导致初中生反抗心理出现的主要原因,当他们的某些想法或行为不被现实所接受时,就会产生一种过激的想法,认为其行为的障碍来自成人,便产生了反抗心理。反抗心理的出现也与初中生中枢神经系统的兴奋性过强有关。生理学家曾指出,只有中枢神经系统的兴奋性与抑制性均衡时,个体的身心方能处于和谐状态。初中生的中枢神经系统处于过分兴奋状态,使他们对周围的各种刺激,包括别人对自己的态度等表现得过于敏感,反应过于强烈。初中生的反抗心理表现方式多样,有的是以一种"暴风式"的方式对抗外在力量,一般表现在性格外向的学生身上;有的是以漠不关心、冷淡相对的方式表示对抗,这种情况常出现在性格内向学生身上。避免初中生频繁产生反抗情绪和行为,预防其形成过度逆反的性格是初中生个性发展的重要任务。教师应了解并认同初中生谋求独立的心理需求,及时调整与初中生的关系,发展适应其心理需求的态度——尊重、理解、平等、接纳和信任。

(4) 人际交往的发展特点。第一,同伴关系在初中生的生活中日益重要。初中期的同伴关系明显不同于小学期,小学生在结交朋友方面最明显的特点是团伙现象,表现为六七个儿童经常在一起交往和游戏。进入初中阶段,个体由于自我意识的发展,他们需要有一个能倾吐烦恼、交流思想并能保持秘密的地方,因此交友范围随年龄增长而逐渐缩小,而且更看重交友质量,认为朋友应该坦率、通情达理、保守秘密等。初中生逐渐将情感的中心偏向关系密切的朋友,这种变化对他们的心理发展有积极意义,能够使他们通过别人更好地认识自己的内心世界,更充分地了解自我。研究发现,初中生与异性同伴的关系要好于与同性同伴的关系,初中生与同性同伴的关系较稳定,男生与异性同伴的关系先降后升，初中二年级是转折点。在教育中，教师要关注初中生的同伴关系特点，帮助他们发展结交同伴的适应策略，促使初中生结交益友，同时还要与家庭配合，隔离初中生与社会不良团体的联系。第二，初中生与成人的关系发生了较大变化。一方面表现为初中生与父母间关系的变化。初中生由于在情感上有了其他的依恋对象，与父母在情感上不如以前那么亲密了，因为寻求独立而在行为上反对父母对他们的干涉和控制，在观点上更喜欢用"我喜欢"、"我不同意你的看法"来表现自己是不依附父母而独立存在的个体。另一方面表现为初中生与教师关系的改变。在小学阶段，大部分儿童与教师的关系比较友好，他们可以接受任何一种类型的教师。但到了初中阶段，他们不再盲目地接受老师的观点，开始品评各位老师。初中生所喜欢的老师的特点主要是：知识渊博、授课水平高、热情和蔼、关心学生、有朝气等。在他们的心目中，他们所喜爱的老师几乎是十全十美的，并能在行动上对这些教师做出最好的反应，例如，努力学习该类教师所教的课程，对这类教师提出的要求更易接受并认真执行。相反，对于他们不喜欢的教师，初中生基本持完全拒绝的态度。可见，在初中阶段建立和谐良好的师生关系是教师不容忽视的一个方面。

(二) 高中生的心理发展特征

1. 高中生心理发展的基础——生理发育的特点

高中生处于青春发育末期，是人体发育的成熟阶段，也是身体发展的定型阶段。在生理发育方面，高中生的身高、体重、胸围已接近成人水平，身体活动能力增强。高中生的神经系统发育已基本完成，兴奋过程和抑制过程基本平衡，但神经系统的机能复杂化仍继续发展。另外，该阶段个体的性机能发育已基本成熟。这些生理发育的新特点为高中生心理发展提供了新的条件。

2. 高中生的心理发展特点

(1) 认知活动的发展特点。高中阶段个体的认知发展集中体现为思维的发展，总的来说，高中生思维发展的新特点表现为：抽象逻辑思维明显占优势，并向理论型和辩证型思维发展。首先，抽象逻辑思维的发展在高中阶段进入成熟期。进入初中阶段，个体的抽象逻辑思维便开始从经验型向理论型转化，一直到青年初期，这种转化才初步完成，这意味着抽象逻辑思维已基本上成熟。各种思维成分整体趋于稳定，思维的可塑性已大大减少。其次，高中生的抽象逻辑思维具有充分的假设性、预计性和内省性。从高中阶段开始，学生在思维中运用假设的能力不断增强，他们能根据问题的要求提出假设、验证假设。思维假设性的发展又使得高中生的思维更加具有预计性，即能在解决问题之前，形成计划、方案以及策略等。学生思维活动的自我意识和自我监控能力也明显提高，使其思维活动具有内省性，具体表现为，他们能够意识到自己的智力活动过程，并在一定程度上控制这一过程，使解决问题的思路更加清晰明确。最后，在抽象逻辑思维中，高中生的形式逻辑思维处于优势，辩证逻辑思维迅速发展。形式逻辑思维和辩证逻辑思维是抽象逻辑思维的两个不同发展阶段，它们的发展和成熟，是青少年思维成熟的重要标志。形式逻辑思维是指个体能摆脱事物的具体特征，把握其内在的规律和本质，即由具体到抽象的思维过程。辩证逻辑思维是主体自觉不自觉地按照辩证法所进行的思维，是思维发展的最高形态。

(2) 情绪情感的发展特点。与初中生相比，高中生的情绪发展具有以下特征：首先，情绪具有一定的内隐文饰性,即高中生能根据一定的条件或目的对自己的情绪进行掩饰,形成外部表情与内心体验的不一致。其次,情绪控制能力增强,情绪的冲动性减少,具体表现为高中生的爆发式情绪频率减少,情绪体验较稳定。再次,高中生的情绪具有丰富性和特异性,高中生需要的多样化,使其情绪表现也丰富多彩,几乎人类所有的情绪种类都可以在高中生身上表现出来。最后,由于高中生自我意识的发展,使其情绪体验具有独特性,表现为个性的差异、性别的差异等。

高中生的情感日益深厚,他们的集体主义情感、责任感、荣誉感等高级情感都获得了较大发展。

(3) 个性的发展特点。第一,高中生的自我意识高度发展。主要表现为以下三个特征:①独立意向强烈。进入青年初期,个体已完全意识到自己是一个独立的个体,因此要求独立的愿望日趋强烈。与少年期不同的是,这时的独立性要求是建立在与成人和睦相处基础上的。②自我意识的成分出现了分化。他们在心理上把自我分成了"理想的自我"和"现实的自我"两个部分。例如,一位高中生自述到:"我是一个开朗的小伙子,聪明,热爱运动,外向,有热情……我想成为一名体育记者,我学习不是为了考试,而是为了将来能写作和出版自己的体育明星传记……"这一自述中包括了"现实的自我"和"理想的自我",是高中生探索自我的体现,也是他们喜欢憧憬未来、"理想的自我"地位突出的积极表现。但是由于对己、对人、对社会的认识尚未成熟,高中生的理想我和现实我之间容易出现矛盾,如学习基础不扎实的学生,总渴望通过短期突击而出类拔萃,未具备歌唱或表演才能的学生总幻想能一夜成名等。如果不能及时调整,可能会带来个体怀疑自我、厌恶自我、否定自我的消极体验。③具有很强的自尊心。青年初期个体的自尊心变得脆弱而敏感。他们最不能忍受被轻视或侮辱。既希望得到父母的支持,也渴望赢得同伴的赞许和重视。他们会以各种方式表现自己,争强好胜,以求获得赞赏和自我满足。如果不能通过正当的途径满足这种要求,他们有可能用不符合社会角色的方式去寻求满足,如寻衅滋事、玩世不恭、打架斗殴、搞恶作剧等。

第二,高中生的价值观初步确立。价值观是个体对自然、社会、人生带有根本性的总观点。个体在初中阶段,价值观开始萌芽;到了高中阶段,价值观才初步形成。高中生的价值观表现为以下几个特点:第一,对理论问题越来越感兴趣,热衷于哲学探讨;第二,价值观的核心是人生意义问题,他们逐渐学会将个人的生活目标与社会的发展相联系;第三,价值观仍缺乏稳定性,有时会受外界因素的影响而改变自己的价值取向。

(4) 人际交往的发展特点。在同伴交往方面,高中生阶段进入到一个结交同性朋友的高峰期,高中生的友谊要比初中生的友谊稳定、深刻得多,在择友时更注重内在的品质和情趣。在与成人的交往方面,高中生的亲子关系相对于初中阶段发生了微妙变化。因为年龄的增长,父母们开始发现,自己的孩子已不再是小孩了,所以给他们较高的自由,同时也要求他们承担一定的责任和工作。针对这一转变,高中生也开始能以较冷静、成熟的态度来对待父母,虽然他们仍反对父母过多的干涉,但与父母的直接冲突已大大减少,他们更希望与父母站在一个平等的位置上讨论和决定某些问题,希望能与父母和睦相处。高中生对师生关系也有了更进一步要求:一是他们要求从教师那里获得更多的独立和尊重;二是他们对教师的学识,尤其是专业水平和教学能力,有了更高的期望。

第二节 青少年的认知发展与教育

个体的心理发展主要包括认知(思维)发展和社会性发展。认知发展从广义上说主要指个体在知觉、记忆、思维等方面的发展,了解个体认知发展的一般规律,一方面可以促使教育与个体所处发展阶段的认知特点相适应,另一方面可以通过教育的影响促进个体认知能力的不断发展。本节主要通过介绍两个影响深远的认知发展理论——皮亚杰的认知发展理论和维果茨基的认知发展理论——以及对教育的启示来探讨青少年的认知发展与教育。

一、皮亚杰的认知发展理论与教育

皮亚杰(Jean Piaget,1896~1980),瑞士心理学家,他是心理学史上最具影响力的发展心理学家之一。皮亚杰在获得生物学博士之后,对心理学产生了兴趣,并基于对自己三个孩子的仔细观察,形成了他的早期理论。

(一)皮亚杰的认知发展理论

1. 发展的内在机制

图式(schemes)是皮亚杰理论的基本概念之一,它是指个体在与环境的相互作用中表现出的行为模式或思维模式。初生婴儿具有吮吸、哭叫、抓握等行为,这些与生俱来的行为模式就是图式,是婴儿生存的基本条件。全部遗传图式的综合就构成了一个初生婴儿的智力结构。随着年龄的增长以及与环境的相互作用,儿童的图式会渐趋复杂。例如,学生在解答数学问题时,之所以能适当应用数学符号或公式,是由于他早已具备了此类符号和公式的图式。

皮亚杰认为,认知发展的主要机制是个体心理结构的适应(adaptation)。适应就是调整图式以对环境做出反应的过程,其中包括同化(assimilation)和顺应(accommodation)这样两种相互联系但又截然不同的过程。同化就是根据已有图式来理解新事物或事件的过程。当婴儿遇到一个新的物体时,他们怎样全面地了解这个物体呢?根据皮亚杰的理论,儿童一般运用他们已有的图式去探究。例如,儿童往往会把新玩具放到自己嘴里吮吸。这就是儿童是在用自己最熟悉的图式——吮吸来同化新刺激,从而感受、探索新玩具——"尝起来是什么味道?能否供给奶水?"但是也有图式不能奏效的时候。当已有的图式在探究世界的过程中不能奏效时,个体就会根据新信息或新经验对已有的图式进行修改或重新构建,以使新的信息得到更为全面的理解,这就是顺应。例如,一名高中生有一种学习图式,即把知识写在卡片上,记住卡片上的内容。也就是说,他仅通过记忆来进行学习。可是当他学习诸如微积分之类的较难的知识时,这种图式就无效了,但很快他就会运用不同的策略来学习,比如与朋友一起讨论较难理解的概念等。

皮亚杰认为,当已有的图式不能应对眼前的问题时,就产生了一种不平衡状态。人们很自然地试图通过各种方式来调整这种不平衡,比如建立新的图式,或者调整旧的图式等,直至达到一种新的平衡状态。个体就是在平衡和不平衡的交替中实现认知发展的。

2. 认知发展阶段论

皮亚杰经过多年的观察研究，发现自出生到青少年的成长期间，个体的认知发展在连续发展中呈现出阶段性的特征，他将其分为四个不同的发展阶段。

(1) 感知运动阶段(0～2岁)。该阶段婴儿主要是通过感知觉与运动来获得经验，手的抓取和嘴的吸吮是他们探索周围世界的主要手段。这一阶段个体的显著特征是逐渐获得了客体永恒性(object permanence)，即当某一物体从儿童视野中消失时，个体知道该物体并非不存在。例如，在婴儿早期，如果用布将其面前的玩具遮挡住，他不会寻找，因为这时的婴儿不具有客体永恒性。但一岁左右的婴儿，对于滚入床下而看不见的皮球，会继续寻找，这表明他已经获得了客体永恒性。

(2) 前运算阶段(2～7岁)。该阶段的儿童能用语言与父母、伙伴交流，表明其初步具有了抽象思维的能力。运算是指内部化的智力或操作。皮亚杰之所以称之为"前运算阶段"，原因是此时期的儿童在遇到问题时，尽管会运用思维，但在运用思维时常常是不合逻辑的。不合逻辑的原因在于该阶段儿童的思维受到以下三种心理限制，这也是该阶段儿童的主要思维特征。一个特征是集中化倾向，即面对问题情境时，只集中注意事物的一个方面，而忽略其他方面。皮亚杰著名的"守恒"实验证明了儿童的这一思维特征。先用A、B两个大小完全相同的杯子，在杯中盛入等量的牛奶，并经儿童确认两杯子的牛奶一样多，然后当着儿童的面将B杯牛奶倒入一个又矮又粗的C杯中，处于前运算阶段的儿童会认为A杯的牛奶比C杯中的多。原因是他只集中注意牛奶在杯中深度的改变，而忽略了容器广度的改变。与此相似，该阶段的儿童可能认为切成四片的圆饼要比整块的多。另一个特征是不可逆性，从下面与四岁儿童的一段对话中就可以反映该阶段儿童思维的不可逆性。

问："你有兄弟吗？"

答："有。"

问："他叫什么名字？"

答："叫小军。"

问："小军有兄弟吗？"

答："没有。"

前运算阶段儿童思维的第三个特征是自我中心性，即面对问题时，只会从自己的角度着眼，不为他人着想，一切以自我为中心，比如"花儿开了，因为它想看看我"，"农民养奶牛是为了让我看见它"等都体现了自我中心性的特点。

(3) 具体运算阶段(7～11岁)。这一阶段儿童思维的主要特征是，他面对问题时，能够遵循逻辑法则进行推理，但不能离开具体的问题情境或熟悉的经验。相对于前一阶段，这一阶段儿童的思维具有去集中化的特点，即解决问题时不再只凭直觉所见的片面信息去做判断。思维具有了可逆转性，而且均已获得了长度、体积、重量和面积等的守恒。但这一阶段儿童的思维需要与他们熟悉的物体或场景相联系，不能进行抽象思维，因此在小学教学中，学习抽象知识时教师需要为学生提供一定的实物支持或具体情境。此外，本阶段儿童已经能理解原则和规则，但在实际生活中只能刻板地遵守，不允许有改变。

(4) 形式运算阶段(11岁至成人)。这一阶段个体的思维已超越对具体的可感知事物的依赖,使形式从内容中解脱出来。因此称之为形式运算阶段。皮亚杰认为,认知发展到这一阶段就代表个体的思维能力已发展到成熟阶段,以后再增加的只是他从生活经验中获得的知识,而不会再提升他的思维方式。本阶段个体的思维是以命题形式进行的,能进行命题推理。例如,用这样一个问题分别问小学生和中学生:"要是你当学校校长,你怎样管理逃学的学生?"小学生也许会回答:"我不是校长,我不知道。"中学生就可能按他自己的想法说出一番道理。形式运算阶段的个体还能进行假设演绎推理,即能对所面对的问题情境提出一系列的假设,然后根据假设进行验证,最终得到答案。本阶段个体不再刻板地信守规则,并且常常由于规则与事实的不符而违反规则或违抗师长。对这一年龄阶段的学生,教师和父母不宜采用过多的命令和强制性的教育,而应该鼓励和指导他们自己作决定。

(二) 皮亚杰认知发展理论对教育的启发

1. 教学活动应遵循学生的思维发展阶段和特点

皮亚杰通过一系列的研究证实了儿童的思维方式不但与成人有别,而且在发展过程中不同年龄阶段的特征也不同。因此在教学过程中,教师对学生的教育应当适应学生的思维发展特点,否则,只能是揠苗助长。要做到这一点,第一,要求教师了解学生,只有了解学生才能教育学生;第二,作为教育者要具有理性移情的能力,即在引导学生积极思考问题时,必先具有设身处地从学生角度看问题的推理能力,只有具备这种能力的教师方能在教学活动中与学生对话,并欣赏他们在学习过程中所表现的一切。

2. 针对个别差异实施个别化教学

尽管这一提法并不新颖,但皮亚杰理论建议的个别化教学不同于一般。根据皮亚杰研究儿童认知思维的经验,如果发现数个儿童对同一问题的回答都是对的,固然可推论他们每个人的思维方式相同,但如果发现数个儿童对同一问题的回答都是错的,则绝不可推断他们在思维上犯了同样的错误。有可能学生根本就不了解问题的性质,不知如何思维;也可能他了解问题的性质,但他对问题持有异于成人的看法。因此,给教师的建议就是:第一,在实施个别化教学时,尽量与学生面对面沟通,让他用自己的话说出他对问题的看法及解题思路;第二,对于答错的学生,应让他在毫无恐惧的情景下,说明对问题性质的了解及思维过程。

二、维果茨基的认知发展理论与教育

维果茨基(Lev Vygotsky,1896～1934)是前苏联著名的心理学家,是社会文化—历史学派的创始人之一,他的理论主要探讨思维与语言、教学与发展的关系问题。

(一) 维果茨基的认知发展理论

1. 社会文化是影响认知发展的要素

维果茨基认为,人类自出生起就生长在一个属于人的社会中。社会中的一切,诸如风俗习惯、宗教信仰、衣食住行,以及前辈留下的历史文化、社会制度和行为规范等,构成了人类生活中的文化世界,这一文化世界既影响成人的行为,也影响正在成长中的儿童,而且成人总是刻意向儿童传递社会文化的影响。儿童就是在这样的环境下,将外在的社会知识内化,从而由初生时的自然人,逐渐变为社会人。因此说,个体的认知发展是在社会学习的历程中进行的,社会历史文化是影响个体认知发展的主要因素。

2. 内化与语言

"内化"是维果茨基理论中的重要概念,是指个体将社会环境中的知识转化到自己心理结构中的过程。例如,对于外在的社会规范和行为标准,个体可以通过学习和多次反复使用将其转化为自身内在的行为准则,这就是一个内化的过程。而在这个内化的过程中,语言起到了很关键的中介和工具的作用。维果茨基认为儿童的自言自语在其认知发展中起着重要作用,自言自语作为一种与自己交流的方式,可以帮助儿童计划和组织自己的行为,进而使儿童由单纯地被社会塑造转向由自己调节自身的活动。例如,一个3岁的儿童,当他画画时,他会跟自己说:"现在,我要画一个小男孩,先在这里画一个木棒,这是他的魔法棒,现在他就可以使用魔法了。啊,画的不太像,那就再画一个吧。"在7岁左右,自言自语开始内化为内部言语,然后成为思维。同时,当面临一个困难任务时,成人有时也可能经历一种外化的自言自语,例如,当我们解决难题时,会对自己说话(如"应该怎样求出AB两地间的距离呢?")或责备自己专业知识贫乏(如"真笨,怎么没想到用相似定理呢?")。

3. 教学与发展的关系

关于教学和发展的关系,维果茨基认为教学必须要考虑儿童已达到的水平,并要走在儿童发展的前面,为此,教师在教学时,必须考虑儿童的两种发展水平:一种是儿童现有的发展水平;另一种是在有指导的情况下借助成人的帮助可以达到的解决问题的水平。这两者之间的差距,即儿童的现有水平与经过他人帮助可以达到的较高水平之间的差距,就是"最近发展区"。教学应着眼于学生的最近发展区,把潜在的发展水平变成现实的发展,并创造新的最近发展区。最近发展区的教学为学生提供了发展的可能性,教和学的相互作用刺激了发展。从这个意义上,维果茨基认为教学"创造着"学生的发展,教学可以促进发展。由于儿童独立解决问题的水平与在有指导情况下达到的水平之间的差异是不断变化的,所以在实际的教学中应动态地评估和测查学生的最近发展区。

(二) 维果茨基认知发展理论对教育的启发

1. 教育的最佳效果产生在最近发展区

传统的学校教育都是由教师讲解之后,留给学生作业,让他自己去完成,这种做法的效果是,即使作业难易适中,学生能够独立完成并取得好的分数,但对学生认知能力的发展没有任何帮助,因为这种情况下,学生的学习仍局限于他的实际发展水平之内,未能因学习而提升其能力。根据维果茨基的观点,应该将学生置于"由接近全知而又不能全知"的境地,在教师的辅助下学习新知识。

2. 实施支架式教学

将学习者看做是积极主动的建构者,教师的帮助只是一种必要的辅助和支持,应逐渐让学生对自己的学习承担越来越多的责任。一般教师只在学生学习有一定挑战性内容时使用到教学支架,例如,语文老师在教授一篇较难的文言文时,刚开始他会给学生提供大量的注释,然后让学生自己根据这些注释去理解文中的关键句子,一段时间后,老师给学生的注释越来越少,而学生也逐渐自己能阅读文言文了。

3. 组织不同智力水平学生间的合作学习

合作学习强调同伴交往在任务完成中的作用,在合作学习模式下,学生会有意识地模仿专家或同伴的行为来思考和完成具体的任务。接受智力较强的同伴指导是促进学生在最近发展区内发展的最有效方式之一。

> **资料窗　最近发展区在教学中的实施**
>
> 实习教师正在教学生 A、B 和 C 学习有关数学中的百分数问题。他首先拿出一道有关百分数的问题让学生去做,并观察他们的反应。小 A 几乎立即就解决了问题;小 B 正在吃力地尝试做,边做边自言自语地说着什么;小 C 放弃努力,双臂无力地垂下,眉头紧皱。
>
> 看到这种情况,教师并没有像往常那样立即向这两名有困难的学生解释解题步骤。这次,他尝试一个新方法。
>
> "让我们一起来看看该如何计算这个百分数问题。小 A,请你来说说你是怎么做的?"教师说,"其余两名同学注意听他说,下一个轮到你们说。"
>
> 小 A 说:"好的,该问题问的是游戏机降价的百分比是多少。当我看到这样一个问题时,我就想,我怎样才能得出一个分数?当我得出一个分数后,我将它转换成小数,最后再将小数换算成百分数。我就是这么做的。"
>
> 当小 A 大声说出自己的解题思路时,小 B 和小 C 边听边跟着重复说。
>
> 之后,教师提出第二个问题:"某人烤了 12 个面包,卖掉了 9 个。问这个人卖掉的面包的百分比是多少?"并让小 B 回答解题思路。
>
> 小 B 说:"为了……那个……如果……一旦我们得到一个分数,我们就能换算出一个小数,之后是一个百分数。"
>
> "好的。"教师微笑着说,"那么,他卖掉的面包的分数是多少?"
>
> "9/12。"
>
> "很好,小 B 和小 C,现在请你说说我们怎样将这个分数换算成小数。"
>
> ……
>
> "再看看这个分数,它是多少?"
>
> "9/12。"
>
> "好,为了把它换算成小数.我们该用 9 除以几?大家接着往下做。"
>
> 教师发现,小 B 很快算出了是 0.75,然而,小 C 还是犹豫不决,不知怎样由一个数除以另一个更大的数。
>
> 可见,这三个学生在教学中所表现出的学习能力是不同的。小 A 的智力在百分数问题的最近发展区之上,她不需要额外的帮助;小 C 的智力在最近发展区之下,即使在教师的帮助下,他也没能完成百分数问题的学习,因此需要教师降低知识的难度;小 B 的智力恰好处在最近发展区之内,在教师和小 A 的帮助下,他成功地完成了学习任务。
>
> 资料来源:张向葵.2002.发展心理学.长春:东北师范大学出版社

第三节　青少年的人格发展与教育

教师在教育过程中面对的挑战和困难不仅仅是如何教授学生文化知识,促进其认知能力的发展,更重要的是思考怎样帮助学生认识自己、了解别人,并能接受一定的社会规范,进而顺利地由一个单纯的自然人发展成一个社会人。这需要教师了解有关个体人格发展的基本过程。

人格(personality)是一个人独特的思维、情感和行为模式。换句话说,一个人过去是什么样的人,现在和将来还是什么样的人,这种一贯性就是由其人格所决定的。人格具有整体性、稳定性、独特性和社会性的基本特征。

人格的整体性是指人格是由多种成分构成的多层次、多维度和多侧面的复合动态系统,它包括需要、动机和价值观等人格动力成分,也包括能力、气质、性格和自我意识等稳定性成分。一个人格正常的人,他的人格的各个部分应该是协调完整的,若失去了人格的完整性,则将导致人格障碍,甚至精神异常。

人格具有稳定性,所谓"江山易改,禀性难移",说的就是这一特征。我们可以从一个人的儿童期的人格特征来推测其成人时的人格特征及将来的适应情况,表现出人格特征的跨时间一致性。人格的稳定性还表现为个体行为特征的跨情境一致性。例如,一个好激动的人,在工作中处理问题时总是匆匆忙忙,与人交流时总是快言快语,遇上突发事件时则惊慌失措。但人格的稳定性是相对的,随着社会环境的变化、时间的推移等,人格会或多或少地发生一些变化。

人格的独特性是指人格具有个别化的特点。即每个人都是独一无二的,都有属于自己的独特的人格特点。但对于每一个人来说,人类共有的心理发展规律和文化的影响又使人格具有人类的共性。个体的人格就是由这些共同的或相似的特征以及完全不同的特征错综复杂地交织在一起构成的。

人格具有社会性,个体的人格是在先天禀赋的基础上受社会文化的影响而形成的。人格的形成过程就是个体社会化的过程,即个体生活在一定社会关系中逐渐掌握一定社会的风俗习惯、行为方式,形成一定的世界观、价值观,从而成为复杂的社会关系的体现者,也就成为具有人格的个体。

一、埃里克森的人格发展理论

埃里克森(E. H. Eikson)出生于德国,年轻时受过弗洛伊德精神分析的训练,后定居美国,是美国现代著名的精神分析理论家。

埃里克森认为,个体在与社会环境的互动中,一方面由于自我成长的需求,个体希望从环境中特别是从人际关系中获得满足,另一方面又不得不受到社会的要求与限制。这就使个体在社会适应过程中产生一种心理上的困难和冲突。埃里克森称其为"发展危机"。如果个体不能很好地适应和解决该危机,就会给心理发展带来消极的影响。但发展危机也有正面促进作用,如果个体受到危机感的压力,能够学会自我调适,并做出符合社会要求的行为改变,那么调试自我后,危机就会解除,也就意味着个体的自我获得了进一步的成长,也即人格获得了发展,这时的发展危机对于个体而言就是发展转机。所以,埃里克森采用两极对立的观念来表示不同时期的发展危机,并根据危机性质的不同,将个体的人格发展分为八个阶段。

(一) 信任对不信任(0~1.5岁)

这个阶段的发展危机就是信任对不信任的危机,埃里克森认为,信任感是指"一种充分信任他人并且自己也值得信赖的基本感觉"。在该阶段个体完全处于无助状态,生活的一切需求完全依赖成人照顾才能满足。在这种需求与满足过程中,婴儿和成人之间就开始了人际互动,如果婴儿在这一时期能得到合理的照顾、哺育、关切与爱抚,就会发展起对照顾者的信任。反之,如果成人对婴儿照顾不周,或保育方法不当,或态度恶劣等,就会使婴儿对周围环境产生猜疑,对人也就不予信任。个体自婴儿期起与父母间所建立的以信任为基础的社会关系,将是他以后与其他人建立良好社会关系的人格基础。

(二) 自主对羞怯(1.5~3岁)

在这个阶段个体面对的发展危机是自主对羞怯与怀疑的危机,人格发展的任务就是获得自主感。该时期的儿童学会了走路,并且能利用语言与他人交流,儿童开始表现出自我控制的需要,他们开始试探自己的能力,许多事情喜欢自己动手,不愿他人干预。如果这种试探能得到成人允许,父母鼓励幼儿做力所能及的事,幼儿会逐渐体会到自己的能力,获得自主感,进而培养其自主的人格。反之,如果父母过于溺爱与保护,对孩子的独立行动表现得不耐烦,横加干涉,孩子就会对自己的能力表示怀疑而发展成羞怯的人格。因此,在安全范围内给儿童一定的自由,鼓励他们在活动中获得成功,对于发展儿童的自主性是非常必要的。

(三) 主动对内疚(3~6、7岁)

该阶段的个体处于学前期,显著的特征就是表现出对周围环境的控制,喜欢问"是什么"、"为什么",对周围充满好奇,而且喜欢表现自己,模仿喜欢的人。如果父母或教师能尊重儿童的好奇心并给予积极反馈,则儿童的主动性就会增强。这一时期的儿童喜欢活动,尤其喜欢团体游戏,儿童在团体游戏中学会团体规范,学到各种角色所负的责任,进而激发儿童的心智发展,也促进了儿童主动品质的形成。反之,如果在该时期刻意设计教学活动,提前教导儿童学习知识或才艺,将儿童过早置于不成功便失败的压力下,就可能就使儿童形成遇事退缩或事后内疚的个性。

(四) 勤奋对自卑(6、7~12岁)

这一时期的个体正值小学教育阶段,他们在生活上要受到团体规范的约束,在知识学习上要受到分数的限制,更重要的是在精神上要受到成功和失败的压力。同时在班级教学中,团体内成员间的竞争压力也是难以避免的。如果儿童在这一阶段能够得到教师的支持,并经常获得成功的经验与赞许,则勤奋感就会加强,进而培养起乐观进取和勤奋的人格。反之,如果儿童受教育不当,或屡遭失败,或因成绩差而受到冷淡对待,则会自视不如他人,进而形成自卑自贬的性格。

(五) 自我同一性对角色混乱(12~18岁)

这一时期相当于少年期和青年初期。埃里克森认为这一时期是人生全程发展中最重要的时期,因此青少年在这一阶段面对的危机情境也最为严重。所谓自我同一性是指个体尝试把与自己有关的多个层面统合起来,形成一个自己觉得协调一致的自我整体。这些层面包括自己的身体面貌、亲人对自己的期望、自己以往的成败经验、自己的现状、环境与条件的限制以及对自己未来的展望等,个体要综合这些层面,判断"我是个什么样的人"。进入青春期的男女开始对自己做认真的评价,但是,如何对自己做一个正确定论,保持自我的同一性,却并非易事。如果家庭、学校提供的工作与社交经验足以发展他们明确而一致性的角色,例如,放手让他们对自己的事情做决定,经常让他们参加社会实践等,则统一的自我就可以得到发展。自我同一感的建立可以使青少年了解自己,了解自己和周围环境之间的关系,能与客观环境保持协调和谐的关系,这些心理特质对青少年走向社会、走向生活,接受人生的挑战都是至关重要的。不能建立同一感的青年就会产生自我否定的情绪,形成自我同一性混乱,致使他们无法觅得自我一致的见解。埃里克森非常重视青少年这一时期的发展,并认为这一阶段的发展与前几阶段任务的完成有着密切关系。如果儿童在进入青春期前就顺利形成了信任、自主、主动和勤奋的特征,那么发展这一阶段的同一性就比较容易。

(六) 友爱亲密对孤独(18~30岁左右)

这一时期个体的人格发展任务是获得亲密感,避免孤独感。如果个体能在人际交往中与朋友或爱人建立起正常的友爱关系,就能形成一种亲密感。这种意义上的亲密感是指个体愿意与他人进行深层次的交往,并保持一种长期的友好关系,学会与他人分享而不计较回报。如果害怕与他人有深层交往和不愿与他人分享,就可能陷入孤独感中。

(七) 繁衍对停滞(30~60岁)

这里的繁衍是广义上的,不仅包括繁衍后代,而且包括人的生产能力和创造能力等特征。如果个人事业成功,能够关怀下一代,造福社会,就会获得繁衍感和充沛感。反之,就会陷入自我专注的状态,颓废迟滞。

(八) 完美无憾对悲观绝望(60岁以后)

本阶段相当于老年期。这一阶段个体的发展受前几阶段发展的影响极大。如果个体在前几阶段发展顺利,进入老年期后就会有一种完善感,不悔恨当初。相反就会产生一种绝望感和对死亡的恐惧感。

二、埃里克森人格发展理论对教育的启示

青少年学生正处于该理论的第五个阶段,埃里克森的理论观点对我国青少年的人格发展与教育有很大启发意义。

教师通常是最合适和最有可能帮助学生获得同一性的人。首先,学生选择某一特殊的专业,往往受这一专业教师的人格力量的影响,一个教学卓有成效、热情的教师可以激发学生强烈的学习兴趣,还可能影响学生对职业的选择和同一性的获得。其次,教师要认识到,学生需要大量的机会来体验各种职业和社会角色,因此教师应提供机会让学生了解社会、了解自我。在这一过程中,要始终给学生提供有关其自身状况的真实的反馈信息,以便学生能正确认识自己,确定适当的自我同一性。最后,青少年个体开始寻求独立,他们希望自己能以成人的方式应对周围的环境,对此,教师在师生互动时就应该注意以下几点:①青少年绝不应该被当做"孩子"看待;②绝不应该在其他同伴或其他有关的人面前轻视青少年;③给以明确的指示和充分的信任,让学生独立完成任务;④注意同伴间的影响,同伴学习的效果在中小学是有区别的,同一个管理措施,在小学行得通,但在中学就可能搁浅,和老师对着干的学生在小学时期可能不受同学的欢迎,可是到了中学就可能被同学视为英雄。

第四节 青少年心理发展的个别差异与因材施教

教师在教学中常常会发现,有的学生学得很快但掌握不全面,有的学生学得很慢但掌握得很扎实;有的学生积极主动参与学习,有的学生却表现迟缓;有的学生喜欢学语文,有的学生对语文没兴趣,数学却学得有滋有味。这些现象实际上是学生认知发展和人格发展过程中表现出来的个别差异。针对学生的个别差异,因材施教,是教育者必须遵循的原则。

一、学生的智力差异与教育

(一) 智力与智力测验

众所周知,智力反映了一个人的聪明程度。但要给智力下一个明确的令人满意的定义却十分困难。多少年来,研究者从各自不同的角度对智力作出了不同的解释。但归纳起来,大多数心理学和教育领域的专家都同意:智力指直接影响活动效率的各种认知能力的有机结合,具体包括观察力、记忆力、想象力、思维力等。

> **资料窗　　　　成功智力**
>
> 艾丽丝是一个成绩出色的学生,老师认为她是最好的学生,同学们也认为她是最聪明的人。艾丽丝虽然在学业中能出人头地,可她在以后的职业生涯中却一直表现平平,同班同学中的70%~80%在工作中都表现得比她出色。这样的例子在许多国家、许多学校都不难发现。中国也开始关注"第10名现象",发现学习最好的学生不一定是工作最出色的人,而学习排名在第10名左右的学生,可能会在工作中游刃有余。
>
> 这一现象说明了学业成就的高低并不百分之百地决定着一个人是否成功,这涉及了成功智力的问题。成功智力(successful intelligence)是一种用以达到人生中主要目标的智力,是在现实生活中真正能产生举足轻重影响的智力。因此,成功智力与传统IQ测验中所测量和体现的学业智力有本质的区别。斯腾伯格将学业智力称之为"惰性化智力"(inert intelligence),它只能对学生在学业上的成绩和分数做出部分预测,而与现实生活中的成败较少发生联系。斯腾伯格认为智力是可以发展的,特别是成功智力。在现实生活中真正起作用的不是凝固不变的智力,而是可以不断修正和发展的成功智力。
>
> 成功智力包括分析性智力、创造性智力和实践性智力三个方面。分析性智力(analytical intelligence)涉及解决问题和判定思维结果的质量,强调比较、判断、评估等分析思维能力;创造性智力(creative intelligence)涉及发现、创造、想象和假设等创造性思维的能力;实践性智力(practical intelligence)涉及解决实际生活中问题的能力,包括使用、运用及应用知识的能力。
>
> 成功智力是一个有机整体,用分析性智力发现好的解决办法,用创造性智力找对问题,用实践性智力来解决实际问题,只有这三方面协调、平衡时才最为有效。一个人知道什么时候以何种方式来运用成功智力的三个方面,要比仅仅具有这三个方面的素质更为重要。具有成功智力的人不仅具有这些能力,而且还会思考在什么时候以何种方式来有效地使用这些能力。在各个领域中,这三种智力都发挥着作用。在自然科学领域中,分析性智力可以将自己假设的理论与其他理论进行比较,创造性智力可以形成一种理论观点或设计出一个实验,实践性智力可以将科学原理应用于日常生活或

> 实践领域;在文学领域中分析性智力用于分析剧情、主题或人物,创造性智力用来写作诗歌或小说,实践性智力将从文学中汲取的知识与教训应用于每天的生活;在艺术领域中,分析性智力用来分析一位艺术家的风格和想传递的信息,创造性智力可以创作艺术作品,实践性智力则可以确定什么样的作品受欢迎。
>
> 资料来源:彭聃龄.2001.普通心理学.北京:北京师范大学出版社

一个学生成绩落后,是因为懒惰不愿学习导致的呢?还是因为智力迟钝影响的呢?要想回答这个问题就需要对学生的智力进行测量。其实在我国古代就已经有智力测验的思想了,比如:尧舜时期,尧向舜所施的迷津测验;唐、宋年间的叶格子戏、七巧板等。但世界上第一个正式的智力测验是由法国心理学比奈(A. Binet)和医生西蒙(T. Simon)在1905年实施的,所形成的测验工具被称为比奈-西蒙智力量表。该量表之后经多次修订,成为目前世界上广泛流传的智力测验之一——斯坦福-比奈智力量表。

斯坦福-比奈智力量表用智商即智力商数(IQ)表示个体的智力水平。计算的公式为

$$IQ = 智力年龄 \div 生理年龄 \times 100$$

式中,智力年龄为个体在智力测量中所属的年龄;生理年龄为个体的实足年龄

例如,一个5岁的儿童在斯坦福-比奈智力量表中只能通过5岁组的全部项目,而不能通过6岁组的项目,那么这个儿童的智龄就为5岁,计算智商为100;如果这个孩子不仅通过了5岁组的全部项目,而且通过了6岁组的全部项目,那么这个孩子的智龄为6岁,计算智商为120。

以上计算智商的方法叫比率智商,存在明显的缺陷,即人的实际年龄逐年增加,而他的智力发展到了一定年龄阶段可能稳定在一个水平上,这样,采用比率智商的方法来计算时,智商将逐年下降,这和智力发展的实际情况不相符。

韦克斯勒智力测验又称韦氏智力测验,是由美国著名测验学家韦克斯勒(D. Webter)编制,包含了多个具体的测验。其中有三个测验应用最广,也最具权威性。其一是韦氏成人智力量表,适用年龄为16岁至74岁的成人。其二是韦氏儿童智力量表,适用于6岁半至16岁的个体。其三为韦氏学前智力量表,适用年龄为4岁至6岁半的儿童。

韦氏测验采用离差智商计算IQ。提出离差智商的根据是:人的智力测验分数是按常态分布的,大多数人的智力处于平均水平,平均智商为100;离平均数越远,获得该分数的人数就越少。智商分布的标准差经计算约为15。这样,一个人的智力就可以用他的测验分数与同一年龄组其他人的测验分数相比较来表示,公式为

$$IQ = 100 + 15Z, 其中 Z = (X - \overline{X}) \div S$$

式中,Z为标准分数;X为个体的测验分数;$\overline{X}$为团体的平均分数;S为团体分数的标准差。

例如,某测验总体均数($\overline{X}$)为80,标准差(S)为9,甲生得98分,乙生得71分,问二人智商各为多少?

$$甲生\ IQ = 100 + 15(98 - 80)/9 = 130$$
$$乙生\ IQ = 100 + 15(71 - 80)/9 = 85$$

用离差智商我们可以确定一个人的智力在同龄人中的相对位置。正因为此,离差智商不受个体年龄增长的影响。

资料窗 韦氏成人智力量表举例

言语量表	操作量表
1. 知识:水蒸气是怎样来的?什么是胡椒?	1. 摆图片:把三张以上的画片按正确顺序排列,并说出一个故事。
2. 理解:为什么电线常用铜制成?为什么有人不给售货收据?	2. 完成图画:指出每张图缺了什么,并说出其名称。
3. 数学:刷一间房子3人用9天,如果3天内要完成它需用多少人?一辆汽车45分钟行驶25千米,20分钟它走了多少千米?	3. 积木拼图:在看一种图案之后,将小木块拼成相同的样子。
4. 复述数字:按次序复述以下数字:1、3、7、2、5、4;倒数以下数字:5、8、2、4、9、6。	4. 物体组装:将拼图小板拼成一个物体,如人手、半身像等。
5. 找相似:圆和三角形有何相似?蛋和种子有何相似?	5. 数字符号:学会将每个数字与不同的符号联在一起,然后在每个数字的空格内填上正确的符号。
6. 词汇:什么是河马?"类似"是什么意思?	

资料来源:彭聃龄.2001.普通心理学.北京:北京师范大学出版社

(二) 智力差异的表现

由于产生及发展的条件不同,个体智力存在个别差异性,这种差异表现在智力发展的水平、智力表现早晚及智力类型三个方面。

1. 智力发展水平的差异

人的智力水平有高有低。通过研究发现,在人群整体中,智商分布基本上呈常态:两头小、中间大,如图2-1所示。多数人的智商处于一般水平,智商较高和极低的人只是极少数。

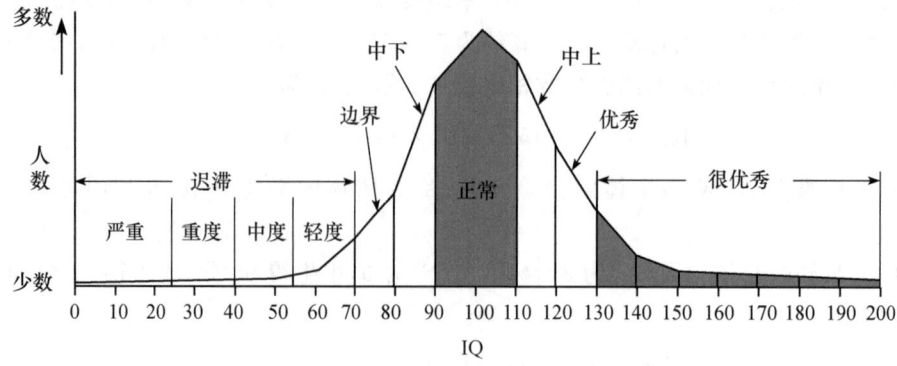

图2-1 IQ分数在大量样本中的分布

智力的发展水平存在差异的事实对教育工作具有重要意义。第一，教师应该明确，大部分学生都具备学习的能力，有的学生学习成绩落后可能不是智商的原因，而是由一些非智力因素导致的。第二，对于超常儿童和低常儿童教师应采取不同的教育方法。超常儿童即智商在130以上，智力高度发展的儿童。这种儿童的特点是：兴趣浓厚，求知欲旺盛；思维敏捷，理解力强；想象丰富，创造力强；进取心强、勤奋、有坚持性。对于这类儿童教师应尽最大努力为其提供丰富的、难度超出课本的学习内容，同时保护他们的创造力和想象力。低常儿童是指智商在70以下，智力发展显著落后于同年龄儿童的水平或有严重智力障碍的儿童。智力低常，多数是由于大脑机能发育不全或神经系统慢性疾病所造成的，少数是由外伤或其他疾病的后遗症引起的，属病理现象。这类儿童在学习上存在较大困难，生活自理能力较差，需要教师耐心地引导和鼓励，同时还要教育其他学生尊重和帮助这类学生。

2. 智力表现早晚的差异

个体智力的充分发挥有早有晚。有些人在童年时期就表现出某些方面的优异智力，这叫早慧。如唐初诗人王勃6岁能赋诗；李白5岁通六甲，7岁观百家；奥地利作曲家莫扎特5岁开始作曲等。智力的早期表现，在音乐、绘画等领域中最为常见。

另一种情况是"大器晚成"，指智力的充分发展在较晚的年龄才表现出来。如我国画家齐白石，40岁才表现出他的绘画才能；达尔文在50岁才写出《物种起源》一书，一举成名；摩尔根60岁才发表遗传基因理论。相当多的政治家、社会活动家都是在不惑之年，甚至花甲之年才表现出他们的才能的。

大部分人智力的充分发挥是在中青年时期。有人统计了1960年前的1243位科学家、发明家做出的1911项重大科学创造发明，据此画出人才成功的年龄曲线图，如图2-2所示。

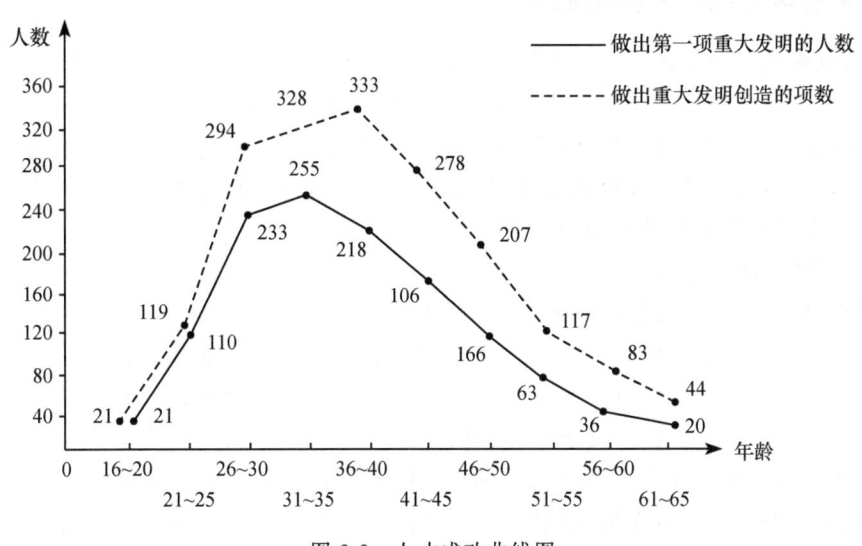

图2-2 人才成功曲线图

智力表现早晚的差异除表现在年龄上，还表现为不同智力的发展速度不同。某些智力的发展或成熟较早，而另一些智力的发展或成熟较迟。各种智力在达到顶峰之后的衰退速度也不一样。据研究,知觉智力发展较早,也首先开始下降;其次是记忆力;思维智力达到成熟的时间最晚,也最后衰退,如人的比较和判断智力在 80 岁左右才开始急速下降。具体如表 2-1 所示。

表 2-1　不同能力的平均发展水平

项　目	10~17 岁	18~29 岁	30~49 岁	50~69 岁	70~89 岁
知觉	100	95	93	76	46
记忆	95	100	92	83	55
比较和判断	72	100	100	87	69
动作及反应速度	88	100	97	92	71

注:表中数字 100 代表能力的最高发展水平,其他数字是和最高水平的比较

3. 智力结构的差异

每个人智力的构成各不相同,如有的人记忆力突出,但逻辑思维能力较差;有的人观察能力较强,但想象力较差。即使是在同一类型的智力结构中,各要素也不是齐头并进的,例如,同样是感知能力,有的人擅长于综合和概括,有的人擅长于分析和比较;在记忆方面,有的人视觉记忆效果好,有的人听觉记忆效果好,还有的人运动记忆效果好。这些智力结构上的不同特点就构成了不同的智力类型。

智力的结构差异,还表现为完成同一种活动时,不同的人可由不同的智力结合来保证。例如,同样是优秀教师,但教学风格却大不相同,有的善于处理偶发事件,有的善于启发学生思维,有的长于生动描述,有的长于精辟说理等。一般来说,个体很难在活动所需的各种智力上都得到充分发展,而往往是以某一种或若干种见长的智力为主导来组织活动的智力结构的。

二、学生的学习风格差异与教育

学习风格是指学习者持续一贯的带有个性特征的学习方式。它的首要特征就是相对的稳定性。学习风格是个体在长期的学习过程中逐渐形成的,很少因学习内容、学习环境的变化而变化。学习风格还具有独特性。学习风格是学习者在个体神经组织结构及其机能基础上,受特定的家庭、教育和社会文化的影响,通过个体自身长期的学习活动而形成的,因此具有鲜明的特性,因人而异。

(一) 学习风格的构成要素

学习风格的构成主要包括生理要素和心理要素。生理要素主要指个体对外界环境中的生理刺激(如声、光、温度等),对一天内的时间节律以及对接受外界信息的不同感觉通道的偏爱。例如,每个个体对一天之中学习时间的偏爱是不同的,有些人属"猫头鹰"型,喜欢晚上或深夜学习;有些则属于"百灵鸟"型,在早晨学习效率高;有的人上午易于集中注意,而另一些人则在下午学得更好。再如,不同个体在学习时,对获取信息的感觉通道也有偏爱。有的学习者对视觉刺激敏感,属于视觉型学习者,他们习惯从视觉接受学习材料,如书籍、图表等。这样的学习者喜欢通过自己看书和记笔记来学习,不适应教师的讲授和灌输。而听觉型学习者偏重听觉刺激,对语言、声响、音乐的接受力和理解力强。还有的属于动觉型学习者,他们喜欢接触、操作物体,对自己能够动手参与的认知活动感兴

趣,因此更习惯于通过实验、实习演练、角色扮演等方式学习。

学习风格的心理要素包括认知、情感和意志三个方面。其中,学习风格中的认知要素就是所谓的认知风格,它对学生的学习影响最大,以下将对其进行详细介绍。

(二) 认知风格的差异与教育

认知风格是指个体偏爱的组织和加工信息方式,表现在个体对外界信息的感知、注意、思维、记忆和解决问题的方式上。

1. 场依存型与场独立型

从个体在认知加工中对客观环境提供线索(即"场")的依赖程度看,个体的认知风格可以区分为场依存型与场独立型。受环境因素影响较大者称之为场依存型,不受或很少受环境因素影响者称之为场独立型。前者属于"外部定向者",倾向于以外部参照作为信息加工的依据,难以摆脱环境因素的影响,他们的态度和自我知觉更易受周围的人,特别是权威人士的影响和干扰,善于察言观色,注意并记忆言语信息中的社会内容。后者是"内部定向者",倾向于利用自己内部的参照,不易受外来因素影响和干扰;在认知方面独立于周围的背景,倾向在更抽象的水平上加工,独立地对事物做出判断。

场依存型——场独立型认知风格与学习有着密切的关系。场独立型与场依存型学习者在学习上的不同特点如表 2-2 所示。场独立型学习者善于运用分析的知觉方式,易于给无结构的材料提供结构,因此,他们比较易于适应结构不严密的教学方法;而场依存型学习者则偏爱非分析的、笼统的或整体的知觉方式,他们难以从复杂的情境中区分事物的若干要素或组成部分,喜欢有严密结构的教学,因为他们需要教师提供外来结构,需要教师的明确指导与讲解。

表 2-2 场独立型者与场依存型学习者的学习特点

学习特点	场独立型	场依存型
学习兴趣	自然科学	社会科学
学习成绩	自然科学成绩好,社会科学成绩差	自然科学成绩差,社会科学成绩好
学习策略	独立自觉学习,由内部动机支配	易受暗示,学习欠主动,由外部动机支配
教学偏好	结构不严密的教学	结构严密的教学

资料来源:连榕,李宏英.2007.发展与教育心理学.福州:福建教育出版社

因此教师在教学中应注意识别学生的场的定向,一方面发挥不同认知风格学习者的特长,另一方面采取适当的措施弥补其认知风格上的缺陷。例如,教师可指定场独立型学生从事某些要求社会敏感性的任务,也可以要求场依存型学生应用分析性技能单独工作。

资料窗　　　　　场定向的测量

心理学家采取了一些方法来测量个体的场定向。这些方法主要有:

A. 身体适应测验:被试坐在一间小型斜屋内,要求他把身体调正,场依存型的被试往往把身体调到与斜屋看齐,表明在确定身体位置时,把环境作为主要参照。而场独立型的被试在调正身体时,则不大考虑屋子的位置,更多地利用身体内部的经验作为主要参照。

B. 棒框测验：被试坐在暗室里，面对一个可调节倾斜度的亮框，框中心安装有一个能转动度数的亮棒，要求被试把亮棒调到垂直状态。依存于场的被试往往把亮棒调到与亮框看齐，这表明被试是根据框主轴来判断垂直。而场独立性被试则往往把亮棒调到接近于垂直，这表明被试利用了所感觉到的身体位置。

C. 镶嵌图形测验：要求被试从其他复杂图形中辨认出一个简单的图形。有些人几乎立即能指出这个图形，不会因为周围的线条而分散精力；有些人则需花费较长的时间才能辨认出来。图2-3中有一个人脸，你能很快辨别出来吗？据此可以判定你的场定向。

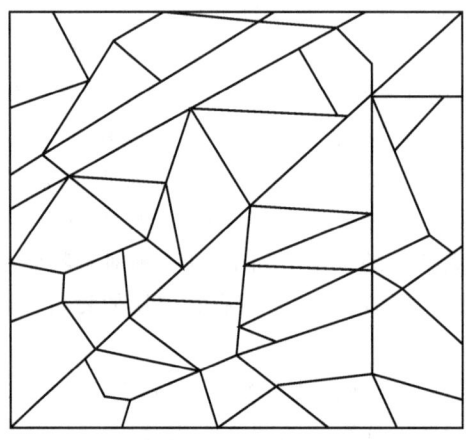

图 2-3 镶嵌图形测验

资料来源：陈琦，刘儒德.1997.教育心理学.北京：北京师范大学出版社

2. 沉思型与冲动型

根据个体在信息加工和解决问题过程中的速度和准确性，可以把个体的认知风格区分为沉思型和冲动型。冲动型学习者在碰到问题时倾向于快速地检验假设，根据问题的部分信息或未对问题做透彻的分析就仓促作出决定，因此，反应速度较快，但准确性低。而沉思型学生则倾向于深思熟虑，用充足的时间考虑、审视问题，权衡各种解决问题的方法，然后从中选择一个满足多种条件的最佳方案，因而错误较少。这两种认知风格的差别还在于沉思型学生能够较好地约束自己的行为，忍受延迟性满足，比冲动型的学生更能抗拒诱惑。

在学校教育环境中，就阅读和凭记忆的考试成绩而言，沉思型学生的表现要优于冲动型学生，因为这一类测验比较注重对细节的分析，而冲动型学生擅长的则是从整体上去分析问题。不过，在某些涉及多角度的任务中，冲动型学生则表现较好。因此，在课堂教学中，教师应注意识别这两种不同认知风格的学生，同时提醒他们一方面了解自己的习惯，另一方面要认识到工作性质的轻重缓急，对于熟悉而又较容易的作业，应当迅速、准确地解决，对于生疏而又困难的问题，应审慎、认真对待。

另外，由于冲动型认知风格时常会掩盖学习者解决问题的实际能力，尤其是在那些需要仔细辨别的阅读、推理之类的任务中。因此应对冲动型儿童解决问题的方式进行矫正训练。一种切实可行的教学技术就是自我指导训练，其具体步骤是让冲动型学生大声说出自己解决问题的过程，进行自我指导，当获得连续成功以后，由大声自我指导变成轻声低语，而后变成默默自语。其实质是让冲动型学生在问题解决过程中通过自我对话来监视自己的思维。例如，"现在我们来看……问题是要求三角形的面积……那么求三角形面积的公式是什么呢？……哦，先别忙着求面积，要把题目中的已知条件弄清楚，我最容易犯的毛病是题意还没有弄清楚就急匆匆地答题……"通过让冲动型学生对自己的思维加工保持清醒的意识，可以尽量减少其冲动倾向，进而提高他们解决问题的一般技能水平。

3. 聚合型与发散型

根据个体在解决问题过程中的思维倾向，可以把个体的认知风格区分为聚合型和发散型两种类型。聚合型个体在解决问题时表现出复合思维的特点，倾向于运用逻辑规律组织信息，缩小解答范围，直至找到最适当的唯一正确答案，因此擅长于解决具有常规答案的问题。而发散型个体解决问题时，表现为思维的发散性，能使观念发散到各个有关方面，最终产生多种可能的解决方案，因此擅长于解决具有不同答案或具有创造性的问题。

在学校环境中，聚合型的学生偏好结构化、需要逻辑思维的任务。相比之下，那些发散思维型的学生，偏好目标更为开放、需要创造性的任务。对常规任务或熟悉的、可预料的并且需要一个正确答案的任务，发散思维者更可能作出消极反应。在学科兴趣方面，大多数聚合型思维者喜欢选择自然科学作为自己的专业或职业；发散型思维者喜欢选择人文科学作为自己的专业或职业。尽管发散思维型学生可能更具有想象智力和创意，但是实际在教学中教师还是更喜欢低发散思维（如从众、听话）的学生。因此，对教育工作者来说，也许更为重要的是，要善于识别不同思维倾向的学生，尤其是要充分了解发散思维型学生的个人特征，并给予高度理解和欣赏。

以上介绍了多种不同的学习风格，教师依据学生的学习风格进行因材施教时需要注意以下两点：第一，学习风格在总体上并无好坏之分。学习风格只是影响学生的学习方式，并不影响学生个人的智力水平。每一种学习风格都有其适应特殊环境的价值，只要教师能够采取适当的措施适应学生的学习风格，无论哪种风格类型的学习者都能在学习中取得成功。第二，对于教师而言，适应学习风格差异的教学至少应包含两方面的内容：一是采用与学习风格的长处或学习者偏爱的方式相一致的教学对策；二是针对学习风格的不足进行有意识弥补的教学。因此教师在教学中，应灵活采用多种教学方式和多样化的评价方式，真正做到因材施教。

三、学生的气质类型差异与教育

气质是表现在心理活动的强度、速度、灵活性与指向性等方面的具有动力性的心理特征。它是形成人格的"原料"之一，也是人格的先天遗传成分。一个刚落地的孩子最先表现出来的差异就是气质差异，例如，有的孩子爱哭好动，有的孩子平稳安静。因为气质的先天特性，一个人的气质特点没有好坏之分，它只是给人们的言行涂上某种色彩，但不能决定人的社会价值，也不能决定一个人的成就高低。

最早对气质类型进行区分的是古希腊医生希波克里底等人,他们的观点被称为气质的"体液说",认为人体内有四种性质不同的体液:血液、黄胆汁、黑胆汁和黏液,这四种体液在不同人身上的混合比例不同,从而决定了人们气质类型的不同,并将气质类型命名为:胆汁质、多血质、黏液质、抑郁质。这种用体液解释气质类型的学说是缺乏科学依据的。

苏联生理学家巴甫洛夫从高级神经活动类型的角度解释个体气质的差异,从而为我们理解气质提供了自然科学的依据。他认为神经过程的基本特性表现为,兴奋过程和抑制过程的强度、平衡性和灵活性。其中,神经活动的强度,是大脑皮层神经细胞工作能力和耐力的标志,强的神经系统能够承受强烈而持久的刺激。平衡性是兴奋过程和抑制过程的相对力量,二者大体相同属于平衡,否则属于不平衡。灵活性是兴奋过程和抑制过程相互转换的速度,两个过程能迅速转化即为灵活,否则为不灵活。根据这三个特征的不同表现,可以将人分为四种高级神经活动类型。每一种神经活动类型对应于一种气质类型,具体如表 2-3 所示。

表 2-3 高级神经活动类型与气质类型对照表

高级神经活动类型	高级神经活动过程	气质类型
不可遏制型	强、不平衡	胆汁质
活泼型	强、平衡、灵活	多血质
安静型	强、平衡、不灵活	黏液质
抑制型	弱	抑郁质

现代的气质学说仍将气质分为四种典型的类型:胆汁质、多血质、黏液质和抑郁质,每种气质类型都有典型性的特征,具体表现如下:

胆汁质:这种人情绪体验强烈、爆发迅猛、平息快速,思维灵活但粗枝大叶,精力旺盛、争强好胜、勇敢果断,为人热情直率、朴实真诚、表里如一,行动敏捷、生气勃勃、刚毅顽强;但这种人遇事常欠思量,鲁莽冒失,易感情用事,刚愎自用。

多血质:这种人情感丰富、外露但不稳定,思维敏捷但不求甚解,活泼好动、热情大方、善于交往但交情浅薄,行动敏捷、适应力强;他们的弱点是缺乏耐心和毅力,稳定性差,见异思迁。

黏液质:这种人情绪平稳、表情平淡,思维灵活性略差但考虑问题细致而周到,安静稳重、踏踏实实、沉默寡言、喜欢沉思,自制力强、耐受力高、内刚外柔、交往适度、交情深厚;但这种人的行为主动性较差,缺乏生气,行动迟缓。

抑郁质:这种人情绪体验深刻、细腻持久,情绪抑郁、多愁善感,思维敏锐、想象丰富,不善交际、孤僻离群,踏实稳重、自制力强,但他们的行为举止缓慢,软弱胆小,优柔寡断。在现实生活中,单一气质类型的人并不多,绝大多数的人是四种气质类型的特征互相混合、渗透、兼而有之的。

在教育过程中,教师应深入了解学生的气质特点,针对不同气质类型的学生进行因材施教,促使其顺利发展。

对于胆汁质的学生,教师应采取直截了当的教育方式,但对这些学生不宜轻易激怒,对其进行批评要有说服力,同时注意培养其自制的能力、坚持不懈的精神和豪放、勇于进取的个性品质。

对于多血质的学生,教师可以采取多种教育方式,对他们的缺点可以直接指出,并定期提醒。教师应鼓励这类学生勇于克服困难,培养扎实专一的精神,防止其见异思迁;创造条件,多给他们活动的机会,充分展示他们朝气蓬勃、足智多谋的优点。

对于黏液质的学生,教师要采取耐心教育的方式,让他们有考虑和做出反应的足够时间,努力培养其生气勃勃的精神,热情开朗的个性,同时发挥他们以诚待人、工作踏实顽强的优点。

对于抑郁质的学生,教师则应采取委婉暗示的方式,对其多关心、爱护,不宜在公开场合下指责,不宜给予严厉的批评。应注意培养他们亲切、友好、善于交往、富有自信的精神;同时发挥其敏感、机智、认真、细致、高自尊的优点。

四、学生的性格差异与教育

性格是指人们对现实和周围世界的稳定态度,以及在这种态度指引下的行为方式。如我们在评论别人或老师给学生做评价时,常常使用正直、诚实、谦虚或者邪恶、虚伪、傲慢、自私自利等词语,这些词语表示的就是人的一些性格特征,各种性格特征的有机结合就构成了一个人的性格。性格是个体在后期的社会生活中逐渐形成的,是人格结构的社会成分。由于个体对现实的态度有对错善恶之分,行为方式对社会生活的作用也有消极与积极的不同,因此性格具有好坏之分,能直接反应一个人的道德风貌。

学生性格的差异表现在两个方面:性格特征的差异和性格类型的差异。

(一) 性格特征的差异

一般来说,性格特征的差异主要体现在以下四个方面,即态度特征、意志特征、情感特征和理智特征。例如,在态度特征上,有的学生会表现出热爱社会、热爱集体、乐于助人、勤劳认真、谦虚谨慎等特征,有的学生却可能会表现出自私自利、损人利己、懒惰马虎、傲慢狂妄等特征。在意志特征上,有的学生会表现出独立性强、自觉性高、勇敢坚韧、自制力较强等特征,有的学生却可能表现出依赖性较强、被动盲目、怯懦脆弱、冲动性强等特征。在情绪特征上,主要表现在情绪反应的强弱、快慢、起伏的程度、保持时间的长短和主导心境的性质等方面,有的学生表现出安静、温和、乐观、热情;有的学生却表现出急躁、悲观、冷漠、抑郁等。在理智特征上,即在认知态度和学习方式上,表现为:有的学生是主动观察,有的是被动感知;有的思维具有独创性,有的偏重于综合分析;有的记忆快速准确,有的记忆机械死板,等等。

(二) 性格类型的差异

由于性格本身的复杂性,关于性格类型的差异目前尚无统一的分类标准。现将几种主要的性格类型差异简介如下。

1. 内倾型和外倾型的差异

内倾型即内向型,指个性沉静不善于人际交往的人。其特点是:沉静、处事谨慎、反应缓慢、适应环境困难、顾虑多、交往少。

外倾型即外向型,是指个性好动、外露、善于人际交往的人。其特点是:开朗、活泼、情感外露、独立性强、善交往。

2. 独立型和顺从型的差异

独立型的人具有坚定的个人信念，喜欢将自己的观点强加于人，在紧急情况下冷静沉着，较能发挥自己的力量。

顺从型的人容易不加评判地接受别人的观点，自己很少有主见，不善于独立应付复杂局面和紧急情况。

3. A型性格、B型性格和C型性格的差异

A型性格，又称A型行为模式。特征是：对时间有紧迫感、做事快、总感时间不够、长期亢奋、争强好胜、常处于紧张状态、对人常有戒心、少耐心和容忍、受挫折易变得敌意和攻击。

B型性格，又称B型行为模式。特征是：不爱紧张、悠闲自得、不喜争强好胜、有耐心、能容忍。有研究表明，A型性格的人冠心病的发病率是B型性格人的2倍，而心肌梗死的复发率是B型人的5倍。

C型性格，主要特征是：忍藏气愤、过分表现合作忍让、耐心、缺乏主见、屈从权威、回避冲突等。

学生的性格与学习的关系较为复杂，其中，态度是一切学习的动力因素，它能影响学习的速度和质量，由学习态度引发的学习方式直接决定学习的效果。不同的性格特征和类型表现出不同的学习态度与学习方式。一项问卷调查表明，以下六种学习态度与方式同学生的性格特征有关：

A. 竞争型。这类学生的学习是为了表现自己比他人学得更好，把课堂视为竞争的战场，他们注重分数和教师的奖励，希望在竞争中获胜。

B. 协作型。这类学生喜欢与人合作，把课堂看做学习社交的场所，愿同他人交换意见，也乐意帮助别人。

C. 回避型。这类学生对课堂学习和班里发生的事情都不感兴趣，不愿参与课堂内的师生活动。

D. 参与型。这类学生对课程内容和上课感兴趣，喜欢参加班级的教学活动和课外活动。

E. 依赖型。这类学生只想学习教师布置的内容，对知识缺乏好奇，只希望别人指导他。

F. 独立型。这类学生喜欢自己独立思考，自己独立完成学习任务。

学生的性格特征和学习效果之间相互影响。良好的性格特征有助于学业成功，而学习上的成功又增强学生的自信心，使他们得到情感上的满足，产生良好的心境，并使未来的学习志向水平提高，使其学习更勤奋，进而促进其开朗、乐观、积极进取的性格发展。反之，狭隘、自私、封闭等不良性格特征导致学习常常失败，从而引起消极、恐惧、退缩、羞愧等情绪体验。如此恶性循环，更会加强消沉、悲观、自卑等不良性格特征。正如爱因斯坦所说："智力上的成就依赖于性格上的伟大。"因此，在教学中教师必须注意学生性格对其学习的影响，重视性格与学习的相互作用。

复习思考题

1. 个体心理发展的基本规律是什么？教育者应如何遵循这些规律对个体实施教育？
2. 初中生心理发展的主要特征是什么？
3. 简述皮亚杰的认知发展理论及其对教育的启示。
4. 简述维果茨基的认知发展观以及对教育的启示。
5. 人格的主要特征是什么？
6. 简述埃里克森的人格发展理论以及对教育的启示。
7. 学生的智力差异表现在哪些方面？
8. 学生认知风格的差异表现在哪些方面？教师应如何适应这些差异对学生进行因材施教？
9. 谈谈教师应如何根据学生的气质类型差异进行因材施教。

参考文献

陈福安.2003.中学心理学.新编本.北京:高等教育出版社
陈琦,刘儒德.2007.当代教育心理学.北京:北京师范大学出版社
连榕,李宏英.2007.发展与教育心理学.福州:福建教育出版社
林崇德.1997.发展心理学.北京:人民教育出版社
彭聃龄.2001.普通心理学.北京:北京师范大学出版社
谭顶良.1995.学习风格论.南京:江苏教育出版社
徐胜三.1993.中学教育心理学.北京:人民教育出版社
张承芬.2000.教育心理学.济南:山东教育出版社
张春兴.1998.教育心理学——三化取向的理论与实践.杭州:浙江教育出版社
张大均.2005.教育心理学.北京:人民教育出版社
张向葵.2002.发展心理学.长春:东北师范大学出版社
张向葵.2005.青少年心理学.长春:东北师范大学出版社
Dennis C,Miterer J O.2007.心理学导论——思想与行为的认识之路.11版.郑刚等译.北京:中国轻工业出版社
Newman.2005.发展心理学.8版.白学军等译.西安:陕西师范大学出版社
Slavin R E.2003.教育心理学——理论与实践.7版.姚梅林等译.北京:人民邮电出版社

第三章 学习理论

学生的任务是学习,学校教育的任务在于传授科学知识,帮助学生掌握知识、获得技能和形成良好的品德。学习理论揭示个体学习的本质和规律,解释和说明学习过程的心理机制,帮助学生运用学习规律提高学习效果。

不同的历史时期、不同的理论学派依据相应的研究方法和资料提出了自己的学习理论,从不同角度揭示了学习活动的本质。其中,行为主义学习理论和认知主义学习理论是较有影响的两大流派:前者关注个体外显行为的持久变化;后者则强调个体内在的、不可直接观察的心理过程。此外,强调学习的主动性、社会性和情境性的建构主义学习理论逐渐受到了学者的关注。

本章知识点:
- ◆ 学习的概念
- ◆ 学习的一般过程
- ◆ 试误说
- ◆ 强化理论
- ◆ 观察学习
- ◆ 顿悟、认知地图、认知结构的概念
- ◆ 发现学习与接受学习
- ◆ 有意义接受学习的条件
- ◆ 建构主义学习理论

第一节 学习概述

一、学习的概念

"学习"是人们日常生活中最常用的词汇之一。然而,究竟什么是"学习"? 不同文化、不同理论流派对"学习"有不同的理解。

(一) 中国古代学者对学习的理解

中国远古时代,"学"和"习"是分开讲的。根据《辞源》的解释,"学"乃"仿效"也,"习"乃"复习"、"练习"也。就是说,"学"是通过观察、模仿、复制、内化来获得知识;"习"是通过复习巩固提升个体的能力,以便能够适应现实的自然环境和社会环境。由此可见,中国远古时代对"学"和"习"的理解反映了学习的本质:学习是一种先习得新知识再实践新知识的过程。

孔子最早把学与习联系起来。他在《论语·学而》中提到:"学而时习之,不亦说乎!"这句话的直接意思是"习得知识后经常温习,不也高兴吗!"这里的"习"主要是指实践习得的仁德,体现了孔子对"学习"一词的理解。宋代著名学者朱熹对这句话的评价极高,说它是"入德之门,积德之基"。以学习为乐,注重修养,实践仁德,这种思想正是中国传统文化中的精华。

后来,《礼记》中又提到:"温风始至,蟋蟀居壁,鹰乃学习,腐草为萤"。这里的"学"是指小鸟效仿大鸟,"习"是指小鸟反复练习飞翔。可以看出,古代学者对于"学习"的理解是人或动物效仿其他事物并反复练习的活动。

荀子在《劝学》中也提出了自己对学习性质的理解。他认为:"学不可以已",活到老、学到老,长期坚持才能有所成;"青,取之于蓝而青于蓝,冰,水为之而寒于水"。这说明学习不只是重蹈他人的步伐,而是不断地超越与创新。

(二)心理学家关于学习的理解

行为主义心理学家从外显的行为变化来理解学习,通常把学习定义为"由练习或经验引起的行为相对持久的变化",也就是把有机体经过训练后出现的行为变化称为学习。例如,有两只狗,一只经过训练后会表演节目,学习就发生了;另一只未经过训练,不会表演节目,就没有学习。用外显的行为变化来衡量有机体是否进行学习,学习成为了可观察和可测量的科学概念。

认知主义心理学家从内在的认知结构和能力倾向的变化来解释学习,认为学习是"由练习或经验引起的认知结构相对持久的变化"。这一概念强调将内部的认知结构变化作为衡量学习是否发生的标志。例如,当儿童在学习"鸟是动物"这一概念后,儿童由原来不认为鸟是动物到把鸟归类为动物这一过程,认知结构发生了改变,儿童产生了学习。

鲍尔(G. H. Bower)和希尔加德(E. R. Hilgard)综合了行为主义心理学家和认知心理学家关于学习的概念,把学习定义为"一个主体在某个规定情境中的重复经验引起的、对那个情境的行为或行为潜能的变化。不过,这种变化是不能根据主体的先天反应倾向、成熟或暂时状态(如疲劳、酒醉、内驱力等)来解释的"。邵瑞珍(1997)进一步将学习的定义简化为有机体在后天生活过程中经过练习或经验,在知识、态度、行为或行为潜能上发生的相对持久的变化。

综合上述心理学家对学习的理解,可以概括出学习活动有如下主要特征:

(1)学习既可以是外显的,也可以是内在的。外显的学习常常表现为行为的变化,内在的学习则泛指内部心理结构的变化,包括认知结构、态度、人格及行为潜能等诸多方面。在日常生活中,学生学得了某种解题技巧、动作技能或礼貌行为,这些行为变化都是可以被观察到的、外显的。伴随着这些外显行为的变化,学习者的思维能力、认知模式或道德观念等心理状态也发生了变化,这一过程是内在的、无法被直接观察的。

(2)学习引起的行为变化一定是由后天的练习或经验产生,来源于机体与环境的相互作用,而不是由先天因素或行为反应倾向等带来的变化。这里的经验是个体通过从事的活动获得技能、技巧的过程,可以是经历某件事情,也可以是观察他人的活动,因而有别于有机体出于本能或生物成熟所表现出来的行为模式。例如,鸡孵蛋、蜂酿蜜、婴儿吮吸奶瓶等行为都是在进化过程中固定下来而不学自会的本能行为,不属于学习。又如,婴儿发展到一定年龄会自然地出现爬行。这种行为也不能被称作学习——它不是经过训练获得的,而是由于机体内部组织的成熟而导致的行为变化。

(3)学习引起的行为变化是相对持久的,而不是暂时的。有机体的某些变化(如疲劳等),不能称作学习,当条件变化或经适当休息,这种暂时性变化就会迅速消失。当个体表现出一种新的知识结构或行为技能,才能被认为发生了学习。

(4)学习不仅是人类普遍具有的,动物也存在学习。只不过动物的学习和人类的学习存在本质的差异,动物的学习不能借助于思维与语言,只能通过自身的直接经验获得外显行为的变化,其学习过程是简单的、被动的。

二、学习的一般过程

(一) 加涅的信息加工模型

信息加工心理学认为计算机和人脑都是信息加工系统。因此,在研究人类的学习和记忆时,可以用计算机加工信息的过程作比拟。加涅(R. M. Gagne)在此基础上提出:信息加工是由加工系统、执行控制系统和预期系统协同作用的过程。加工系统,又称操作系统,由感受器、感觉记录器、效应器、反应发生器、短时记忆和长时记忆组成,负责信息的接受、加工、储存、提取和应用;执行控制系统,负责选择适当的信息加以注意、运用合适的记忆策略和编码策略、采取恰当的信息提取线索并监督解决问题计划的执行等;预期系统是与信息加工活动的目的和动力有关的系统,不与任何操作过程发生直接联系,但对有机体的信息加工起到定向、维持和激励作用。加涅的信息加工模式如图 3-1 所示。

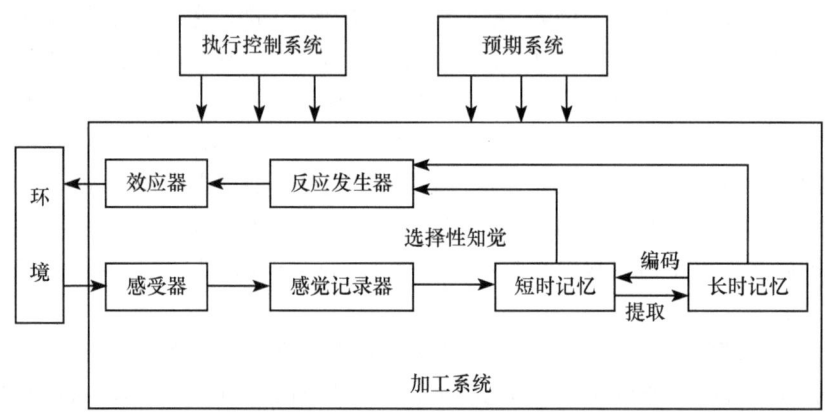

图 3-1　加涅的信息加工模式示意图

 **单个学习的内部过程和外部事件**

加涅在信息加工模型的基础上详细分析了学习活动的信息加工过程,认为学生的学习过程是由单个学习的内外部事件构成的(汪凤炎和燕良轼,2008),如图 3-2 所示。

(1) 动机阶段:学习动机是有效学习的保证,是学习的开始阶段。它借助学生内部产生的心理期望过程而建立起来,即学生对完成学习任务后将会得到满意结果的一种预期,可以为随后的学习指明方向。在教育教学情境中,首先需要激发学生进行学习活动的动机,并将它们引到学习的目的上去。

(2) 领会阶段:有了学习动机之后,学生必须注意与学习有关的刺激,而无视其他刺激,这个过程就是选择性知觉。此时教师需要利用各种手段让有效的刺激凸显出来,并引起学生的注意。

(3) 获得阶段:又称习得阶段,当学生注意到有效刺激后,需要对新获得的刺激进行知觉编码并储存在短时记忆中,然后进一步编码加工后转入长时记忆。在此过程中,教师可以给学生提供各种有效编码策略。

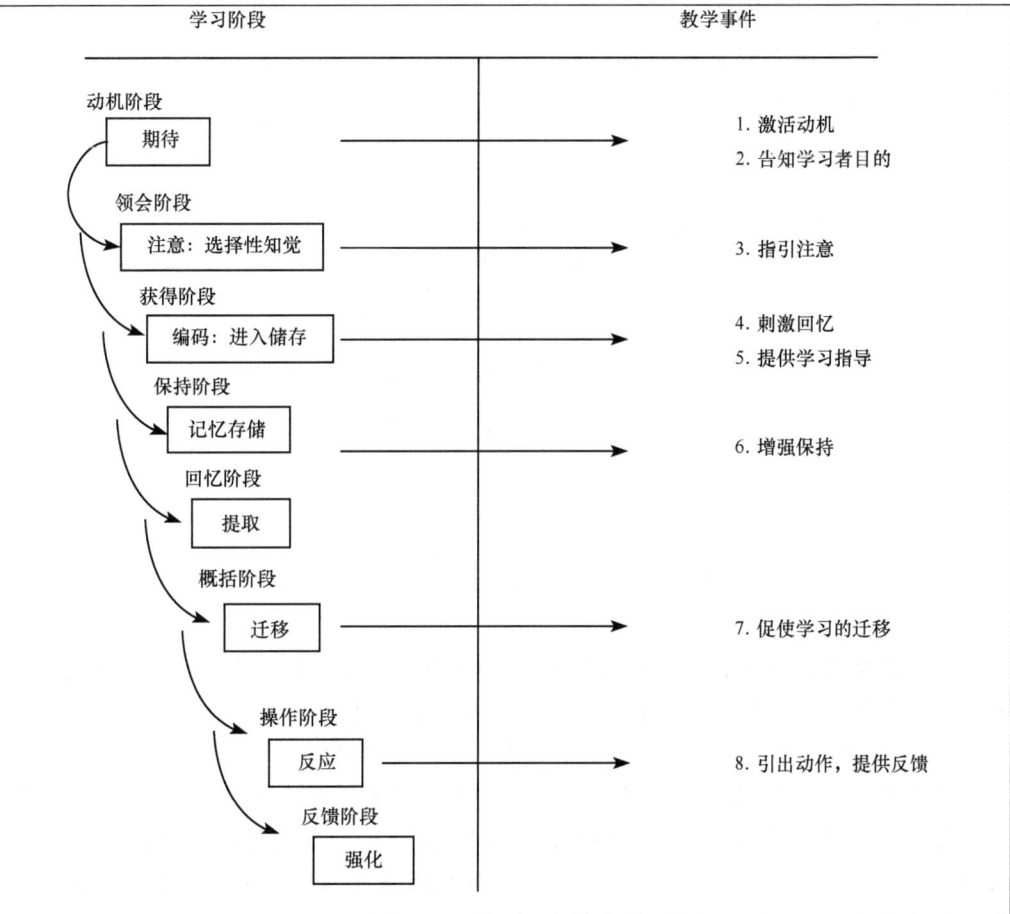

图 3-2　单个学习的内部过程和外部事件

(4) 保持阶段：这个阶段是学生将知识储存在长时记忆中的阶段。为了避免遗忘，教学中就要让学生在多种多样的情境中加以练习，以巩固、保持和增强记忆。

(5) 回忆阶段：储存信息的恢复和提取阶段。教师可以利用各种方式使学生得到提取线索，这些线索可以增强学生的信息回忆量。

(6) 概括阶段：学到的知识尽可能迁移到各种类似的情境中去，举一反三，这就是学习的概括阶段，也就是学习迁移的问题。为了促进学习的迁移，教师应该尽可能多地涉及新情境，让学生有运用所学知识的机会。

(7) 操作阶段：又称作业阶段，只有通过实际的操作或者作业才能反映学生是否已习得了所学的内容。教师要指导学习者很好地观察，即时操作。

(8) 反馈阶段：这是学习的最后阶段。当学生完成作业后，需要知道自己学习的结果。此时教师应给予反馈，让学生及时知道自己的作业是否正确，从而强化其学习动机。

加涅认为，在每个学习阶段，学习者的头脑内部都进行着信息加工活动，使信息由一种形态转变为另一种形态。而教师是教学活动的设计者和管理者，也是学生学习效果的评定者。有效的教学要求教师根据学生的内部学习条件，创设或安排适当的外部条件，促进学生有效地学习，以实现预期的教学目标。

资料来源：汪凤炎，燕良轼.2008.教育心理学新编.广州：暨南大学出版社

(二) 梅耶的学习过程模型

美国当代教育心理学家梅耶(Mayer,1991)简化并改造了加涅的信息加工模型(1987),如图 3-3 所示。

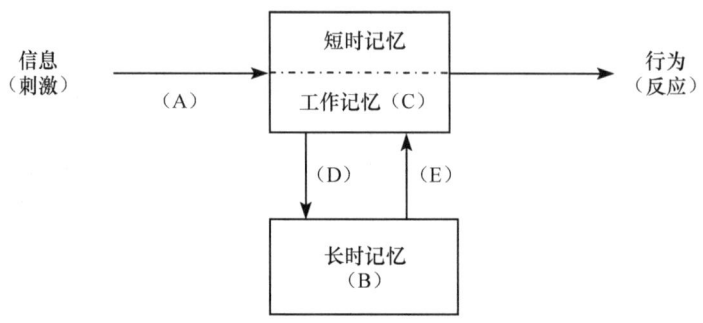

图 3-3　梅耶的学习过程模型
(A)注意;(B)原有知识;(C)新知识的内部联系;
(D)原有知识与新知识的联系;(E)新知识进入长时记忆

梅耶认为,学习活动始于学习者的注意(A),通过注意,学习者选择了与当前学习任务有关的信息,并将有限的心理能量集中在相应的活动上,同时与新信息有关的、储存在长时记忆中的原有知识被激活(B);新信息进入工作记忆系统(又称短时记忆),学习者找出新信息各部分的内在联系(C),然后与新信息有关的处于激活状态的原有知识和新信息产生联系(D);最后,新知识进入长时记忆中储存起来(E)。新信息被学习者注意后,便进入短时记忆系统,被激活的原有知识也进入短时记忆系统,新旧知识相互作用。在学习过程中强调新旧知识的相互联系,是梅耶学习模型的最大特点。

三、学习的分类

依据不同的标准,可以把学习分为不同的类型。

(一) 按照学习内容分类

我国学者冯忠良(1998)依据学习过程中获得经验的内容不同,将学生学习分为知识的学习、技能的学习和社会规范的学习三种类型。

知识的学习:即知识的掌握,是通过一系列的心智活动来接受和占有知识,在头脑中构建起相应的认知结构。具体来讲,知识的学习是通过领会、巩固和应用三个环节完成的,每一环节又有其特殊的心智动作。

技能的学习:通过学习或练习,建立合乎法则的活动方式的过程,包括心智技能学习和操作技能学习两种。技能的学习比知识的学习更为复杂,不仅包括对活动的认识,还包括活动或动作的实际执行;不仅要知道做什么、怎么做,同时还要能够实际做出动作。技能的学习最终要解决的是会不会做的问题。

社会规范的学习:又称行为规范的学习或接受,是把外在于主体的行为要求转化为主体内在的行为需要的内化过程。社会规范的学习既包含对规范的认识,又包含执行及情感体验,因而比知识、技能的学习更为复杂。

(二) 按照学习结果分类

当代著名心理学家加涅将学习分为五类:

言语信息:是指学习者通过学习,能记忆诸如事物的名称、符号、地点、时间、定义、对事物的具体描述等具体的事实,能够在需要时将这些事实表述出来。

智力技能:指学习者通过学习获得了使用符号与环境相互作用的能力。例如,使用语汇和数字这两种最基本的符号,进行阅读、写作和计算。言语信息是回答"是什么"的知识,而智力技能则与"怎么办"有关。智力技能对学生能力的要求主要是理解、运用概念和规则进行逻辑推理。智力技能由简单到复杂、由低级到高级又可分为辨别、概念、规则、高级规则四个亚类。

认知策略:认知策略的学习结果与解决问题有关,是学习者借以调节自己的注意、学习、记忆和思维等内部过程的技能。认知策略引导学习者对环境中的刺激物予以一定的注意,对学习的事物进行选择和编码,对习得的经验和规则进行检索。作为认知策略学习的结果,学习者能根据过去所习得的规则,经过内在思维过程而创造新的或更高层次的规则,提出解决问题的方案。

动作技能:动作技能有两种成分:一是如何描述进行动作的规则,即动作的程序;二是因练习与反馈逐渐变得精确和连贯的实际肌肉运动,因此动作技能是一种习得能力,如写字、做操、跑步等。

态度:态度是通过学习形成的影响个体行为选择的内部状态。态度有三类:第一类态度可被看做是期望达到的教育目标,如希望儿童和蔼待人、为他人着想等;第二类态度包括对某类活动的积极偏爱,如听音乐、阅读等;第三类是有关公民身份的态度,如爱国、愿意承担公民义务等。

第二节 行为主义学习理论

行为主义学习理论又称刺激-反应理论,是当今学习理论的主要流派之一。该理论认为,人类的思维是与外界环境相互作用的结果,即形成"刺激-反应"的联结。

一、早期行为主义学习理论

(一) 桑代克的试误—联结说

桑代克(Edward Thorndike,1874~1949)是美国著名的心理学家,较早地对动物及人类的学习、教学原理和学习迁移进行深入研究,被誉为"教育心理学之父"。

1. 学习的本质是在刺激和反应之间形成联结

桑代克通过系列"桑代克迷笼"(图 3-4)实验发现:猫在学习打开迷笼的过程中,经过多次尝试与失败,在复杂的刺激情境中发现门闩作为打开笼门的刺激(S)与开门反应(R)形成了巩固的联系,这时学习便产生了。桑代克把学习看做是刺激与反应(S-R)的联结;而且,这种学习是在没有思维和意识参与的情况下发生的。

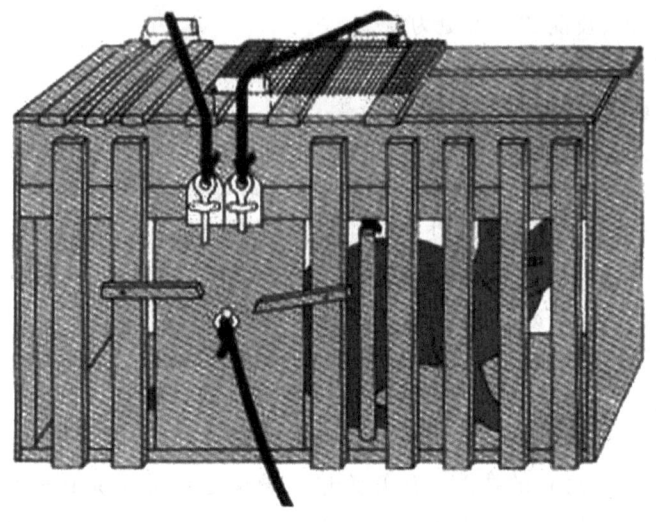

图 3-4　桑代克迷笼

2. 学习的过程是不断尝试错误以形成联结的过程

桑代克记录了猫逃脱迷笼的潜伏期与实验次数之间的关系(图 3-5)。从学习曲线图中可以看到,随着学习次数的增加,动物错误的反应越来越少,正确的反应逐渐增加,最后在刺激与反应之间出形成了联结。也就是说,动物的学习,是一种渐进的、盲目的、不断尝试和减少错误,并最终在刺激与反应间形成联结的过程。这个过程就叫做尝试错误,因此桑代克的学习理论被称为"试误-联结说"。

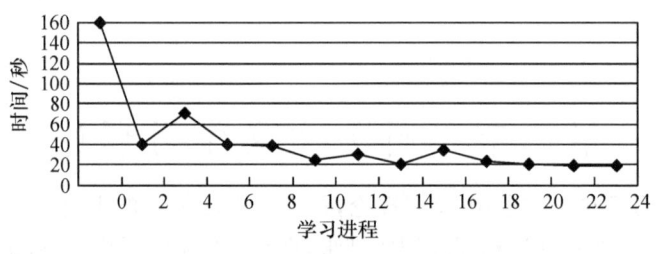

图 3-5　猫的学习曲线

3. 准备律、练习律和效果律是学习的主要规律

准备律(law of readiness):指学习者在学习前的预备定势。学习者是否会对某种刺激做出反应,同他是否已做好准备有关。例如,在桑代克的实验中,猫必须处于饥饿状态,才会发生学习行为。如果等猫吃饱了才放进笼里,猫就不可能尝试打开迷笼。同样,对于人而言,如果一个人没有较强的学习动机,就不能产生较好的学习效果。

练习律(law of exercise):指刺激与反应之间的联结随练习次数的多少而增减或减弱,它包括应用律和失用律。应用律是指练习越多则联结力越强。而失用律则是指在一定的时间范围内不练习,联结的力量就会减弱甚至消失。

效果律(law of effect):是指刺激与反应之间的联结受反应结果的影响,它是建立联结最重要的规律。如果反应得到的结果是奖赏,联结的力量就会增强;反应得到的结果是惩罚,联结力量就不容易形成。

(二) 巴甫洛夫的经典条件反射理论

1. 学习即形成条件反射

如图3-6所示,在巴甫洛夫条件反射的建立过程中,学习就是通过中性刺激(铃声)与无条件刺激(食物)反复结合形成条件反射的过程。中性刺激在条件反射形成之前,并不引起预期的、需要学习的反应。然而,狗经过了连续几次的联结后,将铃声作为进食的信号,因此引发了"流口水"现象。此时中性刺激已经转变为条件刺激,能够代替无条件刺激引起反射活动(分泌唾液)。这是学习的结果,因为在这个过程中动物在铃声和获得食物之间建立了联结,获得了新的行为(条件反射)。

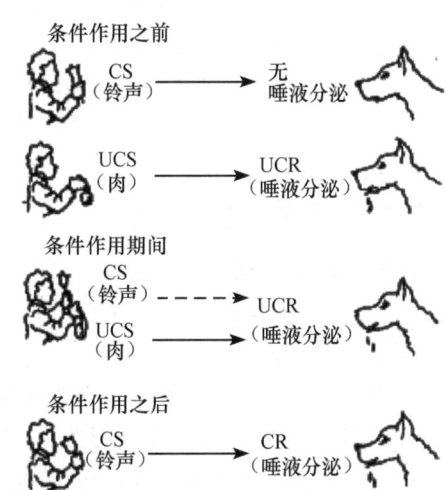

图3-6 经典条件反射实验

2. 经典条件反射的基本规律

巴甫洛夫在条件反射研究中发现了多个学习规律,即经典条件反射的基本规律:

习得律:条件刺激与无条件刺激的多次配对才能引起条件反射。

消退抑制律:条件反射建立后,如果多次只给条件刺激(铃声)而不给无条件刺激(食物)加以强化,条件反射的强度(唾液分泌)会减弱直至消失。

泛化律:条件反射会泛化到与原来的条件刺激类似的刺激中,如原来的条件刺激是500Hz的铃声,现在用400Hz或600Hz的铃声也能引起条件反射。

分化/辨别律:动物只对特定强度的刺激产生条件反射,对其他类似刺激则产生抑制效应。虽然形成条件反射的狗会对不同频率的铃声都产生泛化反应,但如果采用有差异的配对方法,即把500Hz的音调与无条件刺激配对,而在呈现400Hz或600Hz的音调时不伴随无条件刺激,这样,狗对400Hz或600Hz的音调的反射就会消退,而只对500Hz的音调形成条件反射。

高级条件作用律:当一种条件反射巩固后,可以再用另一个新刺激与条件反射相结合。例如,狗在对铃声形成唾液分泌反射之后,把铃声(CS1)与灯光(CS2)配对,也能使狗产生唾液分泌,狗对灯光(CS2)形成条件反射的过程,也就是高级条件作用的过程。

巴甫洛夫发现的这些动物学习的规律在某种程度上同样适合于人类。例如,学生对某些字词的读音或写法最初会出现混淆,以后随着学习的深入和练习,能够区分相似字词的读音和写法。这个过程就是从泛化走向分化的过程。

例解　　　经典条件作用的应用:情绪和偏好

请试着回答以下问题:

"你认为你会愿意吃做成狗屎形状的奶糖吗?"

"你知道一个装糖的容器错误地标成了毒药,你认为你还会愿意喝从这个容器中加糖的糖水吗?"

"你认为你会愿意喝浸泡过消毒蟑螂的苹果汁吗?"

上述情形中,人们已经在日常生活中形成了经典条件反射——"这真恶心"、"这有危险";这种条件反射胜过了客观的知识"这东西其实没有问题"。所以,一般情况下,我们对上述问题的回答是"No"。由于经典条件反射不是通过有意识的思想形成的,他们也很难通过有意识的推理来排除。

二、现代行为主义学习理论

(一) 斯金纳的操作条件反射理论

斯金纳(B. F. Skinner)于1937年提出了操作性条件反射学说。他通常用自行设计的斯金纳箱开展研究。

1. 学习的本质是形成操作性条件反射

斯金纳区分了有机体的两类行为:一类是应答性行为,由特定的、可观察的刺激所引起的行为。例如,狗看见肉流口水,手受到电击就回避;另一类是操作性行为,是有机体自身发出的反应,与任何已知刺激物无关。例如吹口哨、走路等,这些行为是随意的、自发的动作。

与此对应,条件反射也分为两类:与应答性行为相对应的是应答性条件反射,称为 S(simulation,刺激);与操作性行为相对应的是操作性条件反射,称为 R(reaction,反应)。斯金纳认为,人类行为主要是由操作性反射构成的操作性行为,操作性行为是作用于环境而产生结果的行为。在学习情境中,操作性行为更有代表性。斯金纳很重视操作性条件反射,因为这种反射可以塑造新行为,在学习过程中尤为重要。

在斯金纳的操作性条件反射行为的形成过程中,刺激几乎不起任何作用,操作性条件反射可以用一个公式来表述,但不是"刺激—反应",而是"反应—强化";在行为形成过程中起重要作用的不是反应前出现何种刺激,而是反应后得到何种强化。

2. 强化理论

斯金纳的强化理论认为:如果一种反应——不管有没有引起这种反应的刺激——之后伴随一种强化物(reinforcer),那么,在类似环境里发生这种反应的概率就会变化(s-R-S)。如果人们在无意中作出某种行为之后得到了奖赏(大 S),人们以后就倾向多作出这类行为(R);如果人们无意中作出的某种行为导致了惩罚,则以后会回避这种行为,尽可能少作出这种行为。是行为的后果(大 S))而不是行为前的刺激(小 s)导致了行为的保持或消退。强化物是指使反应发生概率增加或维持某种反应水平的任何刺激物。一级强化物是指能够满足基本生存需要的刺激物。二级强化物是开始不起作用,强化配对后起强化作用的刺激物。

强化又分为正强化和负强化。正强化(positive reinforcement)是指当某行为出现后,给予一个奖励性刺激物使个体的该行为反应概率增加。正强化物包括食物、奖励和金钱,如学生表现出礼貌行为就给予小红花或口头表扬,那么学生表现礼貌行为的概率就会增加,这就是正强化作用。负强化(negative reinforcement)是指当某行为出现后,撤除一个厌恶刺激使行为反应概率增加。负强化物包括取消惩罚,消除痛苦。例如,一学生因为经常违反纪律、不认真学习被老师安排在一个特别的地方听课;但有一次,该学生很守纪律、认真地听课了,老师请他回到他原来的座位上。老师的这种行为即为负强化。监狱服刑的人员,如果有好的立功表现就可以争取减刑,减刑对服刑人员即是一种负强化。

 例解

守株待兔中的操作条件反射与迷信行为

相传在战国时代的宋国,有一个农民,日出而作,日入而息。遇到好年景,也不过刚刚吃饱穿暖;一遇灾荒,可就要忍饥挨饿了。深秋的一天,他正在田里耕地,周围有人在打猎,吆喝之声四处起伏,受惊的小野兽没命地奔跑。突然,有一只兔子,不偏不倚,一头撞死在他田边的树桩上。当天,他美美地饱餐了一顿。从此,他便不再种地。一天到晚,守着那神奇的树桩,等着奇迹的出现。

这是一个比较夸张的故事。对于该农民来讲,守着树桩的行为被偶然地强化了,他得到了美味的兔子。以后守着树桩的行为发生的概率就大大提高(夸张地整天守着)。

据说2006年世界杯比赛时,巴西队教练佩雷拉就坚持右脚要先踩在德国的土地上,因为他深信自己的右脚能带来好运,每次比赛,他的右脚必定先踏上球场。

为什么人们会如此迷信?斯金纳说,人们这样做的原因是他们相信在迷信行为和某些被强化的结果之间存在联系,虽然实际上两者并不相关。人们相信这种联系是因为该行为(如右脚先踏上球场、坐在树桩旁)被偶然地强化了(如赢得了比赛、得到了兔肉)一次、两次或几次。斯金纳称它为非关联性强化,这种强化与特定行为间并不一一对应,但有些人却相信这种因果联系确实存在。

(二) 班杜拉的社会学习理论

班杜拉(A. Bandurn)在大量实验研究基础上,提出了"观察学习理论"。1961年,他以学前儿童为对象进行了一个实验(图3-7)。首先让儿童看成人榜样对一个充气娃娃拳打脚踢,然后把儿童带到一个放有充气娃娃的实验室,让他们自由活动。结果发现,儿童也学着成人榜样的动作对充气娃娃拳打脚踢。这说明,成人榜样对儿童行为有明显的影响,儿童可以通过观察成人榜样的行为而习得新行为。

1. 观察学习是人类学习的本质

班杜拉将学习分为直接经验学习和观察学习两种形式。直接经验的学习是个体对刺激做出反应并受到强化而完成的学习过程,其学习模式是刺激—反应—强化;离开学习者本身的经验及其所受到的强化,学习就不能产生。观察学习是指个体通过观察榜样在应对外在刺激时的反应及其受到的强化而完成学习的过程。班杜拉认为,人类的学习主要是观察学习,而不是通过尝试错误或必须直接受到强化才能学习。

图 3-7 观察学习

班杜拉的早期研究只是证明了榜样对攻击行为的影响,他的后续研究发现(1965年),在特定条件下榜样的暴力影响可以被改变(鞠艳,2008)。他将一群 4 岁儿童分为甲、乙、丙三组,让他们分别单独观看一部电影:电影中一个成年男子对充气娃娃表现出踢、打等攻击行为,影片有三种结尾。不同组别的儿童看到不同的结尾。甲组儿童看到的是在影片结尾时,进来一个成人对主人公进行表扬和奖励;乙组儿童看到进来一个成人对主人公进行责骂;控制组的儿童看到进来的成人对主人公不做任何表示。影片结束后,三组儿童立即被带到一间有充气娃娃的游戏室里。结果发现,乙组儿童表现出的攻击行为明显少于另外两组,而另外两组则没有差别。在实验的第二阶段,让孩子回到房间,告诉他们如果能将榜样的行为模仿出来,就可得到橘子水和一张精美的图片。结果发现,三组孩子模仿的攻击行为方式是一样的。这表明替代性惩罚仅仅对新反应的表现进行了抑制。也就是说,儿童已学习了攻击的行为,只不过看到榜样受罚,而没有表现出来而已。

班杜拉认为,观察学习更符合人类学习的本质。观察学习又称无偿式学习、不需要练习的学习、社会学习或替代性学习,是指学习者通过对榜样人物的行为及结果的观察而进行的学习,这种学习不需要学习者亲身经历刺激—反应之间的联结,是一种只从别人的学习经验学到新经验的学习方式。第一,观察学习并不必然具有外显的反应。行为的获得和表现过程被分开,学习者仅通过观察便可习得行为,并不一定需要外显的操作。第二,强化不是观察学习的必然条件。即便在没有强化的情况下,学习也可以通过观察榜样的行为而获得。第三,认知过程在观察学习中起着重要的作用。第四,观察学习不同于简单的模仿。模仿仅指学习者对榜样行为的简单复制,而观察学习既可能包含模仿,也可能不包含模仿。

2. 观察学习的过程

观察学习需要经历四个过程:注意过程、保持过程、生成过程、动机过程。

(1) 注意过程:对榜样的知觉。观察者将其心理资源,如感觉、知觉、认知加工等集中于榜样事件,它决定了选择什么样的信息作为观察对象及其从中获得什么信息,是观察学习的起始环节。

(2) 保持过程:信息的存储。观察者将获得的信息以符号表征的方式储存于记忆中。

在此过程中,即时的观察经验被转化成持久而稳定的认知结构,在榜样行为结束后,给观察者提供指导。

(3) 生成过程:记忆向行为的转变。观察学习的第三个阶段是把记忆中的符号和表象转换成适当的行为,即再现以前所观察到的榜样行为。前面的过程是信息由外到内,从接受受到储存,而生成过程是由内到外,由概念到行为。

(4) 动机过程:行为表现。经过注意、保持和再造几个过程后,观察者已基本习得了榜样行为,却不一定会主动表现行为。观察者在动机的驱使下,即在特定情景的某种诱因的作用下,才会表现习得的行为。

3. 观察学习的条件

社会学习理论认为,一个榜样行为是否能被个体所模仿、所学习要取决于外部和内部因素。外部因素包括榜样的特征、榜样行为的效果以及社会文化因素,而内部因素则包括个体的认知能力和预期。

(1) 外部因素。榜样的特征包括性别、年龄、职业、社会地位及社会声望等,这些都会影响观察者对榜样的注意。地位高、具有权威性的人,有吸引力的人,如富有幽默感、令人喜欢的人、曾获得荣誉、出身高贵和富有的人都容易被模仿,而同伴团体中有独特行为但曾受到惩罚的人,一般不易被模仿。

如果榜样行为与环境背景对比鲜明,对观察者具有很强的功能价值和情感价值的行为更容易引起观察者的注意,而过于复杂的榜样行为,如速度过快、强度过大和负载信息过多又会制约注意效果。另外,如果榜样行为受到他人赞誉或社会认可,则容易被模仿,而被社会排斥的行为则不易被模仿。

在社会层面,个体经常与之进行接触、交际的人所构成的社交网络限定了个体能够反复观察到的榜样和行为方式的种类,从而影响到个体的观察学习。如在暴力等违法行为经常出现地区的青少年,犯罪率较高。在影响观察的社会因素中,班杜拉还特别提到了电视媒体的作用,电视使人们超越了直接社会生活范围,使人们有机会学习不同群体以及其他文化条件下的行为风格和价值,从而无限地扩大了注意的范围。

(2) 内部因素。观察者自身认知能力、知识背景和价值取向等都会对注意过程起到制约作用。如对一个婴儿来说,由于注意力容易分散,即使是简单且具有显著性的活动也不能长时间引起他的注意。

第三节 认知主义学习理论

与行为主义学习理论相对立的是认知主义学习理论,它强调个体在学习中所经历的内部心理过程,认为学习就是面对当前的问题情境,在内心经过积极的组织,从而形成和发展认知结构的过程,强调刺激反应之间的联系是以意识为中介的,强调认知过程的重要性。

一、早期的认知主义学习理论

(一) 苛勒的顿悟说

学习的认知理论起源于德国格式塔(Gestalt)心理学派的完形理论。苛勒认为,学习是对知觉的重新组织,也就是要组织出完形而非简单的 S-R 联结。

1. 学习在于知觉重组

苛勒(W. Kohler,1887~1967)在德国的特纳里夫对黑猩猩学习和解决问题进行了长达七年的研究,据此提出了学习顿悟说,并以此与桑代克的尝试错误说相对抗。在一项接竹竿实验中,苛勒将黑猩猩关在一个笼子里面,笼子里有两根能够接起来的竹竿,在笼子外面放有香蕉。黑猩猩要想得到香蕉,就必须把这两根竹竿接起来。黑猩猩被关在笼子里面之后,它先用手去够香蕉,用一根竹竿够香蕉,经过这样的尝试之后,黑猩猩不能得到香蕉,这时黑猩猩就会停下来,看看外面的香蕉(目标物),把两根竹竿在手里摆弄,偶然地使两根竹竿接了起来,它就会很快地用接起来的竹竿去得到食物。

苛勒认为,学习在于发生一种完形组织,并非各部分的联结。它并不是将无意义的事情任意联结在一起,知觉重组或认知重组的前提是认清事物内部的联系、结构与性质,而人们先天就有组织整体,从整体中得到意义的倾向。

2. 顿悟学习

苛勒指出,学习过程是一个顿悟的过程,而不是尝试错误。所谓顿悟,就是对问题情境的突然理解。黑猩猩通过对情境的良好观察,看出(也就是认识到或理解了)竹竿对取得香蕉的关系,懂得了把竹竿接起来取得香蕉。这就是顿悟,它导致了迅速的学习,使动物突然理解了目的物和取得目的物的途径或诸条件的关系。格式塔心理学家们认为学习是一种积极主动的过程而不是盲目的、被动的过程。当个体处于一个能看到影响问题解决办法的所有必要因素时,就能产生"重组",知觉重组的突然性取决于问题的性质和呈现方式。猩猩采取了"知觉重组"或"认知重组",产生了顿悟学习,而桑代克的实验中动物之所以要试误,因为它看不到解决的办法。

因此,苛勒的顿悟说强调的是刺激和反应之间的组织作用,认为这种组织表现为知觉经验中旧的组织结构(格式塔)的豁然改组或新结构的顿悟。而且,刺激与反应之间的联系不是机械的、直接的,而是以意识为中介的,学习者看到了学习过程的中介变量——意识,肯定了人类学习的能动性。

(二) 托尔曼的认知—目的观

托尔曼(E. Tolman)是新行为主义代表人物。他力图客观地了解行为的目的性,因而其学习理论被称作认知—目的观。托尔曼认为,学习是一种有目的的活动,刺激之所以能引起个体进行反应,是因为学习者对刺激的主观认识指导着试误反应的进行。学习的实质是脑内形成了认知地图。

托尔曼为了探索机体的学习过程,设计了一系列巧妙的实验。图 3-8 反映了白鼠走迷宫的学习实验。在该实验中,白鼠有 3 条通向食物的途径,通道 1 最短,通道 2 次之,通道 3 最长。在一般情况下,白鼠选择较短的途径。当

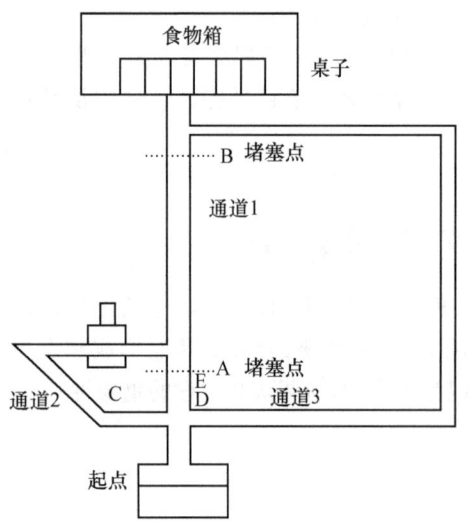

图 3-8 白鼠走迷宫实验装置的平面图

通道1被阻塞点A阻塞后,白鼠就选择了通道2;当通道2被阻塞点B阻塞时,改由通道3奔目标。白鼠能认识到阻塞点B将通道1和2同时关闭起来了,这说明白鼠对情境产生了认知,而不会盲目地行动。托尔曼认识到,白鼠习得的不是一系列刺激与反应的联结,而是在头脑内形成了类似现场的一张地图——"认知地图"(即现代认知心理学中的认知结构),正是这种认知地图指引了白鼠的正确行为。

认知地图反映了学习的认知性和目的性。学习就是对行为的目标、取得目标的手段、达到目标的途径和获得目标的结果的认知,也就是期待或认知观念的获得。因此,在学习的过程中,必须重视学习的中介过程,即认知过程。托尔曼还认为,行为是整体性的,学习者必须对学习情境的符号与图形产生"认识的完形",才能进行有效的学习。

二、现代认知学习理论

(一) 布鲁纳的认知结构理论

布鲁纳(J. S. Bruner)的认知结构理论受格式塔心理学、托尔曼的思想和皮亚杰发生认识论思想的影响,认为学习是一个认知过程,是学习者主动地形成认知结构的过程。

1. 学习是形成认知结构

布鲁纳认为,认知结构是有机体通过一种最基本、最普遍的认知活动(分类)将事物分门别类地组织起来形成整体。学习的实质正是有机体把同类事物联系起来,并把它们组织成能赋予它们意义的结构。也就是说,学习就是认知结构的组织和重新组织。

在布鲁纳看来,个体对新知识的学习就是要对知识加以归类,形成由个体对外界事物的感知、概括(即归类)的一般方式或经验组成的认知结构。认知结构的核心是一套类别或类别编码系统。所谓的编码系统就是"一组相互关联的、非具体性的类别"。人们如果要超越直接的感觉材料,那么,所涉及的不仅仅是把感觉输入归入某一类别并根据这一类别进行推理,还要根据其他相关的类别做出推理。这些所有的类别就构成了编码系统。

布鲁纳认为,人们在能够用某种方式对事物加以分类之前,必须知道这些事物所具有的属性。根据属性在归类或推理过程中所起的作用,把那些用来作为客体的定义的属性称为关键属性,其他属性都是无关属性。例如,能飞与有羽毛是"鸟"这一类别的关键属性,而会呼吸与有皮肤则是无关属性。

个体是根据类别或分类系统来与环境相互作用的。人们借助已有的类别来处理外来信息,也可以用外来信息组成新的类别。如果刺激输入与人们已有的类别全然无关,那么,它们是很难被加工的。换言之,人们不大可能知觉全新的刺激输入。

类别与类别之间还具有一定的联系,根据这些联系,可以对类别做出层次和关系的结构化安排,这就是对类别的编码。经过编码的许多类别构成类别编码系统。编码系统的一个重要特征是:较高级的类别比较一般些,较低级的类别比较具体些。

2. 学习知识的过程

布鲁纳认为,知识的学习包括三种几乎同时发生的过程,即新知识的获得、旧知识的改造、知识的评价。

新知识的获得是指个体运用已有的认知经验使新输入的信息与已有的认知结构发生联系,然后赋予新知识意义,并使之与已有知识建立各种联系。

旧知识的改造是指对新知识进行分析和概括,用获得的新知识对已有知识的认知结构进行重构,可以通过外推、内插或变换等方法,把知识整理成另一种形式,以便超越所给予的信息。

知识的评价是指对新知识的转化过程和对结果进行评价。通过评价,个体可以知道处理信息的方式是否适合于这项任务,如概括是否合适,外推是否恰当、正确等。布鲁纳由此认为,学生不是被动的知识接受者,而是积极的信息加工者。

实际上,知识的学习就是在学生的头脑中形成各学科的知识结构。这种知识结构是由学科知识中的基本概念、基本思想或原理组成的,其结构形式是由人的编码系统中的编码方式构成的,其方式是从具体知识变成低层次类目编码系统,最后再变成高层次类目编码系统。

3. 学习的最佳方式——发现学习

布鲁纳认为,发现学习是学习的最佳方法。所谓发现学习是指通过学习者的独立学习、独立思考,自行发现知识,掌握原理原则。发现学习具有以下四个特征:

(1) 强调学习过程而非学习结果。布鲁纳认为,只有学生自己亲自发现的知识才是真正属于他自己的东西。在发现学习过程中要引导学生亲自参与所学知识的体系建构,自己去思考,自己去发现知识。教学目的不是要学生记住教师和教科书上所陈述的内容,而是要培养学生发现知识的能力,培养学生卓越的智力。这样,学生就好比得到了打开知识大门的"钥匙",可以独立前进了。

(2) 直觉思维对发现学习起着重要的作用。所谓"直觉思维",就是要求学生在学习过程中不要用正常逻辑思维的方式进行思维,而是要学生运用丰富的想象,发展学生的思维空间,去获取大量的知识。布鲁纳认为,"直觉思维"虽然不一定能获得正确答案,但由于"直觉思维"能充分调动学生积极的心智活动,因此它就可能转变成"发现学习"的前奏,对学生发现知识和掌握知识是大有帮助的。

(3) 发现学习的关键因素是内在动机。学生的内在动机是促进学生学习活动的关键因素。布鲁纳认为,"发现学习"最能激发学生的好奇心(探究反应),而学生的好奇心是其内在动机的原型,是学生内在动机的初级形式,外部动机也必须被转化为内在动机才能起作用。他说:"儿童的智力发展表现在内部认识结构的改组与扩展,它不是简单地由刺激到反应的连接,而是在头脑中不断形成、变更认知结构的过程。"因此,布鲁纳反对运用外在的、强制性的手段来刺激学生的学习,主张教师要把教学活动尽可能地建立在唤起学生学习兴趣的基础上,充分调动学生的学习积极性,才能取得良好的学习效果。

(4) 信息提取是发现学习的重要条件。布鲁纳反对将储存看做是记忆的主要功能,而认为人类记忆的首要问题不是对信息的储存,而是对信息的提取。提取的关键在于组织,在于知道信息储存在哪里和怎样提取信息。布鲁纳在一项实验中,让一些学生学习30对单词,对一组学生说,他们要记住单词,以后要复述的,而要求其他学生设法用每对单词造一个句子。结果发现,后者能复述其中的95%,而第一组学生的回忆量不到50%。所以,学生如何组织信息,对提取信息有很大影响。学生亲自参与发现事物的活动,必然会用某种方式对它们加以组织,从而对记忆具有最好的效果。

布鲁纳认为,发现学习有五大优点:可以培养学生的创造精神,激发智慧潜能;有助于培养内在动机,让学生在自己解决问题的过程感到愉悦,激发学习的动力;有利于培养学生的发现技巧,主动积极地独立思考,经过努力解决问题才是学习新知识的科学方法;有利于知识的记忆和保持;培养独立自主的学习习惯后,有助于以后独立求知的研究。

据此布鲁纳还提出了发现教学模式:教师在教学生学习概念和原理时,不是将学习的内容直接提供给学生,而是向学生提供一种问题情境,让学生积极思考,独立探究,自行发现并掌握相应的原理和结论的一种方法。

例解　　　　用发现教学法进行地理教学

在高中地理下册"城市的合理规划"的教学中,教师可以提出一些小问题:"城市问题主要有哪几个方面?主要污染源是什么?假如你是城市规划设计工程师,你将如何通过城市的合理布局来解决?"让学生自己讨论,在本地的城市轮廓空白图上画出自己的设计图,对多项方案进行比较,然后再与实际情况相比较,说说这个城市的规划是否合理,为什么有些不合理的地方仍然存在,有什么样的改进方法。在教学过程中要坚持鼓励学生尝试提出解答问题的假设,不能封闭学生的思维;教师在教学中起引导作用,发动学生独立钻研,也可以开展讨论、研究,分析得出结论。在整个课堂上把大部分时间交给了学生,学生不仅能学会理论知识,还能对一些具体的实际问题提出解决的办法。这样的课堂教学不仅让学生学到了书本知识,还提高了学生实际解决问题的能力;既提高了学生的学习积极性,也满足了学生的成就感,活跃了课堂气氛。

在教学中对学生的有创造性的发现,学生提出的地理假设,应启发他们从理论和实践两方面去检验真伪。如果证明答案有缺点或不完善,应做进一步的修改或补充,以便使所提出的地理问题真正得到解决。

资料来源:邓媛媛.2007.发现教学法在课堂中的应用.今日中国教研,3:41~43

(二) 奥苏贝尔的意义同化理论

奥苏贝尔(Ausubel)是美国教育心理学家,认知心理学的代表人物,皮亚杰的追随者,提出了意义同化学习理论及相应的教学观。

1. 有意义接受学习反映了大部分学习的本质

奥苏贝尔认为,人类学习的最佳方式是有意义接受学习。他根据两个维度把学习进行了分类(施良方,1994),如图 3-9 所示。一个维度是学习的方式,可分为接受学习和发现学习;另一个维度是学习材料与学习者原有知识的关系,可分为机械学习和有意义的学习。这两个维度互不依赖,彼此独立,并且每一个维度都存在许多过渡形式。

奥苏贝尔认为,学生的学习是一种有意义接受学习,即学生将呈现给自己的已形成定论的知识与其脑中原有的认知结构联系起来,使新知识所代表的观念与学习者认知结构中已有的适当观念建立实质性的非人为联系的一种学习。

第一,有意义接受学习,界定了它的"意义学习"性质,而不是机械学习(图 3-9)。有意义学习必须具备两条标准。一是新的符号或符号代表的观念与学习者认知结构中的有关观念具有实质性联系。所谓实质性联系,指新的符号或符号所代表的观念与学习者认知结构中已有的表象、符号、概念或命题有联系。二是新旧知识的非人为的联系,即新知识与认知结构中有关观念在某种合理的或逻辑上的联系。例如,等边三角形概念与儿童认知结构中的一般三角形概念的关系不是人为的,它符合一般与特殊的关系,而无意义音节

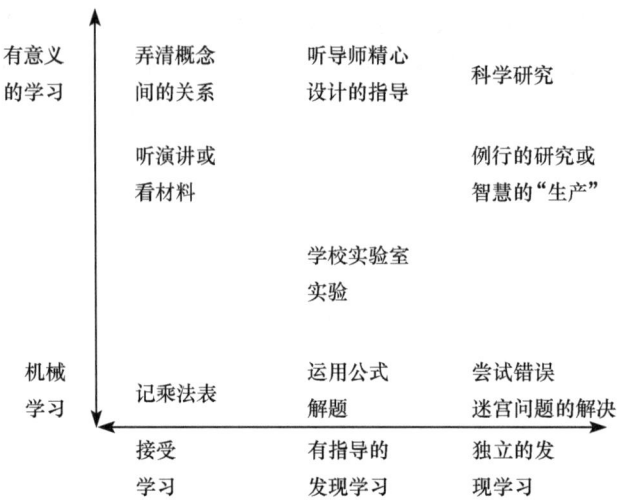

图 3-9　奥苏贝尔的学习分类图

和配对形容词只能机械学习,因为这样的材料不可能与人的认知结构中的任何已有观念建立实质性联系,必须在逐个字母或项目之间建立联系。

第二,有意义接受学习强调人类大部分的学习活动是接受学习而非发现学习。奥苏贝尔认为学习应该是通过接受而发生,而不是通过发现。教师应该给学生提供的材料是有组织及有序列的完整的形式,因此学生接受的是最有价值的材料,他把这种强调接受学习的方法叫做"讲解教学"。人们得到的概念原理等是别人提供给他们的,而不是自己发现的;越是组织得好、有意义的材料,学生学得越好。在接受学习中,学习的主要内容是基本上已形成定论的东西。对学生来讲,学习不包括任何发现,只要求他们把教学内容加以内化(即把它结合进自己的认知结构),以便将来能够运用。

奥苏贝尔一再强调,无论是接受学习还是发现学习,都有可能是机械的,也都有可能是有意义的。如果教师教学得法,并不一定会导致学生机械的接受学习;同样,发现学习也并不一定是保证学生有意义学习的灵丹妙药。在课堂里的有意义学习中,总是偏重于接受学习。因此,学生的学习活动是一种有意义接受学习。

2. 学习是一个同化过程

奥苏贝尔认为,有意义接受学习主要是通过同化过程实现的。同化既包括把新的信息纳入或归入到已有的认知结构中去,也包括改变已有认知结构以容纳新的信息。

能够将新知识的意义同化到已有的认知结构,建立实质的非人为的联系必须具备几个条件:首先,学习者要有积极主动的精神,即存在有意义学习的心向;其次,学习者已有的知识结构是否与新知识存在同化点;最后,新旧观念之间的有关概念需要相互作用,形成新的认知结构。

根据将要学习的新知识的内容与学习者已有知识结构之间的关系,奥苏贝尔把学习的同化方式分成三种:下位学习、上位学习和并列学习。

(1)下位学习又称类属学习,是指当认知结构中原有概念或命题的抽象性、概括性和包摄性高于新概念或命题时,新旧知识建立了类属联系从而获得新概念或新命题的意义,下位学习就产生了。例如,学生已知"平行四边形"这一概念,当学习"菱形是四条边相等的平行四边形"这一新命题时,就只需要在"平行四边形"的限定下产生"菱形"这一概念。

(2) 上位学习又称总括学习,是指当认知结构中原有概念或命题的抽象性、概括性和包摄性低于新概念或命题时,学生把一系列原有概念或命题从属于其下的新概念或命题时,上位学习就产生了。例如,学习了氮、磷、砷等元素的特性后,再学习"氮族元素"这一概念时,氮族元素可以把已有的概念包括进去,这就是上位学习。

(3) 并列学习又称组合学习,是指当新概念或命题与原有观念既无上位、也无下位的特殊联系而仅仅能与认知结构中相关内容的一般背景相联系时,学生对新知识的学习就是并列学习。在并列学习中,由于只能利用原有认知结构中一般的非特定的相关内容起固定作用,因此对于新内容的学习和记忆都比较困难。例如,学生学习质量与能量、需求与价格、蒸发与升华等概念之间的联系时,并列组合学习就发生了。

三、建构主义学习理论

20世纪90年代,认知学习理论的一个重要分支——建构主义学习理论在西方逐渐流行。该理论是对已有学习理论的继承与发展:它不仅包含了皮亚杰与维果斯基的建构主义思想,也有对传统认知学派理论的继承与发展,同时吸收了行为主义学习理论的一些精髓,人本主义强调以学生为中心的教学思想也被吸收进来。日益发展的多媒体计算机和网络通信技术所具有的多种特性适合于实现建构主义学习环境,使建构主义学习理论在世界范围内的影响力不断加强。

(一) 建构主义学习理论的主要观点

1. 学习的本质是建构网络结构的知识

建构主义认为,学习是学习者在一定的情境即社会文化背景下,利用自己已有经验,建构其网络结构的知识。学习所获得的知识并非完全是结构化的,它是围绕着关键概念的网络结构知识,包括事实、概念、概括化以及有关的价值、意向、过程知识等。其中关键概念是结构性知识,而网络的其他方面含有非结构性知识。

2. 学习是主动的意义建构过程

学习的过程是学习者积极主动的意义建构过程。主动建构是指学习不是学生被动接受教师所传递的知识,而是由学生自己建构知识的过程。因此,学生不是简单被动的信息接收者,而是主动的知识建构者,这种建构是无法由他人来代替的。意义建构是指学习者在建构知识的过程中,根据自己的经验背景,对外部信息进行主动地选择、加工和处理,从而获得自己的意义。外部信息本身没有什么意义,意义是学习者通过新旧知识经验间的反复的、双向的相互作用过程而建构成的。也就是说,意义的获得,是每个学习者以自己原有的知识经验为基础,对新信息重新认识和编码,建构自己的理解。在这一过程中,学习者原有的知识经验因为新知识经验的进入而发生调整和改变。学习不是简单的信息积累,更重要的是包含新旧知识经验的冲突,以及由此而引发的认知结构的重组。

 **特罗克的人类生成学习的过程模型**

20世纪80年代以后,美国加州大学的心理学家维特罗克(Merlin C. Wittrock),提出了著名的人类生成学习的过程模型(冯忠良和伍新春等,2010),如图3-10所示。维特罗克的认为,面对不同的学习材料,人们的建构和意义生成方式是不同的,但一般会经过几个固定的阶段。

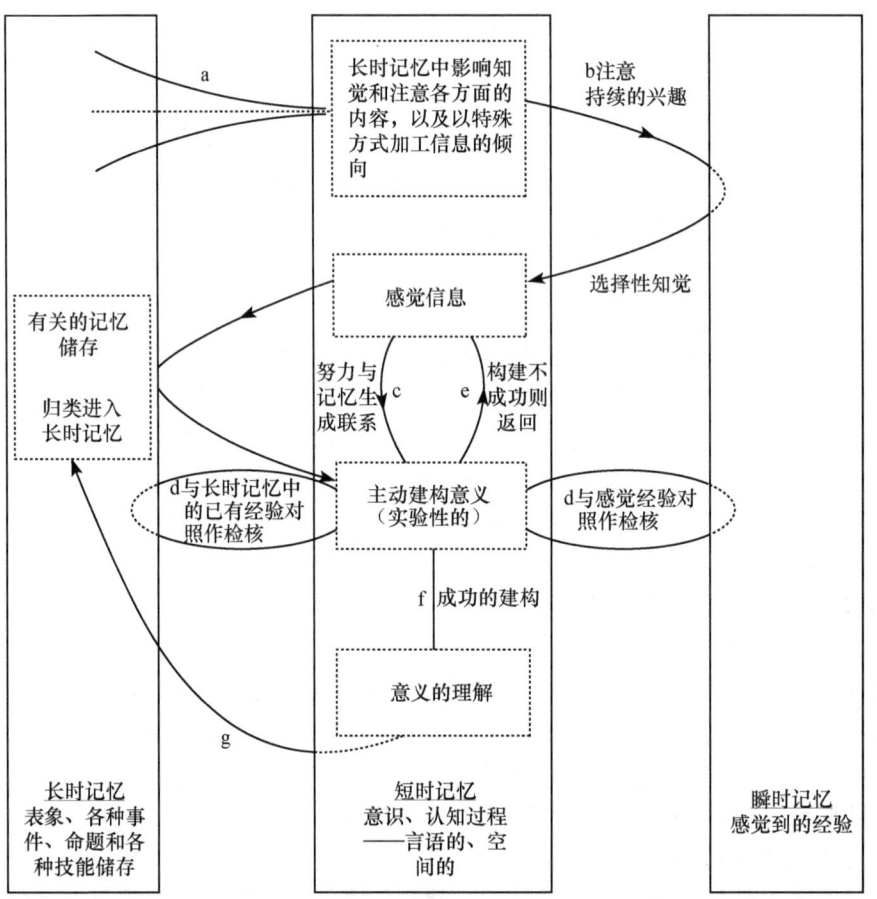

图3-10 学习生成过程模型

从图3-10可以看出,学习者的学习建构过程主要包括:

(1)学习首先是从长时记忆开始,长时记忆中存在着已有的知识经验,它影响个体的知觉和注意倾向以及个体加工新信息的方式。这些知识需要被提取出来,进入短时记忆。

(2)长时记忆中的内容和倾向实际上构成了学习者的动机,使他不仅能注意外来的信息,而且能主动地去对感觉到的信息进行选择性注意,并将这些经选择性注意的信息作为感觉信息暂时储存到短时记忆之中。

(3)经过选择性知觉得到的信息要生成学习,还要看它能否与长时记忆中储存的有关信息建立起某种联系,即主动地理解新信息的意义。

(4)新的意义的建构也不是一下子就完成的,它必须经过与长时记忆中储存的有关信息以及被感觉的信息进行反复对照、检验,即通过与感觉经验的对照、与长时记忆中已有信息的对照两个方面来进行检验。其策略有:是否采用了没有事实依据的假设;从长时记忆中提取的借以联系的信息是否适宜;从感觉信息中选取的信息是否有用,是否遗漏了重要信息,等等。通常,可以考虑对长时记忆中所有相关信息进行梳理,以便选择使用。

(5) 如果建构不成功,则返回到感觉信息,一方面检查来自选择性注意的信息是否真实可靠,另一方面检查从长时记忆中提取的借以与感觉信息建立试验性联系的信息是否合适。另外,还要辨认最初建立联系和主动建构意义的策略有无问题等,为再次生成联系和建构意义做出努力。

(6) 如果建构成功,就达到了意义的理解。

(7) 感觉信息达到意义的理解后,还需要对其进行分析检验,看新经验是否与长时记忆中已有的知识经验相符合。如果新经验与自己原来的经验结构基本一致,就可以把新经验从短时记忆中归属到长时记忆中,同化到原有的认知结构中;如果发现了新旧经验之间的冲突,便可能导致长时记忆中原有认知结构的重组。

因此,我们可以发现:学习者对外来信息的意义生成是与他以前的经验相结合的,它是一个主动地选择和注意来建构信息的意义。学习过程不是从感觉到的信息开始的,而是先从对该感觉信息的选择性注意开始的。

资料来源:改编自冯忠良,伍新春,姚梅林,等.2010.教育心理学.北京:人民教育出版社

(二) 建构主义学习理论的教学思想

1. 以学生为中心

建构主义学习理论强调以学生为中心的教学模式,注重在教学过程中发挥学生的能动性。在这个过程中,学生并非是一个"空心萝卜",而是知识信息加工的主体,知识意义的主动构建者,而教师则是由知识灌输者转变为学生建构知识的帮助者、指导者。教学方法也随之发生变化,由如何有效地、系统地讲授变成如何通过创设情景,组织协商、会话促进学生主动建构知识意义。

2. 在实际情境中教学

教学的目的不是只教给学生一些基本技能和解题技巧,因此,教学设计不仅是教学目标的分析与教学内容的安排,它必须创设有利于学生对所学内容进行意义建构的社会化的、真实的情境,这些情境包含许多复杂的问题。在实际情境下进行学习,能使学习者利用自己原有认知结构中的有关经验去同化和顺应当前学习到的新知识,从而赋予新知识以某种意义,即促进学生主动积极地建构自己的知识。

3. 协作学习

学生的学习是在教学群体之间(教师与学生之间、学生与学生之间)的协作下完成的。在教师的组织和引导下,教师和学生们形成一个教学群体,共同批判性地探究各种理论、观点和假说。教学群体之间先进行自我协商,然后再相互协商。通过这样的协作学习环境,教学群体(包括教师和学生)的思想与智慧就可以被整个群体所共享,即整个学习群体共同完成对所学知识的意义建构,而不是其中的某一位或某几位学生完成意义建构。

4. 提供充分的资源,让学生自主探索

为了能够保证学习者的主动探索和意义建构,必须要为学习者提供充分的信息资源(包括各种教学媒体和教学资料)。但是,用这些媒体和资料并非用于辅助教师的讲解和

演示,而是用于支持学生的自主学习和协作式探索。例如,在传统教学设计中,对媒体的呈现要根据学生的认知心理和年龄特征做精心的设计。而在建构主义教学设计中,把媒体的选择、使用与控制的权力交给了学生,传统教学的精心设计就完全没有必要了。反之,对于信息资源应如何获取、从哪里获取,以及如何有效地加以利用等问题,则成为主动探索过程中迫切需要教师提供帮助的内容。

建构主义学习理论是当代较有指导意义的理论。它强调学习者的积极主动性、对新知识意义的建构性和创造性;重视师生之间、学生与学生之间的协作作用;深化了社会学习研究的领域,对知识和学习的本质有更深刻的认识;提供了多种具有启示意义的教学模式,促进了教学改革。但是,由于它强调主观经验世界中的知识建构,否定了人类经过长期的实践得出的真知灼见,不承认客观真理,具有狭隘的、唯我论的主观经验主义的倾向。另外,它主张学习其实是一种高级的学习,但是,高级的学习并不能替代低级的学习,如对于一些基础知识的学习,低级的学习就更适合。

例解　澳大利亚"伟治·柏克小学"所作的教改试验(建构主义教学思想指导)

试验班由三年级和四年级的学生混合组成,主持试验的教师叫玛莉,要进行的教学内容是自然课中的动物。

玛莉为这一教学单元进行的教学设计主要是,让学生自己用多媒体计算机设计一个关于本地动物园的电子导游,从而建立起有利于建构"动物"概念框架的情境(概念框架是实现支架式教学的基础,它是帮助学生智力向上发展的"脚手架")。玛莉认为这种情境对于学生非常有吸引力,因而能有效地激发起他们的学习兴趣。【在实际情景中教学】

她把试验班分成若干小组,每个小组负责开发动物园中某一个展馆的多媒体演示。玛莉让孩子们自己选择:愿意开发哪一个展馆和选哪一种动物;是愿意收集有关的动物图片资料还是愿意为图片资料写出相应的文字说明;或是直接用多媒体工具去制作软件,都由孩子们自己选择。【以学生为中心】

然后在此基础上组成不同的学习小组。这样,每个展馆就成为学生的研究对象,孩子们都围绕自己的任务努力去搜集材料。例如,他们到动物园的相应展馆去实地观察动物的习性、生态,到图书馆和Internet上去查询有关资料,以获取动物图片和撰写说明(将学生引入一定的问题情境——使学生处于概念框架中的某个节点)。【在实际情景中教学】

在各小组完成分配的任务后,玛莉对如何到图书馆和Internet上搜集素材适时给学生以必要的帮助,对所搜集的各种素材重要性大小的分析比较也给学生以适当的指导(帮助学生沿概念框架攀升)。【提供充分资源】

然后玛莉组织全试验班进行交流和讨论。这种围绕一定情境进行自我探索的学习方式,不仅大大促进了学生学习的自觉性,充分体现了学生的认知主体作用,而且在此基础上开展的协作学习,只要教师引导得法将是加深学生对概念理解、帮助学生建构知识意义的有效途径。例如,在全班交流过程中演示到"袋鼠"这一动物时,玛莉向全班同学提出一个问题:"什么是有袋动物?除了袋鼠有无其他的有袋动物?"有些学生举出"袋熊"和"卷尾袋鼠"。【协作学习,自主探索】

于是玛莉又问这三种有袋动物有何异同点?并让学生们围绕这些异同点展开讨论,从而在相关背景下,锻炼与发展了儿童对事物的辨别、对比能力。

资料来源:改编自《建构主义教学策略指导下的教学案例二(支架式)》http://fync.blogbus.com/logs/30043905.html,2008-10-08

复习思考题

1. 请简述学习的概念及学习的过程。
2. 简述行为主义和认知主义学习理论的主要理论观点。
3. 请对比行为主义、认知主义学习理论的不同,并简要进行评述。
4. 请谈谈建构主义对当代教育学的影响。

参考文献

德里斯科尔.2008.学习心理学:面向教学的取向.3版.王小明译.上海:华东师范大学出版社
邓媛媛.2007.发现教学法在课堂中的应用.今日中国教研,3:41~43
冯忠良,伍新春,姚梅林,等.2010.教育心理学.北京:人民教育出版社
冯忠良.1998.教育心理学.北京:人民教育出版社
何克杭.1997.建构主义的教学模式、教学方法与教学设计.北京师范大学学报(社科版),5:75~78
何克抗,林君芬,张文兰.2006.教学系统设计.北京:高等教育出版社
鞠艳.2008.榜样的力量:班杜拉观察学习的研究.基础教育,9:60~63
邵瑞珍.1997.教育心理学.修订本.上海:上海教育出版社
施良方.1994.学习论——学习心理学的理论与方法.北京:人民教育出版社
汪凤炎,燕良轼.2008.教育心理学新编.修订本.广州:暨南大学出版社
佐斌.1998.论人本主义学习理论.教育研究与实验,2:34~37
Bower G H,Hilgard E R.1981.Theories of Learning. Englewood Cliffs,NJ:Prentice-Hall,647
Mayer R E.1991.教育心理学——认知取向.林清山译.台北:台湾远流出版公司

第四章　学习的认知加工过程

学生的一项重要任务,就是通过认知过程掌握科学文化知识,促进智力的发展和良好品德的形成。在任何学习活动中,个体都需要进行感觉、知觉、记忆、思维、想象等认知活动。认知过程是通过对信息的接收、加工、储存和提取(运用),从而获得知识经验、发展认知能力的过程。信息的接收涉及的心理活动主要是感觉和知觉,信息的加工涉及的心理活动主要是思维和想象,信息的储存和提取涉及的心理活动主要是记忆;而在整个过程中,始终伴随着注意。因此,学生的学习,从本质上看就是一种综合性的认知活动。

本章知识点：
- 注意的概念和功能
- 注意产生的条件
- 注意的品质
- 知觉的概念和种类
- 观察
- 知觉的基本特征
- 记忆的概念和种类
- 记忆的过程
- 思维的概念和种类
- 思维的过程
- 想象

第一节　注　　意

一、注意的含义和功能

(一) 注意的含义

注意是心理活动对一定对象的指向和集中。

指向性和集中性是注意的基本特征。注意的指向性,表现为人的心理活动具有选择性,是指在某一时间内心理活动总是有选择地朝向特定的对象。这些特定的对象既可以是外部的事物或现象,也可以是自身的行为、观念或者某种思想。指向性不同,人们从外界接受的信息也不同。注意的集中性,是指心理活动倾注或保持在所指向的对象上,同时离开一切无关的事物或活动。聚精会神、全神贯注、专心致志等都是注意集中性的表现。

注意是一种大家熟悉的心理现象,也是心理活动的重要组成部分。它是保证包括认知过程在内的各种心理活动顺利进行的必备条件。任何心理过程的活动效率,总表现为有注意参加才能实现。但是,注意本身并不是一种独立的心理过程,而是伴随各种心理过程而存在的一种心理状态或心理特性。因为注意不像感知、记忆、思维、想象那样具有自身特定的反映内容,它是各种心理活动的伴随者。

(二) 注意的功能

注意在人的心理活动中起着重要的作用,在人的实践活动中有着重要意义。注意的基本特性决定了注意的一些主要功能,这些功能表现在三个方面。

1. 选择功能

注意的基本作用在于对信息进行选择。客观世界为人们提供了大量刺激,注意使心理活动选择那些有意义的、符合当前需要的和与当前活动任务相一致的有关刺激,同时避开或抑制那些无意义的、附加的、干扰当前活动的各种刺激。这是注意的首要功能,它确定了心理活动的方向,保证个体的生活和学习能够秩序分明、有条不紊地进行。

2. 维持功能

注意的维持功能表现在注意在时间上的持续。人只有在这种持续状态下,使注意对象的映像或内容在意识中保持下来,才能进行进一步的加工、处理,以得到清晰的、准确的反映,直到达到活动目的为止。

3. 调节和监督功能

注意可以提高活动的效率,这体现在它的调节和监督功能上。在注意集中的情况下,错误减少,准确性和速度提高。另外,注意的分配和转移保证活动的顺利进行,并适应变化多端的环境。

注意所具有的上述功能对心理活动起着积极的组织和维持的作用,使人能够最清晰、最鲜明地反映客观事物及其变化,进而能顺利而有效地从事各种活动。

二、引起和保持注意的原因和条件

根据产生和保持注意时有无目的以及是否需要意志努力,可以把注意分为无意注意、有意注意和有意后注意。每种注意都有其发生发展的规律,注意的规律主要表现为它所赖以产生和保持的原因或条件。

(一) 引起无意注意的原因

无意注意,也叫不随意注意,是一种无预定目的,也不需要任何意志努力的注意。例如,学生正在专心听课,教室门口突然出现一个陌生人朝课堂内探望,这时大家会不约而同地把视线朝向他,这种注意就是无意注意。无意注意是一种初级的、被动的注意,它是人不由自主产生的,不受意识的调节和支配。

引起无意注意的原因可分为两大类,一是客观刺激物本身的特点,二是人本身的状态。

1. 刺激物本身的特点

(1) 刺激物的强度。任何强烈的刺激(如巨响、强光、浓郁的气味等)都会引起人们不由自主的无意注意。所谓"酒香不怕巷子深",就说明刺激物的绝对强度导致无意注意的产生。在这里,刺激物的相对强度(即该刺激物与同时出现的其他刺激物在强度上的对比关系)对于引起无意注意也具有重要的作用。

(2) 刺激物之间对比差别的显著程度。刺激物在形状、大小、颜色和持续时间等方面与周围环境、其他刺激物对比强烈、差异显著时,很容易引起无意注意,例如,"绿叶中的红花","鹤立鸡群"等。

(3) 刺激物的活动和变化。活动变化的刺激物比静止不变的刺激物更容易引起人的注意。处于活动和变化状态的刺激物常会成为人们注意的对象,如都市夜晚闪烁的霓虹灯、音乐演出中乐团指挥的手势,都容易引起人们的无意注意。

(4) 刺激物的新异性。一切新异的事物都能满足人们的好奇心和求知欲，从而容易引起人的注意，而千篇一律、多次单调重复的事物则难以吸引人的注意。

2. 人的主观状态

客观刺激物并不是引起无意注意的唯一因素，有时在上述刺激物特点不明显的情况下，个体也容易产生无意注意，这与主体状态有关。

(1) 个体的需要和兴趣。人们总是不自觉地对自己急需的或感兴趣的事物产生注意。例如，大学生进入书店对专业书籍的的注意，球迷对"球讯"和影迷对"影讯"的注意等。一般说来，无意注意同人对事物的直接兴趣有关。

(2) 个体的情绪和精神状态。一个人情绪稳定，心情舒畅，精神饱满，就会对平时不经意的事物产生注意；相反，情绪低落，精神萎靡，或身体处于疾病、疲劳状态，就很容易对许多事物视而不见。

(3) 个体的知识经验。那些与已有的知识和经验相联系的新知识、新事物容易引起无意注意；否则，虽新却难以引起人的注意。个体的职业和爱好使得各自的知识经验不同，与人的知识经验有联系的事物更容易进入人们的注意范围。同样看一部影片，音乐工作者会注意其中的配乐，美术工作者会注意影片的用光以及色调。

(二) 引起和维持有意注意的条件

有意注意，也叫随意注意，是一种有预定目的，还需做一定的意志努力的注意。例如，人们在吵闹的环境中强制自己看书，就属于有意注意。有意注意是一种主动地服从于一定活动任务的注意，它受意识的自觉调节和支配，因而它是人类所特有的心理现象，是注意的一种高级形式。有意注意是在学习和劳动过程产生的，又是人们完成各项实践的必需的条件。

有意注意需要意志努力，因此，容易产生疲劳，影响活动效率。了解有意注意产生和维持的条件，才能保证各种心理活动的顺利进行。引起和维持有意注意必须具备以下几个条件。

1. 明确活动的目的和任务

有意注意是一种有目的的注意，所以有意注意的引起和维持首先取决于对目的、任务的理解和明确程度。加强对活动目的和任务的理解，有助于增强人的活动动机和完成任务的决心，因而能促进人集中注意的主观努力。

2. 培养间接兴趣

对活动结果产生的间接兴趣是维持有意注意的重要条件。间接兴趣的形成有助于人们自觉地调节活动中的注意水平，使注意能够在活动结果的引导下长时间集中于所从事的活动上。间接兴趣越稳定，活动过程中的有意注意也容易产生和维持。例如，一个学生在学习外语时，感到背单词、记语法的过程单调而枯燥，想要知难而退，但当他意识到掌握外语后可以开阔视野、增进交流、增加就业机会，他就会积极投入到外语学习中去。

3. 设法排除无关刺激的干扰

有意注意尽管在有干扰的情况下也可能产生和保持，但干扰毕竟不利于注意的集中。内外干扰越多，有意注意就越困难。因此，排除各种与完成活动任务无关的干扰，如降低噪声强度、保持光线适中等，有助于将注意力更加集中于所要从事的工作上。

4. 加强意志锻炼

有意注意是需要意志努力的注意。在遇到干扰的情况下，为了集中注意，除了采取一定的措施排除干扰外，有时还要用意志与干扰作斗争。个体的意志力水平同抗干扰能力有密切关系。因此，加强意志锻炼，有利于维持有意注意。

5. 合理组织有关活动

心理学研究表明，形式单一、内容枯燥的活动容易使人疲劳厌倦，造成分心。因此，组织形式多样、内容活泼的活动是防止分心、维持有意注意的有效方法。这包括增加操作活动，手脑并用，增加讨论和竞赛，甚至用必要的言语提示来集中注意力等。

（三）有意后注意形成的条件

有意后注意，也叫随意后注意，是指有自觉目的，但不需要意志努力就能维持的注意。例如，人们在熟练地骑车、打毛衣等活动中的注意，就是有意后注意。有意后注意兼具无意注意和有意注意的长处。在学习和工作中，利用无意注意可以减轻脑力负担，但是由于它无预定目的，单单依靠无意注意，不仅不能获得系统的知识，而且艰巨的学习和工作任务也难以完成。所以，就必须运用有意注意。但是，如果过分地强调或过多地要求依靠有意注意来学习和工作，也容易引起疲劳，使有意注意不能持久。这就决定了有意后注意在学习和工作中具有重要的意义。但脱离了无意注意和有意注意，也难以产生有意后注意；同时，人对任何事物或活动都产生有意后注意也是不现实的。因此，他们在活动中相互转化，相互配合。

有意后注意是在有意注意的基础上发展起来的一种特殊形式的注意，其形成主要取决于自身的努力。第一，要提高对活动目的和任务的认识，对活动产生直接兴趣。要通过一定的实践活动，对所从事的工作的意义有更进一步的认识，使其能够更加自觉地从事该项活动，并随着活动的深入开展，对活动本身产生浓厚的兴趣。第二，要提高活动的熟练程度，丰富相关的知识经验。一个人在开始从事某种活动或学习一门新学科时，由于不熟悉而造成很多困难，需要一定的意志努力才能坚持活动。在活动过程中逐渐熟练起来并积累丰富的知识，逐步掌握活动本身的规律，使活动达到熟练或自动化的程度。这样，个体便会自觉自愿地、不需要意志努力而把注意集中于这项活动上，于是有意注意也就转化为有意后注意了。

在学习过程中，学生按照注意的规律安排自己的学习活动，能够提高学习效率；教师根据注意的规律组织教学活动，能够提高教学效果。

三、注意的品质

（一）注意的广度

注意的广度，也称注意的范围，是指一个人在同一时间能够清楚地觉察到的对象的数量。实验证明，在1/10秒的时间内，成人一般能注意到8～9个排列不规则的黑色圆点或4～6个彼此不相联系的外文字母。

注意广度的大小和注意对象的特点有关：对象越集中，排列得越有规律，注意的广度就越大；反之，就越小。活动的任务不同，注意的广度也不同。一般来说，活动任务要求越多、越复杂，注意范围越小；反之，注意范围会相对扩大。个体的知识经验也影响注意的广度,知识经验丰富的人善于把所感知的对象组织成一个整体来感知,注意的广度就大。如文化水平较高的人,阅读时的注意广度比识字不多的人要大得多。

(二) 注意的稳定性

注意的稳定性,也称持久性,是指在一定事物或某项活动上,注意所能持续的时间。这是注意的时间特征。但衡量注意稳定性,不能只看时间的长短,还要看这段时间内的活动效率。

注意的稳定性有狭义与广义之分。狭义的稳定性是指注意在某一事物上所维持的时间,如长时间看电视、读一本书等。广义的稳定性是指注意在某项活动上保持的时间。在广义的稳定性中,注意的具体对象可以不断变化,但注意指向的活动的总方向始终不变。例如学生做作业时,一会儿看书,一会演算,一会思考,而这些活动都服从于完成作业这一总的任务。因此,他们的注意是稳定的。在许多学习和工作中,我们都强调广义的注意的稳定性。

与稳定的注意相反的状态是注意的分散,又称分心,是指心理活动受到无关刺激的干扰或者单调刺激的持续作用引起的偏离注意对象的状态。

影响注意稳定性的因素,一是对象本身的特点。内容丰富、活动变化的对象比内容单调、静止不变的对象更容易使人们保持长时间的注意;并且,在一定范围内,注意的稳定性也与对象的复杂程度有关,过于简单或复杂的对象,会减弱注意的稳定性。二是主体状态。注意的稳定性和一个人的年龄、健康状况、教育程度、职业、心境等有关系,也和一个人的意志、性格等有关。

资料窗　　　　课堂上学生注意力涣散的主要表现

学生注意力涣散可能是偶发的,也可能是经常性的。课堂上学生注意力涣散的原因是多方面的:它可能受家庭或社会因素的影响,可能受自身机体疾病的影响,也可能受教学中的某些因素的影响。由于教学上的原因造成注意力涣散的主要表现有:

1. 厌烦

教材内容过深或过浅,教师无意义的重复或冗长的文词,都会使学生感到索然无味而产生厌烦,导致注意力涣散以寻求其他的刺激。

2. 情绪急剧波动

一上课教师就分发上次的测验卷子或宣布考试的成绩,会使学生情绪特别兴奋或沮丧。一上课教师就进行测验也会使学生情绪特别紧张。课堂上的这类情绪急剧的波动使学生难以把注意及时转移到教学中来,因为他们的注意还纠缠在分数或做错的题目上。

3. 反抗或淡漠

如果教师处理问题不公平,会导致师生关系的紧张。受不公平待遇的学生可能把不满情绪迁怒到教师讲课上,以不听课或捣乱的方式加以反抗。有的学生或因学业上屡遭失败,或因其他原因屡受挫折,这类挫折一旦超过了该生的容忍度就可能导致对学业的反抗或对学业淡漠。

4. 寻求注意和承认

有些学业成绩欠佳的学生,或品德、能力欠佳的学生,由于受到人们的忽视、鄙视或冷落,他们当中有的人在上课时可能故意搞恶作剧以寻求教师或同学们的注意和承认。

当教师发现学生上课注意力涣散时，应当探究其原因，针对具体情况采取措施。例如，如果学生注意力涣散是教师教学方法不当所造成，则应改革教学方法；如果学生注意力涣散是由长期难以承受的挫折所造成，则应设法消除这种挫折，并向他指出个人的前景，等等。只有从根本上消除了学生注意力涣散的原因，才能使他们的注意集中到教学中来。

资料来源：章志光.1984.心理学.北京：人民教育出版社，96~97

（三）注意的分配

注意的分配，是指在同一时间内，把注意分配到两种或几种不同的事物或活动上。例如，教师上课时，一边讲授，一边板书，还要观察学生的听课情况，这就是注意的分配。

在日常生活和工作中，经常要求人们同时注意更多的事物，把注意分配到不同的对象上，所谓"眼观六路"、"耳听八方"就是形容这种状况的。但是，注意的分配是有条件的。第一，同时进行的几种活动都很熟练，或者只有其中一种是不熟练的，而其他几种是熟练或相当熟练的，达到自动化或半自动化的程度。第二，通过练习，同时进行的几种活动已经形成了牢固的联系，它们之间有密切的关系。

（四）注意的转移

注意的转移，是指根据新的任务，自觉主动地把注意从一个对象转移到另一个对象上。它与注意的分散是根本不同的。

注意的转移，受先前事物的影响，先前从事的活动的吸引力越强，注意的转移就越困难；反之，就容易。注意的转移也与新对象的特点有关。新的对象越符合人的需要和兴趣，注意的转移越容易；反之，注意的转移就会产生困难。注意的转移与人的神经活动类型也有关系。神经过程灵活的人，注意的转移就迅速、容易；神经过程不灵活的人，注意的转移就相对缓慢。

第二节　感觉和知觉

一、感觉

感觉是人脑对直接作用于感觉器官的客观事物的个别属性的反映。

我们生活在一个丰富多彩的世界中，几乎每时每刻都有许多事物作用于人的感官，而且人们时时处处所接触的客观事物具有多种不同的属性，如颜色、声音、气味、滋味、温度、光滑、软硬等。当事物的这些个别属性分别直接作用于我们的眼、耳、鼻、舌、身等感觉器官时，在大脑皮质上就会产生相应的映像，于是我们便看到了颜色，听到了声音，尝到了滋味，嗅到了气味，感到了冷暖、光滑和软硬等，这就是视觉、听觉、味觉、嗅觉、肤觉等不同的感觉。

人对客观世界的认识是以直观的感觉为开端的。感觉为我们提供了内外环境的信息，是一切复杂、高级心理活动的基础，也是维持正常心理机能的必要条件。感觉剥夺的实验很好地说明了感觉对我们的重要性。

> **资料窗** 　　　　　　　　　**感觉剥夺实验**
>
> 　　第一个以人为被试的感觉剥夺实验是由贝克斯顿（Bexton）、赫伦（Heron）、斯科特（Scott）于 1954 年在加拿大的一所大学的实验室进行的。被试是自愿报名的大学生，每天的报酬是 20 美元（当时大学生打工一般每小时可以挣 50 美分），所以大学生都极其愿意参加实验。
>
> 　　所有的被试每天要做的事是每天 24 小时躺在有光的小屋的床上，时间尽可能长（只要他愿意）。被试有吃饭的时间、上厕所的时间，但严格控制被试的感觉输入。实验中给被试戴上半透明的塑料眼罩，可以透进散射光，但没有图形视觉；给被试戴上纸板做的套袖和棉手套，限制他们的触觉；头枕在用 U 形泡沫橡胶做的枕头上，同时用空气调节器的单调嗡嗡声限制他们的听觉。
>
> 　　实验前，大多数被试以为能利用这个机会好好睡一觉，或者考虑论文、课程计划。但是，根据被试后来的报告，最初的 8 个小时好歹还能撑住，之后，被测学生有的吹起了口哨，有的自言自语，显得有点烦躁不安。对于那些 8 小时后结束实验的被测学生，即使实验结束后让他们做一些简单的事情也会频频出错，精神集中不起来了。尽管报酬很高，却几乎没有人能在这项感觉剥夺实验中忍耐三天以上。他们报告说，在实验期间对任何事情都不能进行清晰的思考，哪怕是在很短的时间内。他们不能集中注意力，思维活动似乎是"跳来跳去"的。从感觉剥夺实验中，还发现一个意想不到的结果，那就是实验持续数日后，接受感觉剥夺实验的被试中有 50% 的人产生了幻觉。当实验进行到第 4 天时，被测学生出现了双手发抖，不能笔直走路，应答速度迟缓，以及对疼痛敏感等症状。
>
> 　　被测学生参与完实验后，实验者再继续进行追踪调查，发现被测学生在实验结束后，需要 3 天以上的时间才能恢复到原来的正常状态。
>
> 资料来源：托马斯 L. 贝纳特.1983.感觉世界.旦明译.北京：科学出版社

二、知觉的概念和种类

感觉是各种复杂认知活动得以进行的基础。但是，在实际生活中，单纯的感觉几乎是不存在的，它往往以知觉的形式得以存在。

(一) 知觉的概念

知觉是人脑对直接作用于感觉器官的客观事物的整体的反映。例如，看到一个苹果、听到一首歌曲等都属于知觉。知觉是在感觉基础上产生的，但知觉并不是感觉信息的简单相加，它是对感觉信息整合的结果。在现实生活中，人们几乎没有绝对孤立的感觉，很少只是把握某一个事物的单一属性，而总是要把通过感觉所得到的有关事物的各种属性整合起来并加以理解。所以，往往把感觉和知觉统称为感知。

(二) 知觉的种类

根据知觉对象所反映的事物的自然特性和社会特性的不同，可把知觉分为物体知觉和社会知觉。

1. 物体知觉

物体知觉是着眼于事物的自然特性并以之为反映内容的知觉。由于任何事物都具有空间特性、时间特性和运动特性，因此物体知觉又可分为空间知觉、时间知觉和运动知觉。

空间知觉是反映物体空间特性的知觉。物体的空间特性有形状、大小、远近（距离、深度）、方位等，因此空间知觉包括形状知觉、大小知觉、距离知觉和方位知觉。苏东坡游庐山时写了一首诗："横看成岭侧成峰，远近高低各不同；不识庐山真面目，只缘身在此山中"。诗中反映着形状、大小、距离和方位,可谓集空间知觉之大成。

时间知觉是人对客观物质现象延续性和顺序性的反映,也就是对事物运动过程的长短和先后的知觉。如对一分钟、一节课、一上午、一天、一周、一月、一年、十年等的知觉是对时间的延续性的反映,对每天第一节至最后一节课等的知觉是对现象顺序性的反映。

运动知觉就是我们对物体的静止和运动以及运动速度的知觉,或者说是个体对物体空间位移(即运动)特性的反映。我们周围的世界是不断运动、变化着的,如鸟在飞、鱼在游、车马在奔驰、河水在流动等。物体的运动特性直接作用于人脑,为人们所认识,就是运动知觉。

2. 社会知觉

社会知觉是着眼于事物的社会特性并以之为反映内容的知觉。笼统地说,社会知觉是对人的知觉,也称社会认知,是人对社会性刺激,如他人的语言、面貌、表情、姿态等所进行的知觉活动。人与人之间的相互关系是以社会知觉的结果为基础的,因此要想建立良好的人际关系,必先具有正确的社会知觉。社会知觉主要包括对他人的知觉、人际知觉和自我知觉。

对他人的知觉是指在与他人交往中,通过感官获得他人的外部特征(言谈、举止、仪表、相貌和表情等)的信息,对这些信息加以选择、组织和解释,进而认识他人的心理活动,形成他人完整形象的知觉。亦即对他人的知觉是指通过一个人的外表和言行,认识他的心理特点和品性,也就是我们常说的"听其言、观其行,而知其人"。

人际知觉是对人与人之间关系的知觉。它包括对自己与他人关系的知觉、他人与他人关系的知觉。在人际知觉中,有明显的情感因素参与。人们在相互感知的时候,彼此也形成了一定的态度,如对一些人反感,对一些人喜爱,对一些人同情等。

自我知觉是指通过对自己的言行的观察来认识自己。一个人不仅能观察到他人,而且能观察到自己。我们常说:"人贵有自知之明",指的是正确地认识自己是一种可贵的品质,这里包含着自我知觉的成分。同时也说明自我知觉往往容易出差错,真正做到"有自知之明"不是一件容易的事情。所以说自我知觉不一定比对他人的知觉更正确,因为人往往缺乏"自知之明"。

三、知觉的基本特征

人对客观事物的知觉,受主客观条件的影响,有其特殊的活动规律。知觉过程的心理规律,可以归纳为知觉的四个基本特征,即知觉的选择性、整体性、理解性和恒常性。

(一) 知觉的选择性

人的周围环境是复杂多样,但人不可能同时对各种事物进行感知,而总是有选择地把少数事物乃至一个事物作为知觉的对象。知觉的这种特性就称为知觉的选择性。

知觉的对象总是从周围事物中选择出来的,当人们确定某一事物为知觉对象时,其余的事物就成了它的背景。在知觉过程中,对象和背景的关系是可以相互转换的,原来是对象的事物可以变为背景,原来是背景的事物也可以变为对象。图 4-1 中,若以白色为对象、黑色为背景,可以看到一个白色的花瓶;若以黑色为对象、白色为背景,便又会看到两个侧面人头像。我们可以一会儿看成是花瓶,一会儿看成是面孔,花瓶与面孔经常交替出现,这是知觉对象和背景相互转换的结果。

图4-1 知觉对象和背景转换

影响知觉选择性的因素,亦即从背景中区分出对象的条件有主观和客观两个方面。从客观因素来看,对象与背景的差别性、对象的动静以及对象的新颖性都影响知觉的选择性;从主观因素来看,主要是个体的需要和知识经验影响知觉的选择性。

正确运用知觉选择性的规律,对于形成清晰知觉,提高学习和工作效率,具有重要作用。

(二) 知觉的整体性

知觉的对象具有不同的属性,或由不同的部分组成,但是,人们并不把他们知觉为彼此孤立的各个部分,而总是把他们知觉为一个统一的整体。知觉的这种特性,称为知觉的整体性。

在知觉的过程中,对熟悉的事物来说,由于经验的作用,知觉对象的主要部分、关键部分以及对象各部分之间的相互关系,对知觉的整体性具有重要作用。如看到一个熟悉的人的照片的主要部分,便可知道他是谁;听一首乐曲,不管用什么乐器演奏,都知道听到的是什么曲子等。而对于不熟悉的事物来说,知觉更多地以事物的组织结构特点(如接近、相似、封闭性和连续性等)为转移(图4-2)。这在心理学上被称为知觉的组织现象。

由于知觉的整体性,当我们仅仅感知到某事物的个别属性时,就能完整地知觉该事物,大大提高人们感知的速度。但是,知觉的整体性有时也妨碍我们更精确地认识事物,事物属性中强的部分掩蔽其弱的部分,使我们看不到事物间的细微差别。

(三) 知觉的理解性

在知觉过程中,人总是用过去所获得的有关知识经验来帮助理解当前所知觉的对象,赋予它一定的含义,并用词来标志它。知觉的这一特性,叫做知觉的理解性。

人的知识经验和言语提示对知觉对象的理解有重大的影响作用。同一事物,知识经验不同的人,对它的理解程度也不相同。言语可以唤起人们的过去经验,从而补充知觉的内容,加强对知觉对象的理解。图4-3中的黑色斑点,起初很难知觉出它是什么,但是用

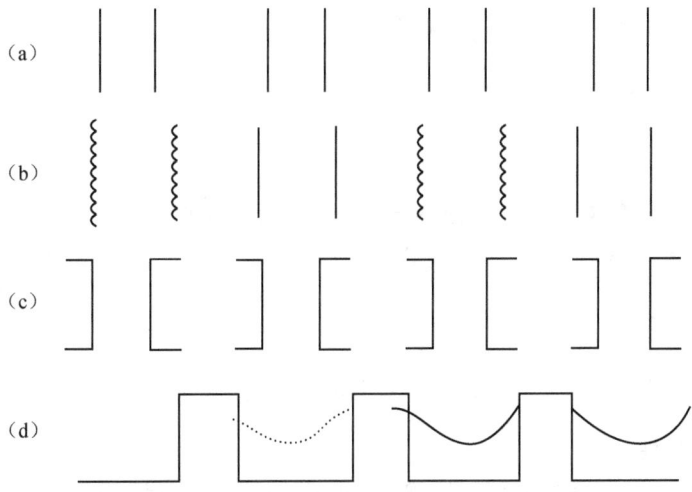

图 4-2 知觉的组织性
(a)接的;(b)相似;(c)封闭性;(d)连续性

图 4-3 可形成知觉对象的斑点

言语提示一下是"人骑马",立即使"人骑马"的图像在头脑中活跃起来,与当前的斑点相匹配,就很容易将这些斑点知觉为"人骑马"了。

另外,定势也影响着对知觉对象的理解。它使主体以特殊的整合准备反映知觉的对象,使人的知觉不自觉地沿着一定的方向进行。如图 4-4 所示,上下两行图均按从左至右的顺序来看,当你看过上行的 a、b、c 图之后,形成了某种定势,再看 d 图时,你会把它知觉为男子头像;而当你看过下行的 e、f、g 图形成定势之后,再看 h 图时,就会把它知觉为一个盘腿而坐的女子。而实际上 d 图和 h 图基本上一致。

感知了的事物未必就理解,只有理解了的东西才能真正被感知。知觉的理解性使人们的知觉更深刻。知觉的理解性使人在知觉时能够辨别对自己有意义的对象的实质和用途,从而为我们有目的地利用客观事物和进行实践活动提供有利的条件。

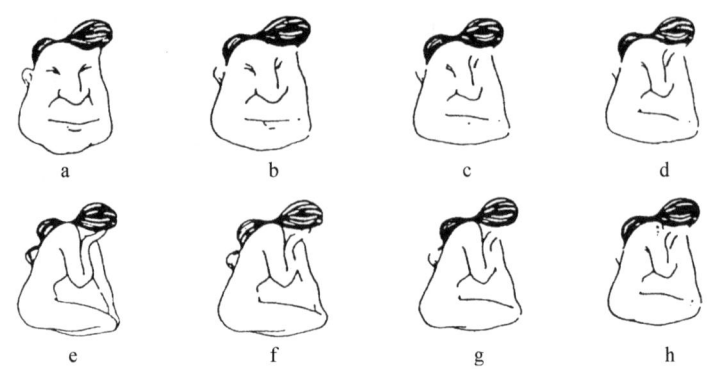

图 4-4　定势对知觉的影响

（四）知觉的恒常性

在知觉过程中，当知觉的条件（距离、角度、照明等）在一定范围内发生变化时，知觉映像却保持相对不变，这就是知觉的恒常性。

知觉的恒常性存在于各类知觉当中，尤以视知觉表现得最为突出。例如，一个方桌，从不同的角度看，形状应该有所不同。但我们主观上却总认为它是方的。再如，某个人离自己 10 米远时在视网膜上形成的像，要比这个人离自己 1 米远形成的像小得多。但我们并不会认为，某个人由 10 米处走来时，他会变得越来越大。前者是形状的恒常性，后者是大小的恒常性。此外，在视知觉中还有颜色的恒常性。如不论是在强光的照射下，还是在暗光下，我们看到的黑板总是黑的，白色粉笔总是白的。

知觉的恒常性，是已有的知识和经验参与的结果。它对于人们能够准确而真实地反映客观事物，从而有效地适应环境，具有特殊的意义。

由上述可知，知识经验在知觉过程中具有十分重要的作用。正是由于过去经验，人们才能迅速、准确地把感知对象选择出来，形成整体认识，理解对象的意义，并使其长久保持不变。由此可见，要尽快形成正确知觉，就需要具有丰富的知识经验。当然人们如果一味凭经验观察事物，有时会忽略重要的细节以及现象的变化，而造成知觉上的错误。但一般来说，人的知识经验越丰富，对事物知觉得就越迅速、越全面、越深刻。

四、观察

观察是知觉的高级形式，是有目的、有计划、比较持久的知觉。在观察的时候，观察者要预先提出一定的目的和任务，拟出一定的计划，按计划仔细地察看知觉对象，向它提出问题，从中寻求某种答案。观察不是一次性的瞬时知觉，而是一种系统的、较持久的知觉。观察总是伴随着积极的思维活动，因而也被称为"思维的知觉"。它具有主动性、理解性、持久性等特点。

 **例解　　　　小猫晒太阳毁掉指挥部**

第一次世界大战期间，法国和德国打仗时，法军一个旅司令部在前线构筑了地下指挥部，人员深居简出，十分隐蔽。不幸的是，他们只注意了人员的隐蔽，而忽略了长官养的一只小猫。当时，德军

> 一个参谋人员在观察战场中发现:每天早上8、9点钟左右,都有一只小猫在法军阵地后方的一座坟包上晒太阳。于是,德军做出了如下判断:第一,这只猫不是野猫,野猫白天不出来,更不能在炮火隆隆的阵地上出没;第二,猫的栖身处就在坟包附近,很可能是一个地下掩蔽部,因为周围没有人家;第三,根据仔细观察,这只猫是相当名贵的波斯品种,在打仗时还有条件玩这种猫的绝不会是普通的下级军官,从而他们断定那个掩蔽部是高级指挥所。
> 于是,德军集中6个炮兵营的火力,对那里实施急袭。事后查明,他们判断的完全正确,法军指挥所人员全部阵亡。
> 资料来源:http://military.china.com/zh_cn/history4/62/20030624/11493952.html

观察在人的认知活动以及学习、工作、生活中具有重要的意义。在系统知识的学习中,无论是语文课中对字形的辨认、对景色的描写,数学课中对物品的计数、对图形特征的认识,还是科学课中对自然现象的洞察、对生物习性的了解,都离不开观察。观察不仅能使学生从客观世界中汲取知识,而且还是智慧的重要源泉。观察是也科学研究的基础。古今中外,许多伟大的科学家都具有敏锐的观察力。巴甫洛夫在他的实验室门口的石碑上刻有"观察、观察、再观察"这几个大字,以此作为自己的座右铭。

第三节 记 忆

一、记忆概述

(一) 记忆的概念

一般认为,记忆是经历过的事物在人脑中的反映,即人脑对过去经验的反映。这里的经验,不仅包括感知过的事物,也包括思考过的问题和理论,体验过的情绪和情感以及做过的动作等。可以说,我们所经历过的一切事物,都可以是记忆的内容。

记忆是一种比较复杂的心理过程,包括识记、保持和再认或回忆三个基本环节。从信息论的观点来看,记忆就是对输入人脑中的信息进行编码、储存和提取的过程。识记是获得知识经验的过程,相当于信息的编码;保持是巩固已获得的知识经验的过程,相当于信息的储存和继续编码;再认和回忆是在两种不同情况下对过去经验的恢复过程,相当于信息的提取。过去经历过的事物再次出现时,能够把它认出来,属于再认;经历过的事物不在眼前,由于有关信息的作用,使这些事物的形象或内容重新在头脑中呈现出来,称为回忆。记忆的这几个环节或阶段是相互联系、相互影响的。识记和保持是再认和回忆的前提和保证,而回忆和再认是识记和保持的结果和证明。

记忆在人的心理活动中具有重要的作用,它是整个心理生活的基本条件。由于记忆,人才能保持过去的反映,使当前的反映在以前反映的基础上进行,使心理活动成为一个发展和统一的过程。记忆在人的生活、工作和学习中也具有重要的意义。人们的一切活动,从简单的生活琐事,到复杂的科学研究,都只有在记忆的基础上才能进行。古人说"前事不忘,后事之师",讲的就是这个道理。对学生而言,记忆是有效学习和发展智力的重要条件之一。

(二) 记忆的种类

1. 瞬时记忆、短时记忆和长时记忆

根据信息在头脑中储存时间的长短,可把记忆分为瞬时记忆、短时记忆和长时记忆。

瞬时记忆也叫感觉记忆或感觉登记。这种记忆保持的信息量虽然较大,但保持的时间却很短,大约是 0.25～2 秒钟。进入瞬时记忆的信息未经任何处理,以感觉痕迹的形式保存下来,具有鲜明的形象性。个体稍一分心,瞬时记忆便立即消失;若受到注意,它就可以转入短时记忆。

短时记忆,即对信息保持时间在一分钟左右的记忆。即席译员主要运用的就是短时记忆。短时记忆中的信息编码方式以言语听觉形式为主,也存在视觉和语义的编码。短时记忆也叫工作记忆,两者分别强调同一概念的不同方面,短时记忆强调信息储存的时间,工作记忆强调其功能。工作记忆中的信息,既有来自瞬时记忆中要加工的信息,又有从长时记忆中提取的有关信息。这些信息在工作记忆中加工以达到理解当前信息意义的目的。研究表明,短时记忆的容量一般为 7 ± 2 个单位,这"单位"可以是"个",也可以是"组块"。"7 ± 2"这个短时记忆总容量在相当程度上并不限制每个"组块"的信息容量。所以,要记住更多的东西,就要尽可能地把材料组织成块,增加单位容量。短时记忆中的信息,如果经过复述或运用,可发展成为长时记忆。

长时记忆即对信息保持时间在一分钟以上乃至终生的记忆。长时记忆中的信息,一般是按照事物的意义进行编码的。它的容量很大,人们有很大的潜力可挖。从信息来源说,它是对短时记忆加工重复的结果,但也可由于印象深刻而一次形成。

从信息加工理论看,以上三种记忆有时是同时存在的,它们的区分只是相对的。这三种记忆也标志着记忆系统的三个阶段。它们之间的关系如图 4-5 所示。

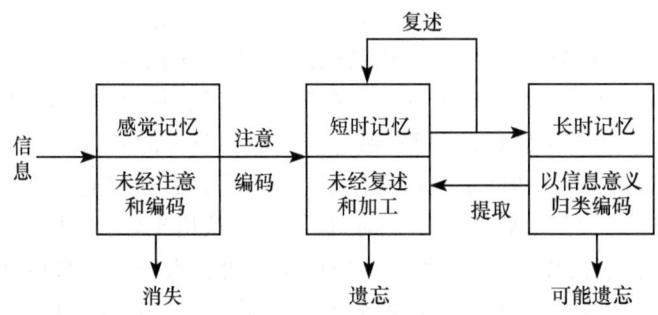

图 4-5 记忆系统模式图

2. 形象记忆、语义记忆、情绪记忆和运动记忆

根据记忆的内容,可把记忆分为形象记忆、逻辑记忆、情绪记忆和运动记忆。形象记忆是以过去感知过的事物形象为内容的记忆。这种记忆保持的是事物的具体形象,具有直观性。语义记忆是以言语负载的关于事物的关系或联系以及事物本身的意义和性质的记忆,又称语词逻辑记忆。这种记忆所保持的不是具体的形象,而是反映客观事物本质和规律的定义、定理、公式、法则等。语义记忆是人类所特有的,具有高度理解性、逻辑性的记忆。对于学生的学习来说,这类记忆是至关重要的,它既是学生学习新知识的基础,同

时又影响着学生的抽象思维能力的发展。情绪记忆是以体验过的情绪或情感为内容的记忆。运动记忆是以过去做过的运动或动作为内容的记忆。运动记忆一旦形成,保持的时间往往很长久。这类记忆对于人们动作的连贯性、精确性等具有重要意义,是动作技能形成的基础。

这四种记忆是互相联系的,要记住某一事物或现象,一般都需要两种或多种类型的记忆。例如,下象棋,就需要良好的形象记忆和逻辑记忆的密切配合。但是,这些记忆是有明显的个别差异的,即对不同的人来说,哪种类型的记忆更占优势多有不同。

3. 内隐记忆和外显记忆

根据提取记忆信息时有无意识,可以把记忆分为内隐记忆和外显记忆。内隐记忆是指在不需要意识参与的情况下,个体经验自动对当前任务产生影响而表现出来的记忆。由于这种记忆对行为的影响是自动发生的,人们并没有意识到它的存在,因此,又可称为自动的无意识记忆。外显记忆是指个体在需要有意识地或主动地收集某些经验用以完成当前任务时所表现出来的记忆。这种记忆对行为的影响是个体能够意识到的,因此也可称为受意识控制的记忆。

(三) 记忆表象

所谓记忆表象,是指过去感知的事物的形象在头脑中的反映,或者说它是曾经感知的事物在脑中再现出来的形象,简称表象。表象是记忆的主要内容。

记忆表象有两个显著的特征,即直观性和概括性。由于表象是在感知的基础上产生的,表象中的形象在很大程度上和过去感知过的事物的形象非常相似,因而说表象具有直观性。尽管如此,表象与感知相比,仍具有暗淡性、片断性和动摇性,不如感知那样鲜明、完整和稳定。表象产生于知觉,却又高于知觉,它综合了多次知觉的结果,形成的是同一事物或同类事物经常出现的一般形象,反映的是事物的轮廓和主要特征,并非某次感知获得的个别特点。所以,表象与知觉相比具有概括性。但是,表象的概括性同思维用词来概括地反映事物是不同的。表象是形象的概括,混杂有事物的本质属性和非本质属性,因此,它属于初级水平的经验概括,而思维过程中的词的概括,只反映事物的本质属性,舍弃了事物的非本质属性,因而,它是高水平的抽象概括。

记忆表象,就其直观性来看,它和知觉相似;就其概括性来看,它又和思维相似。但表象既不是知觉,也不是思维,而是介于知觉和思维之间的中间环节,是由感性认识到理性认识的重要过渡环节。有了表象,人们保持了对过去经历过的事物的反映,才有可能在旧的联系的基础上建立新的联系,进行思维和想象活动。

二、记忆的过程

(一) 识记

顾名思义,识记就是识别和记住事物的过程,也可理解为反复感知的过程。识记是记忆过程的开端。只有识记得好,才能保持得好,才能在以后更好地进行再认和回忆。要有良好的识记,必须掌握各种识记的特点及其规律。

1. 识记的种类及特点

(1) 无意识记和有意识记。根据识记有无目的和是否需要意志努力,可以把识记分为无意识记和有意识记。无意识记,也叫不随意识记,是事先没有预定目的,也不需要任何意志努力的识记。无意识记具有很大的选择性。只有那些有重大意义的,与人们的兴趣、需要和活动任务相适应的,并能激起人们强烈情感的事物,哪怕是只经历过一次,也能被人们记得很好。有意识记,也叫随意识记,是有预定目的,并用一定方法,必要时需要一定意志努力的识记。这种识记具有高度的自觉性和积极性。研究证明,在一般情况下,有意识记比无意识识记的效果好。国外研究人员曾做过一个对两组被试在有目的(要求记住)和无目的(没有记忆要求)情况下学习 16 个单词的对比实验。结果表明,有目的组当时记住 14 个单词,两天后记住 9 个单词;无目的组当时只记住 10 个单词,两天后只记住 6 个单词。

(2) 机械识记和意义识记。根据所采用的方法,又可把识记分为机械识记和意义识记。机械识记是根据识记材料的外部联系,采取简单重复的办法进行的识记。如对邮政编码、电话号码、历史年代、外语单词等的识记,就多属于机械识记。其基本方法是重复。它的特点是不能利用或很少利用过去的知识经验,花费的时间多,消耗的能量大。但它也有其优点,就是能够保证识记材料的精确性。意义识记是根据识记材料本身所具有的内在联系,通过理解而进行的识记。学习文化科学知识,主要是运用意义识记。其基本方法是理解。这种识记的优点是容易记住,保持时间长久,易于提取;缺点是不一定十分精确。大量实验研究和学习实践活动都表明:在识记的全面性、速度和牢固性等方面,意义识记均优于机械识记。

2. 影响识记效果的因素

识记效果受许多因素的影响,既有识记者个体的因素,亦即主观因素,又有识记材料本身的因素,亦即客观因素。影响识记效果的因素主要有以下几种:

(1) 识记的目的和任务。有无明确的识记目的和任务,对识记效果有很大的影响。如前所述,有意识记比无意识记的效果好,之所以是这样,是因为有意识记目的明确,识记时心理处于积极活动状态,全部精力集中于所要识记的对象,所以其效果大大优于无意识记。在识记过程中,如果没有提出明确的识记目的和任务,识记的效果就要差一些。

例解   梨园趣事

    有人讲过这样一个笑话:在某剧团演出的一出戏中,有这样一个情节。家院递上书信一封,员外手拿书信,以节奏鲜明快、幽默风趣的语言读了好长一段念白。念毕常引起观众热烈的掌声和喝彩。这一天演出,扮演家院的演员想给扮演扮员外的演员开一个玩笑。给他递上的书信不再是满纸的念白词,而是一张白纸。"员外"拿到手中一看,顿时慌了神。他虽已多次唱过这出戏,因为有念白词照着念,他根本没有下工夫记,哪里记得清楚?怎么办呢?亏他头脑灵感,灵机一动,把白纸在眼前晃晃,慢条斯理地说"今天光线太暗,我看不清,烦你给我念一念。"把矛盾轻轻推给了"家院","家院"一听员外这么说,也始料不及,叫苦不迭,这唱词他尽管听了无数次,由于与自己无关,也没记住。只好顺水推舟说:"天色就是太暗,奴才也看不清。"员外无奈,只得吩咐家院:"掌灯来"。边说边使眼色,家院心领神会,急忙走进后台,一边拿灯,一边又把原信拿来,偷偷递给了员外,员外才又照词念了起来。

    资料来源:董安君,谭英.1993.奇妙的心理世界.郑州:中州古籍出版社,43~44

不仅识记有无目的、任务对识记效果有影响,而且在有识记目的、任务的情况下,识记目的、任务的不同对识记效果也有影响。第一,识记任务在材料内容上的要求不同,识记效果也不相同。例如,对于一篇文章,可以要求记住它的基本内容、主要思想,也可以要求逐字逐句地背诵下来。显然,在这两种不同要求的情况下,由于识记任务的不同,识记的效果也会有所不同。第二,识记任务在时间上的要求不同,识记的巩固程度也往往不大一样。对识记的人提出"长久记住"的任务还是提出"短期记住"的任务,两者的识记效果有显著的差别。例如,有一个实验,要求被试学习两段难易程度和分量都相等的材料之前,说明在学习之后,第一段在次日检查,另一段在一周后检查。但实际上这两段材料都是在两周后才加以检查。结果表明,第一段材料只记住 40%,第二段材料记住了 76%。可见,确定长久识记的任务,对于识记的成效是有积极影响的。作为一名学生,如果只是为了应付考试,其识记效果往往不会长久。相反,为了长期掌握所学知识去识记,则能保持得长久些。这是因为有长久的识记任务,能够引起更为复杂的智力活动和更高的积极性的缘故。

(2) 识记的方法。采用什么样的方法和途径去识记材料,其效果是不同的。虽然方法很多,但必须明确基本原理和总的要求,即学习者对材料进行积极主动的组织加工,发挥主体能动性。要达到良好的识记效果,在指导思想上应明确以下几个方面:

首先,在理解的基础上进行识记。即要对识记材料有充分的理解,并进行组织加工。意义识记的效果之所以比机械识记的效果好,就在于它是在理解的基础上识记的。因此,要识记得好,就得加深对材料的理解,避免不求甚解,生吞活剥地强记。要对材料有所理解,先得弄清楚它究竟说明了什么问题和规律,它的基本精神是什么,它是如何说明问题的,它有哪些论点和依据,各论点之间有什么逻辑关系,即它的逻辑如何等;然后还可以和过去学习过或经历过的事物联系起来进行对比,找出它们的联系与区别等,这样就比较容易记住了。

其次,把机械识记和意义识记结合起来。我们强调意义识记,但并未否定机械识记的作用。有些材料本身确实毫无意义,或者材料本身有意义,限于学习者当时的水平,还不能理解,但又都需要记住,这就必须进行机械识记。在实际生活中,这两种识记都是必不可少的。机械识记能保证识记材料的精确化,意义识记的优点是容易记住、保持持久,且易于提取。它们之间的关系是相辅相成的。意义识记要以机械识记作基础,而机械识记也要靠意义识记来帮助。因此,在学习中必须把意义识记和机械识记结合起来运用,这样就可以发挥两种识记各自的长处,克服其短处,从而提高整个识记的效果。

对于有意义材料,在意义识记之后,就要多重复几遍,依靠机械识记使材料能够精确地保留在头脑中。对于无意义的材料,即需要机械识记的材料,可以赋予它人为的"意义",通过联想来帮助识记。这是因为有意义的材料联系多,联系越多,它所提供的检索信号也就愈多,这样就容易记住和回忆了。具体方法很多,如谐音法、歌诀法等,详见第八章学习策略一节。

最后,把整体识记和部分识记结合起来。在识记过程中,要根据材料的多少和难易,采用不同的识记方法。诚然,对于数量少而又简单易懂的材料,可以进行整体识记。但是,对于数量多而又难理解的材料,就要采用部分识记和整体识记相结合的方法,即在开始时,为了理解材料的一般意义,要把材料整个地阅读几遍,在找出各部分彼此联系的基础上,把它分成若干部分,此后可分别识记每个部分,最后再重新阅读全部材料,以便形成完整、清晰的记忆。

(3) 识记态度和情绪状态。积极的识记态度可使注意力高度集中,思维极度活跃,大大提高识记效果。经验表明,识记同样一篇材料,充分集中注意阅读两遍比漫不经心地重复十遍要有效得多。

识记时的情绪状态对人的识记效果会产生影响。一般来说,在积极的情绪状态下,人的识记效果好;在消极情绪状态下,识记效率低。有人曾做过实验,让被试在不同的心境下识记6个句子的内容,结果发现,识记效率有随心境水平上升而提高的趋势。可见,注意调节情绪,保持愉快的心境,对于提高识记效果是必要的。

(4) 识记材料的性质和数量。识记的材料有性质和数量等方面的差异,这些差异对识记效果有很大的影响。从材料性质来看,一般而言,直观、形象的材料比抽象的材料识记成绩更好些;识记视觉材料比识记听觉材料的效果要好;内容丰富的材料比内容贫乏的材料识记得好。材料性质不仅影响识记效果,而且也影响识记进程。实验证明:在识记较容易的材料时,开头识记得多而快,后来则逐渐缓慢下来;与此相反,识记困难的材料,开头识记的速度比较缓慢,到后来则逐步加快。

从材料的数量来看,在其他条件相同的情况下,识记的效率将随着识记材料的增加而降低。一般来讲,要达到同样的识记水平,材料越多,平均用的时间或诵读次数就越多,呈现出材料数量与识记效率成负相关的趋势。有人在实验中,让被试背诵不同字数但难度相同的课文,结果平均每100字的识记时间随课文字数的增加而增多,同样呈现出识记数量与识记效率负相关的趋势,如表4-1所示。但这并不等于说识记材料的数量越少越好。一次识记的材料太少,就失去了学习的意义。至于以多大量为宜,要根据具体情况确定。

表 4-1 识记材料数量与识记时间

课文词句字数	识记总时间/分	100字平均时间/分
100	9	9
200	24	12
500	65	13
1000	165	16.5
2000	350	17.5
5000	1625	32.5
10000	4200	42

(二) 保持和遗忘

保持和遗忘是矛盾的两个方面,两者互为消长。

1. 保持

保持是识记的结果,也是实现再认或回忆的重要保证。因此,保持是记忆过程的中心环节,没有保持,就无所谓记忆。经验在脑中的保持不是一成不变的,而是在不断发展变化。这种变化,既表现在质的方面,又表现在量的方面,主要有以下几种情况:①简略化和概括化。所识记的材料细节趋于消失。②完整化和合理化。识记内容中的不合理部分、不合逻辑的地方得到纠正,有缺漏的部分得到补充。③夸张和突出。把某些特点夸大,使其更具有特色。④记忆的内容增多,即记忆回涨现象。这种情况在儿童身上较多发生。⑤记忆的内容减少乃至消失,即发生遗忘。

保持发生变化的原因,可能是记忆映象受到新旧经验的影响,又形成新的联系,从而使记忆中的经验的某些部分占了优势,得以突出出来;也可能是由于记忆发生了泛化,使记忆的内容更加概括、简略。此外,受情绪、兴趣的影响,也会使某些部分保持得好些,或增添合乎自己愿望的内容。

例解   从枭到猫的变化

英国心理学家巴特莱特(F. C. Bartlett)采用图画复绘的方法来测验记忆质变的情形(图 4-6)。图中左边为刺激图形,先给被试中的第一个人看,隔半小时后要求他凭回忆将图绘出,再将他所绘的画给第二个人看,隔半小时后同样凭回忆将所看到的图绘出,然后把他绘出的图给第三个人看,如此依次进行直到第 18 个被试。图中垂直线右边的八个图形,就是实验中第 1、2、3、8、9、10、15、18 个被试所绘的图形。从这些所绘图形可以看到,从第 1 个被试识记回忆绘出的枭鸟,到第 18 个被试回忆绘出的猫的图形,记忆内容发生了质的变化。

图 4-6 记忆过程中图形的变化

资料来源:叶奕乾,何存道,梁宁建.2004.普通心理学.上海:华东师范大学出版社,145~146

2. 遗忘

1) 遗忘及其原因

遗忘是指识记过的事物不能再认或回忆,或者是错误地再认和回忆。按信息加工的观点,遗忘就是记忆信息提取不出来或者是提取错了。

关于遗忘的原因,主要有两种不同的看法:

一种认为,遗忘是由于识记后的痕迹没有予以强化(缺乏复习),而逐渐减弱、衰退,以致最后消失。这就是所谓的"衰退说"。永久性遗忘就是痕迹衰退的结果。

另一种认为,遗忘是由个体在识记(学习)和回忆之间受到其他刺激的干扰,使记忆痕迹受到了抑制。一旦排除干扰,解除抑制,记忆就能恢复。这就是所谓的"干扰说"。暂时性遗忘就是由于干扰造成的。产生遗忘的抑制有两种:前摄抑制和倒摄抑制。先学习的材料对识记和回忆后学习的材料的干扰作用,称为前摄抑制。后学习的材料对保持和回忆先学习的材料的干扰作用,叫做倒摄抑制。由于前摄抑制和倒摄抑制一般是在学习两种不同但又彼此类似的材料时发生的,因此,相似的学习材料不要安排在一起来学习,先后学习的两种材料之间要保持一定的时间间隔,先后学习的两种材料的难易程度要合理安排,以免先后两种学习材料彼此发生前摄抑制和倒摄抑制的作用。在同一种学习中,前摄抑制和倒摄抑制的影响也是很明显的。学习一篇课文,一般总是开头部分和结尾部分容易记住,而中间部分则容易遗忘。其原因就在于中间部分受到两种抑制的干扰,而两头只受到一种干扰。因此,为防止遗忘,就要加强对学习材料序列的中间部分的识记。

2) 遗忘的进程及影响因素

德国心理学家艾宾浩斯(Ebbinghaus)最早对遗忘现象作了系统研究。他用无意义音节(由若干字母组成、能够读出、但无内容意义即不是词的音节)作记忆材料,用节省法计算保持和遗忘的数量。

艾宾浩斯根据所获得的实验数据绘制成一条曲线,称为艾宾浩斯遗忘曲线(或保持曲线),如图4-7所示。这条曲线表明,遗忘的进程是不均衡的。在识记后的短时间内遗忘得较快,而以后逐渐缓慢下来,到了相当时间便几乎不再遗忘。简言之,遗忘的进程是"先快后慢"。这是遗忘的一条重要规律。在艾宾浩斯之后,许多心理学家用无意义音节和多种有意义材料(如散文、诗歌)做了大量类似的实验,进一步证实了他的研究成果。

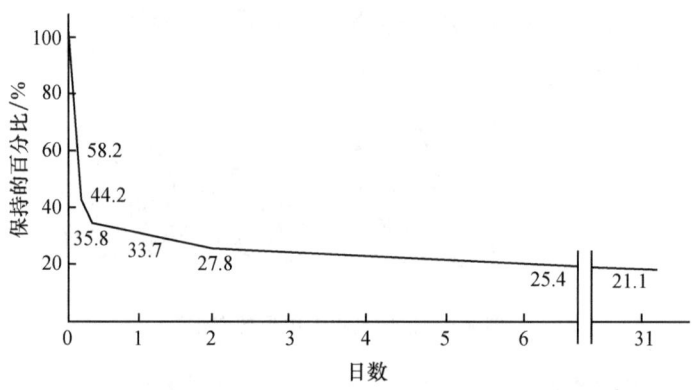

图 4-7 艾宾浩斯遗忘曲线

遗忘除了受时间因素的影响外,还受学习材料的意义、性质、数量、系列位置及学习程度等因素的影响。例如,有意义的材料比无意义的材料忘得慢;在各种不同性质的材料中,一般来说,熟练的动作忘得慢,抽象的材料忘得快;在学习程度相等的情况下,材料的数量越大,识记后忘得也越快越多;在同一篇材料中,材料的中间部分比首尾部分容易忘记;学习的程度越高,越不易忘记,也就是说,适当的过度学习,有助于较少遗忘。

(三) 再认和回忆

再认和回忆是过去经验的恢复过程,是信息提取的两种形式。它们既是衡量记忆巩固程度的重要指标,也是记忆要达到的目的。二者没有本质上的区别,只有保持程度上的不同。一般来说,能回忆必然能再认,而能再认的却不一定能回忆。

1. 再认

再认有不同的速度和不同程度的确定性。再认的速度和确定性受下面两个因素的影响。

一是识记和保持的程度。对事物识记得越清楚,保持越牢固,再认就会越全面、越准确;相反,对事物识记得模糊,保持也不牢固,再认就会发生困难,不仅速度慢,而且也不那么确信。

二是当前出现的事物和经验过的事物的相似程度。事物总是在变化的,变化的程度有大有小,若变化程度很大,再认就会发生困难,不仅速度慢,而且可能认错。

2. 回忆

根据回忆是否有预定目的,可以把回忆分为无意回忆和有意回忆。无意回忆是没有预定目的,也不需要任何努力的回忆。它是自然而然发生的。触景生情就是一种无意回忆。有意回忆是有预定目的、任务的回忆。学生考试就是对以往学过的知识的有意回忆。根据回忆是否有中介环节,可以把回忆分为直接回忆和间接回忆。直接回忆就是由当前事物直接唤起旧经验的回忆,间接回忆是通过中介环节而进行的回忆。间接回忆是有意回忆的一种主要形式,它有时需要巨大的意志努力和积极的思维才能实现,这种间接回忆称为追忆。

人们的回忆多是借助于联想实现的。联想是事物之间的联系和关系在人脑中的反映。按照所反映的事物间的关系的不同,一般把联想分为以下几种:①接近联想,即由在时间或空间上接近的事物所引起的联想;②类似联想,即由在性质上相同或相似的事物所引起的联想;③对比联想,即由在性质上彼此相反或矛盾的事物所引起的联想;④关系联想,即由事物之间的各种关系所引起的联想。客观事物总是相互联系的。如果没有联想所提供的线索,我们就难以回忆起所需要的东西。在学习过程中,应重视揭示事物之间的各种联系和关系,形成丰富多样的联想;并且在回忆时,要遵循联想的规律,增进回忆的效果。

第四节 思维和想象

一、思维概述

(一) 什么是思维

思维是人脑对客观事物的本质属性和内在规律的间接和概括的反映。

思维与感觉、知觉一样,都是人脑对客观事物的反映,同属于认识过程。但从反映的方式和内容来看,其又不同于感觉和知觉;感觉、知觉是人脑对客观事物的直接反映,所反映的是具体事物的个别属性或个别事物及其外部联系;思维是人脑对客观事物的间接的和概括的反映,所反映的是一类事物的共同的、本质的特征和事物间的内在联系。在认识过程中,思维实现着从现象到本质、从感性到理性的转变,使人达到对客观事物的理性认识,从而构成了人类认识的高级阶段。但思维与感觉、知觉又是密切联系着的。思维是在感觉和知觉的基础上产生和发展起来的;同时,思维对于感觉、知觉的深入也有重要的作用。

间接性和概括性是思维过程的两个重要特征。所谓思维的间接性,是指思维能对感官所不能直接把握的或不在眼前的事物,借助于某些媒介物与头脑加工来进行反映。由于人类感觉器官结构和机能的限制、时间和空间的限制以及事物本身带有蕴含或内隐的特点,人们仅仅凭感知觉是难以认识世界上的许许多多的事物的,这就需要借助于某些媒介与头脑加工来进行反映。例如,内科医生不能直接看到病人内脏的病变,却能以听诊、化验、切脉、试体温、量血压、B超、CT检验等手段为中介,经过思维加工间接判断出病人的病情;地震工作者可以根据动物的反常现象或其他仪表的数据来分析与预报震情。这些都是人们凭借已有的知识经验间接认识的结果。

所谓思维的概括性,是指思维通过抽取同一类事物共同的本质特征和事物间的必然联系来反映事物。由于这一特性,人能通过事物的表面现象和外部特征而认识事物的本质和规律。例如,通过感知觉我们只能看到具体的一只鸟的外形和活动情况,通过思维我们才能认识鸟的本质属性:有羽毛,卵生。只有通过思维,才能把不会飞的鸡、鸭列入鸟类,不把会飞的蝙蝠、蜻蜓等列入鸟类。一切科学的概念、定义、定理、规律、法则都是通过思维概括的结果,是人对客观事物的概括反映。

正是由于思维的间接性和概括性,人们才能摆脱客观事物的直接束缚,从而扩大认识范围,提高认识水平,使人们能够推知事物过去的进程,认识事物现实的本质,预知事物未来的发展,从而在人的生活实践中有着极为重要的意义。

(二) 思维的种类

按照不同的标准,思维可以分为不同的种类。对思维作各种分类,不仅有助于对思维进行广泛而深入的探讨,而且有助于在工作和生活中有意识有选择地加以运用。

1. 动作思维、形象思维和抽象思维

动作思维、形象思维和抽象思维是根据思维过程凭借物的不同而对思维进行的划分。动作思维是一种以实际动作为支柱的思维。它通常在用动作来解决具体的、直观的问题时表现出来。形象思维是凭借事物的具体形象或表象来进行的思维。当人利用直观形象来解决问题时,形象思维就出现了。抽象思维也叫理论思维,是指依靠概念,通过判断和推理来反映事物的本质特征和内在联系的思维。这种思维是通过语言进行的。

从个体发展的角度来看,儿童的动作思维发展最早,随之形象思维发展起来,而抽象思维出现最晚。三种思维可以代表思维发展的不同阶段和水平。但在成人身上,我们不能简单地贬低某一种思维,三者各有其自身的功能。在现实生活中,这三种思维是相互联系、相互渗透的。

2. 发散思维和集中思维

发散思维和集中思维是根据思维过程的指向而对思维进行的划分。发散思维,又叫辐射思维,是指根据已有信息,从不同角度和方向思考,从多方面寻求答案的思维。如学生对数学题进行一题多解的试探,或人们设想多种途径去探寻改革方案时的思维。思维的流畅性(对刺激很流畅地做出反应的能力)、变通性(对刺激随机应变的能力)、独特性

(对刺激做出不寻常反应的能力)是发散思维重要的有机组成部分,也是衡量其质量高低的重要指标。集中思维,也叫辐合思维,是指运用已有信息,朝着一个方向,去获得问题的唯一正确答案的思维。学校中所做的各种练习和考试,以及传统的智力测验等,大多是借助于集中思维完成的,因为他们提出的问题都有明确限定的正确答案。在创造活动中,发散思维和集中思维各有其不可替代的作用。

3. 直觉思维和逻辑思维

直觉思维和逻辑思维是根据思维的结论是否经过明确的思考步骤和对过程有无清晰的意识来划分的思维类型。直觉思维是指未经过分析,而迅速对问题的答案作出猜测、设想或突然领悟的思维。如人们对某些不解的现象突然出现一种未经证实的看法、猜想或假设等,就属于直觉思维。它的产生并非毫无根据,而是与掌握牢固的科学知识、丰富的知识经验,以及积极地从事实践活动有密切的关系。直觉思维在生活实践中具有重要的价值,它也是创造活动的重要特征。逻辑思维,也叫分析思维,是指遵循思维的规则,有步骤地对事实材料进行分析,或依据某些知识进行推理,得出新判断、形成新思想的思维。如学生解几何题时的多步推理与论证,刑侦人员对案情的层层剖析,都是运用逻辑思维的实例。以上两种思维虽有明显区别,但也有联系,从一定意义上说,直觉思维乃是逻辑思维的简约化,它的正确与否也要经过逻辑思维的验证。

4. 常规性思维和创造性思维

常规性思维和创造性思维是根据思维是否具有更多的创新成分并导致新事物、新思想的出现来划分的思维类型。常规性思维,也叫习惯性思维,是指用先前获得的知识,直接地、不加改变地来解决问题的思维。简单的问题就是靠这种思维来解决的。学生完成作业,在绝大多数情况下用的都是常规性思维。这种思维创造性水平很低,容易功能固着,有时还会形成错误的认识。创造性思维是指有创见的思维,它不仅能创造性地揭示客观事物的本质和规律,而且能在此基础上产生新颖的、前所未有的思维成果,并给人们带来具有社会价值的产物。它具有鲜明的主动性和创造性。人们通常把发明、发现、革新等视为最能表现人的创造性思维的活动。创造性思维是智力水平高度发展的结果,也是上述各种类型思维的综合表现。以上两种思维虽有区别,但又相互联系:创造性思维是常规性思维的发展,常规性思维是创造性思维的基础。

二、思维的过程

一般来说,思维活动要经历分析、综合、比较、分类、抽象、概括、系统化和具体化这样几个过程。

(一) 分析与综合

分析与综合是思维过程的基本环节,一切思维活动,从简单到复杂,从概念形成到创造性思维,都离不开头脑的分析与综合。分析是在头脑中把事物的整体分解成各个部分、方面或个别特征的思维过程。例如,我们把植物分解为根、茎、叶、花、果实、种子;把动物分解为头、尾、足、躯体;把几何图形分解成点、线、面、角、体,都属于分析过程。综合是在头脑里把事物的各个部分、方面、各种特征结合起来进行考虑的思维过程。例如,把单词组成句子;把一个学生的思想品德、智力水平、学业成绩、健康状况等方面联系起来,加以评价,作出结论等都属于综合过程。

分析与综合是同一思维过程中彼此相反而有紧密联系的过程,是相互依赖、互为条件的。分析是以事物综合体为前提的,没有事物综合体,就无从分析。综合是以对事物的分析为基础的,分析越细致,综合越全面;分析越准确,综合越完善。例如,学生读一篇课文,既要分析,也要综合。经过分析,理解了词义和段落大意;经过综合,掌握了文章的中心思想,便获得了对文章的整体认识。对事物只有分析而没有综合,只能形成片面的、支离破碎的认识,认识的支离破碎、杂乱无章,就无法把握事物的整体;只有综合没有分析,只能形成表面的认识,对事物的认识只能是笼统模糊、浮于表面的,认识就无法深入。分析与综合是辩证统一的,只有把分析与综合有机地结合在一起,才能发现事物的联系和关系,才能更好地认识事物。

分析和综合贯穿整个思维过程。思维的其他过程,都是在分析、综合的基础上产生的不同形式和水平的分析和综合活动。因此说,分析和综合是思维的基本过程。

(二) 比较与分类

比较是在头脑中把各种事物或现象加以对比,确定它们之间的异同点的思维过程。人们认识事物,把握事物的属性、特征和相互关系,都是通过比较来进行的。只有经过比较,区分事物间的异同点,才能更好地识别事物。

比较与分析、综合是紧密联系的。比较总是对事物的各部分、各种属性或特性的鉴别与区分,因此没有分析就谈不上比较,分析是比较的前提。然而,比较的目的是确定事物间的异同,因此比较也离不开综合。要比较事物,既要对事物进行分析,又要对事物进行综合,离开分析与综合,比较难以进行。

比较既可以是同中求异,也可以是异中求同。例如,在教学中,教师为了帮助学生清楚地了解某个对象,就把这个对象与它十分相似的各种对象进行比较,找出它们的不同点;又把这个对象与它差异很大的对象进行比较,找出它们的相同点。这样,学生就较容易地明确这个对象的本质特征。

分类是在头脑中根据事物或现象的共同点和差异点,把它们区分为不同种类的思维过程。比较是分类的基础。通过比较,了解事物之间的相同点和不同点,根据相同点可以把事物归并为较大的类,根据不同点可以把事物划分为较小的类。例如,动物学家依据动物背侧是否有脊椎,把动物分为脊椎动物和无脊椎动物;脊椎动物又分为哺乳纲、爬行纲、两栖纲、鸟纲等。

由于学生年龄的差异,思维发展水平不同,分类的水平也不同。小学生往往不是根据事物的本质特征,而是根据事物的外部特征和事物的功能进行分类;少年期学生容易把本质特征与非本质特征并列来进行分类;青年期的学生则会按事物的本质特征进行分类。

(三) 抽象与概括

抽象是在头脑中把同类事物或现象的共同的、本质的特征抽取出来,并舍弃个别的、非本质特征的思维过程。例如,我们对人的认识,无论白种人、黄种人还是黑种人,都能吃饭、能睡觉、能喝水、能活动、能知觉、能记忆、能说话、能思维、能制造工具,会使用工具等。通过分析、比较,抽出人类具有的共同的、本质的属性,即能说话、能思维、能制造工具等,舍弃能吃饭、能睡觉、能喝水、能活动等其他动物也有的非本质属性,这就是抽象过程。

概括是在头脑中把抽象出来的事物的共同的、本质的特征综合起来,形成概念。例如,我们把"人"的本质属性——能言语、能思维、能制造工具综合起来,推广到古今中外一切人身上:"凡是能言语、能思维、能制造和使用工具的动物都是人。"这就是概括。

从上述可知,通过分析,可以认识事物的各种属性,而通过抽象则可以认识到事物的本质属性,抽象是高级的分析;通过综合可以认识事物的整体,而通过概括则能够把表面上千差万别但本质相同的事物在思想上结合起来,从而形成事物的概念,概括是高级的综合。抽象和概括离不开比较,不比较就找不出事物间的共同属性和个别差异,也就无法进行抽象和概括,因而可以说抽象和概括是在比较基础上进行的更高级水平的分析和综合。

抽象与概括的关系十分密切。如果不能抽出一类事物的本质属性,就无法对这类事物进行概括。而如果没有概括性的思维,就抽不出一类事物的本质属性。抽象与概括是相互依存、相辅相成的。任何概念、原理和理论都是抽象与概括的结果。

(四) 系统化与具体化

系统化是指在头脑里把学到的知识分门别类地按一定程序组成层次分明的整体系统的过程。例如,生物学家建立了"界、门、纲、目、科、属、种"的分类系统,已经发现的所有生物都可以纳入到这种分类系统之中。例如,"人"属于动物界,脊索动物门,哺乳纲,灵长目,人科,人属,智人种。这就是人脑中对生物种类进行系统化的过程。

在教学过程中,对学习材料进行分类、编写提纲、列图表等,都是系统化的工作。通过系统化,可以使我们对事物的认识更加明确、清晰和完整。系统化是在分析、综合、比较和分类的基础上实现的。系统化的知识便于在大脑皮层上形成广泛的神经联系,使知识易于记忆。只有掌握了系统的知识结构,才能真正理解知识,才能在不同条件下灵活运用知识。

具体化是指在头脑里把抽象、概括出来的一般概念、原理与理论同具体事物联系起来的思维过程,也就是用一般原理去解决实际问题,用理论指导实际活动的过程。具体化是把理论与实践结合起来,把一般与个别结合起来,把抽象与具体结合起来,可以使人更好地理解知识、检验知识,使我们对事物的认识得到深化和发展。

以上各种思维过程是互相联系的,经过这些过程,人们对事物的认识才会由浅入深、由表及里,从而完成去粗取精、去伪存真的任务。

三、思维的品质

人的思维服从于共同的规律,但是在人与人之间也存在个别差异,从而表现为思维品质上的不同。良好的思维品质主要表现在以下方面。

(一) 思维的广阔性

思维的广阔性是指在思维过程中,善于全面地考察问题,从事物的多种多样联系和关系中去认识事物。思维的广阔性是以丰富的知识经验为依据的,只有具备大量的知识经验,才能从事物的不同方面和不同联系上去考虑问题。与思维的广阔性相反的是思维的片面性,即不善于从多方面、多渠道去分析问题和寻求解决问题的方案。这种人往往根据一点知识或有限的经验就去思考复杂的问题,甚至还想得出明确的结论,这显然是不可能成功的。

(二) 思维的深刻性

思维的深刻性是指在思维过程中,善于透过纷繁复杂的表面现象发现问题的本质。具有这种品质的人,能从别人看来是简单的甚至是不屑一顾的现象中,看出重大的问题,从中揭露出最重要的规律。与思维的深刻性相反的品质是思维的表面性,具有这种特点的人,常被一些表面现象所迷惑,看不到问题的本质,不善于深思熟虑,往往凭一知半解就下结论。

(三) 思维的独立性和批判性

思维的独立性表现为善于独立思考,善于独立发现问题和解决问题,既不盲从迷信,也不一意孤行。思维的批判性表现为一个人能冷静地考虑问题,严格而正确地分析其中的优点和缺点,有科学的是非界限,也有严肃认真的态度。思维的独立性和批判性是相互联系的。只有善于独立思考的人,才能对客观事物进行正确的评价。如果不能对客观事物进行正确的评价,那么所谓的独立思考将会导致怀疑一切或否定一切。

(四) 思维的敏捷性和灵活性

思维的敏捷性是指在思维过程中,善于迅速地找出问题的本质,抓住问题的关键,作出正确的判断和决定。思维的灵活性是指善于从实际出发,善于依据客观事物的发展变化,用发展的观点灵活地运用一般原理原则,机智地解决问题。思维的敏捷性和灵活性是建立在上述几种思维品质基础之上的优良思维品质。它们是有原则的,是经过深思熟虑的,与那些不动脑筋的马虎潦草和匆忙从事的轻率行动有着本质的区别。

(五) 思维的逻辑性

思维的逻辑性是指在思维过程中,善于遵循逻辑规律。具体表现为:提出问题或回答问题时,明确而不含糊;论证时,条理清楚,层次分明;推理合乎逻辑规则,具有逻辑顺序,富有说服力。缺乏这种品质的人,在思考和阐述问题时,往往是东拉西扯、语无伦次。

 **例解**   **周恩来总理妙答外国记者和官员问**

1. 一位西方记者问周总理:"请问总理先生,现在的中国有没有妓女?"不少人纳闷:怎么提这种问题? 大家都关注周总理怎样回答。周总理肯定地说:"有!"全场哗然,议论纷纷。周总理看出了大家的疑惑,补充说了一句:"中国的妓女在我国台湾省。"顿时掌声雷动。

2. 外国记者不怀好意地问周恩来总理:"在你们中国,明明是人走的路为什么却要叫'马路'呢?"周总理不假思索地答道:"我们走的是马克思主义道路,简称马路。"

3. 美国代表团访华时,曾有一名官员当着周总理的面说:"中国人很喜欢低着头走路,而我们美国人却总是抬着头走路。"此语一出,话惊四座。周总理不慌不忙,脸带微笑地说:"这并不奇怪。因为我们中国人喜欢走上坡路,而你们美国人喜欢走下坡路。"

4. 一位美国记者在采访周总理的过程中,无意中看到总理桌子上有一支美国产的派克钢笔。那记者便以带有几分讥讽的口吻问道:"请问总理阁下,你们堂堂的中国人,为什么还要用我们美国产的钢笔呢?"周总理听后,风趣地说:"谈起这支钢笔,说来话长,这是一位朝鲜朋友的抗美战利品,作为礼物赠送给我的。我无功不受禄,就拒收。朝鲜朋友说,留下做个纪念吧。我觉得有意义,就留下了这支贵国的钢笔。"美国记者一听,顿时哑口无言。

5. 一个西方记者说:"请问,中国人民银行有多少资金?"周恩来委婉地说:"中国人民银行的货币资金嘛? 有18元8角8分。"当他看到众人不解的样子,又解释说:"中国人民银行发行的面额为10元、5元、2元、1元、5角、2角、1角、5分、2分、1分的10种主辅人民币,合计为18元8角8分……"

资料来源:http://bbs.tiexue.net/post2_2719844_1.html

四、想象

(一) 想象的概念

人们在认识客观世界的过程中,不仅能感知到直接作用于他的事物,或者回忆起他曾感知过的事物的形象,而且能在头脑中对已有表象进行加工改造,创造出没有感知过甚至现实中根本不存在的事物的新形象。这个过程就是想象。简言之,想象是人脑对已有表象进行加工改造而创造出新形象的心理过程。

想象是以感知过的事物形象为基础,即以记忆表象为原材料进行加工改造而形成的。通过想象所形成的形象不是表象的简单再现,它是在对已有表象进行加工改造、重新组合之后形成的新形象。构成新形象的事物,可以是现实生活中已经存在而自己尚未感知过的事物;也可能是现实中还不存在有待创造的事物,如科学家的发明创造;还可能是现实中根本不可能出现的一些事物,如神话故事中的一些离奇古怪的形象等。这样看来,想象的内容似乎是"超现实"的。然而,想象不是凭空产生的,构成新形象的一切材料都来自客观现实,来自于感知事物后在记忆中留下的事物的表象,来自对人脑中记忆表象的加工,有其现实依据。如文学家创作的典型形象可能不是真人真事,但仍然是以生活中观察到的事实材料为依据的。即使世界上不存在的荒诞无稽的神话形象,虽然其整体并不与客观现实相符合,但它们的组成部分还是取材于客观现实的。

想象是一种心理过程,确切地说它属于心理过程中的认识过程,而且是一种高级的认识过程。由于对表象的加工改造过程是通过思维活动进行的,或者说想象带有间接、概括认识事物的特点,所以可以把想象看成是一种特殊形式的思维,是一种形象思维。

想象是智慧的翅膀。在现实生活中,有许多事物是人们不可能直接感知到的。在这种情况下,我们可以借助想象,弥补人类认识活动的时空局限,超越个体狭隘的经验范围,扩大人的视野,对客观世界产生更充分、更全面、更深刻认识。

(二) 想象的分类

根据新形象的形成有无目的性,可以把想象分为无意想象和有意想象。

无意想象也称不随意想象,它是没有预定目的,在一定的刺激影响下,不由自主地引起的想象。它是一种简单的、初级形式的想象。梦是无意想象的极端情况,是人在睡眠状态下的一种漫无目的、不由自主的奇异想象。

有意想象也称随意想象,它是有预定目的、自觉进行的想象。人在多数情况下,总是根据一定的目的、自觉地进行想象活动。例如,学生在学习过程中为完成某项学习任务,获得某些知识的想象;工程师和工人对建筑图纸的想象等。有意想象在人的认识和实践活动中具有重要的作用。

对于有意想象,根据它的新形象的独立性、新颖性和创造性的不同,又可分为再造想象和创造想象。幻想是创造想象的一种特殊形式。

1. 再造想象

再造想象是根据词语的描述或非语言(图样、图解、符号等)的描绘纸,在头脑中形成相应的新形象的过程。例如,当我们读着马致远的《天净沙·秋思》"枯藤老树昏鸦,小桥流水人家,古道西风瘦马。夕阳西下,断肠人在天涯"时,头脑中就会展现出一幅充满苍凉气氛的"秋暮羁旅图",这就是再造想象。再造想象中形成的新形象,只是对自己来说是新的,是根据别人的描述或制作的图表、模型等在头脑中再造出来的,因此,新颖性、独立性、创造性成分比较小。

再造想象有助于人理解事物,是人进行学习、发展智力、文化欣赏、交流经验和相互了解的必不可缺少的条件。再造想象在教学中具有十分重要的意义。它是学生接受、理解和掌握知识必不可少的条件。学生的学习主要是间接地掌握前人的经验,多半不能直接去感知,是靠教师的讲解、课文的描述或者图样示意来进行的。学生只有通过再造想象,在头脑里形成与新概念相适应的具体鲜明的新形象,才能理解和掌握。如一位中学化学教师在讲授"分子扩散现象"的时候,学生觉得抽象、难懂,教师经过认真考虑后,决定从唤起学生的再造想象入手,他说:"如果分子没有扩散现象的话,应该是最重的 CO_2 在最低层,氢在最上层,氧气在中间。人在呼吸时就得登上梯子去吸氧气,否则就只能吸 CO_2。"这样,学生就觉得"像看到空气中分子扩散现象一样"的清楚明白了。任何学科都要求学生有丰富的想象,只有这样才能深刻地领会教材,牢固地掌握知识。

再造想象的产生应具有以下两个条件:

(1) 正确理解词语与实物标志的意义。再造想象是依赖语言的描述和图样的示意而进行的。一个人读小说,如果读不懂文字,他头脑中就不可能有小说中主人公的形象出现;一个建筑工人,如果不懂建筑符号的表现法,他也无法看懂建筑图纸,头脑中也不会出现相应的建筑物的形象;一个刚入学的儿童,在他识字和掌握词汇不多的情况下,让其阅读古诗文,是很难形成丰富的再造想象的。可见,正确理解有关事物的描述,了解图样、图解的表现法和各种符号的含义是形成再造想象的重要条件。当然,要正确理解词语与实物标志的意义,为再造想象提供的词语及实物标志也要准确、鲜明、生动。

(2) 必须具有丰富的表象储备。表象是想象的基本材料,一个人的知识经验越丰富,表象储备越多,再造想象的内容也就越丰富。再造想象不仅依赖于已有表象的数量,而且也依赖于已有表象的质量。正确反映客观现实的材料越丰富,再造出来的想象内容就越正确。如果缺乏必要的表象材料,在想象时就有可能歪曲事物形象,或者无法产生所要求的形象。

2. 创造想象

创造想象是不依据现成的描述而独立地创造出新形象的过程。在创造新产品、新技术时,人脑所构成的新事物的形象都是创造想象的产物。它的特点是新颖、独创、奇特。

创造想象对人类生活实践具有极为重要的意义,它是创造活动的一个重要因素。创造想象是任何创造活动所必须具备的重要心理因素。一切科学发现、技术革新、文艺创作,都不能离开创造想象。如艺术是通过形象来反映客观现实的。艺术家在其作品中并不是像照相似地反映生活,而必须运用创造想象才能在丰富的知识经验的基础上塑造出动人的艺术形象来,否则写出来的东西必然是公式化、概念化的。爱因斯坦说:"想象力是科学研究中的实在因素。"这里的想象力是指创造想象能力。

创造想象的产生除了应储备丰富的表象外,还需要具备以下条件:

(1) 激发创造动机。在社会生活、社会实践中,社会不断地向人们提出创造新事物、解决新问题的要求,这种要求一旦被人接受,就会在人脑中变成创造性活动的需要和愿望。如果这种创造的需要和愿望与活动结合,并有实现的可能,就会转化为创造性活动的动机,人们就获得了创造想象的动力,也就会进行创造想象。

(2) 积累必要的知识经验。要进行创造想象,还必须对有关领域进行深入研究,掌握必要的知识。每一个发明创造都是发明者对相应领域深入研究的结果。只有就某一领域进行深入研究,掌握必要的知识,才能在相应的领域展开想象的翅膀,进行创造想象。

(3) 积极的思维活动。创造想象不是一般的想象,而是一种严格的构思过程,必须在思维的调节支配下进行。创造新形象的过程,实际上也是不断地提出问题,并通过积极的思维活动不断地解决问题的过程。只有通过积极的、正确的思维活动,创造想象才能沿着正确的方向顺利进行,它的产物才会符合现实的要求,才会更有社会价值。积极的思维活动就是在创造想象过程中,要把以表象为基础的形象思维与以概念、判断、推理为手段的逻辑思维结合起来。一方面,要有理性、有意识的支配调节;另一方面,要积极捕捉生活经历中各种有利于主体目标形象产生的表象,并迅速地把它们组合配置,完成新形象的创造性思维活动。

(4) 灵感的作用。在创造想象的过程中,新形象的产生往往带有突然性,这种突然出现新形象的状态,称为灵感。灵感出现时注意力高度集中于创造的对象上,意识活动十分清晰、敏锐,思维活跃。灵感并不是什么神秘物,它是想象者个人在长期生活实践中勤于积累经验的结果。由于注意力高度集中于要解决的问题,过去积累的大量表象被唤起,并且迅速结合,构成了新的形象。正如大发明家爱迪生所说,天才,就是百分之一的灵感加百分之九十九的汗水。柴可夫斯基说得好,灵感是这样一位客人,他不喜欢拜访懒惰者。

(5) 原型启发。原型启发是指以某种类似事物作原型,经启发而找到解决问题的途径、方法或形成新事物的形象的现象。所谓原型,就是起启发作用的事物。任何一个人对某一项目的发明创造或革新,都不是凭空想象出来的,在开始时总要受到某种类似的事物或模型的启发。例如,鲁班从丝茅草割破手得到启发,发明了锯子;牛顿发现万有引力是受到苹果落地的启发。原型之所以有启发作用,是因为事物本身的特点与所创造的事物之间有相似之处,存在某些共同点,可以成为创造新事物的起点。某一事物能否起到原型启发的作用,还取决于创造者的心理状态,特别是创造者当时的思维状态。当人的思维积极而又不过于紧张时,往往能激发人的灵感,从而导致人的创造活动。

3. 幻想

幻想是一种与个人愿望相联系并指向于未来的想象。它是个人对未来的希望与向往,是创造想象的特殊形式。

根据幻想的社会价值和有无实现的可能性,可以把幻想分为积极的幻想和消极的幻想。积极的幻想是符合事物发展规律,并具有一定社会价值和实现可能的幻想,一般称为理想。例如,青少年想将来当教育家、科学家、艺术家,想为人类多作贡献,这是符合社会发展规律的,经个人努力能够实现的。理想是人前进的灯塔,能使人展望到未来美好的前景,激发人的信心和斗志,鼓舞人顽强地去克服困难。而消极的幻想是完全脱离客观现实的发展规律、毫无实现可能的幻想,一般称为空想。例如,有人幻想长生不老,到处寻找灵丹妙药;有的小学生看了神话小说,想学孙悟空七十二变,想修炼成仙等;还有制造永动机的幻想,这些都是不切实际的永远不能实现的。空想是一种无益幻想,它使人脱离现实,想入非非,最终把人引向歧途。

科学幻想常常是发明创造的先行者。封神演义中的"嫦娥奔月"、"龙宫探宝"等许多想象通过科学,今天都变成了现实。没有幻想,就没有科学的进步和社会的发展。一个没有幻想的人是没有创造性和进取心的。列宁称幻想"是极其可贵的品质",并指出:"有人认为只有诗人才需要幻想,这是没有理由的,这是愚蠢的偏见! 甚至在数学上也是需要幻想的,甚至没有它就不可能发明微积分。"郭沫若曾精辟地说道:"科学也需要创造,需要幻想,有幻想才能打破传统的束缚,才能发展科学。科学工作同志们,请你们不要把幻想让诗人独占了。"

积极的幻想即理想,是积极的、有益的,它对人的学习、工作和生活是一种强大的推动力,对一个人道德品质的形成具有重要的作用。所以应当予以鼓励。一个教师必须大胆地培养学生敢于幻想、善于幻想的品质,让他们对未来充满美好的憧憬,鼓励学生异想天开。引导青少年学生树立崇高的理想是学校教育中的一项重要思想工作。空想是消极的、有害的,所以应该予以防止和纠正。

   打开想象的大门

想象力往往来自于现实事物的启发。例如,莱特兄弟看到飞鸟,因此创造发明了飞机,这就是想象力。牛顿看到苹果掉落地上而发现地心引力,如果没有想象力,即使整树的苹果掉光,他也无所感,无从发现,所以创造就是要靠想象力。

然而,在现实生活中,孩子的想象力却被严重幽闭。最受儿童喜爱的科幻读物,在 20 世纪 80 年代曾被当作有害儿童身心健康的毒草而被全面禁止出版,直到 1999 年高考作文题中出现科幻式命题以前,仍有大批老师和家长不准孩子读科幻小说。一位未敢署名的高中学生给《科幻世界》月刊编辑部写信,诉说苦闷和委屈。信中说:

"我们很幸福,也很痛苦,我们是学生。我的这封信代表我校 168 名科幻迷。当我拿着第一篇科幻稿件请我心目中一位较'和善达理'的语文老师修改时,他连看都没看就扔过来一句话:'当心幻倒在地!'这句话对我打击极大,每想起它心里就痛。"

《科幻世界》的编辑读了这封信后,发表公开信呼吁老师和家长多一分宽容:"也许,你现在一巴掌打掉的、一把火烧掉的,很可能就是明天的又一个爱迪生、凡尔纳、爱因斯坦……"

对于想象力的发展来说,"自由"是最重要的因素。这种自由包括时间上、空间上、行为上、思想上等多方面的自由。如果成人总是告诉孩子,天是圆的,地是方的,天一定是蓝的而不是红的,那么儿童就没有想象,你不告诉他,他反而有想象的空间,自由越多,想象的生存和发展越有可能。

资料来源:王泉根.2003.怎样学习最有效.北京:商务印书馆,197~198

复习思考题

1. 简述注意的含义及其功能。
2. 注意产生的条件是什么?
3. 注意的品质有哪些?
4. 简述知觉的基本特征。
5. 简述影响识记效果的因素。

6. 为什么会发生遗忘？影响遗忘的因素有哪些？
7. 思维有哪些种类？各自有何特点？
8. 简述思维的组成环节以及它们之间的关系。
9. 怎样培养和发展学生的想象力？
10. 结合学习实际，谈谈你对认知发展与学习之间的关系的认识。

参考文献

陈慧芳,李学亮,王新民.1993.心理学教程.郑州:河南人民出版社
桂守才.2007.基础心理学.北京:人民教育出版社
黄希庭.2007.心理学导论.2版.北京:人民教育出版社
姜俊红.2003.心理学原理.北京:高等教育出版社
李新旺.2003.心理学.北京:科学出版社
彭聃龄.2004.普通心理学.修订版.北京:北京师范大学出版社
叶奕乾,何存道,梁宁建.2004.普通心理学.修订2版.上海:华东师范大学出版社
张春兴.1994.现代心理学.上海:上海人民出版社
章志光.1984.心理学.北京:人民教育出版社

第五章　知识学习

在数理化的教学中,学生能够掌握概念、原理、法则并运用其解答有关的课题,或进行有关物理、化学的实验操作;在史地教学中,学生能够了解历史事实,评述历史人物、事件,学会阅读与绘制地图、观测地形、鉴别土壤等;在语文教学中,学生能够分析句子的语法结构,把握作品的写作技巧,学会对人物或事件进行描述获得语言、文学知识,等等。这些都是知识学习。知识学习是学生学习的主要任务之一。如何根据学生的心理特点将知识有效地传授给学生,使他们收到事半功倍的学习效果,是教育者共同关注的问题。本章主要探讨知识学习的概念、知识学习的过程,以及教育工作者应如何帮助学生提高知识学习效果等问题。

本章知识点:
- ◆ 知识学习的概念
- ◆ 知识学习的心理过程
- ◆ 知识学习的类型
- ◆ 知识直观呈现的方式
- ◆ 知识直观呈现效果的提高
- ◆ 知识概括效果的提高
- ◆ 知识保持效果的提高
- ◆ 知识应用的过程及影响因素

第一节　知识学习概述

一、知识概述

(一) 知识的概念

根据认识论的观点,知识是人对客观现实认识的结果,是人脑关于客观事物的属性和联系的主观反映。

根据现代认知心理学的观点,知识就是个体通过与环境相互作用获得的信息及其组织,是客观事物的主观表征。在与外界的相互作用中,人会获得来自客体的各种信息,并用一定的方式对这些信息进行加工和组织,形成对事物的理解。

(二) 感性知识与理性知识

由于反映活动的深度不同,知识可分为感性知识和理性知识。人脑通过感知和表象形成对客观事物的外部特征和外部联系的反映,属于感性知识;人脑通过思维和想象对客观事物的本质特征和内在联系的反映,属于理性知识。理性知识包括概念和命题两种形式。概念反映的是活动的本质属性及其各属性之间的本质联系。命题也就是我们通常所说的规则、原理、原则,它表示的是概念之间的关系,反映的是不同对象之间的本质联系和内在规律。

作为人类认识成果的高度概括和精神财富的精华,知识一方面会存储在个体的头脑中,成为个体的主观知识,同时又可以通过文字符号等表述出来,储存在书籍等媒体中,成为人类的公共知识。教育心理学所研究的主要是个体如何把人类的知识转化为个体知识的过程。

(三) 陈述性知识与程序性知识

根据知识的性质和表述方式不同,著名认知心理学家安德森(J. R. Anderson)把知识划分为陈述性知识和程序性知识。

陈述性知识也叫描述性知识,是个人能用言语进行直接陈述的知识。例如,"北京是中国的首都"、"三角形有三条边和三个角"等事实和规则,"知识就是力量、生命在于运动"等观点、信念,就是一般所说的狭义的知识。这类知识主要用来回答事物是什么、为什么和怎么样等问题,可用来区分和辨别事物。目前学校教学传授的主要是陈述性知识。

程序性知识也叫操作性知识,是个体难以清楚陈述,只能借助于某种作业形式间接推测其存在的知识,主要用来解决做什么和怎么做的问题。它包括一系列具体操作程序。加涅认为,程序性知识包括心智技能和认知策略两个大类。心智技能是运用概念和规则来加工外在信息的程序性知识,如心算、阅读、写作等技能。认知策略是运用概念和规则调节和控制自己的加工活动的程序性知识,如变化阅读的速度以适应不同课文领会要求上的差异。

二、知识学习的实质

依据学习理论,我们可以把有关知识学习的实质归纳为以下几个不同方面:

知识学习就是学习者占有前人的认识成果,把前人的知识内化为自己的精神财富和心理结构,它不同于人类知识形成的历史过程,也不同于个体通过直接参与生活实践而从亲身经历中获得知识,而是要求学习者能将存储在语言、文字符号等载体中的知识转化为个人的精神财富。这是一种获得间接经验的心理过程,也是个体社会化的重要途径。

陈述性知识的学习可分为三个阶段:第一阶段是知识的理解和建构阶段,新知识进入短时记忆系统,与长时记忆系统中被激活的相关知识建立联系,从而进行新意义的建构。第二阶段是巩固与转化阶段,新建构的意义储存于长时记忆中。第三个阶段是意义的提取和运用阶段,个体运用所获得的知识回答"是什么"和"为什么",并应用这些知识来解决实际问题,使所学知识产生广泛迁移。

课堂中的知识学习主要是言语信息的学习,其实质是一种意义学习,即符号所代表的新观念("是什么"的知识)与学习者认知结构中已有的适当观念建立起实质性的和非人为的联系。课堂学习中学生的知识学习,也是在教师指导下接受事物意义的接受学习。接受学习不是简单的知识从外到内的传送转移过程,而是概念同化的过程。学习者并不是原封不动地接受、占有知识,而是通过新信息与原有知识经验之间双向、反复的相互作用,顺利完成学习者建构自己的知识的过程。

在知识建构过程中,对新信息的理解总是依赖于学习者原有的知识经验,学习者要接受现成的、已有定论的抽象概念、命题、规则等知识,理解它的意义,需要以原有知识经验为基础来同化。因此,知识学习的心理过程就表现为:学习者必须在新信息与原有知识经验之间建立适当的联系,即在认知结构中找到能同化新知识的有关观念,例如,在学习"三角形"时,儿童要将这一名词(符号)与他们看到过的各种不同形状的三角形物体联系起来,在学习"鸟"时,学习者需要联系自己有关"麻雀"和"燕子"等相关知识以及生活中有关"鸟"的一些实际经验,才能获得新信息的意义。离开了与这些原有知识经验之间的联系,这些名词就成了没有意义的符号。学习者通过将新知识与原有知识经验联系起来,从而获得新知识的意义、把它纳入已有认知结构的过程,就叫做新知识的同化。同化过程涉及感知、判断、推理、记忆等一系列复杂的认知活动。一旦学习者在新知识与原有观念之间建立了逻辑的联系,他就可以利用相关的背景知识对信息做出进一步的推论和预期。学习者通过积极地在新旧知识之间建立联系,将原有知识经验投射到新情境中,就可以"超越所给的信息"进一步生成更丰富的理解。因此,知识的同化过程实际上是一个不断建立联系、作出推论的过程,学习者正是通过这种联系和推论活动将外在信息转化成"自己的"知识。

随着新知识的同化,原有知识经验会因为新知识的纳入而发生一定的调整或改组,这就是知识的顺应。当新知识与原有的知识经验一致时,新知识的进入可以丰富、充实原有的知识。当新知识与原有知识经验之间有一定的偏差时,新知识的进入会使原有经验发生轻微的调整。有时新知识会与原有经验之间完全对立,学习者就需要转变原有的错误观念。例如,小学生学习地球的形状,会与他们所认为的地球是一平面的日常经验相冲突,这时就需要转变原有的错误观念,形成新的观念。

总之,知识学习的过程就是新符号所代表的观念,在学习者心理上获得意义的过程。追求符号的意义是知识学习区别于技能学习的根本标志。

我国传统教育心理学对知识学习的过程进行了分析和研究,将知识学习的心理过程分为三个阶段:知识的理解、知识的保持和知识的运用。这一分法虽然比较粗略,但易于理解。

三、知识学习的类型

(一) 符号学习、概念学习和命题学习

根据知识的存在形式和复杂程度,知识学习可以分为符号学习、概念学习和命题学习。

1. 符号学习

符号学习指学习一个或一组符号的意义,或者说学习符号本身代表什么。符号学习的主要内容是词汇学习。例如,汉字、英语单词的学习,就属于词汇学习。即学习一个词代表什么,它可以代表自然界或人类社会中的事物,也可以是人头脑中的概念,而这种代表关系是约定俗成的。在符号学习中,学习者要将符号与它所代表的事物、观念联系起来,在认知结构中建立相应的等值关系。如儿童将"手"、"脚"等与身体相应的部分联系起来,当这些词出现的时候,他们头脑中就会唤醒相应的认知内容。但符号不限于语言符号,也包括非语言符号(如实物、图像、图表、图形等)。符号学习还包括事实性知识的学习。如历史课中历史事件和历史人物的学习,地理课中地形地貌和地理位置的学习,均属于事实性知识的学习。

2. 概念学习

概念学习指掌握概念的一般意义,实质上是掌握同类事物共同的关键特征和本质属性,从而将这类事物与其他事物区分开。例如,学习"鸟"的概念,学习者就只有准确抓住

鸟类共同的关键特征:卵生、有羽毛、有翅膀等,才能掌握这个概念的一般意义,同时又要排除那些非关键特征,如体形大小、什么颜色、能飞多高等,这就是概念学习。中小学生在掌握概念时,其学习往往是分步的,一般是先达到符号学习水平,再提高至概念学习水平。可见,概念学习包含了符号学习,但比符号学习更为复杂。

3. 命题学习

命题学习指学习由若干概念组成的句子的复合意义,即学习若干概念之间的关系。知识学习的基本单位是命题,学习命题就是要理解句子所表达的整体意义,需要将新命题与头脑中原有的有关概念、观念联系起来,先获得组成命题的有关概念的意义。例如,学习"圆的直径是它的半径的两倍"这一命题时,如果没有获得"圆"、"直径"和"半径"等概念,便不能获得这一命题的意义。可见,知识学习过程既以命题学习为基本类型,又同符号学习和概念学习密切相关。因为命题学习必须以符号学习和概念学习为基础,这是一种更加复杂的学习活动。

(二) 下位学习、上位学习和并列结合学习

如果根据新知识与原有认知结构的关系,知识的学习可以分为下位学习、上位学习和并列结合学习。

1. 下位学习

下位学习又称类属学习,是一种把新观念归属于认知结构中原有观念的某一部位,并使之相互联系的过程。在下位学习中,如果新学习的观念是认知结构中原有观念的特例或例证,把它纳入原有认知结构时,原有观念只是得到证实或说明,其本质属性不变,那么,这一下位学习称为派生类属学习。如果新观念纳入原有认知结构时,原有观念的本质属性得到扩展或深化,那么,这一下位学习称为相关类属学习。

2. 上位学习

上位学习也叫总括学习,是指在认知结构中已经形成某些概括程度较低的观念的基础上,学习一个概括和包容程度更高的概念或命题。上位学习遵循从具体到一般的归纳概括过程,如儿童在知道了"兔子"、"乌龟"、"斑马"等之后,来学"动物"的概念;儿童在知道了"牡丹花"、"月季花"之后,学习花卉的概念;在学习了动物和植物的概念之后学习生物的概念等都属于上位学习。

3. 并列结合学习

并列结合学习是新旧知识之间处于同一个层次,但新知识与认知结构中的原有观念既非类属关系又非总括关系时产生的联合意义的学习。例如,学习质量与能量、热与体积、遗传与变异等关系后,再来学习需求与价格的关系,这个新学习的关系虽不能归属于原有的关系之中,也不能概括原有的关系,但新知识与认知结构中的原有观念之间具有某些共同的关键特征,如后一变量随着前一变量的变化而变化。因此,根据这种共同特征,新关系与已知关系并列结合,新关系就具有了意义。

四、知识学习的作用

(一) 知识的学习是学校教学的主要任务之一

知识是我们日常生活所必不可少的。不仅我们平时沟通交流时会经常接触许多事

物、数字的概念,在个人职业生涯中,也需要大量的相关专业知识。如地理学家要记住大量的山脉、河流、平原、物产、矿产资源分配等方面的知识。尤其是人的思维活动更离不开对知识的检索和重组,著名的科学家和思想家们无不具备丰富的知识。可见,重视知识的学习与教学是非常必要的。

知识的学习历来备受学校教育的关注,学校教育通过一定的计划,有目的、有组织地向学生传授人类长期积累的宝贵的知识经验。这些知识经验不但对于学生的成长起着重要的作用,而且有助于学生更好地适应现代社会的生活。

(二) 知识的学习是学生各种技能形成和能力发展的重要基础

从现代认知心理学的观点来看,技能可以看作广义知识的一种,即程序性知识。技能形成的第一个阶段与言语信息的学习一样,也要经历新旧知识的同化过程。或者说技能是在习得言语信息的基础上通过练习而形成的。心智技能的掌握需要结合知识的学习才能有效,许多研究表明,知识掌握水平越高,越有助于心智技能的形成。而能力的发展也依赖于知识的获得,能力是知识、技能进一步概括化和系统化而形成的高度整合性的心理结构,能力发展是个体通过对知识、技能的广泛迁移应用而实现的,知识学习是能力发展的重要基础。

(三) 知识的学习是学生的态度和品德形成的因素之一

在品德和态度的结构中,第一个因素即是认知成分,这是态度和品德形成的第一步,就是要使学生真正地认识、了解有关的价值观念和行为规范等。

总之,知识的学习和掌握是学生各方面素质得以提高的前提和重要内容。因此,学校教育应紧紧围绕知识的学习来展开,使学生通过知识的掌握形成各种技能,发展智力,并最终成为全面发展的适应现代化生活的建设人才。

第二节 知识的理解

一、知识理解的概述

(一) 知识理解的含义

理解是个体运用已有的知识、经验去认识未知事物的属性、联系与关系,直至揭示其本质及规律的思维过程。

知识的理解是学习者把新知识纳入原有的认知结构,并通过感知、联想、思维等一系列认识活动与长时记忆系统中的原有知识建立联系,从而了解传递新知识的载体的含义,懂得语言文字等符号所标志的事物的特点、性质、联系与意义,从而将其纳入到相应的概念及规律中去,达到对新知识的理性认识的过程。学生了解一个词的含意,明确一个科学概念,学习一个定理、定律、公式,掌握法则的因果关系,把握课文的段落大意及全文的中心思想都属于知识理解。

(二) 知识理解的特点

1. 知识理解是通过思维实现的

理解是思维的过程,也是思维的结果。无论是对事物之间关系与联系的认识,还是揭示事物的本质与规律,都不能单纯地通过感知活动来完成,而必须通过对具体现象的分析、综合、抽象、概括等思维活动才能实现。例如,学习像乘法小九九表这样的知识,如果学生只能按顺序背诵口诀,那不是理解,而叫做记忆。只有学生明确了乘法与求几个相同加数的和的关系与倍数关系,并能充分利用乘法交换率,灵活而正确地使用小九九表时才能叫理解,而达到理解必须通过思维活动。

2. 知识理解与发现事物的功能相联系

事物之间的关系,总是反映在事物的功能上。人们在了解事物本身的意义及其与别的事物的关系时,总是要注意该事物的功能。如果学生对所学的知识都不知其功用、在学习和其他活动中又不能应用知识解决相关的问题时,就不能说学生对知识达到了真正的理解。通过理解了解事物的功能,对行为的定向很有意义。例如,学生理解了词汇意义、语法规则,就可以正确造句,理解了概念、公式、法则的意义,就可以用来解决相应的课题。

3. 知识理解是知识学习的核心

理解所学知识是学生学习的重要任务,学生对知识的理解是知识保持与应用的基础,是掌握知识的核心环节。离开知识理解的学习,不可能真正掌握知识,往往是记得一些空洞无意义的词句,以后的应用也会受到局限。

(三) 知识理解的阶段

要求学生理解的知识,大多是由一定的科学概念与原理按一定的关系组成的知识体系。在教学条件下,学生对知识的理解要经历对学习内容的感知和对学习内容的概括两个阶段,才能在思想上完成由不知到知,由不懂到懂的转化,建立起与前人知识经验一致的间接认识。

二、知识的感知

(一) 知识感知的概念

知识感知是指学生通过对一些典型事物及形象(直观材料)信息的表层意义、表面特征进行加工,从而形成对所学知识的具体的、特殊的、感性的认识的过程,是学生对新知识所做出的感性、能动的反映。

知识的学习,尤其是科学知识的学习,是一个具体与抽象、特殊与一般、感性与理性相统一的过程。抽象的、一般的、理性的知识是从具体的、特殊的、感性的认识中逐步产生的。对学习内容的感知主要在于了解事物的现象和基本事实,从而为进一步理解事物的本质和规律,弄懂概念、命题、规则等基本理论提供必要的感性材料。

研究表明,知识感知是理解及构建科学知识结构的起点,是学生由不知到知的开端。个体对抽象定义的真正理解,是建立在对事例的具体分析与准确感性认识基础上的。没有知识感知这个起点,学生对概念和法则所反映的实际事物就一无所知,只能从字面上去死记硬背,就会产生严重的曲解。因此,知识感知是知识学习的首要环节,在各种知识学习中都是必需的。

学生在教学活动中对感性知识的学习,主要是在知识直观呈现的情况下,通过感知、想象等活动完成的。知识直观呈现是帮助学生获得感性知识的有效途径。

(二) 知识直观的方式

1. 实物直观

实物直观是通过直接感知要学习的实际事物而进行的直观方式,包括实物观察、演示实验、参观考察等活动。

实物直观的优点在于:学生与实际事物直接接触,获得的感性材料真实亲切,不仅有利于学生准确理解教材,也有利于激发学生的学习兴趣,调动学习的积极性。学生只有在接触实物的过程中,才能印象深刻,真正感受到所学的书本知识不仅仅是一堆符号,而是真切有用的东西,从而增强学习的欲望。

但是,实物直观也有很大的局限性。一方面,在实物直观中由于实际事物的本质特征与非本质特征是结合在一起的,学生常常会注意那些生动鲜明的无关特征,而忽略对本质特征的感知。另一方面,实物直观受时间、空间和人的感受器官的限制,许多知识不能进行实物直观,如天体、原子、历史事件、光速、生物的生长过程等这些太大的、太小的、太久远的、太快的、太慢的以及一些太抽象的事物的特征与联系,在实物直观中是难以直接观察的。

2. 模像直观

模像直观是通过对事物的模拟形象的直接感知而进行的直观方式。各种图片、图表、模型幻灯片和教学电影、电视等的观察和演示,都属于模型直观。

由于模像直观是人为制作的,因而模像直观在很大程度上可以克服实物直观的局限,扩大直观的范围,提高直观的效果。第一,模像直观可以人为地排除一些无关因素,突出本质要素。例如,在模像直观中教师可以有选择地只将实物的重要特征抽取出来简化或典型化,使学生的注意力集中到本质特征上进行观察。第二,模像直观可以根据教学的目的要求,通过大小、快慢变化、动静、虚实变换、色彩、远近对比等方式使难以直接观察到的对象和特征,能清晰而突出地呈现在学生的感受能力可及的范围之内,以满足学生观察的需要扩大直观范围。例如,利用地图和模型把某一地区的地形地貌置于学生的视野之内;利用幻灯或电影可以让学生观察动植物的缓慢生长过程。正因为模像直观具有这些独特的优点,它已成为现代化教学的重要手段,是现代教育技术学研究的重要内容。

> **例解** 实物直观和模像直观对掌握花的构造的不同效果
>
> 心理学家伯格拉夫斯基(Boguslavsky,1957)曾用实验研究过实物直观和模像直观对掌握花的构造的不同效果。该实验把学生分成能力相等的两组:一组为实物学习组,一组为挂图学习组。实物学习组的学生到花园去观察各式各样花的构造;挂图学习组的学生只在教室内根据放大了的挂图来学习花的构造。两组学习时间相等。事后以有关花的知识与实物辨认两种方式来测量两组的学习成绩。结果发现挂图学习组在两方面的成绩均较实物学习组为优。形成这一现象的主要原因就是实物学习组的学生受到过多无关刺激的干扰,不能从众多的刺激中发现事物的本质要素,不能很快地把握知识的要点。
>
> 资料来源:冯忠良,伍新春.2000.教育心理学.北京:人民教育出版社,319

但是,模像直观也有一定的局限性。由于模像只是事物的模拟形象,而非实际事物本身,因此模像与实际事物之间有一定距离。这会导致学生有时难以把模像知觉同真实对象联系起来,甚至可能产生不应有的曲解。因此,为了使通过模像直观而获得的知识在学生的生活实践中发挥更好的定向作用,在制作直观教具时,要注意模像与事物之间的正确比例和学生的感知特点。在使用直观教具时,要注意把模像与学生熟悉的事物相比较,在可能的情况下,应将模像直观与实物直观相结合。

3. 言语直观

言语直观是在形象化的语言作用下,通过学生对语言的物质形式(语音和字形)的感知以及语义的理解而进行的一种直观方式。言语直观是教师用生动、形象、鲜明的语言对有关事物或现象进行描述,唤起学生头脑中已有的表象,再通过头脑中的加工形成相关事物的直观形象,使事物的信息变得丰富生动,从而让学生有身临其境之感。如在中学课本《故都的秋》中,描写北平的秋天"来得清,来得静,来得悲凉",让学生对北平的秋天有了真实的感受。这些直观方式可以为抽象内容提供具体感性信息的支持。

言语直观的优点是:不受时间、地点和设备条件的限制,可以广泛使用。在语文、物理、历史、地理、生物等学科教学中言语直观是用得最多、最普遍的直观方式。言语直观能用不同的语调和生动形象的事例激发学生的感情,唤起学生的想象,对于培养和发展学生的想象力有一定的作用。言语所提供的感性知识具有一定的概括性,有助于学生头脑中形成一类事物的一般表象,这种一般表象是感性知识上升到理性知识的中间环节。因此,由言语直观获得的感性知识也更易于理性概括。

言语直观的局限性在于:言语直观的鲜明性、完整性和稳定性不如实物直观和模像直观。这可能导致学生的感性认识不够全面。另外,言语直观受教师的语言表达能力、学生的想象力、想象的积极性和已有经验的影响。教学中教师语言枯燥没有感染力,用词不当、描绘凌乱,或者学生缺乏想象力、理解力都会导致学生无法从言语直观中得到应有的感性知识。因此,在可能的情况下,应尽量配合实物直观和模像直观。

(三) 提高知识直观效果的方法

实物直观、模像直观和言语直观各有优势,也有局限性。在教学中要提高知识感知的效果,使学生在直观呈现中获得正确、丰富的感性知识,就必须注意以下几个方面:

1. 灵活选用直观呈现的形式

(1) 根据知识学习的实际需要选用实物直观和模像直观。在知识学习的初级阶段,为了帮助学生获得基本的概念和原理,主要应运用模像直观来突出事物的本质要素和关键特征,避免他们受到实物直观中过多无关刺激的干扰,导致不能从众多的刺激中发现事物的本质要素,不能很快地把握知识的要点。而当学习有了一定基础之后,再运用实物直观帮助学生认识事物的本来面目。例如,在教学生学习神经系统的知识时,先让学生通过挂图来了解相关知识,比一开始就运用实物直观直接参观生理解剖的效果要好得多。

(2) 加强词与形象的结合。为了增强直观呈现的效果,不仅要注意实物直观与模像直观的合理选用,而且必须加强词与形象的结合。一方面,通过词的调节可以组织、引导学生的注意,使意识处于适度紧张的状态,将注意力集中于主要的观察对象和主要特征上,从而提高对形象的直观材料感知的目的性,增强直观呈现的效果。另一方面,通过词来表述形象的直观结果,不仅对学生形成感性知识起到综合、组织和促进概括的作用,也可以检验直观呈现的效果,使感性认识更清晰、更精确、更完善。同时,应选择合理的词与形象的结合方式。如果教学任务在于使学生获得精确的感性知识,那么词与形象的结合,应以形象的直观为主,词起辅助作用;如果教学任务在于使学生获得一般的、不要求十分精确的感性知识,那么词与形象的结合方式,应以词的描述为主形象直观起证实、辅助作用。

2. 根据感知规律,突出直观对象的特点

知识直观呈现要达到预期的效果,必须使直观呈现对象的特点符合感知的规律。因此,在制作和使用直观呈现方式时,要注意恰当运用:

(1) 强度律。强度律即作为知识载体的直观对象必须达到一定的强度,能引起学习者清晰的感知觉。如教师的声音不能太小,挂图的颜色不能太淡,板书的笔画不能太轻,一定要使全班学生都能看得明白、听得清楚。特别是要注意突出那些强度弱但较重要的因素。

(2) 差异律。差异律指对象与背景的对比差别越大,对象从背景中区分出来越容易,知觉越清晰。如黑板上写的白字、作业批改用红笔,都是差异律的具体表现。

(3) 活动律。活动的对象比静止的对象容易吸引学生的注意,引起他们的感知。因此,在教学中要善于利用现代科学技术,使作为对象的知识以活动的形象展现在学生面前,如逐张呈现连环图、演示性的小实验、活动模型、幻灯片等,均能收到好的效果。

(4) 组合律。空间上接近、时间上连续、形状上相同、颜色上一致的事物,易于构成一个完整的整体为人们清晰地感知。因此,教材编排应分段分节,教师讲课应有间隔、停顿。另外,还要注意呈现的直观形象要既要符合学生的实际经验,又具有新颖性等特点,以提高感知的效果。

3. 有效指导学生的感知,培养学生的观察力

一般来说,学生观察的目的性越强,步骤越明确,感知便越清晰。为了提高直观呈现的效果,教师要通过确切的指导语加强对观察的指导。在观察之前,让学生明确观察的目的、任务,使其注意力指向和集中于所要观察的对象上。在观察中,让学生把握合理的观察程序,做好观察记录,掌握观察的方法和技能。观察后,组织学生进行观察总结,写出观察报告。学生观察力的提高,不仅有助于提高知识直观呈现的效果,是知识感知所必备的,而且也是智力的重要组成部分。

4. 让学生充分参与呈现直观知识的过程

在知识直观呈现中要尽可能让学生自己动手操作,改变"教师演,学生看"的消极被动的直观呈现方式。如让学生参与制作标本、让学生自己制作图表等,使直观呈现的对象成为学生活动的对象。实践证明,教师讲、演,学生听、看的教学方式往往不如学生自己动手操作的效果好。因为学生在亲自动手操作的活动中,能更充分地运用各种感官的作用,使学生更精细地了解事物的特征和发展过程,从而增强直观呈现的效果,而实际操作带来的成功体验也能提高学生的学习信心,激发学习兴趣。

三、知识的概括

通过知识直观获得感性知识,只是学生知识学习的一部分内容,学校教学最主要的优势和学生学习更重要的目的是使学生掌握抽象的、系统化的理性知识。知识理解的过程不能仅靠知识直观中的感知来实现,必须经过一系列的思维活动进行知识的概括才能完成。

(一) 知识概括的概念及类型

知识概括是指对知识直观所获得的感性材料进行分析、综合、抽象、概括、推理等深度加工,最后获得对事物的本质特征和内在联系的认识。知识的概括是在前人认识的指导下、在知识直观的基础上通过思维活动实现的,是获得理性知识的活动。

在实际教学过程中,学生对于知识的概括包括感性概括和理性概括两种抽象程度不同的类型。

感性概括是在知觉基础上自发进行的一种低级的概括形式。虽然从形式上看,感性概括也反映了一类事物而非个别事物,但由于概括是在直观基础上通过反复感知而自发实现的,从内容上看却不一定反映事物的本质特征和内在联系。例如,学生由于经常看到主语在句子的开端,就认为句子的开端那个词就是主语。这种概括仅仅反映了事物常见的共同特征,是知觉水平的概括。

理性概括是通过对感性知识经验进行自觉的加工改造,揭示事物的一般的、本质的特征与联系的过程。理性概括是思维水平的概括,相对于感性概括而言是一种复杂的、高级的概括形式。

通过感性概括学生只能获得概括不充分的日常概念和命题,通过理性概括才能获得揭示事物本质的科学概念和命题。因此,在教学条件下,我们关注的是如何有效地进行理性概括实现知识的理解问题。

(二) 提高知识概括效果的方法

1. 配合运用正例和反例

概括的目的在于区分事物的本质和非本质特征,从而抽取本质要素,舍弃非本质要素。在实际的教学过程中,教师不仅要通过正例帮助学生抽取本质的要素,也要通过反例帮助学生舍弃非本质的要素。正例又称肯定例证,指包含着概念或规则的本质特征和内在联系的例证;反例又称否定例证,指不包含或只包含了一小部分概念或规则的主要属性和关键特征的例证。一般而言,概念或规则的正例传递最有利于概括的信息,反例则传递最有利于辨别的信息。

在实际的教学过程中,我们常常要求学生"举一反三"。事实上,要想做到"举一反三",教师必须首先列举出符合概念或原理的本质属性的多个正例("举三"),学生才有可能真正达到掌握一个概念或规则("反一")的目的。心理学研究表明,虽然只用正例也可以有效地学习概念和规则,但如果同时提供正例和反例,则概念和规则的学习将更加容易。因此,教师最好能利用机会把正反两种例证同时加以说明。尤其是反例的适当运用,可以排除无关特征的干扰,有利于加深对概念和规则的本质的认知,帮助学生精确的划定概念的范围。例如,在生物学中讲授"鸟"这一概念时,可用麻雀、鸡、鸭作为正例,说明"前肢为翼、无齿有喙"是鸟的本质特征;用蝙蝠作为反例,说明"会飞"是鸟的无关特征。这样,通过提供正反两面的例证,可以使概念的属性更容易显示出来,使概念的范围更容易确定。

2. 提供丰富的变式

所谓变式,就是用不同形式的直观材料或事例说明事物的本质属性,即从不同的方面、不同的角度、不同的情况来变更同类事物的非本质属性,从而突出事物的本质属性。

如在讲果实的概念时,不要只选择可食用的果实(如苹果、西红柿、花生等),还要选择一些不可食用的果实(如橡树子、棉籽等),这样才有利于学生突出一切果实都具有"种子"这一本质特征,而舍弃其"可食性"、"是否有水分"、"色形味"等无关特征。在几何中讲解三角形的"高"的概念时,通过三种不同三角形的"高"的不同位置的变换,揭示三角形各边的高是对角的顶点向这条边所作的垂线这一本质属性。如果教师只采用锐角三角形讲"高"的概念,学生对概念的理解就会被局限,要他们寻找直角三角形两条直角边的高,尤其是钝角三角形两个锐角所对应的高就会发生困难或错误。

一类事物中的个别事物既具有本质属性也具有非本质属性。同类事物虽然具有共同的本质特征,表现形式却可能多种多样,有些是可以直接感知到的化学或物理属性,如气味、大小、形状、颜色,这些属性易于辨别、容易掌握;有些本质特征比较隐蔽、抽象,不易直接观察,难于掌握。如果学生经验的变式不够丰富,就会发生下列两类错误,必须注意预防。一类常见的错误是把一类或一些事物所共有的特征看做本质特征。例如,学生在动物分类时,常常由于鲸和鱼类一样,都有"生活在水里"、"外形一样"的共同特征,于是就错误地把非本质特征的"生活在水里"、"外形与鱼一样"当做鱼类的本质特征把鲸列入鱼类,而不了解鱼的本质特征是用鳃呼吸的。鲸鱼是用肺呼吸的。

另一类常见错误是在概括中人为地增加或减少事物的本质特征,不合理地缩小或扩大概念。学生把直线看成是处于垂直或水平位置的线,而认为处于倾斜位置的线不是直线,这就是在直线概念中,人为地增加了一个本质特征——空间位置,从而不合理地缩小了概念。学生在掌握圆的概念时,只是抽取出"圆心"与"封闭曲线"这两个本质特征,而遗漏了"圆心到圆周各点距离相等"这一本质特征,把标上圆心的椭圆和不规则图形也看做是圆,从而不合理地扩大了概念。

在教学实际中,为了充分发挥变式应有的积极作用,防止其消极影响,所选用的变式应使那些显著的且非本质的要素得到变异,而突出那些隐蔽的且本质的要素。同时,对象的变式应与词的指示和分析相结合,最好在提出定义的基础上,再要求学生依据定义所提出的重要的或本质的特征去分辨各种客体。

> **资料窗　　概括的目的性对领会水平的影响**
>
> 　　心理学家在进行"盆地"和"高地"概念形成的实验中,分别对两组学生提出不同的概括要求:对第一组学生,只要求他们从提供的一些地理画片中抽出有关"盆地"和"高地"的本质特征,并作出哪些是本质特征的结论,不要求他们作出哪些是非本质特征的结论;对第二组学生,则不仅要求作出哪些是"盆地"和"高地"的本质特征的结论,还要求作出哪些是非本质特征的结论。结果表明,这两组学生对这两个概念的领会水平有明显的差别。当实验者分别要求两组学生完成检查性作业(如"荒林能够长在盆地和高地、山岳上吗?")时,第一组的10名学生中只有2名能正确回答,第二组的10名学生中却有6名能正确回答。
>
> 　　为什么第二组学生的概括效果及概念的领会水平较高呢?这是由于在要求概括出哪些是本质特征与哪些是非本质特征时,能够全面地体现概括的要求,使学生在概括中不仅注意到事物的本质方面,也注意到非本质方面。
>
> 　　资料来源:冯忠良,伍新春.2000.教育心理学.北京:人民教育出版社,328

3. 科学地进行比较

比较是在思想上确定事物的异同。如果说变式是利用材料的影响去促进理解,那么比较则是通过组织思维的方法去促进理解。概括过程也就是在分析综合的基础上,通过比较进行抽象概括。科学地进行比较对于知识的概括具有非常重要的意义。因而,教师不仅要为学生提供各种正例、反例、各种变式,还要帮助其区分对象的一般因素与特殊因素对本质与非本质的特征进行比较,通过比较,可以找出事物共有的特征,舍弃彼此差异的特征,从而突出事物的本质特征。

比较主要有两种方式:同类比较和异类比较。同类比较即关于同类事物之间的比较。通过同类比较,便于区分对象的一般与特殊、本质与非本质,从而找出一类事物所共有的本质特征。例如,为使学生获得"三角形"这一概念,先让学生观察各种三角形的图片和实物,然后要求他们去比较这些图片与实物上所见到的各种特征,确定哪些是个别三角形所特有的无关特征,哪些是各个三角形所共有的本质特征。经过这样的比较,学生就能概括出"三条直线围起来的具有三个角、三条边的平面图形"的本质特征,而边的长短、粗细、颜色以及角的大小、方向是无关特征。

异类比较即不同类但相似、相近、相关的事物之间的比较。通过异类比较,如对"重量"与"质量"、"压力"与"压强"、"岛"与"半岛"、"主语"与"谓语"等概念的比较,不仅能使相比客体的本质更清楚,而且有利于确切了解彼此间的联系与区别,防止知识间的混淆与割裂,有助于知识的系统化。

在科学知识的理解阶段,首先应进行同类事物间的比较,以促进概括,明确概念与规则的内涵;然后再进行异类事物间的比较,以使相似、相近、相关的概念和规则分化出来。

4. 重视知识结构和体系的概括

任何知识都不是各自孤立的,其自身都有一定的结构并处于一定的知识体系之中,重视结构和体系的概括使知识系统化有助于对知识本身的深入理解,有利于知识的储存与检索,也有助于利用这些知识去理解吸收新知识。如小学生学习乘法总是从同数连加入手,有关加法的知识是学习乘法的基础。

因此,教师在教学中,一方面要加强新旧知识之间的联系,使学生把所学知识纳入已有的认知结构中,充分发挥学生已有知识经验的作用,帮助学生理解新知识。另一方面,教师可以引导学生比较一概念与其他相邻的、相反的、从属的概念之间的区别和联系,使他们具有这一概念与其他概念的关系的丰富知识,学生就易于掌握概念的体系。

为使学生易于形成知识的体系,教师还要按一定的知识顺序,循序渐进地讲授,并使学生正确地、深刻地掌握教学过程中出现的每一概念,切切实实地打好知识基础。此外,教师在讲完一章、一节或一课的内容之后,还应该有小结,并要求、指导学生编列提纲、分类图解等,帮助学生将所学知识系统化。而认知结构的重建和调整、知识的系统化是高水平知识理解的主要特征。

5. 启发学生积极的思维,进行自觉概括

在实际的教学情境中,教师应该充分调动学生的思维,启发学生去进行自觉的概括,只有经过自己的概括,学生才能真正实现对知识的理解。

教师启发学生进行自觉概括的最常用方法是鼓励学生主动参与问题的讨论,在讨论的时候,不仅要鼓励学生主动提出问题、主动解答问题,而且要鼓励学生自己去总结原理、原则。让他们学会自己去归纳和总结,从根本上改变"教师作结论,学生背结论"的被动方式。

总之,通过知识的直观和概括,个体就完成了知识的理解过程,这是知识学习的第一步,也是知识学习的最重要环节。但知识的理解不是知识学习的全部过程,也并非一次就能完成的,理解的知识一方面需要进一步在头脑中保持下来,另一方面,还有待于通过应用来检验、纠正错误的观念,并在应用中进一步充实与提高。

主动理解的策略和方法

维特罗克提出,为了促进学生把当前内容的不同部分联系起来,教学中可以采用如下策略:①加题目。为了给一篇文章加题目,学习者需要把不同的内容综合起来,加以提炼。加什么题目,并没有标准答案,但要抓住中心,醒目而富有想象和创意。②列小标题。为了给一个或几个段落写小标题,学习者需要综合这一部分的意思,这不仅可以用于语文教学,也可以用于其他社会学科和自然学科的教学。③提问题。针对当前的内容,提出自己想弄明白的问题,这需要学生对内容进行综合和分析。④说明目的。说明作者写这些内容的目的,这需要学生综合这段内容,结合前后文内容作出分析和推测。⑤总结或摘要。为全部内容写一份总结,或者概括它的中心意思,尽量用自己的话来表达,而不是摘抄、罗列书上的原话,东拼西凑。⑥画关系图或列表。用画图或列表的方法概括、整理这段内容的要点,表现它们之间的关系,分析、比较相关概念的异同。

为了帮助学生把当前的学习内容与原有的知识经验联系起来,教师可以采用以下策略:①举例。从原有经验中找到适当的例子来解释说明当前的内容。②类比或比喻。用自己熟悉的事物来比喻、类比新学习的知识,比如用"水流"来类比"电流"。③证明。以原有知识经验为基础来论证当前的概念和原理,为它们提供理由和证据。④阐述。教师讲完课后,帮助学生用自己的话来表达所学知识的意思。⑤解释。用有关的知识经验来解释所学的知识,说明自己的具体理解。⑥推论。从这一知识出发,可以进一步推知什么。⑦应用。应用所学的知识来解决相关的问题,特别是与实际生活密切相关的问题,以及需要综合运用多种知识的综合性问题。

资料来源:冯忠良,伍新春.2007.教育心理学.北京:人民教育出版社,339

第三节 知识的保持

在人们利用头脑中已有的知识同化了新知识,使其得到理解,并在认知结构的适当位置固定下来之后,接下来的就是如何使这些获得的知识在记忆系统中得以保持和储存的问题。

一、知识保持的实质

知识的保持是指把理解领会的知识牢固地储存在记忆中,以便在需要时能及时地回忆出来加以应用的过程。从信息加工的观点来看,知识的保持是把已编码加工的信息储存在头脑里,以备随时提取应用的过程。知识的保持是通过记忆来实现的,记忆是知识保持的核心心理因素,保持是否巩固,与一个人记忆力强弱有密切关系。关于记忆的内容请参阅第四章的相关内容。

知识保持是知识学习的中间环节,在知识学习中有重要意义,是知识经验积累的重要手段。知识的保持既是学生积累知识与应用知识的前提,又是进一步学习理解新知识的准备条件。学生是通过理解把前人的经验变成自己的经验的,这要求学生必须把理解的知识牢固地保持在头脑中。学生理解后的知识如果不能在记忆中保持下来,边学边忘,则将学无所成。知识只有在理解的基础上得以保持与应用,才谈得上学生对知识的掌握。而知识的理解要受已有知识经验水平的制约。学生理解新知识和应用知识都需要从已有的知识体系中提取相关的知识经验,不能牢固的保持知识就会妨碍理解与应用。

根据现代认知心理学理论,知识信息可以在长时记忆中得到永久储存,但知识在头脑中的储存并非像东西放在保险柜里那样,是原封不动地保存的静态过程,而是一个富于变化的动态过程。在知识保持的动态过程中,存储信息在内容和数量上都会发生变化。存储的信息在数量方面的变化,主要表现为保持的数量随时间的推移而逐渐下降,会出现头脑中的某些知识信息难以提取的情况,这就是遗忘现象。为了防止遗忘,必须运用记忆规律,提高知识保持的效果。

二、运用记忆规律,促进知识保持

遗忘的主要原因,在于学习之后缺乏巩固、复习。实验和相关研究证明,对理解的知识有复习的学生较无复习的学生保持效果好。如果没有对所学内容进行巩固复习,则保持的较少,遗忘的较多。即使只有一次复习,其保持的效果也会提高。复习是防止知识遗忘、巩固知识的基本途径,是提高知识保持效果的重要条件。但复习并不等于机械重复,保持的效果也不取决于复习的次数的多少或所花费的时间的长短,而取决于对复习活动的合理组织。为了促进知识的保持,避免知识的遗忘,必须注意合理地组织复习。那么,如何根据遗忘发展的规律,正确地组织复习以促进知识的保持呢?

(一) 及时复习

艾宾浩斯遗忘曲线表明,遗忘的发生呈现出先快后慢的规律,在学习20分钟以后,知识就被遗忘了42%;一天以后,遗忘就达到了66%。对于学习材料,如果过了很长时间不复习,直到考试前才算"总账",就几乎等于重新学习了。所以,新学习的材料并不是在任何时间复习,其效果都一样的。一定要注意及时复习,在遗忘大量发生之前(最好是学习之后的24小时之内)进行及时复习,可以避免遗忘的迅速发生,减缓遗忘的进程。

(二) 合理安排复习次数和复习时间

对学习的材料仅作一次及时复习是不够的,特别是对那些要求长期保持的基本知识,每隔一定的时间之后还必须再复习。但值得注意的是复习次数并不是越多越好,一般复习次数在三四次效果最好。有些学生很勤奋,但成绩总上不去,这除了与其本身的智力因素有关外,与他们没有合理安排复习时间也是有一定关系的。一般认为,间隔时间随着知识巩固程度的提高而逐渐加长,一般是"先密后疏",即在识记后不久的一段时间内,复习的次数要多一些,复习之间时间间隔要短一些;随着知识巩固程度的提高,复习的次数可少一些,时间间隔可长一些。每次复习占用的时间应该先长后短,即开始复习占用的时间较长,以后逐渐缩短。

(三) 恰当安排复习内容

干扰是造成知识遗忘的一个很重要的原因。为了避免前摄抑制与倒摄抑制的发生,先后学习的两种材料,要防止彼此之间的相互干扰。在同时复习两种材料时中间要休息一会,类似的材料不要一起复习。复习系列材料时,要加强材料中间部分的复习等。

(四) 适当进行过度学习

过度学习是指对学习的材料达到刚能成诵的程度之后附加的学习,也叫超额学习。如读一首短诗,某人学习 10 分钟(或 10 遍)就刚好能背诵,在能够背诵之后增加的学习(如再读 5 分钟或再读 5 遍)便是过度学习。研究表明,学习程度会影响知识遗忘进程,学习的程度越高,越不易忘记。因此,防止遗忘不可忽视的一个方面就是进行过度学习,过度学习可以使保持的效果良好。但是过度学习的量并不是越多越好,一般以学习程度达到 150% 为宜。假如学习 10 分钟(或 10 遍)材料刚好能背诵时的学习程度为 100%,学习程度达到 150% 的过度学习就是在成诵的基础上再学习 5 分钟或读 5 遍。

克鲁格(Krueger,1929)在实验中让被试识记 12 个名词,识记程度分别为 100%、150% 和 200%,并在 1～28 天后测其保持效果。其结果表明,超过 150% 并不再更好地改善保持状态。因此,学习程度达到 150% 是提高保持效果的最经济有效的选择。学习程度超过 150% 时,效果不但不递增,反而很可能引起厌倦、疲劳等而成为无效劳动。

(五) 反复阅读与尝试背诵相结合

反复阅读与尝试背诵相结合的基本要求是,先反复阅读,然后在尚未完全记住所学材料之前就试图回忆,忆不起来时再阅读。研究表明,反复阅读结合尝试背诵的效果优于单纯的重复阅读。单纯重复阅读的记忆效果之所以不如反复阅读结合尝试背诵,主要在于前者只是机械重复不利于及时发现学习中的薄弱点,因而在重复学习时有一定的盲目性;后者是一个更积极的过程,由于有积极的思维活动参与则可以及时发现学习中的薄弱点,从而在重复学习时,便于及时调整记忆活动,有针对性地加强薄弱点的学习。进一步的研究发现,在复习时,用 40%～60% 的时间进行尝试重现(回忆),可以获得最理想的识记和保持效果。因此,教师在教学(如英语、语文)中应注意教育学生在阅读过程中,边阅读边背诵,将阅读与背诵交替进行。

第四节 知识的应用

学生学习知识,最终目的在于应用,如果学生不能将在学校中学习的知识应用于解决有关课题及日后的生活实践中去,那么学习知识就失去了意义。

实际上,问题解决的过程,都属于知识的应用;学生学习过程中的知识应用属于问题解决的一个方面。

一、知识应用的实质及主要形式

知识的应用就是学生依据所获得的知识去解决同类课题的过程。知识的应用实际是通过学生将所学的抽象知识具体化的过程来实现的。所谓具体化的过程就是把从一类具体事物中抽象概括出来的知识,再推广到同类事物的其他具体对象中去的过程。此过程与知识理解中对具体材料的概括过程有着本质的不同。概括过程是通过对具体事物的分析、综合、抽象、概括,从而揭示出一类事物的本质属性的过程,是从个别到一般的思维过程。而具体化的过程,则是思维从一般到个别的过程,这就要求学生在对抽象知识理解的基础上,根据概念、定义、公式、原理去分析具体的课题,从而确定具体的课题与抽象知识之间有没有本质的联系,能否将具体课题归入某一类知识,并根据有关定理、公式去解答这一课题。

在知识学习中,知识的应用是学习过程中检验新学知识,纠正错误观念,并使知识的理解进一步深化和牢固保持的重要手段,也是使所学知识经验系统化的重要方法,同时,知识的应用还可以提高学习的积极主动性,促进学习的迁移。

根据不同学科和不同的教学目的,学生应用知识的形式,可以是用言语去回答一个提问,也可以利用操作活动去完成一项任务;可以通过课堂练习或家庭作业去解答应用题,也可以在实际生活中去解决疑难的问题;可以是运用现成的知识去为现实服务,也可以是依据某些知识创造性地去发现问题,设计新的技术手段或对某种事物作出新的解释,等等。如课堂提问、课堂讨论、课堂练习;运用所学的生理学、化学知识去从事某种农业技术的改革和品种的改良;运用物理学的力学原理去进行工具改革,等等。

二、知识应用的一般过程

学生应用知识解答练习性课题时,由于课题的性质与难度不同,要求学生展开思维的类型就不相同,其解题的过程也有所不同。但就其智力活动而言,仍然可以把学生应用知识解答练习性课题的过程,归纳为以下几个相互联系而又相对独立的环节。

(一) 审题

审题就是要掌握课题的任务与条件,明确课题的目的要求,并试图找出解决问题的思路。课题的任务是解题的目标,课题的条件是知识应用的根据。学生审题首先要确切了解题意,如在写命题作文时,首先要通过审题,了解题意,弄清题目的意思是什么,题目所要求的的范围、重点、题材、文体等,才能应用所学得的知识,写出符合题意的文章来,否则便文不对题。

(二) 联想有关知识

在审题的基础上,学生以课题任务及条件为线索,将课题内容与原有认知结构中的有关知识联系起来,从长时记忆储存中提取与解答课题有关的知识。

(三) 课题类化并作出解题判断

在重现有关知识的基础上将课题纳入到有关知识的系统中去,对课题中有意义的材料与无意义的材料,关键的材料与无关的材料进行一一分辨,且迅速作出解题判断,并根据规则制定出解题步骤并付诸实践,能对课题顺利地作出口头或书面的回答。例如,给中学生提出两个几何课题:①"在三角形 ABC 中,角 A 等于 80°,角 B 等于 68°,角 C 等于 32°;求此三角形那一边最短,那一条边最长?"②"建筑中的屋顶叉梁之间的角等于 80°,叉梁和房屋侧面上层的圆木之间的每一个角等于 50°;现有长度不同的木板,问哪儿需要用较长的木板?是与叉梁平行的屋顶盖板呢,还是与房屋圆木平行的侧面壁板呢?"

显然,这两道题都必须用关于三角形的角和边之间的相互关系的定理才能解决。尽管这两个课题很相似,但是许多学生能顺利地应用上述定理解决第一道题,却不能应用同一定理解答第二道题。出现这种现象的原因,就在于第一道题是已经抽象化了的几何图形,学生平常习惯于做这一类题,因此很容易通过类化找到解题所必需的角边关系的定理,而第二道题是未加抽象的具体图形,它附加了许多特殊的条件和术语,只有当学生通过分析从中抽出几何图形,通过类化上升到或纳入角边关系的定理系统,才有可能解决,但是他们往往不会这样做。

(四) 验证

解题之后,再回过头来查明有无推理错误,原理的运用是否正确等,以确保问题解决的正确性。学生做完题后一般可使用复核式验算法检验自己的解答过程与解答结果是否正确,是否符合实际情况。如果发现错误要立即纠正,通过自我反馈,保证解题正确无误。

三、影响知识应用的因素

学生能否正确和顺利地应用知识,是受许多条件制约的。影响知识应用的因素有以下几个方面。

(一) 对知识的理解与保持的水平

学生能否顺利地解答作业题,关键在于他们对知识理解与保持的水平。对知识理解得深刻全面而又准确,达到融会贯通的程度,应用起来就会得心应手。如果学生对知识的理解十分肤浅,概念的内涵十分模糊,知识之间的异同混乱不清,那么在应用知识解答课题时就常常产生错误。如果知识缺少系统化的加工,则应用起来刻板不灵活。如果理解了的知识缺少复习,不能准确记忆,不能迅速回忆,则应用知识解题也会发生困难。

(二) 课题的性质

知识应用的难易与所解决课题的性质有关。一般来说,以抽象形式提出的课题比带有具体情境的课题容易;单一的计算题比综合应用题容易;单纯的文字题比需要实际操作的课题容易。例如,学生学完圆锥体、圆柱体的体积公式后,让学生计算一个有特定高和半径的圆柱体或圆锥体的体积,学生能顺利地解答,而让学生计算一个土粮仓的有效容积时,就会产生许多困难,他们不知从哪里到哪里是半径、高,弄不清体积与有效容积的关系,而且还必须自己测量圆柱、圆锥的高和半径。

(三) 智力活动水平

实践证明,不同学生的智力活动水平是存在差异的,主要表现在学生分析、综合、概括、推理等技能的熟练程度,以及思维、想象等品质的差异,特别是表现在思维活动的独立性、创造性水平上。智力水平较低的学生,不善于分析课题,不善于根据课题的特点去选择合适的解决方法等。他们解题时缺乏目的性,经常通过盲目的尝试与猜测去探求解题的途径。这些学生不仅缺少从认知结构的系统中按层次、分类去提取信息的策略,整个智力活动的体系缺乏顺序性,不能一步一步地深入思考问题,缺乏明确的思考步骤。也表现了缺乏思维灵活性,经常死套法则、定理,机械地搬用公式,刻板地套用老方法去解决课题,而不能随机应变、灵活应用知识。在教学过程中,教师应该注意培养学生智力活动的这些能力。

(四) 解题时的心理状态

学生在应用知识解题时,如果缺乏动机或动机过于强烈,情绪过分紧张或满不在乎,注意力不集中等,都会妨碍知识的应用。

复习思考题

1. 解释概念:陈述性知识、程序性知识。
2. 简述知识学习的实质。
3. 知识学习的类型有哪些?
4. 简述知识直观呈现的种类及各自的优缺点。
5. 如何提高知识直观呈现的效果?
6. 什么是知识概括?如何提高知识概括的效果?
7. 什么是知识保持?如何防止遗忘,提高知识保持的效果?
8. 知识应用的实质是什么?知识应用包括哪些环节?
9. 影响知识应用的因素有哪些?

参考文献

蔡笑岳.2007.心理学.北京:高等教育出版社

冯忠良.2000.教育心理学.北京:人民教育出版社

韩永昌.2001.心理学.广州:华东师范大学出版社

李伯黍,燕国材.2000.教育心理学.上海:华东师范大学出版社

刘华山.1991.大学教育心理学概论.武汉:华中师范大学出版社

莫雷.2005.教育心理学.广州:广东高等教育出版社

皮连生.2006.学与教的心理学.上海:华东师范大学出版社

邵瑞珍.1997.教育心理学.上海:上海教育出版社

万云英.2000.学校教育心理学.北京:人民教育出版社

徐胜三.1993.中学教育心理学.北京:人民教育出版社

张爱卿.2001.现代教育心理学.合肥:安徽人民出版社

张大均.2002.教育心理学.北京:人民教育出版社

第六章 问题解决与创造力

问题解决是一种高级形式的学习,加涅(Gagne,1977)认为,"教育有一个重要的终极目标,那就是培养学生解决问题的能力——无论数学问题、物理问题、健康问题、社会问题,还是个人适应问题,都是如此。"培养学生问题解决的能力是学校教育的核心内容之一,而创造力则是解决问题的最高表现形式。

本章知识点:
- ◆ 问题解决与创造力的概念
- ◆ 问题解决的心理过程
- ◆ 影响问题解决与创造力的因素
- ◆ 问题解决能力与创造力的培养

第一节 问题解决的心理过程

一、问题解决的含义

(一)问题

当个体所面临的情况同心中的理想或目标存在差距,而实现理想或目标的途径又存在一定障碍时,问题就产生了。问题虽然有各种各样,但多数心理学家认为所有的问题都含有三个基本成分:

(1)起始状态。起始状态也称给定信息,就是一组已知的关于问题条件的描述。

(2)目标状态。关于构成问题结论的描述,即问题要求的答案或目标状态。

(3)障碍。从起始状态到目标状态的转化不是直接显而易见的,必须间接通过一定的思维活动才能达到目标状态。问题就是给定信息与目标之间有某些障碍需要加以克服的情境。

问题有两个关键特征:第一,问题是某种情境(指目标状态与当前状态之间的差异)下的一个未知状态。这种情景既包括有规则算法的数学问题,也包括繁杂的社会问题。第二,发现或解决这个未知状态必须具有一定程度的社会、文化或智力上的价值。即问题解决过程是有价值的。如果没人能够感受到这种未知状态,或者没有解决这种未知状态的"需要",问题就不会存在。

瑞特曼(Reitman,1964)把问题分为清楚规定的问题和含糊规定的问题两类。清楚规定的问题是指目标明确、潜在的达到目标的途径能容易发现的一类问题。例如,如何计算三角形的面积。含糊规定的问题是指目标不明确、没有现成的解决方法可供参考的一类问题。例如,有两根悬吊着的绳子,绳子不够长,当你抓住任何一根时无法碰到另外一根,此时,你如何将两根绳子系在一起?

(二)问题解决

问题解决就是由一定的问题情境引起,经过一系列具有目标引向性的认知操作,使问题得以解决的心理过程。以河内塔问题(tower of Hanoi problem)为例,如图6-1所示,在一块木板上有1、2、3三个立柱,在1柱上串放着三个圆盘,小的在上面,大的在下面(当前状态)。让被试将1柱上的三个圆盘移到3柱(目标状态)。条件是:每次只能移动任何一个柱子上面的一个圆盘,但大的圆盘不能放在小的圆盘上,移动的次数越少越好。要将当前状态转变为目标状态,中间必须经过一系列操作步骤,也称为中间状态。问题解决就是从当前状态经过中间状态,最后达到目标状态。

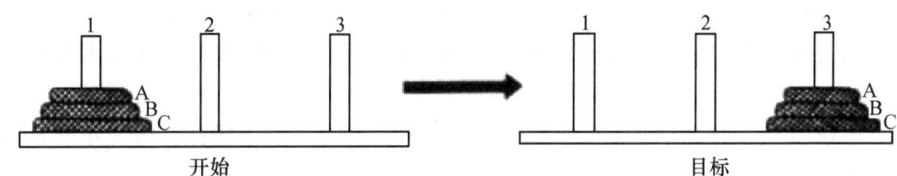

图 6-1 河内塔问题

认知心理学把问题解决定义为具有一系列目标指向性的认知操作,问题解决具备以下三个特征:

(1)目标指向性。目标指向性,即问题的解决活动具有明确的目的性。问题解决就是通过一系列认知活动有目的、有意识地把初始状态变为目标状态。

(2)操作系列性。问题解决必须包含有一系列的心理操作才能称为问题解决活动。能够自动化完成或只有单一操作的不能构成问题解决过程。例如,回忆昨晚上吃过的食物,通常不被看成是问题解决活动。

(3)认知性操作。问题解决这种目标指向性活动是依存于认知性操作的。不具备认知性操作的活动,不被看做是问题解决。例如,当你学会了骑自行车之后,骑自行车的活动不被认为是问题解决。

二、问题解决的心理过程分析

对问题解决的过程,斯滕伯格等(Sternberg,1986;Bransford and Stein,1993;Hayes,1989)用问题解决循环(problem-solving cycle)来加以描述。当我们面临一个问题时,如果找到了答案,问题马上就得到了解决。如果不能找到答案,就需要按问题解决循环中的七步骤解决所遇到的问题。即问题识别、定义问题和表征问题、形成策略、组织信息、分配资源、监控和评估。这些步骤也不是刻板的,各个步骤之间可以交叉,有时可以改变其顺序,甚至可以跳过或增加某些步骤。

1. 问题识别

问题识别是问题解决的第一步,也是最难的一步。识别困难有时表现为错误地识别问题的目标,或者较难识别到问题的目标;有时表现为通向目标的道路受阻,如已有的解决方案不起作用了;有时表现为问题解决时的心不在焉。问题识别的最佳方法是将问题写在纸上,并标出要解决的问题。

2. 定义问题和表征问题

一旦识别出问题,下一步是要定义和表征这个问题,准确定义和表征问题很重要,是解决问题的关键。

例如,两个火车站相距 100 千米,某周六下午 2:00,两列火车分别从两站相向而行,正当火车驶出车站时,有一只鸟从第一列火车出发飞向第二列火车,达到第二列火车时,又飞回第一列火车,如此反复,直到两车相遇,如果两列火车的速度均为每小时 25 千米,小鸟的飞行速度为每小时 100 千米,请问在两车相遇前,小鸟飞行了多少千米?如图 6-2 所示。如果你把这个问题定义为一个距离问题,先算出小鸟从第一列火车到第二列火车的距离,然后返回第一列火车的距离,再计算小鸟返回第二列火车的距离,如此往返,最后求出这些距离的总和,你将感到非常棘手。但如果你用一个比较好的方法来组织这个问题,可以把这个问题表征为一个时间问题,把注意力放在小鸟在空中飞行的时间上,如果知道了小鸟在空中飞行的时间,就很容易确定它在空中飞了多少距离,因为小鸟的飞行速度是已知的。

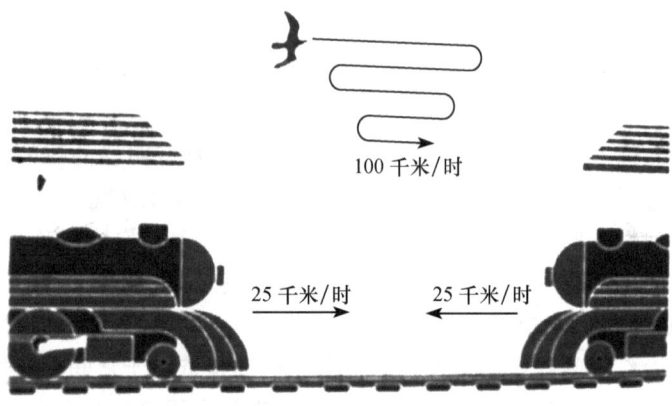

图 6-2 小鸟飞行问题

3. 形成策略

一旦问题被定义下来,下一步就要形成一个解决问题的策略。策略可以是分析的,即把复杂问题的整体分解为可处理的元素;也可以是综合的,即把各个元素集中在一起,进而组合为有用的东西。

4. 组织信息

一旦策略(至少是暂定的策略)形成后,就要把有用的信息组织起来以实现这个策略。当然,在整个问题解决过程中都在组织、了解有关信息。但在这一步骤中所组织的信息是有针对性的,目的是要找到一条最好的途径来实现该策略。

5. 分配资源

除某些特殊问题外,大多数问题都是有限资源(包括时间、资金、设备、空间等)的问题。这就要考虑哪些问题值得花多少资源,还要考虑如何分配何种资源的问题。

6. 监控

问题解决者从问题解决一开始就应进行监控,即检查自己正在做的事是否一步步地接近目标,还包括对时间合理利用的监控。监控能使你及时发现错误,有时错误一开始就有,有时中途出现,无论哪一种情况都要对自己的行为加以调整。

7. 评估

在解决问题的过程中还要对答案进行评估。通过评估,可能发现新问题,也可能对原先的问题进行重新定义,可能会形成新的策略,发现新的资源,或对已有资源的利用更充分。评估,有时要马上进行,有时可稍晚些或很久后进行。很多冲动型认知方式的学生在达到最终的目标时,往往疏于核查,结果出现错误。例如,有4个人一起下象棋,每人下了2盘,问总共下了几盘?有的学生脱口而出"8盘",这个答案适合4个人与其他人下棋,不适合于4人之间下棋。只要核查,马上就会发现答案有错。

三、影响问题解决的因素

(一) 影响问题解决的客观因素

1. 问题情境

问题解决是由一定情境引起的,这种情境叫问题情境,它是指出现在人们面前并使人感到不了解和无法解决的那种情况。问题情境中所包含的事物,总是按一定空间配置、时间顺序和相互关系构成某种模式呈现在问题解决者面前。这种模式又叫刺激模式。问题难易与刺激模式的特点有关。如果刺激模式提供的问题解决的线索越直接,对该问题的解决就越容易,反之,则越难。

例如,已知一个圆的半径2厘米,请问圆的外切正方形的面积是多少?这个问题的呈现方式有两种(图6-3)。由于图a较难看出圆半径与外切正方形边长之间的关系,而图b较容易看出圆半径与正方形边长之间的关系,所以人们一般在解决图a问题时出错多,解决图b问题时出错少。

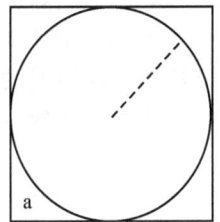
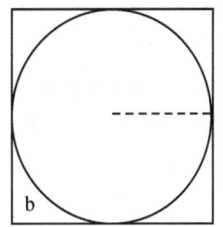

图6-3 两种圆外切正方形图

2. 无关信息的干扰

先看下面两个问题:

(1) 小王家兄弟五个,都未婚,他们每个人都有一个姐妹,如果把王妈妈也算在内,试问他们家有几个女人?

(2) 某城市有15%的人不把电话号码放入电话簿上,如果你从该城市的电话簿上随机抽取200个号码,问其中有多少人是不把电话号码放入号码簿上的?

这是两个很简单的问题。但你是否都能很快地得出了答案?在(1)题中,答案是两个女人,兄弟的数目是无关信息,但它却使多数人费了许多时间思考。在(2)题中,人们倾向于注意15%和200个人数,而实际上这两个数字都是无关信息,因为所有200个人都取自电话簿,答案应该是0。研究发现,人们经常错误地假定问题中所给出的条件或数字在解题中都有用,并总是想办法利用这些信息,从而影响问题解决。避免这种错误的最佳方法是,在解题时应该先考虑哪些信息有用,哪些信息没用。

(二)影响问题解决的主观因素

问题解决的思维过程受多种心理因素的影响。有些因素能促进思维活动对问题的解决,有些因素则妨碍思维活动对问题的解决。

1. 知识经验

解决问题的知识经验越丰富,越有利于问题的解决。善于解决问题的专家与新手的区别在于,前者具备有关问题的知识经验并善于实际运用这些知识来解决问题。例如,一位老医生与一名刚参加工作的年轻医生,在面对一名具有很多症状的患者时就采取了不同的处理方式。年轻医生不确定病人患了什么病,于是便为病人开出了各种各样的医学检查单,在有了一套几乎完整的症状信息之后,才可能作出正确的诊断。但有经验的老医生很可能会立即认定这些症状符合某种或少数几种疾病的诊断模式,仅仅对病人做了有限的检查后便很快作出了相当准确的最后诊断。

那么,知识经验为什么能促进问题的解决呢?西蒙等人对这个问题进行了实验研究,被试是象棋大师和一般棋手。实验设计了两种情境:第一种是把象棋好手下到一半的真实棋盘布局呈现给被试;第二种是在棋盘上随机摆上 25 个棋子的布局呈现给被试。呈现棋盘撤走后,要求被试把刚才看过的棋盘布局在另一棋盘上摆出来。结果发现:对于真实的棋盘布局,象棋大师能恢复 25 个棋子中的 23 个,而一般棋手则只能恢复 6 个左右;对于随机排列的棋盘布局,象棋大师和一般棋手能恢复的数量是相等的,都是 6 个。研究还表明,专家在看棋盘上的有规律的 25 个棋子时,并不是看 25 个孤立的棋子,而是以组块为单元,加上组块之间的关系来看这棋盘的。根据对国际象棋大师的研究,西蒙认为,任何一个专家必须储存有 5 万~10 万个组块的知识,而要获得这些知识不得少于 10 年。由于专家储存有大量的知识以及把这些知识运用于各种不同情况的丰富经验,因而他能熟练地解决本领域所遇到的各种问题。需要新手冥思苦想才能解决的问题,对专家来说也许只要检查一下储存的解法就可以了。

资料窗

新手的误区

在解决问题时,新手有时持有一些错误的直觉观念。物理学提供了许多例子。大多数初学者用大量的错误信息解决物理问题。学习者有许多关于物理世界的直觉观念都是错误的。例如,多数小学生认为光线通过照亮物体周围的区域帮助人们看见物体。他们没有认识到看见一个物体是由于物体将光线反射到自己的眼睛。可这一原理并不符合日常生活中用一束光线照亮黑暗区域的经验。有研究表明,即使有些人学过了反射的光线引起直觉,仍坚持他们的直接观念。由此可见,为了学习新的信息,学生有时一定要丢掉心中的常识。

专家的优势与隐患

有研究表明,专家比新手在以下五方面存在优势:

(1)专家比新手更容易发现大量信息背后所隐含的结构。换句话说,他们比新手更容易看到信息的全貌,而新手则关注于信息的细节;

(2) 专家执行任务的速度更快,错误更少;

(3) 与新手相比,专家能够在更深的层次上处理问题,因此,他们思考的是问题所隐含的深意,而不仅仅是那些由对问题的看或听所提供的表面信息;

(4) 专家对本领域的信息的记忆能力比新手要强,因为他们有丰富的知识背景,而且他们的专业知识是高度组织化的;

(5) 专家在行动前花大量时间对问题进行分析,因此在处理各种问题的时候比新手更有效率。在很大程度上,专家在他所擅长的领域里通过处理各种问题积累了大量的知识经验,使得他们能够对相关领域内的问题自动化解决。这种自动化式的问题解决不再需要付出很大的努力,甚至某些任务都是在无意识状态下完成的。

有时候,专家解决问题也有隐患。一方面,自动化可以使专家解决问题变得容易;但另一方面,也可能使专家变得僵化,只以一种固有的习以为常的方式看待一类问题,而不能换一个角度进行思考。已经熟练某种问题解决的方式以后,做出改变本身就是一项巨大的挑战,会给问题解决者带来极大的压力。

资料来源:陈琦,刘儒德.2005.教育心理学.北京:高等教育出版社,282~283

2. 心理表征

现代认知心理学认为,学生对知识的心理表征就是学生在原有认知结构的基础上将外部的知识信息以自己独特的方式或形式组织起来并建构出一定的结构和意义。学生对知识的不同表征影响其对策略的选择,从而影响问题解决。

如图 6-4 所示的 9 点方阵和火柴排列图形两个问题。在左图中,要求人们用一笔连续画四条直线把图中的九个点连在一起。人们常常不能成功地解决这一问题,其原因在于,9 个点在知觉上构成了一个封闭的四边,人们总是试图在这个方形的轮廓中连线,这样的知识表征方式阻碍了问题的解决。如果告诉人们,连线时可以突破方形的限制,其成绩就会得到很大的提高。右图中的 6 根火柴问题也是同样的道理。6 根火柴的现有状态使人们只在平面上表征如何摆放 4 个三角形,始终不能使问题得到解决。如果启发人们"想一想在立体空间上……",很多人由于改变了表征方式,很快便使问题得以解决。

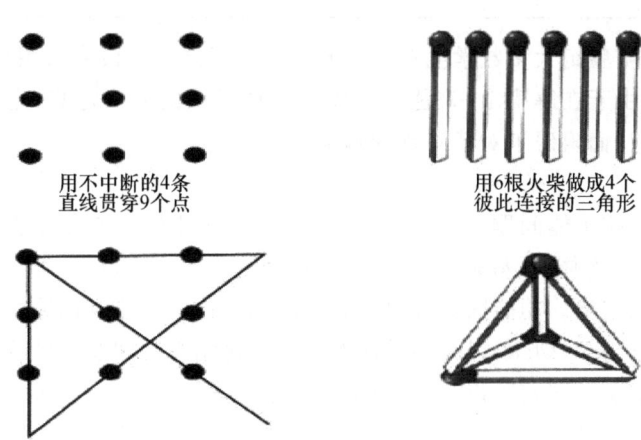

图 6-4 两个问题及其解法

在对问题进行表征时,可以采取不同的策略。如模型尝试,即在问题表征时能从问题情境蕴含的有用信息出发,尝试建立一些相关的模型,用以支持认知检索。又如原理联想,即在问题表征时,能主动联想与问题解决相关的那些原理,从而有可能从问题的本质出发来寻找问题解决的策略、途径、手段和方法等。

3. 思维定势

思维定势是个体先前的思维活动形成的心理准备状态对后继同类思维活动的决定趋势。定势有时有助于问题的解决,有时会妨碍问题的解决。最初研究定势在解决问题中作用的研究者是梅尔(Maier,1930)。在他的实验中,对部分被试利用指导语给予指向性的暗示,对另一些被试不给予指向性暗示。结果,前者绝大多数被试能解决问题,而后者则几乎没有一个能解决问题。

定势对问题解决的妨碍作用可以从陆钦斯(Luchins,1942)的实验中看到。在实验中,陆钦斯告诉被试有三个大小不同的杯子,要求他们利用这三个杯子量出一定量的水。实验组从第1题连续做到第8题,控制组只做第6、第7、第8三题,其实验程序如表6-1所示。实验结果表明,实验组被试沿用第1~5题 B-A-2C 的方法去解第6、7两道题,但在解第8题时遇到了很大的困难;而控制组被试由于不受先前活动的影响,则能用更简洁的方法 A-C 和 A+C 去解决最后几道题。

表 6-1 陆钦斯的量水问题实验序列

序列	三个杯的容量			要求量出水的容量
	A	B	C	
1	21	127	3	100
2	14	163	25	99
3	18	43	10	5
4	9	42	6	21
5	20	59	4	31
6	23	49	3	20
7	15	39	3	18
8	18	76	3	25

研究者认为,实验组大多数学生在解第6、7、8题时之所以没有采用更简便的方法,以适应新的情境,是由于在解第1~5题时形成了一种思维的习惯定势,定势使问题解决的思维活动刻板化,从而阻碍了对新问题的解决。

4. 功能固着

功能固着是影响个体问题解决的另一个重要心理因素。格式塔学派研究知觉时发现,人们在知觉一个物体时,倾向于只从它的一般性功能上认识它,称为功能固着性。这是一种特殊类型的定势。功能固着现象有时会限制人们的思维和问题解决的能力。

美国心理学家梅尔(Maier,1931)设计的一项摆荡结绳的实验充分说明了功能固着影响人们对问题的解决。该实验设计的问题情境是在一个房间内,由天花板上垂下两条绳子,要求被试设法将它们连接在一起。房间里还摆放有一把椅子、一把钳子和其他东西,如图6-5所示。问题是两条垂绳间距太远,被试无法同时用手将它们连接。实验设计的目的旨在观察被试能否突破功能固着,利用现场所陈列的材料,达到问题解决的目的。这一问题的解决办法是将钳子拴在一条垂绳上,使垂绳摆动,摆动期间两绳间的距离有时会缩短,被试就可以同时抓住两条垂绳,即可结在一起。实验结果发现,只有39.3%的被试能够想到上述方法解决问题,大多数被试没想到钳子可以用作摆锤,在他们看来,钳子的功能就是拔钉或剪断铁丝。

图6-5 结绳问题

功能固着也是思维活动刻板化现象。在思维习惯中,人们很少想到硬币能用于导电,衣服可用于扑灭烈火等。这类现象使我们趋向于以习惯的方式运用物品,从而妨碍以新的方式运用它解决问题。

5. 动机和人格

心理学的研究表明,适中的动机水平有利于问题的解决,过强或过弱的动机水平不利于问题的解决。因为太强的动机水平,会使人处于高度的紧张状态,因而容易忽视问题解决的重要线索。而动机太弱,个体又容易被无关因素所吸引。

个体的人格差异也会影响解决问题的效率。理想远大、意志坚强、自尊、自信、自立、自强等优良的人格品质都会提高问题解决的效率。而缺乏理想、意志薄弱、骄傲懒惰、缺乏自尊、自卑等消极的人格特点则会妨碍问题的解决。

第二节 问题解决能力的培养

一、问题解决能力与问题解决的一般原理

问题解决能力,显然是指个体从事问题解决的能力。问题解决能力的强弱决定了问题解决效率的高低。所以,要提高学生问题解决的效率,就必须重视学生问题解决能力的培养。教育心理学的研究证明,在对学生进行问题解决能力培养时,最常用的方法是让学生掌握问题解决的一般原理。

问题解决的一般原理如下:在试图解决某个问题前,要先对它进行明确的阐述与规定;要超出一些显而易见的东西;要避免把注意力只局限于问题的一个方面;要当心和避

免产生功能固着和负迁移的可能性;要放弃无希望的线索并寻找另外的可行途径;要探究一下你所得到的材料有多大的信度和代表性;要弄清楚任何前提依据的假设;要明确区分数据和推论;要利用由未经证实的假说中得到的信息;要谨慎地接受同你自己的意见一致的结论。

实践证明,以上原理的确能提高学生问题解决的能力。需要注意的是,这些原理几乎可以适用于所有的问题,但对解决特殊问题的针对性不强。

二、问题解决中的思维策略

问题解决需要运用一系列的认知性操作来完成,而思维是认知的核心成分。所以,问题解决中思维策略的训练尤为重要,这里介绍几种主要的途径和方法。

(一) 算法

算法就是依照正规、机械的途径去解决问题。具体做法是将各种可能达到目标的方法都列举出来,再逐一加以尝试。这种方法可以保证问题一定得到解决,但其方式过于费时、费力,缺乏效率。我们以举解决八张牌难题为例。所谓八张牌难题,就是有一个3×3的框架,其中八个框格安上八张标上数字的、可以移动的牌,一个框格是空的,要求通过对牌的移动,使框架上的牌由一种格式变成另一种格式,如图6-6所示。

图6-6 八张牌问题

上述八张牌难题,你只要把第一种格式向第二种格式转变中移动牌所有可能的步子算出来并画成一幅探索步子树形图,你就一定能找到问题解决的途径。但是这样做太麻烦,也费时,而且有的问题不可能给出算法。因此,问题解决更主要的是依靠启发法。

(二) 启发法

在问题空间的搜索过程中,在目标倾向性的指引下,通过观察发现当前问题状态与目标状态的相似关系,利用经验而采取较少的操作来解决问题的方法称为启发法。启发法看上去是直观判断,其实它在很大程度上依赖于经验。虽然启发法并不能够保证准确地找到答案,但作为一种粗略的估算,无需探讨所有的可能性,且通常能得到令人满意的结果,效率较高。使用启发法并不见得必定能找到答案,但经验的积累将会逐渐引导我们在何时以及如何去使用这种方法,使我们成为较好的问题解决者。下面是几种常用的启发式策略。

1. 选择性搜索

在问题解决的过程中,我们往往要根据已知的信息和某些有关的规则,寻找突破口,并从初步突破中获得更多的信息,以便进一步搜索直到找到正确答案。以解密码算术题为例,密码题上、中、下三行各是一个人名:

$$\begin{array}{r} DONALD \\ +GERALD \\ \hline ROBERT \end{array}$$

已知:$D = 5$。

任务要求：(1) 把字母换成数字；

(2) 字母换成数字后，下面一行数字答案必须等于第一行与第二行之和。

在这里，已知的信息是 $D=5$，要运用的规则是算数加法规则，根据这两个条件，可以做如下选择性搜索，以寻找正确答案：

(1) $D=5$，上式第一列 $D+D=T$，$T=0$ 并向第二例进 1。

(2) 看第五列，上式第一列 $O+E=O$。只有 E 等于 0 或 9(而且第四列向本列进 1)时才可能，所以，E 必定是 9(第四列进 1)。

(3) 再看第三列，$A+A=E$。已知 $E=9$，A 必定是 4 或 9(第二列进 1)。E 已是 9，A 必定是 4。

(4) 在第二列，R 等于两个 L 加上第一列的进 1，R 必定是奇数，现在奇数只剩下 1、3、7。但从第六列知道，$5+G=R$，R 一定大于 5，因此，必定是 7。这样，L 应该等于 3 或 8，但在讨论第三列时已经知道第二列向第三列进 1，所以，L 必定是 8。

(5) 第六列，$5+G=7$，G 必定是 1 或 2，但第五列一定要进 1，所以，$G=1$。

(6) 再看第四列，$N+7=B$。现在剩下的数字只有 2、3、6，N 等于 2、3 都不行，只有等于 6。于是 $B=3$。这样第五列的 O 就等于 2。最后结果是：

$$\begin{array}{r}526485\\+197385\\\hline 723970\end{array}$$

上述列举的选择性搜索步骤是十分有效的，这充分说明问题有可能通过这种选择探索而获得解决。但是，在实际的试验中人们多少要走些弯路的。

2. 手段—目的分析法

手段—目的分析是指问题解决者不断地将当前状态和目标状态进行比较，然后采取措施尽可能地缩小这两个状态之间的差异。当一个较为复杂的问题可分解为几个较简单的子问题时，即可采用手段—目的分析法。其要点是：

(1) 比较初始状态和目标状态，提出第一个子问题：如何缩小两者差距？

(2) 找出缩小差距的办法及操作。

(3) 如果提出的办法实施条件不够成熟，则提出第二个子问题：如何创造条件？

(4) 提出创造条件的办法及操作。

(5) 如果(4)中提出的办法实施条件也不成熟，则提出第三个子问题，如何创造条件？如此螺旋式地循环前进，直至问题解决。

如图 6-1 所示，用手段—目的分析法来解决河内塔问题，就是把一个问题分成若干个比较小的问题，每个小问题都有自己的目标，通过子目标的实现使问题的当前状态达到最后的目标状态。思路是：

(1) 要把最大的圆盘 C 移到柱 3，就要先把次大的圆盘 B 移到柱 2；

(2) 而要把次大的圆盘 B 移到柱 2，就要先把比它小一层的 A 移到柱 3；

……

依次类推，直到只需要移动最上面的圆盘 A 为止。

3. 逆向反推法

在问题解决时，从最终要达到的目标出发逆向推理，探讨达到目标的先行步骤是什

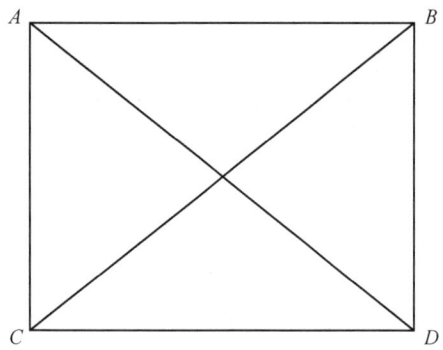

图 6-7 几何证明题,求证 $AD=BC$

么,这就是逆向推理法,简称逆推法。当问题的初始状态可以引发出许多途径,而其中只有极少数途径能达到目标时,可用逆推法。

例如,已知长方形 $ABCD$,求证两条对角线相等(AD 与 BC 相等),如图 6-7 所示。要证明 $AD=CB$,从目标出发逆向推理,即首先要证明 $\triangle ACD$ 全等于 $\triangle BCD$,就能证明 AD 等于 BC。要证明这两个三角形全等,就必须从这个子目标出发,搜索证明三角形全等的定理。下一步的推理就是:如果我能证明两边和一个夹角相等,就能证明 $\triangle ADC$ 和 $\triangle BDC$ 全等。这样,从一个子目标出发反推到另一个子目标,以达到问题的解决。新手常常采用这种策略来解决问题。逆推法使问题解决得可靠而省时。

4. 简化计划法

简化计划法即在问题解决中先抛开某些细节而抓住其主要结构,把问题抽象成较简单的形式,在解决完这一简单问题后,由此解决整个较复杂的问题。例如,有这样一个问题:在一张桌前从左到右一次并排坐着甲、乙、丙、丁四人,根据下属信息,请推出谁拥有小轿车:

(1) 甲穿蓝衬衫;

(2) 穿红衬衫的人拥有自行车;

(3) 丁拥有摩托车;

(4) 丙靠着穿绿衬衫的人;

(5) 乙靠着拥有小轿车的人;

(6) 穿白衬衫的人靠着拥有摩托车的人;

(7) 拥有三轮车的人距拥有摩托车的人最远。

显然,要解决这一问题,似乎头绪很乱,但如果采用简化计划法,不考虑每个人与衬衫颜色的联系,而是紧紧抓住其座次与其车子的联系,问题就很快得到解决:丙拥有小轿车。

总之,在问题解决时人们可以选择不同的策略。但人们一般不去寻求最优的策略,而是找一个较满意的策略。因为即使是解决最简单的问题,要想得到次数最少、效能最高的问题解决策略是很困难的。抱负水平的高低会影响问题解决的满意度。

三、培养问题解决能力的策略

1. 指导学生重视知识储备,形成有效的问题解决图式

现代认知心理学认为,有效的问题解决是以丰富的某一问题领域的知识储存为基础的,强调知识在问题解决过程中的作用。我们不能因为在现行教育体制下培养出来的学生存在"高分低能"现象等弊端,而否认素质或能力对知识尤其是现代科学文化知识的依赖关系,不能否认知识在提高人的整体素质方面的无可替代的基础性地位。知识教育在素质教育中始终具有统带全局的意义。专家与新手之比较的研究结果表明,专家有庞大的知识储备和独特的知识组织方式。专家不仅拥有大量的经过精细加工和组织化的陈述性知识,而且以自己的方式存储大量的程序性知识和策略性知识。所以,教师在教学中必

须重视并引导学生进行知识的储备,以便形成有效的问题解决图式(认知结构)。

(1) 教会学生对知识(包括陈述性知识、程序性知识和策略性知识)进行复述、精加工和组织,形成有效图式或对已有图式进行改进。经过复述、精加工和组织,将分散的、孤立的知识集合成一个整体,使学生形成因果、源流、主次、轻重、隶属、对比等有机协调的学科知识逻辑体系,提高其学科知识的组织化程度,形成关于量、质、类的按层次性结构方式组织起来的高度抽象与概括的学科问题图式。

(2) 运用出声思考法,绘制问题行为图,对不同问题解决水平的学生在问题解决时的内在思维过程进行对比分析,揭示他们在问题表征、知识结构、认知策略等方面的差异及产生的原因。对问题解决能力低的学生进行知识的或策略的补救措施,以弥补其起点行为的不足。这需要对学生进行足够的出声思考训练,让他们陈述自己的思维方式、心理图式、知识状态的变化等隐性知识,使他们能顺利地进行出声的思考。

2. 帮助学生分析问题,培养学生的问题表征能力

表征是问题解决的中心环节。在问题解决的学习过程中,应让学生学会如何从问题情境中准确理解问题的本质特征,确定问题解决的算式,选择问题解决的策略和方法。如果一个问题得到了正确的表征,就意味着该问题已被解决了一半。因此,教师应从以下两方面对学生进行有效的指导。

(1) 采取逐字逐句的方式而不是浏览的方式认真读题,首先达到对问题表述的字面理解。若对题目中的个别字句产生理解困难时,可根据上下文的线索进行推测,提出对其意义理解的假设,并对此处的理解保持警觉,注意在后面的问题表征中,应用结构化的知识审查对这一问题的理解是否准确合理。

(2) 要由表及里深入把握题意,帮助学生克服由于问题情境呈现方式不同所造成的认知障碍,使学生学会深度表征问题。在问题的呈现方式上,某些问题的关键特征是隐蔽的,通常不易识别,而某些已提取的特征和对题目要求的理解也可能出现问题,这些都需要教师根据学生的不同认知水平和问题的不同类型,教会学生灵活选用不同的表征问题的具体方式,如抽象思考、符号、列表、图解、模型、语言等,从而整体地深层地表征问题。

3. 教会学生学会反思,提高学生的元认知水平

元认知就是关于认知的认知,即个体对自己的认知过程和结果的意识与控制。元认知对于制订计划、问题解决、评价和语言学习的许多方面而言,是处于中心地位的。元认知水平的高低决定了一个人的智力活动水平,它直接制约着智力及与智力相关的其他方面的发展。

实践证明,问题解决能力强的学生在有关学习的元认知方面发展水平较高,他们有丰富的元认知知识,并善于通过这些知识反思、监控自己的学习过程,灵活运用各种策略,迅捷有效地解决问题。因此,教师在教学中必须发展和提高学生的元认知水平。

(1) 指导学生结合自己的特点和问题情境,灵活制订问题解决计划,采取适当的有效策略解决问题,并善于引导学生反思自己的解题过程、解题方法与解题途径。使学生逐渐从向老师学习的策略到在新情境下正向迁移策略,再到学生能根据新的问题情境自发地生成策略过渡,以达到学生问题解决能力发展的最佳境界。

(2) 指导学生掌握提高元认知水平的具体方法。提高元认知水平的具体方法有两种:

自我提问法和相互提问法。自我提问法就是在元认知训练中,通过提供一系列学习者自我观察、自我监控、自我评价的问题清单,不断促进学生自我反省,从而提高学习能力。相互提问法是将学生分为若干小组,每组两名学生,给学生一份类似于上述自我提问的问题清单,要求学生在尝试解决问题的同时,根据问题清单相互提问并做出回答,这种方法能有效地促进学生的思考与竞争。解决问题时,相互提问最多的学生,解决问题的速度也最快。

4. 鼓励学生大胆猜想,充分发挥学生学习的主动性

在课堂教学中,教师要始终注意营造活跃的课堂氛围,创造性地进行问题的设计,鼓励学生大胆猜想,充分发挥其学习的积极性和主动性。具体应做到:

(1) 教师应鼓励学生在问题解决过程中积极主动地、大胆地进行一些假设与猜测,为获得问题解决的途径和方法创造条件。当然,这种猜测是一种有根据的假设,是在原有的经验与认知基础上的一种探索性的"试误"。通常的提问方式有:"还可能知道些什么?"、"估计是什么?"等。

(2) 鼓励学生开放性、多角度地思考。教师指导学生不要受问题情境中的条件信息、初始状态等的约束,尽可能地从发散性的角度去思考问题,从而有可能获得一些"顿悟"而寻找到某些最佳或最有效的问题解决策略和方法,甚至可能获得某些创造性的问题解决方式。同时,教师还应该给不同水平的学生以表现的机会,并对其参与的积极性、对问题的贡献等给予及时的激励性的评价,以激发和培养学生探究问题的意识和主动学习的积极性,从而促进学生创新精神和实践能力的发展。

 **例解**　　　　　　　　　　**课堂应用**

在某一节地理课上,老师可以先向学生提出这样一个问题,"选一个你认为能够吸引投资的城市(不是自己所在的城市),然后设计一张海报,把这个城市最重要的特点描绘在这张海报上"。教师可以按以下顺序教学生解决这个问题的策略。

目标:设计一张描绘这个城市重要特点的海报。

子目标:决定怎样在这张海报上描绘这些特点。

子目标:决定描绘哪些特点。

子目标:决定选择哪个城市。

首先要实现的子目标是,确定哪些特点能够吸引投资。为实现首要的子目标,学生可以在小组里进行脑激励法,以确定哪些因素可以吸引人们去某个城市。然后到图书馆查阅资料核实哪些城市具有这些特点。接着,学生们可以聚在一起讨论各个城市的特点,并从中确定一个城市。最后确定在海报上描绘哪些特点,以及如何描绘这些特点。学生设计好海报后,可以向全班同学展示。

资料来源:Schunk D H. 2003. 学习理论:教育的视角. 韦小满译. 南京:江苏教育出版社,192

第三节　创造力及其培养

一、创造力的概念

(一) 创造力的含义

自古以来,创造力始终是有关人类精神现象探讨中的最热门的话题之一。创造力即

根据一定目的,运用已知信息,生产出某种新颖、独特、有社会或个人价值的产品的能力。从本质上来讲,创造也是一种问题解决的过程,是最终生产新颖的产品的活动过程,因此,可以将它看做是问题解决的最高形式。

(二) 创造力的特征

吉尔福特特别强调创造力是一种心理能力,认为创造力具有敏感性、流畅性、灵活性、独创性、洞察性和实践性等六个特征。

托兰斯经过大量的调查检测,从创造力高的儿童中归纳出一些共有的特征。他认为,富有创造力的儿童的基本特征有:①常常专心致志地听人说话,细致地观察事物;②爱寻根究底弄清事物的来龙去脉,有较强的好奇心;③说话和作文时,能使用类比的方法;④喜欢对权威性的观点提出疑问;⑤常常能从乍看起来互不相关的事物中找出相互间的联系;⑥喜欢对事物的结果进行预测,并证明自己预测的准确性;⑦即使在干扰严重的环境下,仍然全神贯注地学习和钻研问题;⑧解题中总能提出多种方法;⑨发现新问题时精神异常兴奋;⑩从事创造性工作时常废寝忘食,并且在学习上有自己关心的、独特的研究内容。

另外,创造力与人格特征也有密切关系。综合国内外迄今为止的大量研究和论述,创造型学生的一般人格特征可以概括为以下几个方面:

(1) 具有浓厚的学习兴趣。旺盛的求知欲是创造型学生的典型人格特征,他们从小就好奇好问,爱追根究底,表现出浓厚的探求和学习知识的兴趣,经常发展到着迷的程度。

(2) 情感丰富、富有幽默感。创造型学生办事非常热心,对创造活动充满热情,并有高度的责任感。创造型学生还富有幽默感,幽默感反映了一种内在的自由,没有这种自由,就难以进行创造。

(3) 勇敢、甘愿冒险。创造型学生敢于标新立异,敢于逾越常规,敢于想象猜测,敢于言别人所未言、做别人所未做的事情,宁肯冒犯错误的风险,也不把自己束缚在一个狭小的框框内。

(4) 坚持不懈、百折不挠。这种人格特征使创造型学生能够持之以恒地把注意力集中在某个问题上,面对困难迎难而上,锲而不舍地思考、探索。

(5) 独立性强。创造型学生善于独立行事,不盲从。但这种独立性常常会表现为对家长和教师的不顺从,行为不合群,甚至破坏纪律。

(6) 自信、勤奋、进取心强。创造型学生一般都很自信,他们坚信其创造活动的价值,在遭阻碍和贬斥时,也不改变其信念,而是努力克服一切障碍,去达到自己的理想和预期目的。他们勤奋刻苦,不仅勤于动脑,而且勤于动手。他们还喜欢在各方面与他人比较,处处不甘落后。

(7) 自我意识发展迅速。由于创造型学生智力发展较好,因此,他们的自我认识、自我评价、自我体验和自我控制的发展水平,也常常超过同龄学生。一般来说,他们能够正确认识自己,在自我评价方面,往往出现偏高的现象,但不会大起大落。在智力活动方面有较强的自控能力。

(8) 一丝不苟。大多数富有创造力的学生,把"一丝不苟"当做自己的座右铭。遇到疑点和含糊不清的地方,喜欢刨根问底,追根求源。

二、影响创造力发展的因素

(一) 生理因素

个体的神经系统,尤其是大脑,是创造力的物质基础,为创造力的发展提供了可能性。实验表明,大脑分为左右两个半球,左半球主管语言、计算和抽象逻辑思维,具有连续性、分析性等特点,被称为思维脑;右半球主管想象、创造和形象思维,具有弥散性、整体性等特点,被称为创造脑。左右脑虽然在功能上有主次之分,但这种区分只是相对而言的,两者的使用是相互补充、协同工作的。任何创造活动都是左右脑密切配合、协同活动的结果。

拉瑟尔·布朗(L. Brown)的研究表明,神经元的构造和功能对创造力的高低有重要影响。他认为创造力高的人与普通人在中枢神经上有一定的区别。创造力高的人神经元的数量并不一定比普通人多,但能组合成丰富的被称为图式的功能模式。创造力高的人在神经活动中表现出如下特征:突触活动快,能提高信息加工的速度;神经元化学成分丰富,能形成更复杂的思维模式;前额皮层功能运用充分,使计划、顿悟和直觉思维得到加强;脑电波活动的 a 波段能更快地输入和更持久地保持信息;脑节律的一致性和共时性有助于专心和深入探究。

(二) 年龄和性别

大量研究表明,年龄是影响创造力的重要因素。虽然在不同方面,创造力的最佳年龄不尽相同,但从总体上看,31~39 岁为多数创造者的创造高峰。在《科学与文学的创造年代》一文中,莱曼(Lehman,1936)收集到 224 名化学家的 993 项重大贡献,然后将其每一项贡献与年龄相对照。结果发现,化学家最多产的年龄在 31~39 岁,39 岁后贡献的次数急剧减少。莱曼用同样的方法研究数学家、物理学家、文学家与诗人、发明家等,均获得相同结果。不过不同学科的专家在同一年龄所作贡献的最多次数并不一致。

性别对创造力的影响也很显著。研究表明,男性创造力得分高于女性,在一些富有创造精神、才能杰出、贡献巨大的群体中,男性所占比例非常大。在那些杰出的发明家、思想家、科学家中,男性也占绝大多数。在人们的性别观念角色中,女性应该是温柔贤淑、情感细腻、依赖性强、易受暗示、成就动机弱、适宜于解决那些一般的非创造性的问题的群体;男性则应是积极进取、勇于竞争、独立性强、成就动机强、善于解决复杂和具有创造性问题的群体。

(三) 知识与智力

关于知识与创造力之间的关系问题,是创造力研究领域长期以来争论的问题之一。我国多数学者主张,知识是创造的前提和基础,离开必要的知识,就根本谈不上创造。但是对知识的学习一定要有灵活性和变通性,否则就容易拘泥于书本知识,或陷于文海中不能自拔,反而会阻碍创造力的发展。另外,随着专业知识划分的越来越精细,研究者局限于某一专业领域内,有时会束缚创造性思维的发挥。因此,许多专业领域的创造性研究成果,并不是出自一些资深的专业人员,而是出自那些初涉其领域的新手。

至于智力与创造力的关系,多数学者认为,创造力本身是智力发展的结果。创造力必须以一定的智力水平为前提,即一定的智力水平是创造力的必要条件。但是,智商高的不一定有高创造性。

托兰斯、吉尔福特等学者的相关研究结果是,整体上看,智力与创造力有正相关的趋势,但智力高的不一定有高创造力。具体表现为:①低智力者是难以有创造的;②高创造性者,其智商多数在120以上;③智力高的未必有高的创造力。可见,智力与创造力有一定的关系。虽然,高智商者未必有高创造力,但如果未达到中上智力水平者,是不可能有高创造性的。这说明一定发展水平的智力是创造性的基本条件。多数学者认为,智力是创造力的必要条件,但不是充分条件。

(四) 学校、家庭、社会文化因素

1. 学校因素

"教育既有培养创造精神的力量,也有压抑创造精神的力量,教育在这个范围内有其复杂的任务。这些任务有:保持一个人的首创精神和创造力量而不放弃把他放在真实生活中的需要;传递文化而不用现成的模式压抑他;鼓励他发挥他的天赋、能力和个人表达方式而不助长他个人主义;密切注意每一个人的独特性,而不忽视创造也是一种集体活动。"显而易见,这里道出了人的多种素质潜能应全面而和谐地发展,其中又特别强调学校教育对学生创造力发展的重要影响。影响学生创造力发展的学校因素有:

(1) 课堂气氛。课堂气氛是指在课堂教学中所表现出来的一般情绪状态,它是教学能否促进学生创造力发展的重要条件。勒温(K. Lewin)等心理学家在20世纪30年代末就曾对此进行过研究,该研究十分强调良好的课堂气氛在学生创造力发展中的作用。近年来,大多数对于课堂气氛的研究,都集中在开放课堂和传统课堂之间的差异上面。

开放课堂是一种教学模式,包括空间上的灵活性、学生对活动的选择性、学习材料的丰富性、课堂内容的综合性、更多的个别或小组教学。所以,开放课堂形成的气氛,有助于学生进行批判性的探究,发展好奇心和冒险精神。而考试、评分、课程呆板、频繁进行集体阅读和练习则是传统课堂教学表现出来的典型特征。

在开放课堂里,由于较少外部限制,这就鼓励学生不再关心如何取悦于教师、如何比其他学生学得好以及分数的高低,而是把自己的注意力集中在玩、运用材料和观念进行富有创造性精神的探索上。所以,开放的课堂环境要比正规、传统的课堂环境更有利于学生创造力发展。

(2) 教师的领导方式。1937年,勒温等人提出了管理过程有专制、民主和放任三种不同的领导风格的观点。专制型领导风格由于领导过于重视工作任务和效率,而不关心成员,导致领导者与被领导者之间心理距离较大,存在对立情绪。放任型领导者对其成员的需要和工作都不关心,结果工作效率低下,人际关系紧张。只有民主型领导者通常关心并满足成员的需要,激励成员工作,其结果是上下级关系融洽,成员有较强的工作动机,责任心强、工作效率高。

教师的领导方式同样存在着上述的三种类型。

专制型教师非常严厉,在教育教学中,这类教师通常以严厉的纪律要求学生,监视学生,使用体罚或变相体罚的方式对待学生。这样做的结果使学生易怒、不愿合作,也容易使学生屈服、推卸责任,更不易养成自觉而主动学习的习惯,因而不利于学生创造力的发展。

放任型的教师对学生不管不问。这类教师在教育教学过程中,既不鼓励学生也不反对学生;既不参加学生活动,也不提供帮助或方法。班级犹如一盘散沙,没有统一目标,在这种班级环境下的学生士气低落,学习效率低下,缺乏合作意识和合作行为,因而不利于学生创造力的发展。

民主型的教师通常能够充分理解、尊重、相信学生,但同时又能严格要求学生。这类教师能与学生共同制订计划、讨论问题,以民主方式指导和组织教学活动。在这种环境中,师生关系是轻松愉快、和谐融洽的,学生的学习有高度的自觉性、独立性和积极性。不论教师在不在课堂,学生都有着巨大的创造动机和热情,并且有较强的创造力。

(3) 教师的期望。Rosenthal 研究发现,"皮格马利翁效应"即教师的期望会影响学生的创造:新学年开始时,在某个学校的 1～6 年级的学生中进行一次智商测验和一次"无限制"的绘画测验。然后把班级里接近 20% 的学生名字告诉老师,并说那些儿童在本学年将显示出较大的创造性方面的进步。事实上,这些名字都是随机抽取的,但在学年结束时再进行相同的测验,得到提名的实验组的学生与控制组的学生相比,前者的创造性分数显著提高了。可见,如果一个教师坚信学生有创造能力,那么,在教师有意识地引导和教育中,其学生就一定表现出较高的创造力;相反,亦然。

> **资料窗　　阻碍学生创造力发展的学校因素**
>
> (1) 教学中的偏差妨碍儿童创造力的发展。在教学工作中,教师的一些偏差严重阻碍着学生创造能力的发展。主要表现在四个方面。第一,教师权威易变为某些教师的权力主义或独裁主义。教师作为教室中唯一由制度赋予权威的人物,缺乏权力的制约机制,很容易在部分教师中演变为说一不二的权力主义或独裁主义。第二,教师对学生提问过细、过死,思维的容量小,自然压抑学生创造性思维的发展。第三,课堂中形成了以记忆代思维的习惯,课内、课外追求对所学知识的记忆效果。第四,教学过分强调理性与智力因素,而忽视非理性与非智力因素,导致智力与人格的脱离,也导致完整人格的解体,致使学生缺乏产生发现问题的惊奇、自豪、满足等情感体验,创造意识受到禁锢。
>
> (2) 陈旧的教育方式带来的心理压抑感妨碍儿童创造力的发展。陈旧的教育方式用规定和命令来使学生服从,从而导致学生产生种种心理上的压抑。这些心理上的压抑感由德国教育心理学家海纳特归为五种:第一,学生回答教师提出的问题,尽可能地跟教师保持一致,其行为是合乎规范的,很少有自发性和个人积极性;第二,教师和学生的一切努力和奋斗都以取得好成绩为目标;第三,害怕教师,被认为是学生行为和性格中应当具有的因素,这就在权威意义上,使"害怕"得到了认可;第四,谁违反了学校的纪律和准则,谁就要受到惩罚;第五,分数、成绩是评判学生的唯一标准。
>
> 资料来源:董奇.1993.儿童创造力发展心理.杭州:浙江教育出版社,185

2. 家庭因素

家庭是孩子的启蒙学校,父母是孩子的第一任老师。父母的特征、期望及家庭的教育方式等因素均影响孩子创造力的发展。

(1) 父母的特征。研究表明,高创造力学生的父母有如下的特征:第一,父母富于表达性而没有驾驭性。第二,接受孩子的"倒退"行为,即让他们自在地表达可能与其年龄已不太合适的稚气与天真,父母自己本身也偶尔表现出一些童心未泯的幼稚行为。第三,父母双方都有独立性,不以婚姻或家庭手段来加强自己的地位。第四,父母一般都喜欢自己的孩子以父亲为模仿对象。这四点是创造力高的学生与创造力低的学生的父母特征的主要差别。根据这些发现,研究者认为父母特征是影响学生创造力发展的主要家庭因素。

(2) 父母对子女的期望。父母对子女的期望是一个内在的心理过程,是父母对子女未来的形象在自己心目中的一个预先设定,也是父母对子女将来社会角色的一个事先定位。父母总期望子女将来能"成龙成凤"。研究表明,对子女期望适度,并能结合子女特点施教的父母,有利于孩子创造人格的培养。但在家庭教育的实际施行过程中,部分家长往往忽视子女生理、心理的实际情况,只按既定的期望去要求、教育子女,急于求成,结果常常是期望值太高,就容易产生对孩子的不满,也就容易做出错误的决策来,使孩子永远不会独立,永远不能成为"他自己"。从而形成不利于创造的人格特征。

(3) 家庭教育方式。有关研究表明,家庭教育方式主要有三种:压制型、溺爱型和民主型。在父母采取民主型的教养方式家庭中成长的儿童,创造力和独立性普遍较高。民主型的家庭教育方式是一种自由式的,父母有意识地培养孩子的独立性,允许孩子有自己的想法,做自己想做的事情。只有这样才会使孩子的创造性得到发展,独立意识加强,服从意识减弱,才有可能激发孩子的创造动机。相反,压制型、溺爱型的教养方式易使孩子养成依赖、顺从的性格,思维懒惰,缺乏创新性,创造力较弱。

3. 社会文化因素

社会文化因素深深地影响着人们创造力的发展,不同的文化对个体创造力发展的影响有很大的不同。

(1) 社会文化的开放因素。研究表明,那些能兼容多种文化刺激的、开放的、全方位的社会文化,能促进学生创造力的发展。相反,如果一个社会不具备对各种文化刺激的开放特征,忽视文化的多元性与开放性,那么这个社会就缺乏文化自由,它的社会成员的创造力火花自然易被熄灭。教育对文化发挥着选择、传递和创新的重要功能。因而,我们的学校教育应关注的是那些全方位的,能兼容多种文化刺激的文化,而不是那种过分关注某一方面而忽视其他方面的单一性文化。

(2) 社会文化指向因素。在社会文化的指向因素中,那些指向未来、发展的、正在生成着的社会文化能促进学生创造力的发展。相反,我国传统文化中的"厚古薄今"倾向对学生创造力发展的阻碍是很大的,那些仅仅指向过去,指向已经存在的文化不但难以促进学生的创造能力的发展,而且还常常压抑他们的创造能力。学生创造能力的发展必须以已经存在的文化为依据,抛弃那些不利于创造的消极因素,从而接受那些正在成长的利于个人潜能发挥的积极的东西。

(3) 社会文化的平等因素。男性创造力得分高于女性的现象,在一定程度上是由文化对女性的歧视所造成的。我国封建社会传授经验时"传男不传女",一些比较闭塞的山区"重男轻女"、男尊女卑的观念等,都证实了文化中的不平等因素导致创造力的差异。这种状况还明显表现在民族差异上,如生活在不同国家的同一种族的人,由于受到文化上的不平等对待,其孩子的创造力发展水平存在着明显的差异。

(五) 心理因素

影响学生创造力发展的心理因素,主要有认知、情感、动机与个性因素。

1. 认知因素

研究表明,智力因素是创造力发展的必要条件(如前所述),而智力通常是指人们的一般认知能力。高创造力的学生通常都有敏锐的洞察力和灵活变通的思维能力,以及丰富的想象力等良好的认知能力。可见,较高的认知能力和认知水平有利于学生创造力的发展。相反,一些认知障碍,诸如消极的思维定势、功能固着与想象力缺乏等则不利于学生创造力的发展。

思维定势有时利于解决问题,但更多的是阻碍问题的解决,使思维产生惰性,从而阻碍创造性思维的发展。

功能固着现象使人难以发现事物的功能和新异之处,因而使问题的顺利解决受阻,从而影响创造性思维的发展。

想象力缺乏。创造力的来源首先在于想象力。爱因斯坦说:"想象力比知识更重要,因为知识是有限的,而想象力概括着世界上的一切,推动着进步,而且是知识进步的源泉。"由此可见,想象力是创新能力的重要内容,缺乏想象力,自然阻碍创新能力的发展。

2. 情感、动机因素

情感是人对客观事物的态度体验,它具有感染和调节功能。心理学研究表明,积极的情感可以增强人的记忆力,活跃人的创造性思维,丰富人的想象,因而有利于创造力的发展。而消极的情感则阻碍创造力发展。这些消极的情感因素主要表现在三个方面:第一,怕遇风险、怕担风险、怕犯错误、怕失败等是影响创造性的最常见的情感障碍。学生若能"正确"回答问题,便受到奖励,产生愉快情感。一旦犯错,就要受惩罚,遭受挫折,产生不愉快的心理体验,这种体验越深,越不利于创造性的发挥。第二,情绪急躁,急于求成也妨碍创造。第三,缺乏激情。爱因斯坦说:"促使人们去做这种工作(指科学事业)的精神状态是与信仰宗教的人或谈恋爱的人精神状态相类似的:他们每天的努力并非来自深思熟虑的意向和计划,而是直接来自激情。"最有创造性的人往往是最富于激情的人,这是源于内心的热爱、迷恋和追求,是发动机、动力源,是创造的真正灵魂。现实生活中,一些智商颇高,堪称"神童"的人,由于缺乏对新事物的探索欲,缺乏好奇,缺乏激情,结果成人后没有什么出色的成绩。

创造动机是推动个体进行创造活动的动力,表现为创造思维的积极性。一般来讲,创造动机越强,就越能激发创造性思维,也就越有利于创造力的发展。但是,动机的强度也有一定限度。动机太强反而会不利于解决问题,因而影响创造力的发挥。因此,创造的过程不能急于求成。当然,如果个人的创造动机不强,过分微弱,也就没有创造思维的积极性,自然也不可能创出什么新产品来。

3. 个性因素

从上述创造力的特征来看,创造力与个性特点密切相关。多数研究表明,诸如勤奋、热情、敢于想象、好奇心强、自信心强、喜欢尝试困难工作、富于冒险精神、兴趣广泛、有独立性、爱思考、不盲从等个性有利于学生创造力的发展。

不利于创造力发展的个性问题主要表现为以下八点。第一,创造意识弱。创造意识弱容易使人的思想僵化,难以激发创造性思维与想象。第二,胆怯。胆怯会熄灭创造之火。第三,倦怠。倦怠使人意志消沉,阻碍求知欲与好奇心的发展。第四,性格狭隘,心胸狭窄。这种心理状态常使人缺乏上进心与进取心。第五,兴趣狭窄。它可造成孤陋寡闻,知识面窄,从而阻碍创造性思维与创造性想象的发挥。第六,固执与偏见。固执使人眼光狭窄,思维僵化;偏见比无知对创新的危害更大,偏见之人常歪曲客观事物的真实面目。第七,骄傲自满。第八,心理适应差。心理适应差的人,往往人际关系处理不好。因其不能正确面对并适应新的环境,可能会变得孤独、忧郁。因此,心理适应差往往是心理不健康的表现,当然也就阻碍其创造能力的发挥。

三、创造力的培养策略

(一) 转变教育观念,确立注重创造的教育观

1. 人才观的转变

北京社会科学院的上官子木说:"强调基础知识的训练、重视认真谨慎的学习态度、将课本作为教学与考试的唯一内容和最大范围,这是我国中小学教育的三大传统。"中国的学生已经明显地显现出这样的能力倾向:应试答题是高手,创造性地运用知识却是低能。这样的教学思想难以培养出有竞争力、创造力的人才,自然也就难以适应 21 世纪复杂多变的社会。因此,我们必须转变人才观念,由传统教育铸造"标准件"的人才观转向现代教育"创造型"的人才观。

人才观反映了社会的人才标准。尽管各国的社会标准不一,然而在未来的人才素质方面具有很多共同点。第一,未来的人才需具有自主、积极进取和创新精神,他们敢于迎接挑战而不是保守和退缩。第二,未来的人才有较强的适应能力。第三,未来的人才应对人类,对他人有高度的责任感,对科学和真理有执著的追求。第四,未来的人才应学会学习,具有独立获取知识的能力。第五,未来的人才应有丰富的个性,具备特长,适应多样化的未来社会。这些特征正是未来社会创新型人才所应该具备的。所以,我们应竭力创设条件,充分挖掘学生的创造潜能,以新世纪人才的标准来培养我们现在的学生,来塑造现在的中小学生,使他们早日能从应试教育的阴影中走出来,从传统教育的羁绊中解放出来。

2. 教学观的转变

教学观的转变表现为由注重传授知识的教学观转向注重培养学生会学习的教学观。学习有两种类型:一种是维持性学习(适应性学习),其功能在于获得已有的知识、经验,以提高解决当前已经发生问题的能力;另一种是创造性学习,其功能在于通过学习提高一个人发现、吸收新信息和新问题的能力。传统教育中重知识讲授的教学观无疑培养了大批适应性学习类型的学生。这种学习重视继承,重视获取知识成果和积累信息的能力,也有其合理之处,在一定意义上是必不可少的。但这种学习已完全不能适应当今社会的需要。而创造性学习主要是通过重建知识整体而不是分裂现实来促进学生思维,是以整体性思维为主的学习。对当代人来讲,更需要的是创造性学习。因此,传统教学中的注重知识传授必须向注重学生会学、会创造性学习这方面转换。要求教师不仅向学生提供"金子",更需要向学生传授"点金术"。

(二) 变革教育手段与方法,使学生真正创造性学习

教师在教学中应当把培养和发展学生创新能力放在主要地位,要特别注重对学生创造

能力的培养。爱因斯坦指出:"一个由没有个人独创性和个人志愿的规格统一的个人所组成的社会,将是一个没有发展可能的社会。对一个国家来讲,要是没有能独立思考和独立判断的有创造能力的个人,社会的向上发展是不可想象的……"对于学生而言,他们在校期间最关心的将不是学到多少知识,而是是否学会了学习,是否具备了自学能力,是否能真正创造性的学习,即能在继承学习的基础上能动地自主地有创造地学习。这主要是一种方法的获得。具体应做到以下几点。

1. 给予学生充分的自由

著名教育家陶行知对于培养学生的创造力提出了六大解放:"解放眼睛,敲碎有色眼镜,教大家看事实;解放头脑,撕掉精神的裹头布,使大家想得通;解放双手,剪去指甲,摔掉无形的手套,使大家可以执行大脑的命令,动手向前开辟;解放嘴,使大家可以享受言论自由,谈天、谈心,谈出真理来;解放空间,把人民与小孩从文化鸟笼里解放出来,飞进大自然大社会去寻觅丰富的食粮;解放时间,把大家从忙碌中解放出来,有些空闲时间。"有了这六大解放,创造力才可以尽量发挥出来。教师在教学中,尽可能让儿童去动脑、动手、动口,让学生摆脱传统束缚的枷锁,给学生充分的自由,使儿童有自己的思维空间,有自己独立思考的时间。教学中要充分体现教是为了不教,即教的目的是为了让学生自己会学,自己去发现问题、解决问题。

2. 培养学生的主动性

要使学生在课堂教学中由被动变为主动,教师应该注意更新自己的教学方法。课堂教学中要做到"六让":书本让学生看;思路让学生想;疑难让学生问;规律让学生找;结论让学生想;课内让学生练。课堂教学要真正做到这些并非易事,但关键是教师要有这种创新的意识,以充分调动学生学习积极性。布鲁纳提倡发现学习的目的也在于此,"我们应当尽可能使学生牢固地掌握学科内容。我们还应当尽可能使学生成为自主而自动的思想家。这样的学生当他们在正式学校教育结束之后,将会独立地向前迈进"。

3. 训练学生的发散思维

创造性思维是创造力的核心,在创造性思维成分中,发散思维是最重要的成分,其流畅性、变通性和独创性对于创造活动来说是极为关键的。发散思维的训练更多地应结合教学来进行。①激发求知欲,训练学生思维的积极性;②转换角度思考,训练学生思维的求异性;③淡化标准答案,鼓励学生多向思维;④营造良好气氛,鼓励学生大胆质疑。

资料窗　　　　激发儿童的创造性学习的方法

为激发儿童创造性学习,托兰斯1965年提出了有助于教师进行针对性教学的五条教学建议:
(1) 尊重儿童任何幼稚荒诞无稽的问题;
(2) 尊重儿童具有想象与创造的观念;
(3) 夸奖儿童提出的观念是有价值的;
(4) 避免对儿童行为做完全肯定的评判;
(5) 对儿童的见解有所批评时应解释理由

资料来源:韩进之.2003.教育心理学纲要.北京:人民教育出版社,201

(三) 树立新的师生关系观,营造民主、平等、开放的课堂气氛

民主、平等、和谐和开放的课堂气氛有利于学生创造力的发展。美国心理学家罗杰斯曾经指出:"成功的教学依赖于一种真诚的理解和信任的师生关系,依赖于一种和谐安全的课堂氛围。"只有在学生的精神处于一种十分放松和信任的状态下,他们想象和思维的空间才能够获得解放,才会有创造的可能。

许多研究表明,开放式的课堂比传统的课堂更有助于促进儿童创造力的发展。要营造民主、平等、和谐、开放的课堂气氛,教师必须正确理解师生关系,树立新的师生关系观。放下"架子",不再充当教学活动的主宰者,而是充当教学活动的组织者、引导者和合作者。教师应该鼓励学生多提问题,甚至是一些"标新立异"的问题;也应鼓励学生多向老师质疑,允许他们指出老师在讲课过程中存在的缺点和错误;教师还应该树立正确的评价观,不要仅仅以"好"和"坏"来评价学生,对学生中新颖独特的想法要及时肯定,激励他们继续创造和进取,同时要允许学生犯错误,在对学生的错误回答进行评价的时候,应对其错误进行分析,对其中不成熟或错误的见解要加以引导,不要压抑、讽刺或嘲笑。

(四) 尊重学生个性,培养学生的创造人格

创造性儿童往往具有独特的个性特征,这也是其创造性的一种表现。亨特(Hunt)的有关研究表明,创造性儿童有三大个性特征:①活跃。他们活泼乐观,热情坦率,富于探索精神,自信心强,有时甚至过于自信。②独立性强。他们善于独立行事,敢于弃旧图新,且对独立有强烈的需要;有时这种独立性也表现为对教师的统一要求缺乏热情,行为不大合群等。③情感丰富。他们兴趣广泛,有强烈的好奇心,对创造充满热情,争强好胜,但有时又因精力过剩而表现出顽皮、淘气等行为特征。针对这些学生的个性特点,教师在教育教学中,要善于保护儿童的好奇心,爱护儿童的创造热情,尊重和培养他们的首创精神,使他们具有创造意识,勤于思考、富于想象、兴趣广泛、乐于尝试、不怕困难、敢于冒险,并且具有坚持性、自信心、独立、灵活、自主等良好的个性特点,以利于他们创造能力的培养和发展。

资料窗　　　　指导儿童青少年创造发明的方法

我国教育工作者、创造学研究专家许立言、张福奎等根据我国青少年的特点,提炼出了十二个"聪明的办法",用以指导儿童青少年的创造发明。

1. 加一加:在这件东西上添加些什么,会有什么结果?
2. 减一减:在这件东西上减去些什么,会有什么结果?
3. 扩一扩:在这件东西上放大、扩展,结果会怎么样?
4. 缩一缩:在这件东西上压缩、缩小,会怎么样?
5. 变一变:改变一下形状、颜色、音响、味道、次序,会怎么样?
6. 改一改:这件东西还存在什么缺点,有改掉缺点的办法吗?
7. 联一联:把某些事件或东西联系起来,能帮我们达到什么目的?
8. 学一学:有什么事物可以让自己模仿、学习一下吗?
9. 代一代:有什么东西能代替另一样东西吗?
10. 搬一搬:把这件东西搬到别的地方,还能有别的用途吗?

11. 反一反:如果把一件东西、一个事物的正反、上下、左右、前后、竖横里外,颠倒一下,会有什么结果?

12. 定一定:为了解决某一个问题或改进某一件东西,为提高学习、工作效率和防止可能发生的事故或疏漏,需要规定些什么?

资料来源:陈琦,刘儒德.2005.教育心理学.北京:高等教育出版社,299

复习思考题

1. 什么是问题?问题有哪些主要成分和特点?
2. 什么是问题解决?简述问题解决的过程。
3. 什么是算法与启发法?说明两者在教学中的应用。
4. 影响问题解决的因素有哪些?
5. 如何在教学中培养学生的问题解决能力?
6. 什么是创造力?
7. 影响创造力的因素有哪些?
8. 如何培养学生的创造性思维?
9. 结合实际,谈谈教学中如何训练和培养学生的创造力?

参考文献

陈龙安.1999.创造性思维与教学.北京:中国轻工业出版社

陈琦,刘儒德.2005.教育心理学.北京:高等教育出版社

戴·H.申克.2003.学习理论:教育的视角.韦小满译.南京:江苏教育出版社

韩进之.2003.教育心理学纲要.北京:人民教育出版社

李新旺.2003.心理学.北京:科学出版社

罗伯特·斯莱文.2003.教育心理学:理论与实践.姚梅林等译.北京:人民邮电出版社

莫雷.2002.教育心理学纲要.广州:广东高等教育出版社

彭聃龄.2001.普通心理学.北京:北京师范大学出版社

邵瑞珍.1997.教育心理学.上海:上海教育出版社

陶行知.1981.民主主义教育.陶行知教育文选.广州:教育科学出版社

汪安圣.1992.认知心理学.北京:北京大学出版社

王振宏,刘萍.2000.动机因素、学习策略、智力水平对学生学业成就的影响.心理学报,1:65~69

吴庆麟.2003.教育心理学.上海:华东师范大学出版社

俞国良.1996.创造力心理学.杭州:浙江人民出版社

张春兴.1997.教育心理学.上海:上海教育出版社

张大均.2003.教育心理学.北京:人民教育出版社

章志光.2002.心理学.北京:人民教育出版社

第七章 学习动机

初中生赵阳生活在一个幸福的家庭,爸爸是一名私企的老总,妈妈是全职母亲,家里有房有车,十分富足。赵阳在小学时成绩不错,以优异的成绩考入了初中。可最近成绩却一直下滑,并且迷恋上了网络。为此,父母很是着急,买了学习机,请了家教,能想到的方法都用上了,可还是没有什么效果。有一次,做家教的老师问赵阳为什么不愿意学习,赵阳回答说:"我学不学都无所谓,老爸说过,他初中没毕业,却领导着很多的大学生,他给我存的钱够我花一辈子了。"由此可见,赵阳学习上的退步是学习动机不强所致。

学习是一种艰苦复杂的脑力劳动,如果没有适当水平的学习动机作为推动力量,就不会取得良好的效果。因此,认识学习动机的特点及其与学习活动的关系,掌握激发学生学习动机的方法,对于教师以及家长充分调动学生的学习积极性,提高教育教学质量,具有十分重要的现实意义。

本章知识点:
- ◆ 学习动机的概念
- ◆ 学习动机与学习活动的关系
- ◆ 学习动机的种类
- ◆ 学习动机理论
- ◆ 学习动机的培养与激发

第一节 学习动机概述

一、学习动机的概念

(一) 动机及其功能

动机是指引起和维持个体活动,并使之朝向某一目标进行,以满足个体某种需要的内部动力。

动机是在需要的基础上产生的。所谓需要,是指人对客观事物的需求在大脑中的反映。它是人在体验到某种缺乏时而产生的主观状态,是个体活动积极性的源泉。当需要满足时,有机体就处于平衡状态;当需要不能满足时,在有机体内部会产生促使有机体去满足需要的推动力,这就是内驱力。当需要与一定的诱因(满足需要的目标)相结合,就会产生引起实际行为的动机。

动机作为推动人进行活动的动力,对人的活动有如下作用:①引发功能,即动机能引起个体产生某种行为,对行为起着始动作用。②指向功能,即动机能使个体的行为指向某一目标,朝着预定的方向前进。③维持和调节功能,即动机能使个体的行为维持一定的时间,并对个体行为的强度、方向和时间予以调节。

人的任何有目的的活动都是在动机的驱使下进行的。例如,喝水是为了缓解口渴,学习是为了适应工作和生活的要求,锻炼是为了有健康的身体,等等。依动机所引起的活动不同,它可以有相应的名称,如游戏动机、学习动机、工作动机、运动动机等。

(二) 学习动机的含义

学习动机是推动、引导和维持人们进行学习活动的一种内部动力。它本质上是一种学习需要,这种需要是社会和教育对学生学习的客观要求在学生头脑里的反映。因而学生学习动机的性质和内容具有社会性。学生的学习动机就其心理成分来说,主要有两个方面:学习的自觉性和学习兴趣。

学习的自觉性是学习动机中最重要的成分。因为它是指一个人清晰地意识到自己的学习目的和学习的社会意义,并相继产生积极的学习态度和学习行为。按照正面的要求,就是学生认识到自己学习应当得到的结果和个人学习与社会进步的关系,从而产生学习的社会责任感并树立明确的学习目标。学生只有具备了学习的自觉性并使之高度发展,才会有正确的学习态度和学习的积极性,才会持久一贯地以主动、认真、紧张和顽强的精神对待学习。

学习兴趣是学习动机中最活跃的因素。它是学生力求认识学习材料、渴望获得科学文化知识和不断探求真理并带有浓厚情绪色彩的认识倾向,也叫认识兴趣或求知欲。当一个学生对某种学习产生兴趣时,他就总是积极主动而又心情愉快地去学习,不觉得学习是一种沉重的负担。有兴趣的学习能使学生全神贯注,积极思考,甚至能使学生达到废寝忘食的地步。人在满怀兴趣的状态下所学的一切,常常掌握得迅速而又牢固。像一般的兴趣一样,学习兴趣也有直接兴趣(对学习活动本身的兴趣)和间接兴趣(对学习活动结果的兴趣)之分,它们对学习都是必要的,二者的有机结合是激发学生积极学习的重要条件。但相比之下间接学习兴趣更重要,因为它常带有更多的自觉性,并且可以从某种学习扩大到全部学习,从而加强和提高学生学习自觉性的整体水平。

学习动机是学习活动顺利进行的重要支持性条件。学生的学习只有在适度的动机驱使下,才能积极主动起来,变"要我学"为"我要学"。学习动机作为一种内部动力,是通过外在的学习行为反映出来的。如通过对学习任务的选择,我们可以判断学生学习动机的方向;通过努力程度和坚持性,我们可以判断学生学习动机的强度等。

二、学习动机与学习活动的关系

(一) 学习动机与学习目的的关系

学习动机与学习目的既有区别又有联系。学习目的是学生学习所要达到的结果,学习动机则是促使学生去达到那个结果的某种动因,它说明学生为什么要达到那个目的。二者具有一定的因果关系。但是,学习动机与学习目的的关系是错综复杂的,二者并非一一对应。具有相同学习目的的学生,其学习动机可能是不同的。如同是为了取得优良成绩,有的是出于对知识的追求,有的是为了受到别人的赞扬。同样,学习动机相同的学生,其学习目的也可能不同。有的学生要达到的目的小些、近些,如学期末进入班级前十名等;有的则远些、大些,如将来要当科学家等。由此可见,学习动机与学习目的是有区别的。但是,二者又是不可分割,并且可以相互转化。有动机必有目的,有目的就必有与之相联系的动机。没有无目的的动机,也没有无动机的目的。在一种情况下是学习动机的东西,在另一种情况下可能是学习的目的,反之亦然。

(二) 学习动机强度与学习效率的关系

一般认为,动力越强,学习的积极性越大,学习的效率会越高。而实际情况并非如此简单。学习动机与学习效率也并不完全成正比。因为学习动机可以通过注意力表现出来,过分强烈的学习动机会使学生处于紧张状态。这时,由于注意力过于集中,导致学生知觉范围变得狭窄,从而限制了学生的思维,影响学生对复杂或困难问题的理解,进而影响学习效率。因此,学习动机存在着一个最佳水平。即在一定范围内,学习效率随学习动机的增强而提高;学习动机超过一定限度(最佳值)之后,学习效率不仅不再提高反而会出现下降的情况。学习动机与学习效率(或解决问题的效率)之间存在着"倒 U 型曲线"的关系(图 7-1)。对于难度适中的学习活动来说,中等强度的动机水平,学习效率最高。

心理学家叶克斯(R. M. Yerkess)和多德森(J. D. Dodson)的研究还表明,学习动机的最佳水平不是固定不变的,而是随着任务性质的不同而不同。一般来说,随着课题困难程度的增加,动机的最佳水平呈现逐渐下降的趋势。学习任务比较简单时,动机的最佳水平偏高;学习任务比较复杂而困难时,动机的最佳水平偏低。这一规律在心理学中称为叶克斯—多德森定律,如图 7-2 所示。

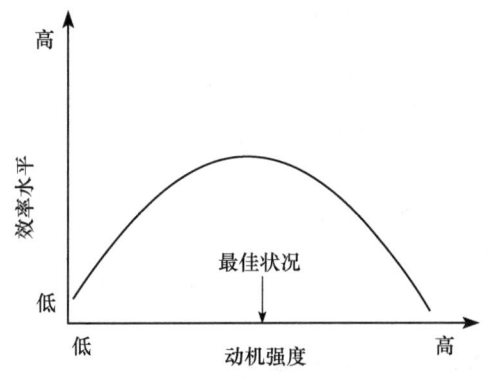

图 7-1　动机强度与活动效率的关系

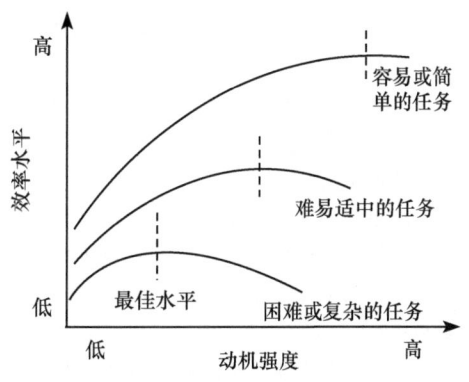

图 7-2　叶克斯—多德森定律

(三) 学习动机与学习效果的关系

一般来讲,学习动机与学习效果是一致的。如学习成绩好的学生,他们的学习动机水平往往较高;而学习成绩差的学生,他们的学习动机水平则较低。学习动机是影响其学习效果的最主要、最直接的原因。学生须先有志于学习,产生学习的愿望,形成学习的动机,才能制订学习目标,选择学习途径,采取学习方法,执行学习行动,并在执行中克服外部困难和内部障碍,有效地控制自己的情绪,逐步端正学习态度,最后取得良好的学习效果。

但是,学习动机与学习效果之间的关系并不总是一致的。具体表现为,有的学生学习动机水平较高,但学习成绩却较差;而有的学生学习动机并不强烈,但学习成绩却较好。这是因为,学习动机对学习效果的影响往往要通过许多中介因素,而这些中介因素对学习效果有不同的作用。例如,学习动机强但学习效果不好的情况,可能是由于学生基础差,智力发展水平落后,学习方法不对头,以及身体状况不好等原因造成的;学习动机不强但学习成绩却较好的情况,可能是由于上述各方面条件较好造成的。因此,教师不能简单地以学习成绩的高低作为判断学生学习动机强弱的客观标志,而要全面客观地分析学生的情况,通过多种途径和方法了解学生的动机。教师不仅应重视激发学习动机,同时还应针对具体情况进行具体分析,注意改善学生的主客观条件,以便使其与学习效果保持一致。

总的来说,学习动机与学习效果是基本一致的,二者不一致的情况只是暂时的、短期的。

 **怎样了解学生的学习动机**

学习动机的考查可以包括以下几个方面:

1. 如何对待每门课的要求和任务,是积极主动地理解和应用知识,还是消极被动地应付作业和考试?
2. 对待学习活动的态度如何,是把学习作为一种乐趣和追求,因而认真地、勤奋地学习,还是当做负担和压力,感到无限地苦恼而想方设法逃避?
3. 学习时注意是否集中,能否做到专心地听讲,认真地记笔记,积极地思考?
4. 能否按时完成作业和布置的各项任务,是主动地创造地完成,还是强制地机械地完成?是独立自己完成还是抄袭、靠外力帮助完成?
5. 学习中遇到困难、挫折、失败时,是充满信心和决心坚持到底,争取成功,还是知难而退、畏缩不前呢?
6. 怎样对待奖赏与责备、表扬与批评?对奖赏和表扬是作为追求的目标而力争呢?还是作为进一步努力学习的鼓励和鞭策呢?正视自己行为的缺点和错误并力求改进呢?还是抱无所谓态度或对批评者抱怨、对抗呢?
7. 在竞赛中力求获取名次是为集体争荣誉呢?还是一味为自己争名争利,以致不惜采用各种手段排挤对手呢?竞争后胜不骄,败不馁,还是胜则骄,败则馁?或败则妒呢?
8. 学习成绩和学习效率如何?优良的成绩是持久的、稳定的,还是偶然的或外力帮助的情况下取得的?

通过对上述内容进行全面、深入、细致、客观地了解,便可判断其真实的动机。

资料来源:王丕.1988.学校教育心理学.开封:河南大学出版社,368~369

三、学习动机的种类

(一) 内部学习动机和外部学习动机

内部学习动机和外部学习动机是根据学习动机产生过程中需要和诱因哪个起主要作用而对动机进行的分类。内部学习动机是指主要由个体的内在心理因素转化而来的动机。好奇心、兴趣、上进心、义务感等心理因素,在一定条件下都可以转化成为推动人们学习的内部动机。外部学习动机是指主要由外部条件(即诱因)诱发而来的动机。如父母的奖惩、老师的表扬、荣誉称号等都可能成为激发学生学习动机的外部条件。一般来说,内部学习动机的推动力量较大,维持的时间也较长,由内部学习动机所引发的活动本身可以使人们得到某种满足(如丰富知识、增长才干、尽责后的心安等),而且学习活动本身就是对学习者的一种奖励;外部学习动机的推动力量较小,持续作用的时间也较短,外在条件一旦"消失",由外在条件激发起来的学习动机也会很快失去作用。

(二) 认知内驱力、自我提高内驱力和附属内驱力

美国心理学家奥苏伯尔认为,一般称之为学校情境中的成就动机,至少应包括三方面的内驱力,即认知内驱力、自我提高内驱力以及附属内驱力。根据他的观点,学生的所有指向学习的行为都可以依据这三个方面的内驱力加以解释。

1. 认知内驱力

认知内驱力是一种要求获取知识、技能以及善于发现问题、解决问题的需要,是一种直接指向学习任务本身的动机,一般以好奇心、求知欲、探索、操作、领会等心理因素表现出来。认知内驱力是个体在后天的实践活动中,在已有知识经验基础上获得的。它与学习的关系是互惠的:认知内驱力对学习起推动作用,学习又转而增强认知内驱力。由于这种内驱力指向学习活动本身,认知需要的满足由学习本身提供,因此,它是一种内部学习动机。研究表明,认知内驱力在课堂学习中是一种最重要和最稳定的动机,它对学习起很大的推动作用。

2. 自我提高内驱力

自我提高内驱力是指个体因自己能胜任某项工作或取得学业上的成绩而赢得相应地位的需要。这种需要由自我尊重的需要派生出来,它从儿童入学后日益显得重要。与认知内驱力不同,自我提高内驱力并非直接指向学习任务本身,而是把成就的取得当做赢得地位的途径。因为一个人赢得的地位通常是与他的成就水平或能力水平相称的。成就的大小决定着他赢得地位的高低,同时又决定着自尊需要满足与否。显然,这是一种外部学习动机。在课堂学习中,认知内驱力(内部学习动机)固然重要,但适当激发学生自我提高内驱力(外部学习动机)也是必要的。自我提高内驱力既可促使学生把自己的行为指向当时学业上可能达到的成就(如考试的分数和名次),又可促使学生在这一成就基础上把自己的行为指向今后的发展目标。中学生在学习某门学科时成绩突出,兴趣盎然,可能会使其选择该学科为报考高等学校所学专业的志愿,成为自己终身职业的目标。

3. 附属内驱力

附属内驱力是指个体为了获得或保持长者(如家长、教师等)的赞许或认可而表现出来的努力学习、做好工作的一种需要。这种驱力的表现是:学生之所以努力获得学业成功,并不是直接指向学习任务,也不是为了提高自己的地位,而是为了获得长者们的认可和赞扬。显然它也是一种外部学习动机。一般具有附属内驱力的学生会因为长者们的认可、赞扬而更加努力学习,争取更好的成绩;反之,如果他们的某些努力得不到长者们的认可、赞扬,就可能会丧失学习信心,降低学习积极性。

成就动机中的三个组成部分——认知内驱力、自我提高内驱力和附属内驱力在动机结构中所占的比重,通常随年龄、性别、个性等因素的变化而变化。在童年期,一般是附属内驱力占较大比重,在这期间,个体努力学习以获得好成绩,主要是为了得到父母、老师的肯定和表扬。到了少年期和青年期,附属内驱力不仅在强度上有所减弱,而且开始从对父母、老师的依附转向同龄伙伴,认知内驱力和自我提高内驱力愈来愈占据重要地位,学生学习的主要目的在于满足自己的求知需要,并从中获得相应的地位和威望。

(三) 近景性学习动机和远景性学习动机

这是根据学习动机持续作用的时间对学习动机进行的分类。近景性学习动机与具体

的学习活动本身相联系,持续作用的时间比较短。例如,有的学生为了应付老师第二天的课堂提问而复习功课,为了单元测验以及期末考试能取得好成绩而刻苦学习,等等。这种学习动机很具体,效果比较明显,但不够稳定,易随环境的变化而变化。远景性学习动机常常与学习活动的社会意义相联系,持续作用的时间比较长。例如,学习是为了将来参加国家建设或将来成为科学家,等等。这种学习动机具有一定的社会性和理智色彩,又与个人的志向、理想、世界观相联系,因此,具有较强的稳定性和持久性,能在相当长的时间内起作用。上述两种学习动机是相互联系、相互补充的。只有两者密切结合,才能形成巨大的推动力。近景性学习动机易受偶然因素的干扰,因此应有远景性学习动机的支持,使学习活动更自觉,并保持长时间的活动积极性;而远景性学习动机的目标则比较长远和抽象,尤其对于年幼儿童来说,"将来"是一个遥不可及的时间概念,因此也应有近景性学习动机的补充,使远景的鼓舞更好地与当前的具体学习活动结合起来。

 **交 往 动 机**

交往动机是指一个人与他人接近、合作、互惠,并发展友谊的内在动力。交往动机包括愿意和别人在一起而不愿意独处;喜欢与合得来的人相处;愿意别人把自己接纳为家庭、班集体、学校和其他社会团体的成员,而不愿意被抛弃,等等。

交往动机在学生的学习活动中则表现为:学生愿意上他所喜欢的老师的课,而不愿意听他所不喜欢的老师的课;主动地探索、讨论学习内容,喜欢与同学交流学习问题等。交往动机对学生的学习有重要的影响,美国心理学家迈克卡(Mckeachie)的研究发现,交往动机水平高的学生的学习成绩要高于交往动机水平低的学生。他还发现,在教师热爱学生、对学生热情友好、注重发挥学生学习的主动性的班级中,交往动机高的学生占多数;反之,在教师对学生冷淡、缺乏热情友好的态度的班级中,交往动机低的学生占多数。可见,教师对学生的态度影响到学生的交往动机。如果教师能够和学生建立一种友好合作的关系,那么学生的行为就倾向于维护这种关系,这样相互间的交往就会促进学习。

资料来源:李新旺.2003.心理学.北京:科学出版社,57

学生的学习动机是比较复杂的,我们不能把这些动机的分类绝对化,应该看到不同动机间的联系和转化。

第二节 学习动机理论

心理学家对个体动机产生与发展的机制进行了大量的理论探讨和实验研究,提出了多种不同的观点和看法。主要的学习动机理论有以下几种。

一、成就动机理论

所谓成就动机,是指在人的成就需要的基础上产生的,激励个体乐意去做自己认为重要的或有价值的工作,并努力达到完善地步的一种内在推动力量。这种动机是后天获得的具有社会意义的动机。麦克里兰(D. C. Mcclelland)和阿特金森(J. W. Atkinson)等人对成就动机进行了系统的研究,提出了在当今动机领域中最重要的理论。

麦克里兰的研究发现,成就动机水平高的人,喜欢对问题承担自己的责任,能从完成任务中获得满足感。成就动机的高低还影响到个体对职业的选择。成就动机低的人,倾向于选择风险较小、独立决策少的职业;而成就动机高的人喜欢从事具有开创性的工作,并且在完成任务过程中勇于作出决策。

阿特金森认为,个体的成就动机由追求成功的倾向和避免失败的倾向组成。前者取决于个体的成就需要(M_s)、他对行为成功可能性大小的主观估计(P_s)与取得成功的诱因价值(I_s)三者之间的乘积;后者取决于个体回避失败的动机(M_{af})、他对行为失败可能性大小的主观估计(P_f)与失败的消极诱因价值(I_f)三者之间的乘积。这样,个体在某一行为上的成就动机(T_a)等于他趋向成功的倾向程度减去避免失败的倾向程度,即

$$T_a = (M_s \times P_s \times I_s) - (M_{af} \times P_f \times I_f)$$

根据上述这两种倾向在个体的动机系统中所占的强度,可以将个体分为力求成功者和避免失败者。力求成功者即在其动机成分中,力求成功的成分比避免失败的成分多一些;避免失败者即在其动机成分中,避免失败的成分比力求成功的成分多一些。力求成功者的目的是获取成就,所以他们会选择有所成就的任务,而成功概率为50%的任务是他们最有可能选择的,因为这种任务能给他们提供最大的现实挑战。当他们面对完全不可能成功或稳操胜券的任务时,动机水平反而会下降。相反,避免失败者则倾向于选择非常容易或非常困难的任务,如果成功的概率大约是50%时,他们会回避这项任务。因为选择容易的任务可以保证成功,使自己免遭失败,而选择极其困难的任务,即使失败,也可以找到适当的借口,得到自己和他人的原谅,从而减弱失败感。

成就动机理论对教育实践来说,有着重大的指导意义。但是这一理论也存在着缺陷,例如,它更多地注重动机的内部因素,未充分考虑到外部社会生活条件对人的成就动机的作用。人的成就动机是一种社会性动机,它的形成、发展和变化都受社会经济、政治和文化的影响和制约。看不到这一点,就不可能科学地解决成就动机的起源等本质问题。

二、归因理论

人们在做完一项工作之后,往往喜欢寻找自己或他人之所以取得成功或遭受失败的原因。这就是心理学家探索归因问题的客观依据。美国心理学家维纳(B. Weiner)认为,一般人对所从事的工作,无论是成功还是失败,基本上归因于以下六个方面:①能力,个人评估自己对此项工作是否胜任;②努力,个人反省在从事此项工作中是否已经尽力;③工作难度,凭个人经验判断该项工作的困难程度;④运气,个人认为此次工作成败是否与运气好坏有关;⑤身心状况,凭个人感觉,从事该项工作时的心情及身体健康状况;⑥别人的反应,在工作过程中及以后别人对自己工作表现的态度与评价。维纳进一步把上述影响成败的六项原因从以下三个维度进行归类:①因素来源,指当事人自认为影响其成败因素的来源,是由于个人条件,还是来自外在环境。在此维度上,能力、努力及身心状况属于内在因素,而工作难度、运气和别人反应则属于外在因素。②稳定性,指当事人自认为影响其成败的因素,在性质上是否稳定,是否在类似情境下具有一致性。在此维度上,能力与工作难度两项是不易随情境改变的,是比较稳定的,其他各项是不稳定的。③可控性,指当事人自认为影响其成败的因素,在性质上能否由个人意愿决定。在此维度上,只有努力

一项是可以凭个人意愿控制的,其他各项个人是无能为力的。综合起来,维纳的归因理论中的六项因素与三个维度之间的关系如表7-1所示。

表7-1 维纳归因理论中归因类别与归因维度的关系

维度 关系 类别	因素来源		稳定性		可控性	
	内在	外在	稳定	不稳定	可控	不可控
能力	＋		＋			＋
努力	＋			＋	＋	
工作难度		＋	＋			＋
运气		＋		＋		＋
身心状况	＋			＋		＋
别人反应		＋		＋		＋

个体的归因倾向将影响其对未来活动的选择、坚持性和动机强度。如果一个人把失败归结为不稳定和可控制的原因(努力程度),那么他就有可能在失败的情况下坚持努力,并相信将来一定能取得成功;相反,如果把失败归结为稳定和不可控制的原因(能力和工作难度),那么他就不会相信自己能改变现状,也就不会再坚持做下去。

继维纳之后,尼克尔斯(J. G. Nicholls)提出了新的成败归因理论。他认为个体在进行归因时,依归因的性质可分为理性分析和偏差性归因两种。前者是个体对事物的前因后果进行判断推理后产生的,后者则因个体的自我包容而使归因出现了偏差。他通过实验研究发现:①属理性分析归因者,在单一成败的情境下,倾向于将成功归因于努力,当连续成功或连续失败时,倾向归因于能力;当成功和失败交替出现时,往往归因于运气。大部分的被试倾向于做理性分析的归因。②属偏差性归因者,在单一成败的情境下,倾向于将成功归因于内在因素(能力、努力);当失败时,倾向于做运气归因;归因内容与连续成败经验无任何关系。③失败时,男性多归因于运气不好,而女性则多归因于能力不足上,这种性别上的差异也是偏差性归因的一种形式。

警惕归因偏差

在学校中,教师也主要存在两种归因偏差。

第一种偏差是教师容易把学生出现的问题归结于学生自身的因素,而不是教师方面的因素。例如,一位走上工作岗位不久的中学数学教师任课班级的学生成绩不好,他归因于这个班学生能力偏低。调换到另一个班后,这个班学生的学习成绩又明显下降,他又说是这个班的学生与他作对。有调查发现,让班主任对学生的问题行为进行归因时,教师往往是归结于学生的能力、性格和家庭,而很少认为与教师态度和教学方法有什么关系,可是学生们却认为与教师的行为是有关系的。这一类归因偏差的危害在于教师把问题的责任推给了学生,在教育之前就已放弃了教育者应负的责任。

第二种归因偏差是教师对优秀生和差生的归因不一样。当优秀生做了好事或取得好成绩时,教师往往归结为能力、品质等内部因素;当差生同样做了好事或取得好成绩时,却往往被教师归结为任务简单、碰上了运气等外部因素。相反,当优秀生出现问题时,教师往往归因于外部因素;差生出现问题时却被归因于内部因素。有一位初中生,化学成绩一直不太好,经过努力后他在一次重要考试中得了全班最高分,可是化学教师却说他是抄了同桌的答卷。这位学生一气之下,再也不听化学课了。很显然,这一类归因偏差对于差生的发展是极为不利的,他们即使表现出一些好的行为,也难于得到教师的准确评价,倘若表现不佳,则更被看做是不可救药了。

归因偏差危害如此之大,所以作为教师,应当了解归因偏差的原因,在进行归因时要慎重了再慎重,考虑了再考虑。

资料来源:刘儒德.2006.教育中的心理效应.上海:华东师范大学出版社,41

归因理论是从结果来阐述行为动机的,它的理论价值与实际作用可以归纳为三个方面:一是有助于了解心理活动发生的因果关系;二是有助于根据学习行为及其结果推断出个体的稳定心理特征和个性差异;三是有助于从特定的学习行为及其结果预测个体在某种情况下可能产生的学习行为。正因为如此,在学校中运用归因理论以了解学生的学习动机,对于改善其学习行为,提高其学习效果,也会产生一定的作用。但是,人的心理活动和行为动机纷繁复杂。仅用归因理论来了解学生就可能难于得出完全合乎实际的结论,甚至会产生"差之毫厘,失之千里"的弊病。

三、自我实现理论

美国心理学家马斯洛(A. H. Maslow)是这一理论的提出者和代表人物。马斯洛认为动机和需要实际上是一回事,人类所有的行为都是由一定的需要驱使的。如图 7-3 所示他认为人的需要包括生理需要、安全需要、归属和爱的需要、尊重需要、认知需要、审美需要和自我实现的需要,其中自我实现的需要是最高级需要。这七种需要是从低级到高级有层次地排列着的,只有低一级的需要满足后,才会产生高一级的需要,低层次的需要没有满足时,人就会设法去满足它。因各种需要之间有先后顺序与高低层次之分,故又被称为需要层次论。

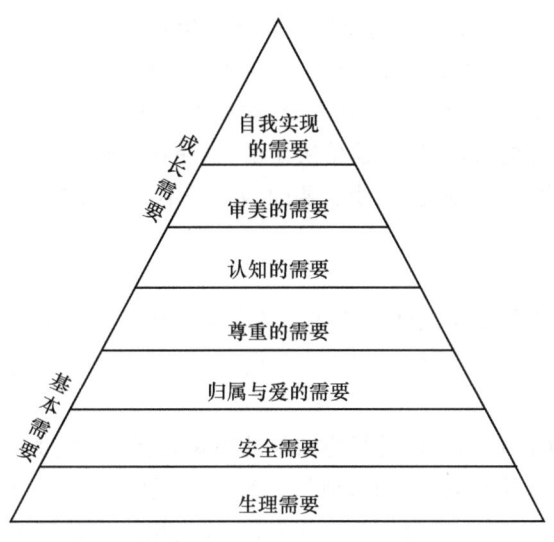

图 7-3 人类的需要层次

马斯洛认为,不同的需要驱动不同的行为。①生理需要,指维持机体生存及延续种族的需要,如对水、食物、休息、性的需要,它驱动人的求食、睡眠、配偶等行为。②安全需要,指希望受到保护、避免危险从而获得安全的需要,它驱使人寻求帮助、避免疾病、恐惧、焦虑等行为。③归属和爱的需要,它驱动人寻求他人和社会的接纳、爱护、关注、鼓励等行为。④尊重需要,包括自尊和他尊,前者驱动如自信、自强、独立、胜任等行为,后者驱动如支持、赞许等行为。⑤认知需要,它驱动人类对自身和周围世界的探索、理解、解决疑难等行为。⑥审美的需要,它驱动人对对称、秩序、完整结构及自身行为完美等行为。⑦自我实现的需要,它驱动人通过追求自我理想,充分发挥和表现自己潜能的行为。

马斯洛认为,上述七种需要可以分为两大类,即基本需要与成长需要。基本需要都是个体在生活中因身体上或心理上有所缺失而产生的,因此又可称之为缺失需要,包括生理需要、安全需要、爱和尊重的需要,是指对生理和心理的安宁极为重要的那些需要,这些需要必须得到满足,可是,它们一旦得到满足后,要求满足的动机也就没有了。与此相反,成长需要(包括认知的需要、审美的需要和自我实现的需要)则是绝不可能完全得到满足的。事实上,一个人越是能够满足认知的需要,越是有更强的动机去学习更多的东西。

自我实现理论说明,在某种程度上学生缺乏学习动机可能是由于某种基本需要或缺失需要没有得到充分满足(如父母离异使归属与爱的需要得不到满足),而正是这些因素会成为学生学习和自我实现的主要障碍。所以,教师不仅要关心学生的学习,也应该关心学生的生活,以排除影响学习的一切干扰因素。

马斯洛的需要层次理论有着许多合理的因素,如把人类的需要按高低层次的不同分为七种,提出了人所独特于动物的高级需要,这一点对于探讨人类行为的根本原因是有很大的启发意义的。再如,把需要分为基本需要与成长需要,对教育工作者具有重大的实际指导意义。显然,当学生处于极度饥饿状态或遭受各种危险时,他们是很难有较强的学习动机的。一般来说,学校生活中学生最缺乏的不是生理需要,而是爱和尊重的需要。如果学生感受不到他是被教师或他人所爱护、接纳和尊重的,他们就不可能有追求知识、开发创造力、实现潜能的成长的需要。教师如果能使学生感受到他们是被喜欢、接纳的,学生就更易于投入学习,渴望学习,并愿意为创造性活动承担风险,更容易接受新思想。需要层次理论作为一种动机理论也有其不足之处,如该理论主张的是抽象的人性,认为人追求成长的需要是先天固有的,说到底是遗传决定的,这是极端错误的。人的本性是社会关系的总和,避开社会文化、社会制度,大谈需要的满足是不符合客观事实的。

四、自我效能感理论

自我效能感是指人们对自己能否成功地从事某一成就行为的主观判断。这一概念最早由社会学习理论的创始人班杜拉提出。班杜拉希望运用自我效能感来解释人类行为的启动和改变。

班杜拉认为,人类的行为不仅受行为结果的影响,而且受通过人的认知因素形成的对结果的期望的先行因素的影响。因此,他认为行为出现的概率是强化的函数这一传统观点是不确切的,行为的出现不是由于随后的强化,而是由于人认知了行为与强化之间的关系后对下一步强化的期望。班杜拉指出,传统的期望概念只是结果期望,此外,还存在着一种期望,即人对自己能否实施某种成就行为的能力判断,这就是效能期望。人们在获得了相应的知识、技能后,自我效能感就成了行为的决定因素。当一个人相信自己有能力完成某一活动任务时,他就会产生高度的自我效能感,并会积极投入到这一活动中去。班杜拉通过大量的研究指出,个体自我效能感的形成有以下几个来源:①个体自身行为的成败经验。一般来说,成功经验会增强自我效能感,反复的失败会降低自我效能感。但事实并非这么简单,成败经验对自我效能感的影响还受到个体归因方式的左右,如果把成功归于外部不可控的因素就不会增强自我效能感;把失败归于外部不可控的因素也不一定就降低自我效能感。因此,个体的归因方式直接影响自我效能感的形成。②替代性经验。人类许多的效能期望来自于观察他人所获得的替代性经验,能否成功获得这种经验,一个关键因素是观察者与榜样一致性的问题。③言语劝说。在影响自我效能感的各种因素中,言语劝说因其简便有效而得到广泛的应用,但由于它缺乏经验基础,所形成的自我效能感不十分牢固。④情绪唤醒。高水平的唤醒使成绩降低而影响自我效能感,只有当人们不为厌恶刺激所困扰时,更可能期望成功。

自我效能感形成后,对人的行为将产生极为深刻的影响,主要表现在以下几个方面:①决定个体对活动的选择以及对活动的坚持性。自我效能感高的人倾向于选择富有挑战性的任务,在困难面前能坚持自己的行为,而自我效能感低的人者则相反。②影响个体在困难面前的态度。自我效能感高的人敢于面对困难,富有自信心,相信通过坚持不懈的努力可以克服困难;而自我效能感低的人在困难面前缺乏自信,畏首缩尾,不敢尝试。③影响活动时的情绪。自我效能感高的人活动时信心十足,情绪饱满,而自我效能感低的人则充满恐惧和焦虑。④影响新行为的获得和已有行为的表现。

班杜拉的自我效能感理论,比较适用于解释具有挑战性行为的动机。该理论克服了传统心理学重行轻欲、重知轻情的倾向,把个体的需要、认知、情感结合起来研究人的动机,具有较大的科学价值。

第三节 学习动机的培养与激发

学习动机的培养和激发是两个既有区别又有联系的概念。学习动机的培养是指学生没有或很少有学习动机,教师通过一些教育措施使他形成和发展这种动机;学习动机的激发是指学生已经具有潜在的学习动机,教师采取一定的措施使它转入活跃状态,也即把学生学习的积极性调动起来。由此可见,学习动机的培养是一个从无到有的过程,而学习动机的激发是一个从静到动的过程。培养是激发的前提,而激发又起着加强和进一步培养学习动机的作用。

一、培养学习动机的措施

(一)进行学习目的教育,启发学生学习的自觉性

进行学习目的教育,在于帮助学生正确认识学习的社会意义,使学生把当前的学习同参与未来的社会生活,同理想前途联系起来,从而产生正确的学习态度,形成间接的远景性学习动机,提高学习的自觉性。由于学生的学习是为未来做准备,在学生意识不到当前的学习与将来生活实践的关系时,学习动力就往往不足。这就要求学校必须经常对学生进行学习目的教育,使学生能把目前的学习同参加未来的社会实践联系起来,把社会和教育对学生的学习要求转化为学习需要,这样就会使学生增强学习的动力和自觉性。进行学习目的教育,应该贯穿在日常的教育教学活动之中,要与经常性的思想政治教育、生活目的教育紧密结合起来;教师在开始讲授一门新课时,甚至在讲授每一单元、每节课之前,首先应该说明学习的目的、任务,阐明理论知识在实际中的意义,以引起学生的求知欲望和探索知识的需要,提高学习的自觉性。

(二) 培养学习兴趣

如前所述,学习兴趣是学习动机中最现实、最活跃、最强烈的心理因素。培养学生的学习兴趣(尤其是间接兴趣),不仅在于使学生认识到学习对社会和自己的意义而产生学习的需要,还在于使学生通过学习获得愉快的内心体验,从而产生进一步学习的动力。学习兴趣不仅对学生当前的学习起着巨大的作用,也是日后学习生涯和事业生涯取得成功的心理保证。因此,培养学生的学习兴趣是学校教育教学工作必不可少的环节。

学习兴趣的培养

培养学生的学习兴趣可以从以下几方面来进行。

1. 丰富学生的知识

朱智贤教授于1982年主持的国内十省市在校青少年理想、动机和兴趣的研究发现,学生最不喜欢某一学科的原因中,选择"基础不好"一项的占59.8%。这说明,对某一领域的知识的积累是对该领域产生兴趣的基础。也就是说,只有当某一领域中的知识积累到一定水平,才会产生对该领域知识学习的兴趣。兴趣的培养有赖于知识掌握的广度和深度。学生的知识越多,越牢固,产生学习兴趣的可能性就越大。因此,教师要认真备课、上课,使学生在每次课堂教学中都有所收获。需要指出的是,学生在对各科学习的初始阶段会遇到一些困难或"关卡",如果闯不过这个"关卡",在以后的学习中就会困难重重,在知识掌握上就会不断"欠账",于是学习兴趣锐减,甚至会索然无味。这就要求教师必须带领学生克服这些困难,使学生能顺利掌握该学科的基础知识以及学习方法,从而形成学科兴趣。此外,教师还应指导学生进行课外阅读,带领学生搞一些参观、游览等,有计划地扩大学生的知识面,丰富学生的知识,使学生的学习兴趣得以稳定和发展。

2. 改进教学方法,提高课堂教学的艺术性

同样的教材,有的教师讲得使学生感到趣味横生,余味无穷;有的教师讲得使学生感到枯燥乏味,味同嚼蜡。教学的确是门艺术,提高教学的艺术性,对于培养和增强学生的学习兴趣具有重要的作用。一些调查表明,学生对某门课感兴趣的主要原因之一就是"老师讲得好"。可以说,教师的教学艺术是学生学科兴趣形成的最重要因素之一。而高超的教学艺术离不开教学方法的恰当运用及创新。一些有经验的教师常常通过改进教学方法,使本来枯燥无味的教学内容充满吸引力,保证学生能津津有味地完成学习任务。在课堂教学中,可以通过下列措施来培养学生的学习兴趣:①充分利用直观、生动的教学方式。根据不同学科的特点,把教学内容以生动直观的形式(如演示实验、观看录像等)表现出来;②善于创设问题情境,启发学生积极思考;③充分发挥学生的主体作用,让学生主动尝试,亲身体验。如语文和外语课上的分角色朗读、数学课上的学生自编例题等。

3. 开展丰富多彩的课外活动

学习兴趣是在各种实践活动中逐步形成和发展起来的。在活动中,学生面临着实际任务,这就要求他们把课堂上学到的知识加以具体运用。一方面,可以加深对所学知识意义的理解,同时还可以进一步充实新知识;另一方面,通过解决各种力所能及的问题,从中体验到成功的愉快和学习的欢乐,这些都有助于培养和提高学生的学习兴趣。因此,学校应该开辟第二课堂,组织丰富多彩的课外活动,如参观、访问、学科小组或兴趣小组活动等。

4. 建立良好的师生关系

青少年学生往往会把对教师的感情迁移到学习上来,如有的学生正是因为喜欢某位老师而对他所讲授的课程产生兴趣的。这就说明良好的师生关系是培养学生对教与学的内容发生兴趣的关键。很难设想一位学生会对他感到厌烦的教师所教的学科发生浓厚的学习兴趣。由此可见,要培养和激发学生的学习兴趣,建立良好的师生关系是很重要的。由于教师是受过专门职业训练的成年人,因此在师生关系中,教师处于主导地位。为此,教师要认真开展教育教学研究,不断提高教育能力和教学水平,密切与学生的交往(因为人际关系是通过交际交往形成和发展起来的),在师生交往中了解学生、关心学生、尊重学生,公平地对待每一位学生,并通过交往加深感情、增进友谊、培养兴趣。

5. 帮助学生在学习中获得成功

一般来说,学习的成败与学习兴趣之间存在着相互制约的关系。学习上获得成功,能产生满足感,并伴随愉快的情绪体验,容易对学习产生兴趣;对某门学科一旦产生了兴趣,它就会成为一种强大的动力,推动学生努力学习,并能提高学习效率,取得更大的成功。这种相互促进就会形成一种良性循环。与此相反,学习上的失败,常常会出现不愉快的心情,容易使学生丧失学习的兴趣,甚至对学习产生厌烦情绪;无兴趣的学习缺乏足够的学习动力,就会降低学习效率,造成学习上的更严重失败。这种相互影响就会导致恶性循环。因此,教师在教学中要采取措施,帮助学生不断获得学习上的成功,使其学习兴趣不断得到强化和巩固。譬如,教师要引导学生树立信心,帮助学生克服学习中的困难;针对学生的不同情况提出不同的学习目标,即对学生的要求应切合本人的实际,使学生的某些具体的学习目标不断得到实现,让学生能够取得并看到自己的成绩和进步;学生在学习上获得的小小进步也要予以鼓励等。

除此之外,还要根据学生不同的兴趣特点进行培养,注意启发学生培养学习兴趣的自觉性。还需明确指出的是,学生学习的内容并非都是有趣的。如果单凭兴趣学习,就会有所偏废,影响基础知识和基本技能的掌握。因此,要使学生取得理想的学习效果,既要重视兴趣的培养,又要教育学生提高对学习的必要性和艰巨性的认识,发挥个人的主观能动性。只要经过努力学习,克服困难,一定能够在学习上取得成效,而这又有助于培养学习兴趣。

资料来源:李新旺.2003.心理学.北京:科学出版社,66~68

(三) 满足学生的缺失需要

如前所述,根据马斯洛的需要层次理论,人的需要有七个层次,可以分为缺失需要(基本需要)和成长需要两大方面。高层次需要的产生离不开低层次的需要,低层次需要的满足可以为高一层次需要的产生提供必要的条件和动力,因而在低层次需要的基础上可以直接产生高层次需要。认知需要位于第五层,属于成长需要。如果生理、安全、归属与爱以及自尊等缺失需要得不到满足,就难以培养出以认知需要为基础的学习动机。

一般来说,在目前条件下,学生在学校中最重要、也最容易缺失的是爱和尊重的需要。如果学生感到没有被人爱,或认为自己无能,他们就不可能有强烈的动机去实现较高的目标,不可能自主地去探索和理解新知识。在教学中教师要关心爱护每一个学生,关心他们的生活、学习和思想进步,关心他们的全面发展,尊重他们的个性差异,保护他们的自尊心,用爱的雨露滋润每一个学生的心田。在努力满足学生基本需求的基础上,通过多种途径引导学生追求高层次的成长需求。因此,要培养学生的学习动机,就必须首先满足学生的关爱和尊重等基本需要;否则,学生的认知需要就不会成为他学习的动力。

(四) 利用原有动机的迁移,使学生产生学习的需要

动机的迁移是指在学生没有学习动力的情况下,引导学生把从事其他活动的动机转移到学习活动上来,使学生产生学习的需要,进而成为推动和维持学习的动力。如有的学生对学习功课缺乏应有的学习动机,但热衷于某种游戏,那么,就可以利用其游戏动机,并使其与学习发生关系,即把它转移到学习上来。这是培养后进生学习动机的重要经验。有的后进生似乎什么长处都没有,这时更需要教师用极大的爱心去发现学生身上的"闪光点",并对该"闪光点"发扬光大,使其和学习紧密联系起来。当然,教师要确保所发现的"闪光点"是准确的,对该生提供的奖励是他们真正需要的。

 **例解**　　　　　　**从逃学的"棋迷"到三好学生**

丁老师正在讲数学课,忽然有一名男同学捂着肚子,皱着眉头直嚷"肚子疼得厉害",要到厕所拉肚子,同桌的另一名同学自告奋勇:"老师,让我陪他去吧。"

丁老师点头同意了。一节课很快过去了,仍不见两个学生回教室,老师急坏了,唯恐学生病情有什么意外,急忙到厕所来找他俩。完全出乎意料,这俩学生正在厕所旁的树荫下专注地下着象棋,杀得难分难解。原来,这是两个有名的"棋迷",下起棋来常常废寝忘食。有一次,也是上课时跑出来下棋,被老师发现了,不光在太阳底下被罚站几节课,而且还告状到家里,被家长狠揍一顿。从那以后,他们就经常偷着凑到一块儿下棋,有时干脆逃学,编谎话骗家长、老师,学习成绩几门不及格。这次他俩想,说不定又要受更重的处罚和皮肉之苦了。

丁老师当时虽然很气愤,但转念一想,简单发火训斥并不能从根本上解决问题,教师必须利用动机迁移的原理进行启发诱导,把他们下象棋的动机和兴趣迁移到学习活动上来,达到纠正过错行为进而努力学习的目的。于是,他对这两个忐忑不安的学生说:"下象棋是一项积极有趣的智力活动,它既有助于发展思维的逻辑性和敏捷性,又需以思维的逻辑性和敏捷性为条件。而思维的发展是通过学习来实现的。因此,你们要正确处理好学习与业余爱好的关系,更不能违反纪律满足自己的爱好。"丁老师不但没有向他们家长告状,而且让他俩担任了班级象棋兴趣小组的组长。他们俩从此关心集体,学习上格外认真、专心,成绩迅速提高。期末不但双双被评上三好学生,彻底改掉了逃学的恶习,而且还带领兴趣小组,夺得了市中学生象棋团体赛的亚军。

资料来源:董安君,谭英.1993.奇妙的心理世界.郑州:中州古籍出版社,246~247

此外,各学科的学习活动也可利用动机迁移的规律。如一个学生对物理学习有较强的学习动机,但却不喜欢学习数学,上数学课就感到头痛,那么,可以给他讲明学好数学的意义及其与学好物理的关系,以便把物理学习的动机转移到学习数学上来。

在教学活动中,为了有效地利用学习动机迁移的规律,大致可以从以下四个方面去做:首先,分析现有动机,即分析它是否正确、合理;其次,找出"共同因素",即找出现有动机与将要形成的学习动机有哪些共同的地方;再次,强化"共同因素",学习动机的转移不是一下子就能成功的,必须加以强化,才能达到目的;最后,导向新的学习,即把强化后的有利因素与新的学习活动联系在一起。这四个步骤往往可以"一气呵成",并无必要"一步一个脚印"地去完成。

二、激发学习动机的途径和方法

(一) 创设问题情境

实施启发式教学的最大特点就是充分调动学生学习的积极性,引导学生积极思考,自己概括出结论。而启发的一种重要策略在于创设问题情境。所谓问题情境,指的是具有一定难度,需要学生努力克服,而又是力所能及的学习情境。简言之,问题情境就是一种适度的疑难情境。作业难度是构成问题情境的重要因素。阿特金森在其成就动机理论中指出,在现实的学习活动中,存在着两类学习者,即力求成功者和避免失败者。绝大部分学生属于追求成功的学习者。如前所述,当问题的难度系数为50%时,学生的学习动机最强。因此,在学习过程中,如果仅仅让学生简单地重复已经学过的东西,或者是去学习力不能及的过难的东西,学生都不会感兴趣。只有在学习那些"半生不熟"、"似懂非懂"、"似会非会"的东西时,学生才感兴趣而迫切希望掌握它。因此,能否成为问题情境,主要看学习任务与学生已有知识经验的适合度如何。如果完全适合(太易)或完全不适合(太难),均不能构成问题情境;只有在既适合又不适合(中等难度)的情况下,才能构成问题情境。

那么,教师应怎样去创设难度适宜的问题情境呢? 教学中创设问题情境,首先要求教师熟悉教材,掌握教材的结构,了解新旧知识之间的内在联系;此外,要求教师充分了解学生已有的认知结构状态,使新的学习内容与学生已有水平构成一个适当的跨度。这样,才能创设问题情境。具体创设问题情境的方式可以多种多样,它既可用教师提问的方式,也可用布置作业的方式;既可从新旧知识的联系入手,也可从学生的日常经验入手。问题情境的创设既可以在教学的开始阶段,也可以在教学过程中和教学结束时进行。

 **让学生带着问题离开课堂**

日常经验告诉我们:当我们处在使人困惑的情境中时,被引起的动机最为强烈;假如我们完全解答了所面临的问题,那紧张感就将全部消失,我们也不再感兴趣了。可是有些教师错误地认为,每个单元或者每节课,不管学习的是什么问题,都要完全解决了才结束。他们甚至认为,对于一个教师来说,把"正确的答案"告诉学生,比让他们"不满足地"离开课堂要好一些。事实上,这种做法正好破坏了学生持续的学习动机。这一诊断是由齐加尼克(B. Zeigarnik,1927)通过实验加以证实的。他让两组被试做作业,让其中一组做完,而让另一组中途停止。过相同时间后,检查其记忆,发现做完的这组被试记得少,没做完的那组被试记得多。因此,一个优秀教师应该让学生每天都带着一些未解答的问题离开课堂。即使学完一个学科的理论之后,也应让中学生和大学生带着一些有关该学科仍要进一步钻研的问题离开课堂,使他们的学习动机得以长期保持。

资料来源:沈德立,阴国恩.1992.非智力因素与人才培养.北京:教育科学出版社,88～89

(二) 适当地开展学习竞赛活动

心理学家马荣(J. B. Maen)等人对学习竞赛的作用进行了研究。结果表明,竞赛组的成绩优于无竞赛组,个人竞赛的成绩优于团体竞赛的成绩。可见,开展学习竞赛对激发学习动机和提高学习成绩可以起到一定的积极作用。

学校中的竞赛有多种方式,如团体竞赛、个人之间竞赛、对照过去与现在的自我竞赛,等等。不同的竞赛方式对学习动机都有或多或少的激励作用,但若运用不当,也会产生某些消极影响。因为,既然是竞赛,就必然会产生某种竞争心理,以超过对方为目的,这样容易影响学生之间的合作与互相帮助,甚至会滋长个人名利思想;竞赛中所取得的优秀成绩往往是以高度的紧张为前提,心理过度紧张容易影响身心健康发展;竞赛的结果总是少数人获得名次,多数人成为失败者,且获胜者受到鼓励,失败者会焦虑不安,并忍受一定的心理压力。

因此,组织学习竞赛活动时应加强思想政治教育,使学生能正确对待学习竞赛;竞赛的形式要适宜,避免过强的竞争性;竞赛的次数要适当,不宜过于频繁进行;分层次进行竞赛,使不同能力和水平的学生都有获胜的机会。

 **合理开展学习竞赛活动**

为了保证竞赛的适度性,应注意以下几点:①竞赛内容不要单一化。不要仅局限于语文、数学方面,还可从学校生活的各个方面开展竞赛,如书法、歌舞、绘画、普通话演讲、朗诵乃至集邮、摄影等,以培养学生广泛的兴趣。②应考虑学生心理年龄特征和竞赛题目的难易程度。例如,小学低年级学生喜欢进行以自我为中心的个人竞赛。另外,研究表明,对于简单作业(如计算、默写),竞赛会促使成绩上升,但对于复杂作业(如解答应用题),过分强调竞赛,反而会使成绩下降。对于复杂作业最好采用团体竞赛。③竞赛的要求必须具体、合理。有些项目应比速度、比数量,有些项目则应强调质量。为使学生获得竞赛的成功感,每个项目可多设一些奖,奖的等级多一些,使参加竞赛的学生都能有所收获。④在竞赛过程中,要注意对学生进行思想教育。首先,是集体主义与爱国主义教育,使学生认识到竞赛是向党、向祖国汇报学习的一种方式,使之成为激励学生的集体责任感与荣誉感的手段。其次,在竞赛标准方面,应体现鼓励进步与团结互助,使后进变先进,先进更先进。防止滋长自卑心理、骄傲情绪与个人主义等不良倾向。⑤可以按能力的高、中、低分组竞赛,使每个学生都有获胜的机会。做到成功者兴高采烈,更加努力,失败者也不灰心丧气,因为彼此差距不大,下次还有获胜机会。⑥竞赛活动要适量。竞赛本身在一定程度上会增加学生的心理紧张度,产生一定心理压力。但研究表明,强度适中的紧张情绪不会损害学生身心健康,而有助于学生集中注意地进行智力活动,提高活动效率。竞赛不宜过于频繁,题目也不宜过难,否则,将事与愿违。⑦竞赛要与评比、奖励相结合。在一般情况下,竞赛与评比都是激发学习动机的有效方式。从心理紧张度的角度分析,评比的紧张度稍弱一些,它所产生的内驱力也相对小一些;但它发挥作用的效应时间较长。而竞赛所产生的内驱力虽然较大,一旦结束,就会降低或消失,效应时间较短。在结果处理方面,竞赛一般都是进行量的指标分析;而评比则以质的指标分析为主。所以,应将竞赛与评比结合起来进行。另外,不论是竞赛或评比,都必须对优胜者进行表扬和奖励。这是巩固竞赛成果的有效手段,是进行正反馈的重要条件。

资料来源:沈德立,阴国恩.1992.非智力因素与人才培养.北京:教育科学出版社,87~88

（三）充分利用学习结果的反馈作用

学习结果的反馈，就是将学习的结果信息（包括学生运用所学的知识解决问题的成败，作业的正误，考试成绩的好坏等）提供给学生。许多实验研究表明，来自学习结果的反馈信息，不仅对学生的学习活动方式的改进具有调节功能，而且对学生的学习动机也常常具有激励的作用。这是因为，知道自己的学习结果，一方面能看到自己的进步，享受到成功的喜悦，求知欲得到满足，从而使学习的态度和手段得到了及时的强化，激起进一步学好的愿望；另一方面又能看到自己的缺点和不足，激起克服缺点和不足的信心与决心，并较快地得到改正和弥补。

例如，在罗斯（C. C. Ross）和亨利（L. K. Henry）的一个实验中，把一个班的学生分成三组，每天学习后都进行测验。主试对第一组学生每天告诉其学习结果，对第二组学生每周告诉一次学习结果，对第三组学生则不告诉学习结果。如此进行8周后，改变做法，除第二组仍然每周告诉一次学习结果外，第一组与第三组的情况对调，即对第一组不再告知学习结果，而对第三组则每天告诉学习结果。这样再进行8周。实验结果表明，第一组的学习成绩前8周持续上升，后8周则逐步下降；第三组前8周学习成绩提高缓慢，后8周则突然上升；第二组则前后8周都是稳步提高，如图7-4所示。从中可以看出，学习反馈在学习上的效果是很明显的，且每周反馈与每天反馈相比，又是每天反馈的效果最好。也就是说，及时反馈可以起到更大的作用。所以在对学生进行考查之后，要尽早把考卷发还学生，并进行讲评，不要拖太长时间，否则效果便会减弱。

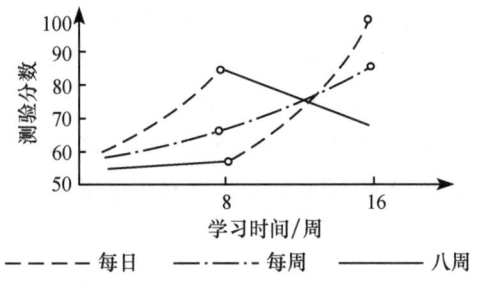

图7-4 反馈的效应

为了充分利用反馈的促进作用，还应对学生的学习结果进一步作出评价。教师的正确评价反映了教师对学生的期望，它能激发学习的上进心、自尊心，从而使学生产生再接再厉、积极向上的力量。当然，不同形式的评价对学习的影响是不同的。美国心理学家佩奇（E. B. Page）曾对74个班共2000多名中学生作了一项大规模的实验。他把每班学生都分成三组，给以不同的评价。第一组只给甲、乙、丙、丁一类的等级，无评语；第二组除标明等级外，还给以顺应的评价（即根据学生作业的结果给予好的或差的评价）；第三组给以特殊的评语，如甲等，都评以"优秀，保持下去！"；凡乙等的，评以"良好，继续努力！"；丙等评以"试试看，再提高点吧！"；丁等，则评以"让我们把这个成绩改进一步吧！"实验结果表明，三种不同的评价对学生后来的成绩有不同的影响（图7-5）。

相对来说，根据学生作业的优缺点，给以顺应评语，效果最好；千篇一律的特殊评语，其激励作用次于顺应评语，但差别不甚显著；而无评语组的成绩则相形见绌。由此可见，

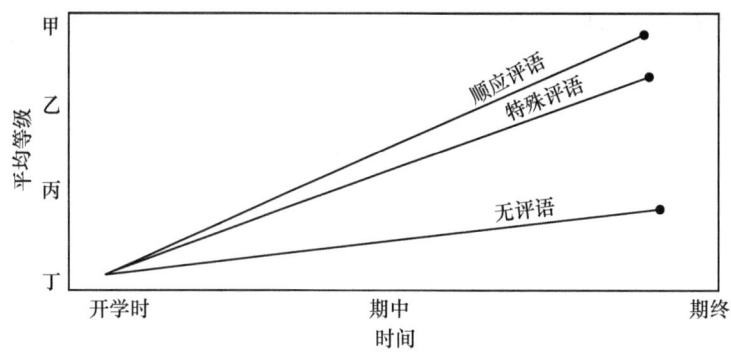

图 7-5 教师评语的效应

教师对于学生的作业,除了给予分数或等级以外,还应加以适当的评价,这对激发学生的学习动机,改进学习活动方式,均有积极作用。

（四）恰当运用表扬与批评

表扬与批评是对学生学习态度、学习成绩肯定与否定的一种强化方式。无论表扬还是批评,对于激励学生的学习动机都是有好处的。关于这一点,可以从赫洛克(E. B. Hurlock)的实验中得到有力的证明。赫洛克把 106 名四年级、五年级数学程度相同的被试分为 4 个等组,让他们在四种不同的诱因情况下练习难度相等的加法,共练习 5 天,每天 15 分钟。第一组为受表扬组,每次练习后对成绩好的加以表扬,对差的不加批评;第二组为受训斥组,每次练习后对成绩差的加以批评,对好的不加表扬;第三组为受忽视组,每次练习后,既不给予表扬,也不加以批评,只让其静听其他两组受表扬和挨批评;第四组为控制组,把他们安排在与以上三组完全隔绝的地方,不让他们知道这三组的任何情况。实验结果如图 7-6 所示。可见,表扬和批评都能起到推动学习的作用,但表扬的作用更明显;经常不断地批评比经常不断地表扬更易失去效果,但比受忽视要好。这是因为,正确运用表扬与批评,可以提高学生的认识水平,激发其上进心、自尊心、荣誉感和集体主义精神等。然而不正确的表扬与批评,则会使学生或是盲目骄傲,或是灰心失望,丧失自信心。一些实验还表明,成绩差的学生对表扬的反应积极;男生易受批评的影响,女生则易受表扬的影响;表扬与批评的效果是相对的,效果的大小取决于许多中介因素。例

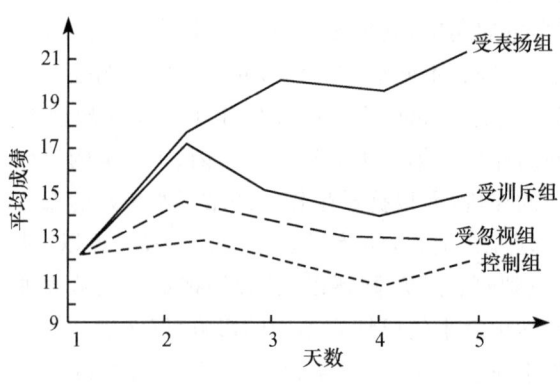

图 7-6 不同诱因的效果

如,学生过去受表扬或批评的历史、学生对活动积极参与的程度、学生对教师的看法以及师生关系等。因此,教师对学生无论表扬或批评,都必须持实事求是、客观公正的态度;要多用表扬,少用批评,特别是对那些"差生"更要善于发现其闪光点,抓住其点滴进步予以表扬;同时要针对学生的特点来进行。总之,表扬与批评的运用是一种艺术,必须机智灵活,恰到好处,方能使其收到应有的效果。

(五) 引导学生进行正确归因

归因是人们对他人或自己的行为进行分析,推断其行为的原因的过程。在前述的动机归因理论中,维纳把活动成败的原因主要归为能力、努力、任务难度、运气、身心状态和别人反应等六个方面,并从稳定性、因素来源、可控性三个维度进行了分析。不同的归因,不仅是对以往活动结果的解释,而更重要的是对以后的行为动机和积极性产生影响。就学习而言,如果学生把学习成功的原因归结为任务简单和能力强,会有利于增强学习动机,提高学习积极性;在失败的情况下,如果把原因归结为个人努力不够,可能提高学习积极性;如果把失败的原因归结为任务难、能力低,则会降低学习积极性。可见,引导学生进行正确归因对激发动机具有重要作用。

既然不同的归因方式会影响到主体今后的行为,也就可以通过改变主体的归因方式来改变主体今后的行为。同时,由于人们的认识能力总是有限的,再加上归因者某种动机或自尊心的影响,归因往往会产生误差。因此,在学生完成某一学习任务后,教师应指导学生进行成败归因。一般而言,无论对优秀生还是差生,归因于主观努力的方面均是有利的。因为归因于努力,可使优秀生不至于过分自傲,能继续努力,以便今后能继续成功;使差生不至于过于自卑,也能进一步努力学习,以争取今后的成功。当然,针对一些具体问题引导学生进行现实归因也是必要的。因为这样可以帮助学生分析除努力这个因素外,影响学习成败的因素还有哪些,是智力、学习方法,还是家庭环境、教师等因素。分析这些因素在多大程度上影响其学习成绩,并尽力指出解决这些问题的方法,以提高学生克服困难的勇气,增强自信心。

> **例解**　　　　　　　　**归因训练的方式**
>
> 　　对学生进行专门的归因训练,以消除归因误差。归因训练的方式主要有以下四种。①经验交流法。让学生总结自己学习的经验,找出成功与失败的原因,通过交流、相互启发,提高归因水平。②暗示、引导法。教师在课堂上通过一定的归因讲话,引导学生进行正确归因。还可要求学生在批改的试卷、作业上写出自己成功与失败的原因。③咨询法。教师在掌握一定心理学知识的基础上,找学生个别谈话,了解他们成功与失败的原因,并进行心理指导。④诊断—矫正法。对差生及自卑感较重的学生给予特别关注,正确诊断出他们的归因倾向和归因水平,对其不正确的归因倾向给予矫正,提高其归因水平。如有的差生归因于"脑子笨",就可多注意他在其他方面的特长,以其成功之处来证明他的脑子并不笨。另外,还可以对其积极归因(如努力不够、学习方法不当)进行表扬。
> 　　资料来源:沈德立,阴国恩.1992.非智力因素与人才培养.北京:教育科学出版社,81

总之,培养和激发学生学习动机的途径、方法和措施是多种多样的,必须根据学生的年龄特征和个性差异以及学习任务的不同灵活运用,最好是将多个方面结合起来,同时还应主动征得社会和家庭的支持和配合。只要教师自觉地、有效地运用,就能够调动学生学习的积极性,学生就有可能学得积极主动,并学有成效。

复习思考题

1. 简述学习动机的含义,并举例分析学习动机与学习活动的关系。
2. 你对各种学习动机理论有何认识和评价?
3. 如何有效地培养和激发学生的学习动机?

参考文献

陈慧芳,李学亮,王新民.1993.心理学教程.郑州:河南人民出版社
李伯黍,燕国材.1993.教育心理学.上海:华东师范大学出版社
李洪玉,何一粟.1999.学习动力.武汉:湖北教育出版社
李新旺.2003.心理学.北京:科学出版社
莫雷.2007.教育心理学.北京:教育科学出版社
王丕.1988.学校教育心理学.开封:河南大学出版社
伍新春.1999.高等教育心理学.北京:高等教育出版社
徐胜三.1993.中学教育心理学.北京:人民教育出版社
张春兴.1994.现代心理学.上海:上海人民出版社
章志光.1999.小学教育心理学.北京:中国人民大学出版社

第八章　学习策略与学习迁移

古人说:"授人以鱼不如授人以渔。"教师在教学过程中不仅要给学生传授知识,更重要的是要引导学生"学会学习"。"学会学习"的实质就是学会在适当的条件下使用适当的学习策略,并能将所学知识进行转化和迁移以解决相关问题。本章将分别从学习策略和学习迁移的含义及分类入手,介绍不同学习策略的特点及适用范围,以及影响学习迁移的主要因素,最终探讨在教学过程中如何对学生进行学习策略的训练,以及如何有效地促进学生的学习迁移。

本章知识点:
- ◆ 学习策略的含义
- ◆ 认知策略
- ◆ 元认知策略和资源管理策略
- ◆ 学习策略的训练
- ◆ 学习迁移的含义与分类
- ◆ 影响学习迁移的主要因素
- ◆ 促进学习迁移的教学措施

第一节　学习策略

一、学习策略概述

(一) 学习策略的含义

学习策略(learning strategies)是学习者为了提高学习的效果和效率,有目的、有意识地使用有效学习的规则、方法、技能及调控方式。它体现了学习者调节学习等高级认知活动的能力。学生只有掌握了恰当的学习策略才能在具体学习过程中灵活地选用各种学习方法,因此掌握学习策略是学会学习的标志。

学习策略不等同于具体的学习方法。学习方法是学习者在具体的学习过程中使用的方法或技能,如做笔记、列提纲等,具有较强的情境性。学习策略的实质在于对学习进行自我调节和控制,它不仅包含具体的学习方法,同时还包括对学习的调控。有的学生可能掌握了具体的学习方法,但面对特定的学习内容时可能不会使用或不知道怎样使用这些方法,原因就在于并没有真正掌握相应的学习策略。

(二) 学习策略的分类

研究者提出了多种学习策略的分类体系。在此将重点介绍迈克尔(Mckeachie, 1990)等人的学习策略分类。他们将学习策略分为三类,认知策略、元认知策略和资源管理策略,每一类策略又包含具体的策略和方法,图 8-1 所示(陈琦和刘儒德, 2007)。

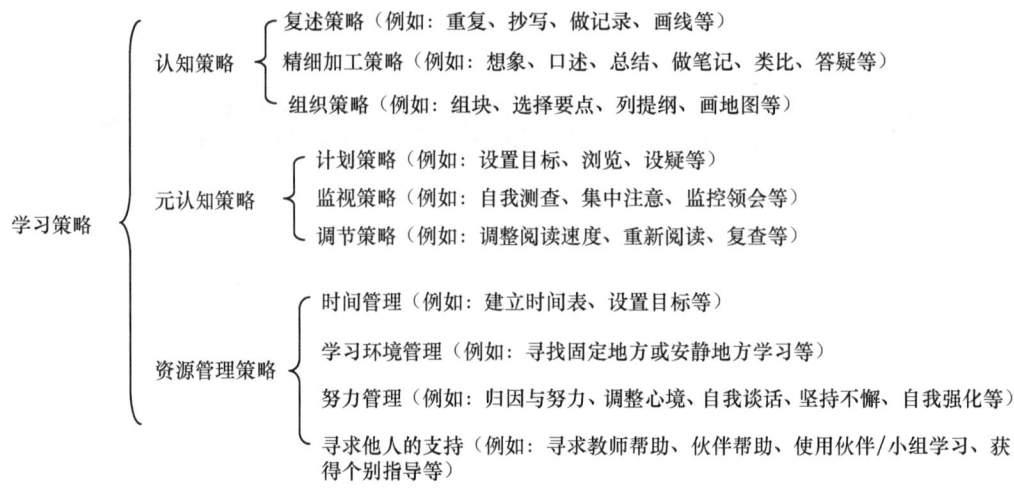

图 8-1　学习策略的分类

二、认知策略

认知策略是加工信息的一些方法和技术,这些方法和技术能使信息较为有效地从记忆中提取。认知策略可以细分为复述策略、精细加工策略和组织策略。

(一) 复述策略

复述策略是指在工作记忆中为了保持信息,在大脑中对信息进行重复的过程。在某些简单的任务中,如为了记住一个新的电话号码或人名,我们会用到复述策略。在学习过程中为了记住一个单词,或一个公式等也要用到这一策略。常见的复述策略有复习、过度学习(见前面有关章节)和画线等。

画线能使学生快速找到课文中重要的信息。有研究表明,如果学生画出课文中重要的相关的信息,学生就能从课文中学到更多的东西。但画线内容必须是材料的重要内容,有研究发现,画出无关信息将降低对重要材料的回忆。下面将对画线技术的使用提供具体建议:①圈出不知道的词;②标明定义;③标明例子;④列出观点、原因或事件序号;⑤在重要的段落前面标加重号;⑥在混乱的章节前画上问号;⑦给自己作注释;⑧标出可能的测验项目;⑨画箭头表明关系;⑩注上评论,记下不同点和相似点。

(二) 精加工策略

复述策略在学习中能加深信息在头脑中的印象,并不能帮助我们理解信息。因此复述过的知识还需要精加工策略来加深理解。

精细加工策略是一种深层加工策略,是指将新学材料与头脑中已有知识联系起来,对新信息进行精细加工,以揭示其深层含义的策略。研究表明,对材料的精细加工越深入越细致,回忆效果就越好。

1. 记忆术

记忆术是一种通过给识记材料安排一定的联系以帮助记忆的方法,尤其是对于有些无意义材料,我们可以通过记忆术的方法将其与已知的有意义知识发生联系,加深对知识

的理解,增强对该类材料的记忆。具体的方法有以下几种:

(1) 位置记忆法。位置记忆法就是学习者在头脑中创建一幅熟悉的场景,在这个场景中确定一条明确的路线,在这条路线上确定一些特定的点。然后将所要记的项目全部视觉化,并按顺序和这条路线上的各个点联系起来。回忆时,按这条路线上的各个点提取所记的项目。位置记忆法对于记忆有顺序的系列项目特别有用。

例如,想象在校园里从宿舍到商店,路上有书店、邮局、招待所、水房和食堂。现在要求记住去商店要买的商品名称:奶粉、黄油、面包、啤酒、香蕉,在所记项目和特定位置之间可以进行如下的联想:在书店里到处都迷漫着奶粉、书本上都沾满了奶粉;在邮局里人们正用黄油贴邮票;招待所里所有的沙发等家具全是面包制成的;水房里水龙头流出热气腾腾的啤酒;食堂改成舞厅,香蕉式的人们正翩翩起舞。这种联想越奇特越好。回忆时,只要按路线上的各特定位置联想所记项目就可以了。这就是位置记忆法。

(2) 谐音联想法。这种方法就是对记忆材料进行谐音处理,同时通过联想与相关信息发生意义联结,以提高记忆效果。尤其是在记忆一些枯燥生涩的材料时这种方法可以达到事半功倍的效果。例如,学生记忆刘志丹生于1902年,死于1936年时,可记忆为:刘志丹是国家栋梁(02),战死在山路(36)上。这样既符合史实,又便于记忆。

 **例解**　　　　　**谐音法记忆圆周率**

相传有一个私塾先生,每天让学生背诵圆周率($\pi = 3.1415926535897932384626\cdots$),自己却到山上寺庙里与一和尚饮酒。学生们怎么也记不住。一天,有一学生编了一顺口溜,学生们很快就记住了。结果使先生大吃一惊,这个顺口溜是:"山巅一寺一壶酒,尔乐苦煞吾,把酒吃,酒杀尔,杀不死,乐尔乐。"在这里,学生将无意义的数字系列通过谐音法赋以意义,并且转化为视觉表象,把有意义的信息或视觉表象当做"衣钩"来"挂住"所要记住的数字。在记忆电话号码、门牌号时,这种方法也行之有效。

资料来源:吕超,胡谊.2010.记忆的魔术.上海:华东师范大学出版社

(3) 缩简与口诀法。缩简就是将识记材料的每条内容简化成一个关键性的字,然后变成自己所熟悉的事物,从而将材料与过去经验联系起来。例如,学生记忆《辛丑条约》的内容。《辛丑条约》内容为:①要清政府赔款;②要清政府保证禁止人民反抗;③允许外国在中国驻兵;④划分租界,建领事馆。在记忆时,可以将其缩简为"钱禁兵馆"(谐音"前进宾馆")来帮助记忆。

有时,还可以将材料缩简成口诀。口诀韵律和谐,抑扬顿挫,非常有助于记忆。在缩简材料编成口诀时,最好靠自己动脑筋,把它变成自己的东西,同时要求口诀精炼准确,富有韵律。例如,记忆二十四节气时就可以编写成"二十四节气歌":春雨惊春清谷天,夏满芒夏暑相连,秋处露秋寒霜降,冬雪雪冬小大寒。这样背起来朗朗上口,而且记忆效果很好。

(4) 形象联想法。形象联想法就是对记忆材料进行视觉想象,将其转换成直观、形象的内容进行记忆。联想时的想象越奇特,加工就越深入、越细致,记忆效果也就越好。例如记忆英语单词"avarice",中文意思是"贪婪的",使用形象联想法可以将该单词想象为一个人脸的形状,两个"a"为人的双眼,"v"想象为鼻子,嘴巴"贪婪地"吃"大米(rice)"。这样通过形象联想就把单词的拼写和含义巧妙地结合在一起,提高了记忆效果。

2. 做笔记

做笔记是在阅读和听课时较为常用的方法,能促进对新信息的精细加工和整合。笔记有多种,如读书摘要、重点总结、书评等。研究发现,用自己的话做笔记和为了准备教别人而做笔记效果更好,因为这种笔记要求对信息进行更高水平的心理加工。麦克沃特(McWhorter,1992)研究认为,做笔记应该包括以下步骤:①在笔记的每页左边或右边留出大约1/3的空白,做笔记时要保留出这片空白;②做完笔记后,在空白处用词和句子简要总结笔记,也可以写一些问题等。

在教学过程中,教师可以通过以下方法促进学生做笔记和复习笔记:①讲演慢一点;②重复复杂的主题材料;③呈现做笔记的线索;④在黑板上写出重要的信息;⑤给学生提供一套完整的笔记,让学生参考;⑥给学生提供结构式的辅助手段,如提纲或二维方格表等。

3. 提问

提问法就是针对学习材料提出一些促进理解的问题并努力寻求回答。提问法有助于学生对课文、讲演以及其他信息的深入理解。研究发现,如果在阅读时教学生提一些"谁"、"什么"、"哪儿"和"如何"的问题,他们能领会得更好。有的学习者在接触到新信息后,就会这样对信息进行思考:这一新信息意味着什么?与课文中的其他信息以及以前所学的信息有什么联系?或者还可能用其他哪些例子来说明这种新知识?例如学习"瑞士在国际关系中是一个政治中立的国家"这一信息时,优秀的学习者把这一信息和瑞士几个世纪来从未卷入战争的历史联系起来,并且可能由中立关系推论出瑞士作为世界银行的角色。

4. 充分利用背景知识

精细加工强调在新学信息和已有知识之间建立联系,可见背景知识的多少在学习中是非常重要的。对于某一事物,我们到底能学会多少,最重要的一个决定因素就是我们对这一方面的事物已经知道多少。有研究者曾让大学生学习棒球和音乐方面的信息,结果发现,那些熟悉棒球但不熟悉音乐的学生,棒球方面的信息学得多一些;相反,那些熟悉音乐而不熟悉棒球的学生,音乐方面的信息学得多一些。事实上,背景知识比一般学习能力更能使教师预测学生能学会多少。因此,在学习中教师一定要引导学生把新的知识和他们已有的背景知识联系起来。

5. 联系实际生活

我们学习的好多信息,往往只能适用于限定的或人为的环境之中,知识的可利用性较低,这就是所谓的惰性知识。我们常说的"书呆子"、"死啃书本",其实就是因为对惰性知识的学习导致的。因此,在实际的学习中不仅要理解知识,还要联系实际生活,知道如何及何时使用这些知识,这样做不仅能加深对知识的理解,同时也提高了知识的可利用性。

资料窗　　　　　　　　　　　PQ4R 方法

PQ4R 方法是由托马斯和罗宾逊(Thomas and Robinson,1972)提出来的一种学习策略。PQ4R 是由几个步骤的首字母缩写而成,分别代表预览(preview)、设问(question)、阅读(read)、反思(reflect)、背诵(recite)和复习(review),如表 8-1 所示。有研究表明该方法对稍大儿童有效。PQ4R 程序的使用可以使学生集中注意力,有意义地组织信息,并使用其他有效的策略。

表 8-1　PQ4R 方法的具体使用

步　骤	解　释
预览	快速浏览材料,对材料的基本组织主题和副主题有一个了解。注意标题和小标题,找出你要读的和学习的信息
设问	阅读时问自己一些问题。根据标题用"谁"、"什么"、"为什么"、"哪儿"、"怎样"等疑问词提一些问题
阅读	阅读材料,不要泛泛地做笔记。要试图回答自己提出的问题
反思	通过以下途径试图理解信息:①把信息和你已知的事物联系起来;②把课本中的副题和主要概念及原理联系起来;③试图消除对呈现信息的分心;④试图用这些材料去解决联想到的类似问题
背诵	通过大声陈述和一问一答,反复练习,记住这些信息,你可以使用标题、划了线的词和对要点所做的笔记来提问
复习	最后一步,积极地复习材料,主要是问你自己问题,只有当你肯定答不出来时,才重新阅读材料

资料来源:Slavin R E. 2003. 教育心理学——理论与实践(第 7 版). 姚梅林等译. 北京:人民邮电出版社

(三) 组织策略

以上介绍的精细加工策略的主要作用是使新知识与已有知识取得联系,从而加深对新知识的理解,但是该策略并不解决所学新知识之间的内在联系。要解决这一问题需要使用组织策略。

组织策略是指整合所学新知识间、新旧知识间的内在联系,形成新的知识结构的策略。该策略的使用可以使信息由繁到简,由无序到有序,从而节约一定的心理资源。假如,你周末上街买食品,东西很多很杂,难免丢三落四,但如果用某种逻辑的方式将这些东西组织起来,如将这些具体的食物可以归入主食、蔬菜、肉类、水果、饮料、调味品之中,这些东西就会容易记住,这就是组织策略的有效利用。主要的组织策略有以下几种。

1. 列提纲

列提纲时,先对材料进行系统的分析、归纳和总结,然后,用简要的语词,按材料中的逻辑关系,写下主要和次要观点。要求每一具体的细节都包含在高一水平的类别中;所列出的提纲要具有概括性和条理性。

例解　　　　　　　秦巩固统一的措施

- 政治措施:①称始皇帝,享官吏任免权;②设丞相、御史大夫、太尉;③实行郡县制,全国分三十六郡。
- 经济措施:①统一货币;②统一度量衡。
- 思想措施:①焚书;②统一文字;③坑儒。
- 军事措施:①南攻白越;②北击匈奴;③修筑长城。

资料来源:曾美英. 2008. 应用教育心理学. 贵阳:贵州人民出版社

2. 图示法

图示法就是用画关系图的方法将学习材料进行整理归类,可以是以金字塔式的层次结构呈现,如图8-2所示;也可以网络图的方式呈现,如图8-3所示。这种策略不仅使知识间关系清晰有逻辑,而且使信息呈现视觉化,从而促进对知识的理解和记忆。

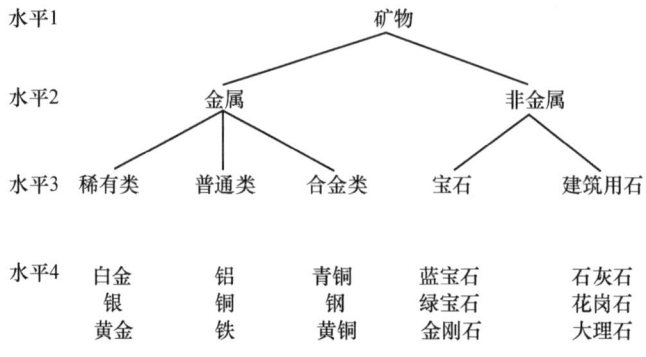

图8-2 矿物分类的层次结构图

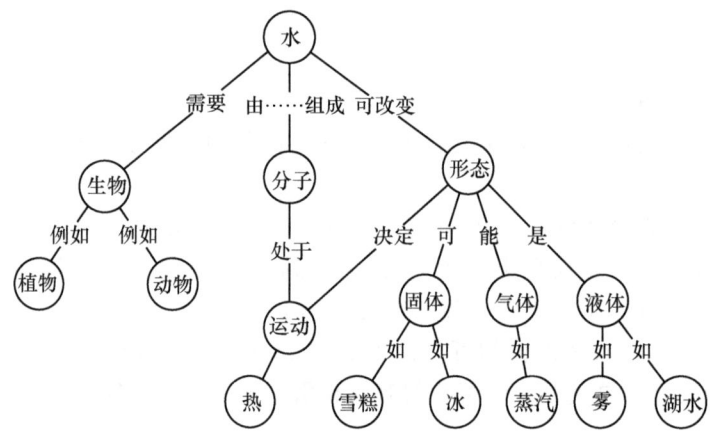

图8-3 关于"水"的网络关系图

三、元认知策略和资源管理策略

(一) 元认知

当你读一本书时,你对书本内容的感知和理解属于认知活动,同时你还会意识到有的地方自己读不懂,你可能会放慢速度,或多读几遍,这个过程就是元认知。一般认为,元认知包括元认知知识、元认知体验和元认知监控等三个方面。

1. 元认知知识

元认知知识是个体对于什么因素影响人的认知活动过程与结果,以及这些因素如何起作用、如何相互作用等方面的知识。具体包括三方面内容:其一,有关认知者本人的知识,如"我知道自己的记忆力比别人强"等;其二,有关认知任务的知识,如认识到某些信息是熟悉的或生疏的;其三,关于认知策略及其使用方面的知识,如学习新知识时,知道选用过度学习和及时复习的方法避免遗忘等。

2. 元认知体验

元认知体验是个体在从事认知活动过程中产生的认知体验或情感体验。这些体验可能被学习者清晰地意识到,也可能是模糊不清而不容易表达出来的。例如,考试时,发试卷前因为不知道考题难易,会感到紧张和焦虑;试卷拿到手后浏览一遍感觉题目容易,于是倍感轻松;考试中,解一道题遇到困难,心里顿感困惑和烦躁;考试结束后估计自己考得不错而沾沾自喜或突然醒悟某题答错而无比沮丧等。

3. 元认知监控

元认知监控是指个体在认知活动过程中,对自身的认知活动进行积极、自觉的监视、控制,并相应地进行调节,以达到预定的目标。在具体的学习过程中,它既包括学习前根据学习任务的要求和自己的认知活动状况制订切实可行的学习计划;又包括学习过程中,适时监控、调节,以保证学习活动的顺利进行;还包括学习结束后对学习结果的了解与评价,检查自己的学习结果是否达到预定目的,做出正确的归因,以及提出补救措施等。

(二) 元认知策略

元认知策略就是个体在元认知过程中使用的不同方法和技术。主要包括计划策略、监控策略和调节策略等。

1. 计划策略

计划策略是指学习者在一项认知活动之前,根据既定的认知目标,计划认知程序,选择适当的学习策略,预测认知结果等。包括设置学习目标、浏览阅读材料、产生待回答的问题以及分析如何完成学习任务等。

2. 监控策略

监控策略指在认知活动进行的过程中,根据认知目标对认知状况进行及时评价,对认知活动过程的问题与不足进行反思,正确估计自己所能完成的认知目标的程度、水平;并根据有效性标准评价认知活动、各种策略使用的效果。具体包括监视注意状况、考察学习环境的变化、对材料进行自我提问、考试时监视自己的速度和时间等。这些策略可以帮助个体警觉自己在注意和理解方面可能出现的问题,以便进行调整。

3. 调节策略

调节策略指根据对认知活动结果和认知策略使用效果的监察,一旦发现问题,及时采取补充、修正措施,并调整不合适的认知策略。调节策略主要包括根据学习情境的特点,激活相应的学习方法;根据学习情境的变化,及时调节学习方法的使用;根据学习的效果,客观地评价自己的学习活动和学习方法的适用性,并把对学习效果的评价作为改进自己学习的重要手段。例如,当学习者意识到自己不理解课文的某一部分时,就会倒回去重读难理解的段落;当阅读比较生疏的材料时,就会主动放慢速度等。可见,调节策略和监控策略是密不可分的,只有监控到问题才可能进行调节。

以上三种具体的元认知策略在学习过程中不是截然分开的,而是相互渗透,以整合的形式作用于学习过程。例如,一个学生正在学习"辛亥革命"的历史,根据之前对这一知识的了解,他为自己制订了一个简单的计划,列出要理解的要点和要记忆的重要事件。之后他用自己的话口头复述这一章的重点,并列出关键的历史事件。在学习过程中该学生监控自己的学习,并适时进行学习状况评价,后来意识到自己在分析一些战争和条约的历史意义上有困难,于是就以解答论述题的方式对这部分内容再次加深理解。在这一学习过程中,制订计划、监控和评价学习、调整学习方法等都是元认知策略的表现。

元认知策略总是和认知策略协同作用的。如果一个人没有使用认知策略的技能和愿望,他就不可能成功地进行计划、监控和调节。如果一个学习者只拥有众多的认知策略,却没有必要的元认知技能来帮助他们决定在某种情况下使用哪种策略或改变策略,那么他也不可能成为一个成功的学习者。

(三) 资源管理策略

资源管理策略就是学生对可用的学习环境和资源进行合理管理的策略,具体包括时间管理策略、学业求助策略、努力管理策略、学习环境管理策略等,下面将详细介绍前两种策略。

1. 时间管理策略

对于学生而言,时间是一种非常重要的学习资源,高效地利用学习时间能提高学生的学习效率,增强学习自信心。下面是几种有效的时间管理方法。

(1) 统筹安排时间。例如,A、B 两个中学生,早上都习惯听一听外语录音和广播电台的新闻。这两位学生早上时间使用的情况是这样的,如图 8-4 所示。

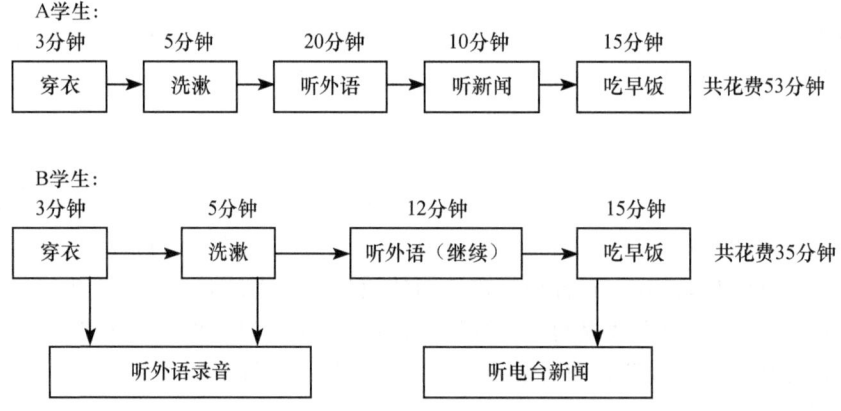

图 8-4 两位学生早上时间使用情况

显然,两位学生处理的事务是一样的,但各自所花费的时间却不同。A 学生是线性安排时间,在一个时间段里只做一件事情;B 学生是统筹安排时间,即在同一时间段同时进行两件事情,这样时间的利用率就提高了。

(2) 根据事情的轻重缓急合理安排时间。在一天的时间里需要处理很多事情,为了有效地利用时间,应该将要处理的事情进行排序,合理地分配时间。排序的依据一般为事情对我们的重要性和紧急程度,通过这两个维度将事情分为四种类型(陈琦和刘儒德,2007),如图 8-5 所示。

对于第一象限(既重要又紧急)的事情,毫无疑问地大家都认为应该优先安排时间。而造成时间管理效果差异的秘密在第四象限即处理重要但不紧急事情。成功者会用大约 60%~68% 的时间处理这些事情,而普通人只有 20% 的时间用在这一类事情上。因为这类事情的紧急程度掩盖了它们的重要性,而且一般对于重要的事情解决起来压力也较大,

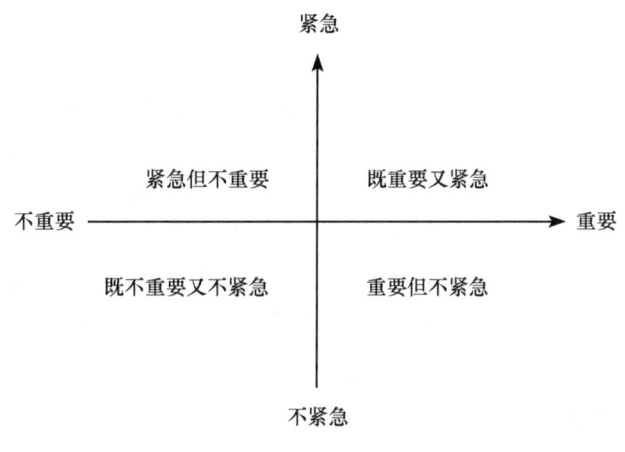

图 8-5 时间管理象限图

因此,人们往往会尽量拖延。普通人往往在第三象限即既不重要又不紧急的事情上耗费最多的时间,因为处理这些事情没有任何压力,如整理整理文具盒、看看报纸等,其次是第二象限即紧急但不重要的事情,因为紧急的事情总是最先吸引人们的注意力。可见一般人都将大部分时间浪费了在了不重要的事情上,尽管忙忙碌碌却毫无效率可言。因此高效的时间管理者应该将时间的重心放在重要的事情上。

> **资料窗　　有效的时间管理策略**
>
> ★ 确立有规律的学习时间段。每天只要预留固定的几小时来学习,那么学习就不需要每天重新计划,而会成为一种习惯化的活动。
>
> ★ 确立切合实际的目标。很多学生倾向于低估完成一个学习任务所需的时间,因此他们应该稍微高估所需的时间,直到有比较精确的估计能力为止。
>
> ★ 使用固定的学习区域。当学生在一个采光良好、远离噪声、没有分心因素、能够集中注意力的地方学习时,他们的时间利用会更有效。
>
> ★ 分清任务的轻重缓急。当有很多事情需要做时,应分清事情的轻重缓急,先完成相对重要的事情。通常先解决困难的科目,然后完成相对容易的科目,因为人们的注意力往往是在开始时更为专注。
>
> ★ 学会对分心的事物说"不"。当朋友、兄弟姐妹或其他人想和你聊天而不是学习时,或者想完全摆脱学习时,作为学生必须准备好一种并不冒犯的方式对他们说"不"。
>
> ★ 自我奖励学习上的成功。学生可以把完成学习任务后就可做自己喜欢的其他活动作为奖励条件,来提高自己的注意力。但关键是要保证各种奖励是在学习目标实现之后才可以得到的。
>
> 资料来源:陈琦,刘儒德.2007.当代教育心理学.北京:北京师范大学出版社

(3) 高效利用最佳时间。在不同的时间里,人的体力、情绪和智力状态是不同的,也就是说学习时间的质量可能是不一样的。例如,有人在一天里早上记忆力最优,有的人在晚上记忆最佳。因此,要根据自己的生物钟安排学习活动,尽量将重要的学习内容安排在学习效率最高的时间段。

2. 学业求助策略

学业求助策略是指当学习者在学习过程中遇到困难时,向他人请求帮助的行为。一般来说,只有当问题和困难经过自己的努力后确实无法解决和克服时,才能考虑向他人寻求帮助。求助的对象可能来自现实世界之中的人或物,如教师、家长和同学或者书本等;也可能来虚拟世界中的网络资源。个体可以根据问题的性质及现实情况选择有效的求助途径。在实际的学习生活中,有一部分学生在遇到自己无法独立解决的困难时,选择了回避求助,担心求助会让人嘲笑,这不利于个体的发展。需要指出的是,他人的帮助如同课本一样,也是一种重要的学习资源,学业求助不是自身能力缺乏的标志,而是获取知识、增长能力的一种途径。

四、学习策略的训练

学生的学习策略水平是否可以通过教学的途径提高?一系列的研究证明答案是"肯定的"。但是在实际的教学活动中,多数教师只关注学生的知识学习,而许多学生也总是把学习的失败归因为能力不足,较少考虑到学生的学习策略水平。国外的一项研究发现,小学教师只用3%的时间向学生建议一些记忆和学习策略,面对所学课程,学生常常意识不到使用必要的学习策略。甚至还有部分教师认为,学生的学习策略是在自己的学习过程中摸索出来的,根本不需要教师专门教授。因此,强调学习策略的可教性,同时在教学中注重对学生学习策略的训练,对提高学生的学习能力非常重要。

(一) 学习策略的训练原则

1. 特定性原则

特定性原则是指学习策略要与学习目标、学生的类型相适宜,即通常所说的"具体问题应具体分析"。研究发现,相同的策略对于不同的学习者,如年长的和年幼的,成绩好的和成绩差的,外向型的与内向型的,在学习中所发挥的作用是不一样的。所以,在进行学习策略训练时应当因材施教,先判断学习者特点,再予以正确指导。

2. 生成性原则

生成性原则是指学习者在学习的过程中利用学习策略对所学材料进行高度的深层加工,进而产生某种新的东西。要想使一种学习策略产生效用,这种心理加工是必不可少的。生成性程度高的策略有:写内容提要、提问、列提纲、图解要点之间的关系、向同伴讲授课的内容要求等。生成性程度低的策略有:不加区分的划线、不抓要点的记录、不抓重要信息的肤浅的提要等,这些方法对学习没有任何帮助。

3. 有效监控原则

有效监控原则是指学生应当知道何时何地如何使用某种学习策略,并能反思和描述自己对学习策略的运用过程。这一原则对学生使用策略很重要,但许多教师却常常忽视这一点,这可能是因为他们对学生实践能力认识不到位,认为学生自己能行。所以,教师在教授学习策略时,要直接向学生交代清楚何时何地如何使用某策略,同时还应指导学生在运用学习策略的过程中进行反思,考察自己对策略的使用情形。

4. 个人效能感原则

个人效能感原则指教师应给学生提供机会,使其感觉到策略使用的有效性以及自己使用策略的能力。因为学习者的心向和态度对学习的影响很显著,一个学习者有可能知道何时以及如何使用相应的策略,可是如果他不愿意使用这些策略,那么策略对他就毫无价值。只有那些相信策略能提高学习成绩并掌握了适当策略的学生,才能提高学习能力。所以,教师一定要给学生创设适当的机会让他们感受策略的效力。例如,在学生学习某材料时,不断地向学生提问和测查,及时给予反馈,使学生感到使用学习策略学习就会有更大的收获。

(二) 提高学生学习策略水平的方法

1. 适当地向学生传授基本的学习方法

学习策略不等同于具体的学习方法,但具体的学习方法是构成学习策略的基础,犹如坚实的地基相对于高楼大厦。因此,训练学习策略时,应先教给学生基本的学习方法。对于学生而言,基本的学习方法主要有两类:一是与各学科学习相关的专用型学习方法,如在语文学习中"确定生字——查字典了解字义和读音——知道书写"的识字法,化学课中实验操作和观察实验结果的方法等;二是适用性较广的通用型学习方法,对于各学科的学习都有帮助,如尝试回忆法、复习法等。

向学生传授基本学习方法主要有两条途径。一是在日常的教学过程中向学生渗透学习方法,尤其适合于专用型学习方法。如语文课的识字学习,当学生遇到生字时,教师不要直接向学生介绍生字的读音、书写和含义,而是向学生介绍如何查字典,使学生在实践中掌握识字的方法。为了实现学习方法的有效渗透,要求教师在备课时必须考虑以下问题:学生在学习这部分课堂内容时需要哪些学习方法?在这些学习方法中,哪些学生已经掌握?应该如何在具体的教学过程中向学生渗透这些新的学习方法?二是利用专门的学习方法指导课向学生介绍学习方法,尤其是通用型学习方法。当然也可以采用开设学习方法专题讲座的方式向学生专门传授学习方法。

2. 给学生提供灵活使用学习方法的机会和条件

学生掌握了学习方法,但如果不将这些方法应用到具体学习中,或不会应用到具体学习中,这说明他仍没有形成学习策略,因此必须给学生提供灵活使用学习方法的机会和条件,使学生在实践中体会方法的使用技巧及有效性。第一,要求教师根据教学要求和学生特点创设活动情境,也就是说,教师在备课时应以教学实际和学生自身认知水平设计教学活动,而不是依教师自己对教学内容的认识来备课。第二,教师在课堂教学中应能对学生的各种表现进行灵活处理,设法为学生提供使用学习方法的机会。

 **例解**　　　　**教师如何创造机会促进学生思考**

在一节初中平面几何课上,教师导出"直角三角形两锐角互余"的性质后,向全班学生提出问题"谁能分清这个命题的假设和结论,并用'如果…那么…'的句型表述?"

A学生:如果直角三角形,那么两锐角互余。

教师:A同学能把命题的假设和结论正确分开,这很好。哪位同学能把语言组织得更好一些?(教师没有直接否定学生的表述,而是在肯定他能把命题的假设和结论分清的基础上,巧妙地把纠正该学生的表述错误转化为另一个问题)

B学生:如果一个三角形是直角三角形,那么它的两锐角互余。

> 教师:同学们赞成哪一位的表述?
> 众学生:B同学。(让全班学生自己评判两种表述的正误,促使全班同学积极思考)
> 教师:A同学,你认为哪一种表述比较好呢?能否重新表述一遍?(给A学生一个自我纠错的机会)
> A学生:…(复述不清)
> 教师:请B同学再说一遍。
> B学生:(复述一遍)。
> 教师(对A同学说):你现在会表述吗?(再给A学生一个学习和思考的机会)
> A学生:(复述正确)
> 教师:很好。
> 资料来源:张承芬.2000.教育心理学.济南:山东教育出版社

3. 对学生进行元认知训练

在实际的学习过程中,学习方法的应用是在元认知的调控下进行的,因此提高学生的元认知水平是优化学习策略的关键。元认知的训练内容很多,但在实际教学过程中主要是训练学生对学习过程的自我意识和自我调控,具体的方法就是教会学生自我反省。例如,教师可以改变作业批改方式,对于回答正确的题目打"√",对于错误的题目,要求学生在反省的基础上再订正,反省的内容包括"错在哪里?"、"为什么会出错?"、"现在能不能正确解决?"等;当学生完成反省后,要求他们把正确的解题过程重新写在另一个"订正本"上。另外,教师也可以专门开设"学习反省课",让学生在课上交流自己学习成功的经验和反省的经验,促使学生进一步反省。

第二节 学习迁移

一、学习迁移概述

(一) 什么是学习迁移

学习迁移是指一种学习对另一种学习的影响,即学生在一种情境中知识、技能的获得或态度的形成对另一种情境中的知识、技能获得或态度形成的影响。例如,学会了骑自行车有助于学习骑摩托车;掌握了英语,有助于学习法语、德语等另一门外语;学生在生活中养成了爱整洁的习惯,有助于在各科作业上也保持这种习惯,等等。可以说,学习的迁移现象无处不在,它是伴随着学习过程而出现的一种普遍而重要的现象。只要有学习发生,就会有学习迁移现象。迁移现象不仅存在于知识、技能的学习之中,而且也存在于兴趣、情感、意志、态度、品德等方面的学习中。

(二) 学习迁移的分类

迁移现象在学习中普遍存在,因此可以根据不同的分类标准对迁移进行归类,以下介绍几种不同的迁移分类。

1. 正迁移和负迁移

从迁移产生的效果来划分可以将迁移分为正迁移和负迁移。正迁移,又称为积极迁移,是指一种学习对另一种学习产生的积极影响或促进作用,正如"举一反三"、"触类旁通"。如会写铅笔字,就容易学会写钢笔字;会骑自行车,就容易学会骑摩托车。在教育工作中所说的"为迁移而教",就是指正迁移在教学中的应用。

负迁移,又称为消极迁移,是指一种学习对另一种学习产生的消极影响或阻碍、干扰作用。如在立体几何中使用平面几何的"同垂直于一条直线的两直线相互平行"的定律,可能干扰学生的学习效果。负迁移可以通过反复练习而加以排除,一般说如果在掌握新知识或技能时,一开始就注意它的精确性,并与旧知识或技能相区别,经过反复练习,达到熟练程度,干扰作用就会大大减少或消除。

另外,学习的正迁移与负迁移可能在学习中共存。例如,中国人学习日语,一开始汉语对学习日文(含有大量汉字)有正迁移,而随着学习的深入,汉语句子里的词序与日语句子里的词序有些是相反的,就产生了干扰作用。

2. 顺向迁移与逆向迁移

顺向迁移与逆向迁移是从迁移产生的方向来划分的。顺向迁移是指先前学习中所获得的经验对后继学习的影响。当学生面临新的学习情境和问题时,如果利用了原来的知识和技能获得了新知识,解决了新问题,这种迁移就是顺向迁移。如在学习了物理概念"平衡"以后,就会对以后所学习的化学平衡、生态平衡、经济平衡等产生影响。我们所说的"举一反三"即是顺向迁移的例子。顺向迁移有助于新知识的掌握和理解,如果教师在教学过程中明确教材中前后、新旧知识间的内在联系,找到旧知识的延伸点和新知识的生长点,就能有效地促进顺向迁移。如制图课为了教基本几何体的投影,大纲的安排是先学点投影,继而线投影,最后学面投影,在此基础上再过渡到基本几何体的投影。这种教材内容的编排就考虑到了旧知识的延伸,形成新知识的生长点,从而使问题迎刃而解。

逆向迁移是指后继学习对先前学习的影响,即后继学习引起先前学习中所形成的认知结构的变化。如在学习了动物概念之后,再学习植物、微生物的概念,就会使原有的动物概念发生变化,特别是在动物和植物、微生物的联系与区别上,丰富了动物的概念。逆向迁移有助于对已有知识的巩固和完善,但在教学中,逆向迁移的应用远不如顺向迁移充分。教师只重视对差生补差补缺,结果是延长学习时间,加重学生课业负担。根据逆向迁移的原理,其实教师完全可以利用后续学习的时机,在完成后续教学任务的同时,借助后续学习的某些教学环节和具体训练过程解决先前的遗留问题。而且学生对某一概念、性质、法则、定理的认知、理解、运用并不是一次可以完成的,允许有一个多次反复过程,才能达到认识全面,理解深刻,运用自如的程度。

3. 水平迁移与垂直迁移

水平迁移与垂直迁移是从迁移内容的不同抽象与概括水平来划分的。水平迁移,又称为横向迁移,是指处于同一抽象概括层次的学习间的相互影响。此时,学习内容间的逻辑关系是并列的,抽象性和概括性程度相当。例如,数学课上学习的三角方程式知识能够促进物理课学习计算斜面上下滑物体的加速度;有关写钢笔字的经验可以向写毛笔字迁移等。教学中除了在纵向遵循由一般到具体,不断分化的原则以外,教师还应从横向加强学习内容之间的联系,引导学生探索学习内容之间的异同,培养学生综合分析问题、解决问题的能力。通过横向比较,不仅拓宽了学生的思维范围,而且把相关知识一线相连,促进学生形成良好的认知结构。

垂直迁移,也称为纵向迁移,是指不同抽象概括层次的各种学习之间的相互影响。从学习内容的逻辑关系来说,有的学习内容的抽象性和概括性较高,这种学习内容在其形成的认知结构中是一种上位结构;有些学习内容的抽象性与概括性较低,其形成的认知结构属于下位结构。以"角"和"直角"这两个概念来讲,前者抽象性与概括性较高,属于上位概念;后者抽象性与概括性较低,属于下位概念。这两个概念在认知结构中形成两个不同的层次。在学习中,我们经常有这样的经历:遇到一部分较难的内容,怎么学都觉得没有学透,但是由于时间的原因,只能往下学习新的更难的内容。出人意料的是,学完了更难的内容回头一看,豁然开朗!原来没学透的内容现在变得一点都不难了,这就是不同层次的学习间所产生的一种垂直迁移。

4. 一般迁移与具体迁移

一般迁移与具体迁移是根据迁移内容的不同来划分的。一般迁移,也称为普遍迁移,是指在一种学习中所习得的一般原理、原则和态度对另一种具体内容学习的影响,即将原理、原则和概念具体化,运用到具体的事例中。例如,学习金属热胀冷缩原理后,很容易掌握各种金属的一般特征;掌握了有理数的运算规则,直接影响到其他各种运算的学习。

具体迁移,也称为特殊迁移,是指在一种学习中习得的具体、特殊的经验直接迁移到另一种学习中。例如,在跳水比赛的各个项目中,其基本动作都是一样的:弹跳、空翻、入水等。如果运动员在某一项目中将这些基本动作熟练掌握,那么他在学习新的跳水项目时,就可以把这些基本动作加以不同组合,新的学习内容就能迅速掌握。在这里仅是把旧的动作成分组合于新的动作序列中,而原有经验成分并没有发生变化。新手与老手在学习一个项目时的差别,在于他们对各个基本动作的熟练掌握程度以及组合的程度。再如小学生在学完加减乘除以后,在四则混合运算的学习中,就可以把已有经验加以重新组合来解决问题,而在后者的学习中并没有增加新的心智技能。

二、学习迁移的理论

学习迁移的理论是不同研究者从不同的哲学观点和理论基础出发对学习迁移现象发生的原因、过程以及影响因素等进行解释而形成的。每一种理论都有其贡献和不足,全面了解每一个迁移理论的观点,吸收其精华,有利于我们对学习迁移规律的整体把握。

(一) 相同要素理论

桑代克以刺激-反应的联结理论为基础,提出了学习迁移的相同要素说,认为只有当学习情境与迁移情境具有共同成分时,一种学习才能对另一种学习产生影响,即产生学习迁移。当然,桑代克所谓的相同要素或共同成分,指的只是共同的刺激与反应的联结而已。

桑代克的相同要素说解释了迁移现象中的一些事实,对迁移理论作出了重要贡献,并且对当时的教育界也起到了积极的作用,使学校在课程设置上开始重视应用学科,教学内容也开始与实际应用相结合。但是,根据相同要素说,在两种没有相同要素或共同成分的过程之间,不可能产生迁移,这会使人们对迁移产生悲观态度。因此这种未能充分考虑学习者的内在训练的观点,仍然具有一定的局限性。

（二）概括化理论

概括化理论由心理学家贾德(Judd,1908)提出。贾德并不否认两种学习活动之间存在的共同成分对迁移的影响，但不同意将共同成分看做是迁移产生的决定性条件。他认为，两种活动之间存在共同成分只是产生迁移的必要前提，而迁移产生的关键在于学习者能够概括出两组活动之间的共同原理。而且，概括化的知识是迁移的本质，知识的概括化水平越高，迁移的范围和可能性越大。

> **资料窗　　　　贾德的"水下击靶"实验**
>
> 贾德在1908年所做的"水下击靶"实验是概括化理论的经典实验。该实验以小学五、六年级的学生为被试，根据教师的评定把他们分为能力相等的甲、乙两组，训练他们射击水中的靶子。其中，甲组在练习射击之前让他们充分学习了水的光学折射原理，乙组则不学习该原理。在开始射击练习时，靶子置于水下12英寸处，结果，两组学生的成绩基本相同。这说明在开始的测验中，理论对于练习似乎没有起作用，因为所有的学生必须学会运用镖枪，理论的说明并不能代替实地的练习；但当情景改变后，把靶子置于水下4英寸时，两组的差异便明显表现出来，没有给予折射原理说明的乙组学生表现出极大的混乱，他们射击水下12英寸靶的练习，不能帮助改进射击水下4英寸靶的练习，错误持续发生。而学习过折射原理的甲组同学迅速适应了水下4英寸的条件，不论在速度上还是在准确度上，都大大超过了乙组同学。贾德认为这是由于甲组被试在第一次射击中将折射原理概括化，并运用到特殊情境中去了，因此对不同深度的靶子都能很快做出调整和适应。
>
> 资料来源：张承芬.2000.教育心理学.济南：山东教育出版社

根据概括化理论，在课堂中讲授教材时，最主要的是鼓励学生对基本概念、基本原理进行概括。同时还要看到，原则的概括有着较大的年龄差异，年幼的学生要形成对原则的概括就不太容易，尽管原则概括化的能力会随着年龄的增长而提高，但在每一年龄阶段上，有意识地培养概括能力的教学会有助于学生概括能力的提高和积极迁移的发生。另外教师还应注意到在对知识进行概括时常会出现的两种错误，一种是过度概括化，即夸大了两种学习情境之间的相同的原则，忽略了差异，在学习中表现为把已学到的原则生搬硬套到新知识的学习中；另一种是错误的概括化造成对学习的机械的定势，从而导致负迁移的产生。

（三）关系转换理论

关系转换理论认为，迁移的发生在于学习者能否突然发现两种学习情境之间的关系。也就是说，迁移的产生主要是对两次学习情境中原理、原则之间关系的"顿悟"，促进迁移的不是两个情境的共同成分，而是两个情境中共同的关系。

> **资料窗　　　　苛勒的"小鸡(或幼儿)觅食"实验**
>
> 苛勒1929年的"小鸡(或幼儿)觅食"实验是关系理论的经典实验。他用小鸡和一个三岁小孩为被试，训练他们在两张颜色深浅不同的纸上找食物吃。这两张纸一张是浅灰色，另一张是深灰色，食物总是放在深灰色的纸上。先让被试对深灰色纸产生食物条件反射，对浅灰色纸不产生食物条件反射。然后，用一张比原来的两张纸颜色都深的黑灰色纸来代替那张浅灰色纸，以此来观察小鸡是到过去总放着食物的那张深灰色纸上觅食，还是到新放的黑灰色纸上觅食。如果被试到过去总放着食

物的那张纸上觅食,就证明迁移是因两种情境中存在相同要素产生的;如果被试到两张纸中颜色较深的一张纸上觅食,那就证明迁移的产生是因为事物间相同关系的存在。结果,小鸡对新纸的反应为70%,对原来深灰色纸的反应为30%;而所有的小孩都对两张纸中颜色较深的那张纸产生反应。这表明,被试的反应并不是根据刺激物的绝对性质做出的,即迁移的产生并不是因为相同要素的存在,而是因为他们顿悟了事物之间的关系。格式塔心理学家认为,个体越能发现事物之间的关系,则越能加以概括和推广,迁移的产生也就越普遍,而对事物间的关系的发现是建立在对事物理解后的顿悟基础上的。

资料来源:莫雷,何先友.2005.教育心理学.广州:广东高等教育出版社

(四) 认知结构迁移理论

认知结构迁移理论是现代认知学派用来解释学习迁移的理论。该理论的主要代表人物是奥苏伯尔。他认为,所谓认知结构就是学生头脑内的知识结构。学生原有的认知结构是实现学习迁移的最关键因素,当学生已有的认知结构对新知识的学习发生影响时,迁移就产生了。

奥苏伯尔提出了影响学习迁移的三个因素。通过操纵与改变这三个因素可以促进新的学习与迁移。

1. 原有知识的可利用性

原有知识的可利用性是指在学习新的任务前,学习者原有认识结构中是否具有可以用来同化新知识的适当观念。根据有意义接受学习理论,原有知识与新学习的知识具有三种不同的关系,即上位、下位和并列的关系。奥苏伯尔认为,如果原有认知结构中有可以利用的上位的、概括程度高和包容范围广的知识,则新的学习将以下位学习的形式出现。下位学习一般比上位学习和并列结合学习容易进行。因此,学生良好的认知结构的第一个重要特征是他所掌握的知识的概括水平和包容范围。概括程度越高和包容范围越广的知识,越有助于同化新的知识,也就越有助于迁移。如果在学习新知识时,学生认知结构中缺乏这样的上位观念,教师就可以从外部给学生的认知结构中嵌入一个这样的观念,使之起吸收与同化新知识的作用,这样从外部嵌入的观念被称为"先行组织者"。

2. 原有知识的巩固性

原有知识的巩固性是指同化新知识的、起固定作用的原有知识的稳定性和清晰性。原有知识越巩固,越易促进新的学习。倘若在利用原有知识同化新知识时,原有知识本身不巩固,则不但不会产生积极的作用(正迁移),反而可能会出现干扰(负迁移)。

3. 新旧知识的可辨别性

新旧知识的可辨别性是指在学习新任务前,学习者原有知识与要学习的新知识之间的异同是否能清晰分辨。可辨别性是建立在原有知识的巩固性基础之上的。如果一个学生的原有知识是按一定的结构、分层次严密地组织好的,则他在遇到新的学习任务时,不仅能迅速在原有的认知结构中找到新知识的固定点,而且也易于辨别新旧知识的异同。

> **资料窗　新旧知识的可辨别性**
>
> 在物理学中讲到"雷达是利用无线电波反射对远距离物体的侦察和定位"的原理时，教师可利用学生已知的"回声"的知识同化新知识。学生必须意识到声波和无线电波之间有相似之处。认识到相似之处，原有知识可以同化新知识，但是又必须区分两者的不同之处。知道不同之处，新的知识才可以作为独立的知识保存下来。教师可以设计比较性组织者对新旧知识的异同加以比较，如可以设计如下组织者对雷达与回声的相同点进行比较。
>
> 雷达的动作包括五个阶段：①传播——发送出雷达脉冲；②反射——脉冲击中遥远物体并返回；③接收——反射来的脉冲返回原处；④测量——测出传播和接收之间的时差；⑤换算——将时间量转换为距离的度量。
>
> 回波的运行阶段：①你在山谷大喊一声——相当于脉冲发出；②声波从悬崖返回——如同脉冲击中远处物体并返回；③你听到同你的声音一样的回声——如同脉冲的接收；④在发出喊声与听到回声之间有一个很短的时差——相当于时间的测量；⑤距离越远听到回声需要等待的时间越长。
>
> 不同点：雷达通过无线电波工作，回声传播的是声波，前者比后者传播快得多，在空气中每秒达30 万千米，且达到很远的地方。
>
> 资料来源：皮连生.2004.教育心理学.上海：上海教育出版社

三、迁移与教学

（一）影响学习迁移的主要因素

1. 两种学习间的相似性

相似性大小主要由两种学习任务中含有的共同成分决定，共同成分越多，表明相似性越大，迁移就越容易发生。相似性既可以是学习材料方面的，也可以是学习目标、学习过程、学习结果方面的，还可以是学习的情境线索、学习时的态度、情感等方面。因此说，迁移的产生既受到客观相似性的影响，也受到主观相似性的影响。

2. 已有经验的概括水平

根据贾德的概括化理论，知识经验的概括水平是影响知识迁移的重要因素之一。已有知识经验概括越高，越容易向具体情境迁移，效果也越好。

3. 学习定势

学习定势又称为学习的心向，是由先前学习引起的，对以后的学习活动能产生影响的心理准备状态，对学习具有定向作用。定势既可以成为积极迁移的心理背景，又可以成为消极迁移的心理背景。关键在于学习者能否具体地分析当前的学习情境，从中找出哪些是可以利用已有知识和策略来学习和解决的，哪些需要打破已经形成的反应定势，灵活处理、创造性地进行解决。

4. 认知结构

现代认知理论强调认知结构在迁移过程中的作用。认知结构的清晰性和稳定性直接关系到新知识学习的效果，那些合理组织、稳定性强的信息易于提取，也易于迁移。此外，要产生迁移，原有的认知结构必须能够被有效地激活、提取。这就要求在学习新知识时，应该强调这些知识的适用性条件，以便以后在适当的情境中能够充分利用、迁移有关知识。同时，还可以提供适当的机会让学习者在真实的情境中应用所学的经验。

(二) 促进学习迁移的教学措施

学习中的正迁移能起到事半功倍的效果，而且对于减轻学生课业负担有很大帮助，那么教师怎样才能实现"为迁移而教"呢？

1. 合理确定教学目标

教学目标是一切教学工作的出发点和最终归宿，一切教学工作都是为了教学目标服务的。因此，确立系统、明确而具体的教学目标是促进学习迁移的重要前提。由于任何学习都是在原有学习基础上的连续、分步构建的过程，而最终形成的心理结构也是具有一定层次关系的网络结构，因此，某一单元或某一堂课的教学目标的确立必须从所要构建的心理结构的整体出发来考虑。同时，教学目标的表述应明确而具体，不能含糊笼统，应让学生能够确切把握其含义。这样，学生对于与学习目标有关的知识易于形成联想，有利于迁移的发生。

2. 科学精选教学材料

确立了合理的教学目标，就要精选教学材料以实现教学目标。要想使学生在有限的时间内掌握大量的有用的经验，教学内容就必须精选。选择的依据就是迁移规律，即选择那些具有广泛迁移价值的科学成果作为教材的基本内容。所谓具有广泛迁移价值的内容，即学科的基本概念、基本原理、基本法则、基本方法、基本态度等。基本概念、基本原理等基础知识，已经把有关的经验全部概括化，比个别经验和事实更具普遍性，具有实现迁移的可能性。所以一个人掌握的基础知识和基本技能越多，就越容易掌握新的知识和技能。为什么有的学生只会用现象解释现象？只会重复老师上课时讲的旧例子？为什么他们不能用原理解释新的具体事例？就是因为对基础知识的掌握、理解不巩固造成的，只有掌握和理解了基础知识，才能更深刻地认识事物的本质，才会形成较好的概括力。

另外还要强调的是，在选择这些基础知识作为教材内容的同时，还必须包括基本的、典型的事实材料，脱离事实材料空谈概念、原理，则概念、原理也是空洞的，当然也无法迁移。大量的实验都证明，在讲授概念、原理等基本知识的同时，配以具有典型代表性的事例，并阐明概念、原理的适用条件，更有助于迁移的产生。

3. 合理编排教学内容

精选的教材只有通过合理的编排，才能充分发挥其迁移的效能，学习与教学才能省时省力。怎样才能合理编排教学内容呢？从迁移的角度来看，其标准就是使教材达到结构化、一体化和网络化。

结构化是指教材内容的各构成要素具有科学的、合理的逻辑联系，能体现事物的各种内在关系，如上下、并列、交叉等关系。只有结构化的教材，才能在教学中促进学生重构教材结构，进而构建合理的心理结构。

一体化是指教材内容的各构成要素能整合为具有内在联系的有机整体。只有一体化的教材，才能通过同化、顺应与重组的相互作用，不断构建心理结构。为此，既要防止教材中各要素之间的相互脱节、支离破碎，又要防止相互干扰或机械重复。

网络化是一体化的引申，指教材各要素之间上下左右、纵横交叉的联系要沟通，要突出各种基本经验的联结点、联结线，这既有助于了解原有学习中存在的断裂带及断裂点，也有助于预测以后学习的发展带、发展点,为迁移的产生提供直接的支撑。

结构化、一体化和网络化是一致的,其关键是建立教材内容之间的上下、左右、纵横交叉的联系。通过对教材内容进行系统、有序的分类、整理与概括,可以将繁琐、无序、孤立的信息转化为简明、有序、相互联系的内容结构。

4. 有效设计教学程序

合理编排的教学内容是通过合理的教学程序得以体现、实施的,教学程序是使有效的教材发挥功效的最直接的环节。教学程序可以从两个方面考虑:一是宏观方面,即对学习的先后顺序的整体安排;二是微观方面,即具体的每一节课的安排。

在宏观上,教学中应将基本的知识、技能和态度作为教学的主干结构,并依此进行教学。因为基本的知识、技能、态度等都具有适应性广、包容性大、概括性高、派生性强等特点,作为主干教材,可以最大限度地发挥其效用。在安排这些基本内容的教学顺序时,应该既考虑到学科知识本身的内在逻辑联系,即知识序,又要考虑到学生的心理发展顺序及其可接受性,即学生的认知序。综合兼顾知识序与认知序,从整体上来科学、有效地安排教学程序。

在微观上,应合理组织每一堂课的教学内容,合理安排教学顺序。依据从已知到未知、从简单到复杂、从具体到抽象的顺序来沟通新旧知识、建构知识结构。教师应帮助学生对所学的内容进行整理、提炼,将前后知识加以构建和融会贯通,真正提高学生学习的质量。

5. 教会学生学会学习

教会学生学会学习也就是引导学生掌握有效的学习策略。如果说某一学科的具体内容的迁移属于具体迁移的话,则学习策略的迁移则属于一般迁移,具有广泛的迁移性,所以,掌握学习策略无疑是提高迁移能力的有效途径。

复习思考题

1. 简述学习策略与学习方法的关系。
2. 认知策略主要有哪些?
3. 如何理解元认知?主要的元认知策略有哪些?
4. 怎样进行学习策略的教学与训练?
5. 简述学习迁移的分类。
6. 简述认知结构迁移理论的主要观点。
7. 影响学习迁移的主要因素有哪些?
8. 如何实现"为迁移而教"?

参考文献

陈琦,刘儒德.2007.当代教育心理学.北京:北京师范大学出版社
罗屹峰,刘燕华.2006.教育心理学.兰州:甘肃人民出版社
莫雷,何先友.2005.教育心理学.广州:广东高等教育出版社

皮连生.1997.教育心理学.上海:上海教育出版社
曾美英.2008.应用教育心理学.贵阳:贵州人民出版社
张承芬.2000.教育心理学.济南:山东教育出版社
张春兴.1998.教育心理学——三化取向的理论与实践.杭州:浙江教育出版社
Slavin R E.2003.教育心理学——理论与实践.7版.姚梅林等译.北京:人民邮电出版社

第九章　动作技能学习

人们在学习和日常生活中,经常从事各种各样的活动,如写字、绘图、开车、打球、练拳、跳舞等。完成任何一种活动,都需要掌握一定的动作技能。如写字,俗话说"字如其人"。那么,怎样才能写好字呢？清代黄自元在《间架结构九十二法》中对写字的结构搭配和笔画作了详细的论述:"地载者有画皆托于其上";"天覆者凡画皆冒于其下";"直卓者中竖宜正";"横担者中画宜长";"让右者右申左缩";"让左者左昂右低"。就是说,写字的结构搭配,下面的部分如同地基,要托住上面的部分;上面的部首(如宝盖)要覆盖住下面的部分;有中竖的字,笔画要正直;横画居中间者,此横画宜长;以右边为主的字,右边伸展,左边收缩;以左边为主的字,左边要高,右边要低。这些都是写字的动作要领,通过练习使手臂肌肉的活动符合这些要领,形成写字的技能,才会写好字。

学生的学习不仅包括内部的心智活动,形成智力技能,而且包括掌握必要的进行外部活动的动作技能。高素质的人才不仅要善于动脑,也要善于动手。因此,掌握动作技能是学生学习的重要组成部分。

本章知识点：
- ◆ 动作技能的概念
- ◆ 动作技能与智力技能的关系
- ◆ 动作技能的形成阶段
- ◆ 动作技能形成的特征
- ◆ 动作技能的遗忘进程
- ◆ 动作技能的教学
- ◆ 动作技能的迁移

第一节　动作技能概述

一、动作技能的概念

写字、开车、练拳、游泳、跳舞等,都是由身体动作所表现出来的技能,即动作技能(motor skill)。我们可以把动作技能定义为人们在活动中运用知识经验,经过练习而获得的完成某种任务的动作方式,它由一系列动作组成。例如,写字的动作包括执笔、运笔等。

动作技能又称心因性运动技能。就是说,动作技能不是简单的外显反应,而是受内部心理活动控制的。动作技能往往与知觉密不可分:动作技能学习者通过感觉器官觉察教练或图谱中的肢体位置和活动幅度,借此指导自己的动作。因而有人又把它称为知觉—动作技能。

> **资料窗** 　　　　　　　动作技能的控制系统模型
>
> 　　蔡斯(R. A. Chase)运用信息加工的观点分析动作技能的结构,提出了动作技能的控制系统模型(图9-1)。其主要内容是:
> 　　1. 动作技能是由感受器系统、中枢加工机能和效应器系统构成的一个完整的信息加工系统。
> 　　2. 强调中枢加工机能的作用。它通过感觉—运动程序对输入的信息进行检查和校正,进而支配效应器系统的活动。
>
>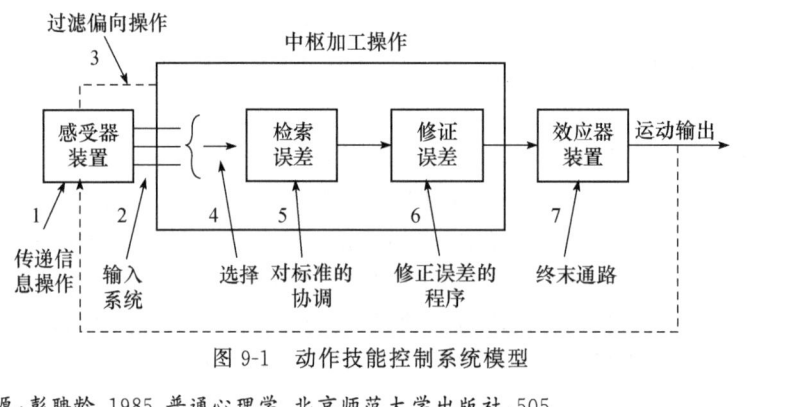
>
> 图9-1　动作技能控制系统模型
>
> 资料来源:彭聃龄.1985.普通心理学.北京师范大学出版社,505

　　动作技能有初级、高级之分。每个人都会有这样的体会:刚学写字时需要集中注意力,一笔一画、一个字一个字地写,稍不留神就会写错。人们初学广播体操时,一边注意分解动作的姿势,一边注意怎样把各个分解动作连贯起来。这些刚学会的动作技能被称为初级动作技能。人们在完成初级动作技能时,必须注意动作过程本身以及怎样把这些动作联系起来。所谓高级动作技能,是指人们在完成它的时候不必更多地注意动作过程本身和怎样去完成这些动作,完整的动作系统能熟练地、自动化地完成,故也被称为技巧。

> **例解**　　　　　　　　　高级动作技能(技巧)
>
> 　　庖丁为文惠君(即梁惠王,公元前369～前319年在位)宰牛,手接触的地方、肩依靠的地方、脚踩的地方,都会发出皮骨相离的声音,刀刺进牛身的声音有音律,手的动作都有节奏。文惠君赞叹不已,说:"好得很!你的技术怎么达到这个地步呢?"庖丁放下刀向文惠君说道:"我爱好的是高深的原理,已经超过了普通技术阶段。当我初学宰牛的时候,所看到的是整个牛体,看不到可以进刀的空隙;三年之后,不再看到整个牛体,而是看到了牛体的筋骨和肌肉的纹理等组织结构,哪里有空隙、哪里有筋骨,都已完全了解;现今,我是用精神跟牛接触,按照牛体生理的自然结构,击入牛体筋骨相连的空隙处,顺着牛体骨节间的窍穴,我可以不用眼睛,就知道什么地方可以进刀,什么地方进刀要用力。庖丁又说,技术比较高明的厨工,每年要换一把刀,因为他不是在宰牛,而是在割肉;一般技术的厨工,每月要换一把刀,因为他是硬把牛骨劈折;我的刀用了十几年,宰了数千头牛,始终还是锋利的,因为我遇到筋骨交错聚集的地方,小心谨慎,视力集中,动作刀功很轻。牛体骨肉自然剥开。"
>
> 资料来源:《庖丁解牛》,原文出自《庄子·养生主》。

　　庖丁解牛,技巧娴熟,得心应手,是高级动作技能的具体体现。现实生活中,优秀运动员的体操表演、武术动作,歌唱家的演唱技巧,书法家娴熟的运笔、顿笔方法,都属于高级动作技能。

二、动作技能与智力技能的关系

智力技能(intellectual skill)，又称为心智技能，是指借助于内部言语在头脑中进行的认知活动方式，主要包括感知、记忆、想象和思维等认知操作。其中，思维活动的操作方式是主要成分。在学习过程中，解题、心算、作文构思等，都属于智力技能。

动作技能与智力技能是有区别的：前者主要表现为外显的骨骼、肌肉的操作活动；后者则主要是内隐的思维活动的操作方式。然而，它们又是紧密地联系在一起的：在动作技能中，包含某些智力技能的成分，如感知、记忆和思维等活动方式。这些不仅是动作技能的调节者，而且是其必要的组成成分。智力技能的获得也离不开各种动作技能，如外显的动作技能常常是智力技能的最初依据和智力活动的体现者。

例解　　　　　神算子是怎样训练出来的？

中央电视台的《综艺大观》曾播放过一个节目：几个少年不用任何计算工具，就能既快又准确地将两个多位数的相加之和或相乘之积计算出来，写在题板上。其速度超过了站在他们旁边的成年人使用计算器计算的速度。他们简直可称为神算子。这几个少年的计算速度为什么会如此之快呢？原因在于他们采用的是心脑珠算法。

心脑珠算是一种智力技能，它是从外部的物质活动(学会拨算珠作加、减等运算)内化到内部心理活动(利用算珠运算在头脑中形成的表象进行运算)得以形成的。这种智力技能形成的一般过程是：

首先，学会拨算珠作加、减运算，训练手指的灵巧性，不仅要拨得快，而且要算得准；进一步训练双手六指一起拨珠，达到一定的熟练程度。

其次，采用闭目拨珠法进行想象训练，并学会闭目模拟拨珠，即运用头脑中的算珠表象进行运算，使"算珠入脑"；大脑中的算珠随手的动作作相应的上下移动，得出答案。

最后，经过多次训练，发展到不再模拟拨珠，头脑中的算珠可自动地作相应的移动，迅速报出答案。此时，练习者也就形成了心脑珠算的智力技能。

在心脑珠算练习过程中，练习者必须注意力高度集中，手、眼、耳、脑要协调一致。这个事例从一个方面说明了动作技能和智力技能之间的密切关系。

资料来源：李新旺根据资料整理

第二节　动作技能的形成

一、动作技能形成的阶段

动作技能的形成不是一蹴而就的，需要通过练习，从掌握外部的个别动作开始逐渐使其自动化、系统化。一般说来，动作技能的形成可分为三个阶段，即动作的认知阶段、动作的联系阶段和动作的完善阶段。

(一) 动作的认知阶段

动作的认知阶段是动作技能形成的初期。在此阶段，技能练习者通过接受教练等人的言语讲解、动作示范或者自己按照操作说明或使用手册要求,了解所学技能的相关知识、任务性质、动作要领和基本要求,进行初步的尝试操作,在头脑中形成动作技能的表象——知道"做什么、怎么做"。也就是说,动作技能的认知阶段是指练习者把所学的动作的活动方式在头脑中表征为动作映象,并使这种映象在此后动作技能的练习中发挥指引方向的作用。

由此可见,在动作技能形成的初期,形成正确的动作映像至关重要——它能帮助练习者迅速而准确地掌握动作技能。因此,动作技能教练要把言语指导、图表和模型的运用与实际动作和示范结合起来,使练习者辨明正确动作与错误动作之间的差异。图 9-2 是一位教师进行排球教学过程中的想象练习教学组织模式(胡艺,2000)。

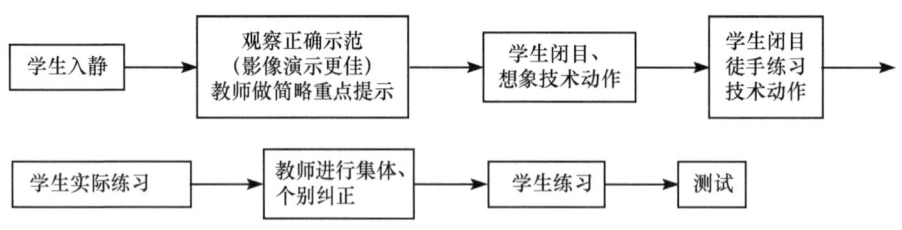

图 9-2 排球教学过程中的想象练习教学组织模式

> **例解**   投飞镖实验
>
> 有位心理学家把被试分为三组练习投飞镖,实验周期为 20 天。第一组连续 20 天,每天在相当长的一段时间内不停地练习飞镖投向标靶;第二组只在第一天和最后一天进行投镖练习,其余时间每天用 20 分钟时间进行想象,假想自己瞄准、投掷和修正动作等;第三组与第二组的练习时间一样,但没有安排想象活动。
>
> 把各组第一天和最后一天的成绩进行对比,发现:第一组最后一天投飞镖的命中率较第一天提高了 30%;第三组的成绩没有变化;最令人啧啧称奇的是第二组的成绩竟也提高了 30%,几乎与第一组的成绩不相上下,但练习时间大大少于第一组。
>
> 资料来源:田宝等.2007.教育心理学案例.北京:首都师范大学出版社

在动作技能形成阶段,动作练习者注意范围比较小,只能注意个别动作,整体动作既不连贯也不协调;由于受习惯动作的干扰,技能动作的速度慢而且伴随有一些多余的活动,动作的精确性也较差;精神紧张,动作记忆的准确性也差。例如,随着社会的发展,驾驶汽车已经成为一种技能。许多人在初学驾驶汽车时都有这样的体会:坐在驾驶座位时身体僵硬,练习推挡时记不住档位,换挡的动作不连贯甚至推不到位。学习手动挡汽车时,停车时忘记了拉手刹,起步时又忘记了放下手刹。因此,在该阶段动作技能教练要充分理解上述特点,有足够的耐心对练习者进行指导;相反,粗暴的批评则容易使练习者灰心丧气甚至产生抵触情绪。

(二) 动作的联系阶段

在此阶段,练习者把局部动作连接起来形成系列动作,主体活动从认知活动转向动作本身,形成一个连贯的同时又是初步的动作系统。该阶段的主要特点是:

第一,练习者开始把个别动作结合起来,已形成比较连贯的动作,但时常忘记动作之间的联系,导致从一个环节过渡到另外一个环节时常出现短暂的停顿现象。例如,学习驾驶汽车时从前进档回到空挡,再过渡到倒挡,往往会先按下当柄,短暂停顿之后再去挂倒挡。

第二,在完成动作过程中,视觉控制的作用减弱,肌肉动觉的调节能力加强——能够根据对来自效应器肌肉运动的内部反馈的信息感觉调节自身动作。

第三,动作练习者的紧张程度降低,动作之间的相互干扰减少,多余动作逐步消失,能够发现自身错误动作并进行校正。

(三) 动作的自动化阶段

动作的自动化阶段是动作技能形成的最后阶段——动作技能达到了协调和完善。练习者能够把各个动作在时间上和空间上组合为一个整体并巩固下来,动作之间的协调达到了自动化的程度。因此,只要有一个启动的信号就能迅速而准确地按照动作的程序完成整套动作。例如,经验丰富的驾驶员遇到情况时减速、踩刹车,回档,拉手刹这些动作一气呵成,几乎完全是自动化了的动作。

不同的动作技能形成的各个阶段还可以再细分为不同的环节,图 9-3 为女子散打运动员动作技能形成过程(吴钞来,2010)。

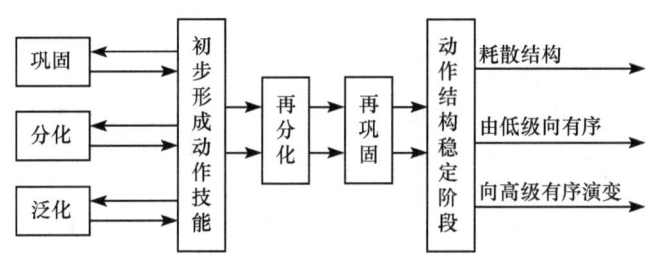

图 9-3　女子散打运动员动作技能形成过程

二、动作技能形成的特征

动作技能能够按规定的程序以连续反应的方式实现,此时它已经达到了熟练操作的程度。这是动作技能形成的标志。那么,达到熟练操作的动作技能具备哪些特征呢?

(一) 意识控制减弱

在动作技能学习的初期阶段,练习者学习每个动作都要受意识控制,稍不注意就会停顿下来或出现错误。经过反复练习,动作熟练了,形成了自动化的动作系统,意识控制便逐渐减弱而代之以自动控制。

> **资料窗　动作的组成环节**
>
> 人的各种动作,用信息加工的观点来分析,均可以分解为复杂的刺激与反应过程。这个过程由五个环节组成(图9-4),即
> 　　输入——内外部刺激引起神经冲动。

编码——识别信息并被转化为概念,也就是新的信息被纳入到已有的概念之中。

信息加工——运用联想和思维从信息中推导出以符号陈述的行动指令。

译码——符号的指令转化为神经冲动。

输出——神经冲动引起肌肉活动。

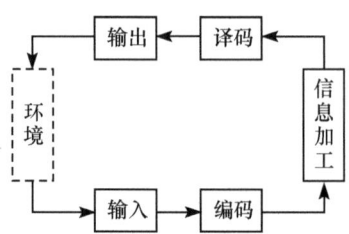

图 9-4 知觉-动作的信息加工过程

动作练习者从一步一步有意识的尝试到自动操作的形成,主要是逐步省掉了许多中间环节。例如,初学者在学习弹一段钢琴曲时,其刺激反应的连锁是:

1. 音符的视觉产生思想:"它代表黑键。"
2. 音符的思想引起键盘黑键位置的表象:"在三个黑键中,右边最远的那个键。"
3. 键盘和手的视觉与这个表象相比较,又产生想法:"黑键在小手指旁边。"
4. 学习者指示自己向右移动小手指。
5. 学习者用小手指弹黑键。

每一个中间反应都是指引学习者在反应连锁中前进一步的思想。初学者的操作分解成许多小步骤,看起来很笨拙,但随着练习的增多,个别的中间反应逐渐变得不必要了,曲调的视觉足以引起手指的适当演奏动作。

资料来源:邵瑞珍.1990.学与教的心理学.上海:华东师范大学出版社,131

(二) 利用线索减少

任何动作都受情境中的线索指导。人们正是依靠这些线索辨认情境,指引自己的行动。在动作技能形成的初期,人们要依靠视觉、听觉等线索指导肌肉活动来完成动作。当技能达到熟练阶段,人的头脑中已经储存了与特有的一系列线索有关的信息时,只需其中的某一线索出现,便能预测出后继的线索。所以,熟练者只需要很少的线索就能作出一系列的反应。例如打字,初学英文打字的人,坐在打字机旁,他的反应几乎离不开视觉线索的指导:在稿子上看到一个字母,然后用眼睛在键盘上找到相应字母,再按这个键。而熟练的打字员,在打字时几乎不用眼睛看键盘,仅凭动觉(关节和肌肉活动线索)就能指导自己的反应。

(三) 动觉控制加强

当动作技能达到了熟练的程度时,个体主要借助于动觉(kinesthetic perception)的反馈来控制行为。

在动作技能中,反馈(feedback)可以分为外反馈和内反馈。由视觉、听觉等提供的反馈称为外反馈,如教练员的重复示范和口头指点等。由肌肉或关节运动产生的内部信息提供的动觉反馈,称为内反馈,他们是动作的自然结果。如钉钉时,落锤轻重的感觉提供的反馈就是内反馈。在动作技能的学习过程中,这两种反馈都具有重要作用。

运动技能学习是在一个闭合回路系统内进行的,即刺激先输入到比较器,经过比较器加工后的信息传至执行系统,然后通过效应器输出运动结果,如图 9-5 所示。

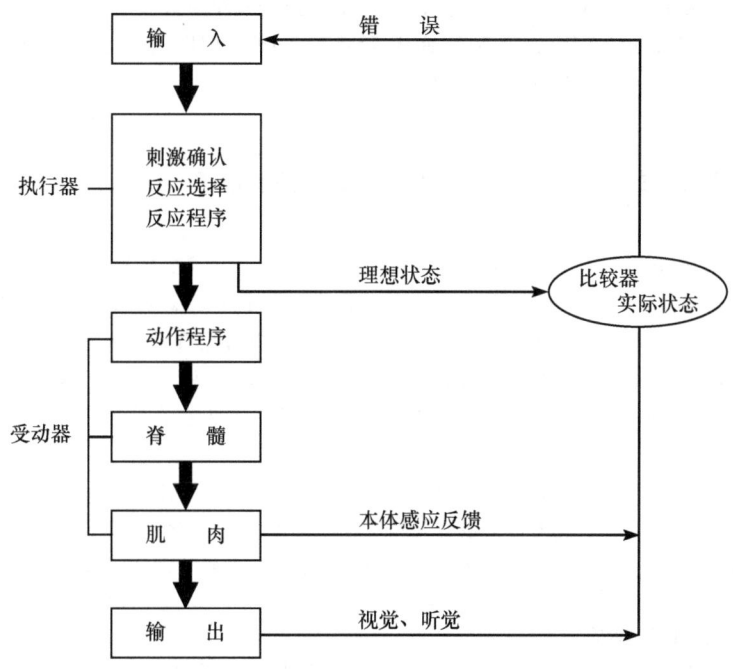

图 9-5　动作技能练习过程的闭环反馈控制认知模型(朱晓峰,2008)

在动作技能形成的不同阶段,内外反馈所起的作用程度有所不同。在技能形成的初期,虽然内外反馈都起作用,但是外反馈起着更为重要的作用。人们根据动作反应后所看到或所听到的结果,对反应进行调整或校正,使动作朝向所要达到的目标。随着技能的形成,外部感觉的控制作用逐渐为动觉的控制所代替,内反馈在动作技能的调节中便起着越来越重要的作用。

 **动作反馈与动觉控制**

初学编织的人,眼睛总要盯住织物和自己的编织动作;初学跳舞的人,总是一边跳舞,一边看脚尖。以后,随着技能的形成,视觉的控制作用逐渐减弱,他们只要通过手臂关节和肌肉活动的动觉反馈或腿部关节和肌肉活动的动觉反馈对动作进行调节。

由于动觉反馈的信息来自人体内部,协调、平衡、节奏等感觉必须依靠自己去体会。因此,只有在练习过程中获得真实感受,才能使动作连贯、流畅,轻松自如。我国心理学工作者曾做过这样一个实验:将被试(大学生)分为甲乙两组,他们在实验前的定点投篮成绩是相等的。实验中,主试采用不同的训练方法分别对两组进行定点投篮训练。甲组用睁眼投篮法,每次训练 20 分钟;乙组每次先用 5 分钟睁眼投篮,然后用 10 分钟蒙眼投篮,由主试说明投篮情况,让被试体会手臂用力时的肌肉运动感觉,最后再用 5 分钟睁眼投篮。经过一个月的训练,乙组被试的投篮成绩明显地高于甲组。

资料来源:郭亨杰.2001.心理学——学习与应用.上海:上海教育出版社,233~234

(四) 运动图式形成

运动图式(motor schema)可以看作是由一系列局部动作联合成为一个完整的动作系统,其实质是头脑中形成了结构化的动作程序。它有两种类型:一是手和眼、手和脚或左右手进行的同时性运动图式,如驾驶汽车是手握方向盘、脚踩油门;二是由一系列局部动作组成的连续性运动图式,如打拳及舞蹈动作等。

程序与动作技能程序

程序(program)这个概念来自计算机科学。我们知道,一个计算机程序包括进行一系列数学运算的指令。运行的指令一旦发出,计算机可以连续不断地运行,产生正确的结果。人脑也可以储存完成复杂动作技能的程序,并向肌肉发出一系列执行动作技能的正确指令。在技能经过充分练习的情形下,神经系统中的程序很少需要知觉系统监视,可以自行连续运行。所以,熟练操作表现出预见性,反应方式和时间都很精确;动作流畅,好像完全自动化了。其内在的机制可能就是在人脑内储存了这种指导程序。

研究证据表明,对于像运动员表演时的一连串错综复杂动作进行编码的"运动程序"存在于大脑的运动前区;根据对情况的预见而时刻控制人和动物行为的"行为程序"存在于额叶前区。

资料来源:李新旺.1993.生理心理学导论.开封:河南大学出版社,245~246

(五) 预见与应变能力增强

当动作技能形成以后,个体的内部动觉控制即起主要作用。内部动觉反馈信息在动作发生之前到达脑中枢,使得大脑有能力对这些信息进行分析,预见动作的结果。

心理学家希金斯(J. R. Higgins)等人的研究发现,熟练的专家甚至尚未等到肌肉信号的到来,便能预料到大脑给肌肉发出了不正确的指令;在错误动作发生之前,收回这个指令。同时,由于动作已经达到了自动化,不需要对它投入太多的注意力,这就使得大脑将注意力集中在对动作结果的预见上,以对付不利于动作技能发挥的情况出现。所以,动作技能熟练者具有较强的预见性和应变能力。

三、动作技能的练习

动作技能赖以形成的条件是练习。动作技能练习是以掌握一定的动作方式为目标的反复操作过程。通过练习,使得动作技能的精确度提高,动作之间的协调性逐步完善,完成整套动作的时间缩短。

各种动作技能的特点不同,形成的进程存在差别。但是,动作技能的练习效应存在一般趋势。

(一) 练习成绩逐步提高

完成动作技能的速度加快和准确性提高,是练习成绩逐步提高的主要表现。动作技能练习成绩随练习过程逐步提高,有三种表现形式。一是练习进步先快后慢。主要原因在于:练习初期学习的是局部的、简单的动作,容易学习,所以练习的效果明显;练习后期需要把局部的、简单的动作合成为复杂的动作系统,使得动作与动作之间协调、完善,因而难度增大,练习成绩提高缓慢。另外,练习者的兴趣下降也是导致练习进步先快后慢的原因之一——练习初期兴趣盎然,但随着时间的推移,兴趣逐步下降,并且容易疲劳,影响了练习的进步速度。跳高、跳远、射箭等,大都存在练习进步先快后慢现象。图9-6为步枪射击的练习曲线(曹日昌,1980)。从中可以看出,练习之初,成绩很快从22环上升到74环,而最后10天总共才提高了4环。二是练习进步先慢后快。有些动作技能练习之初,需要掌握相关的基础知识和基本技能,练习过程中也容易受到无关动作的干扰。此时练习进步必然缓慢;经过一段时间的联系,熟练掌握了相关的知识,排出了无关干扰,练习进步自然加快。投掷铅球、标枪、游泳等项目的练习进程存在先慢后快现象。三是练习进步的速度均衡发展。此类情况较为少见。

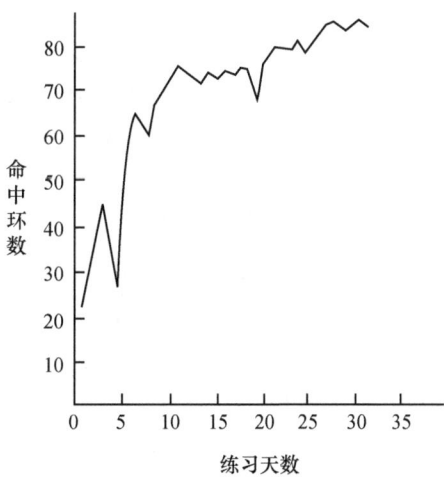

图9-6 步枪射击技能的练习曲线

(二)高原现象

高原现象是指在结构比较复杂的动作技能形成过程中,练习到一定程度会出现练习成绩暂时停顿,再经过一段时间的练习成绩又会继续提高。高原现象产生的原因,被认为来自两个方面:一是练习者的动作技能达到一定水平之后,需要产生新的动作结构和方法才能使得动作技能的练习成绩有新的突破,而此时新的动作结构和方法尚未形成,无法有新的突破;二是由于练习者的兴趣和动机水平下降、疲劳等因素制约了练习进步的速度。

(三)练习成绩的起伏

练习成绩的起伏现象是指动作技能练习过程中,练习成绩常常出现时而上升、时而下降、时而停顿。这种现象主要受制于客观环境的变化和练习者主观状态的变化。前者包括练习的条件、工具和方法的改变;后者主要指练习者的健康状况、情绪状态、兴趣水平等。

四、动作技能的遗忘进程

自从艾宾浩斯通过对识记无意义音节的研究,得出著名的遗忘曲线之后,许多学者反复证明,无论用作研究的学习材料是无意义的音节,还是有意义的单词和诗句,其遗忘进程的曲线都与艾宾浩斯曲线的一般形状相符合。

学习动作技能时的遗忘进程是否与艾宾浩斯的遗忘曲线相一致呢?我国学者(许尚侠,1986)对此问题进行了研究:学习一套有连贯性的动作;全套动作以及动作的各个环节均无任何名称,并且仅进行示范而没有任何语言指导;采用节省法,即以学会动作操作后经过一定的时间间隔后重新学会动作时所节省的时间来度量遗忘的量。被试是师范学院一年级和三年级的学生各40人,体育学院一年级和三年级的学生各40人。根据研究结果绘制的曲线如图9-7所示。

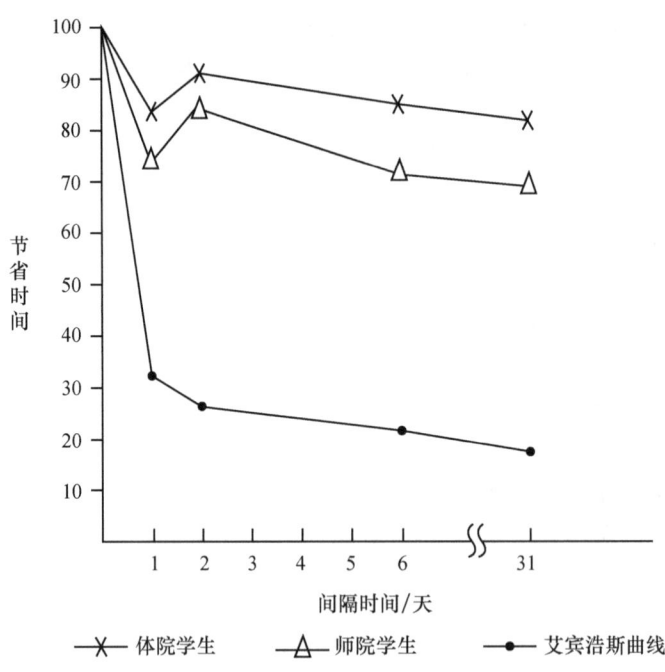

图 9-7　动作技能遗忘曲线与无意义音节遗忘曲线的比较

从上图可以看出：在遗忘量方面，动作操作远远小于无意义音节的学习；在遗忘的进程上，开始阶段，动作操作的遗忘曲线呈"V"形，而艾宾浩斯遗忘曲线呈"L"形。也就是说，在学会了动作之后，遗忘曲线较迅速地下降，随即骤然上升；然后随着间隔时间的延长而逐渐平坦。动作技能遗忘开始时，经过一个大起伏后随着时间的逐渐过去而越来越缓慢；而艾宾浩斯遗忘曲线的主要特点是在学习之后，迅速地降落，当间隔时间延长的时候，就逐渐平坦下来。

为什么动作技能不易遗忘呢？有些学者分析认为，其原因有三：一是动作技能是经过大量的练习之后获得的，大量的练习含有过度学习（over learning）的成分。一般说来，经过过度学习的任务是不易遗忘的。二是动作技能往往以连续任务的形式出现。连续的任务相对简单，故不易遗忘。三是动作技能不同于言语知识，它的保持主要依赖小脑等较低级中枢。这些中枢可能比脑的其他部位有更大的保持动作痕迹的能量。

第三节　动作技能教学

动作技能可以通过自学而获得，但是，在经验丰富的教练指导下一定会收到事半功倍的效果。掌握了科学的技能教学方法的优秀运动员、舞蹈家、技艺高超的技师，均能够更好地把自己的技艺传授给新手。那么，技能教学的科学方法包括哪些方面呢？

一、教育练习者明确练习的目的任务

任何动作技能都是通过练习而逐渐形成的。练习是有目的、有组织的学习活动，是在有经验的教练指导下,不断改进动作方式的过程。在掌握技能的过程中,若能明确练习的目的和任务,就会提高练习者的积极性和主动性,促使其以认真的态度,开动脑筋,不把练习当作负担而视为乐趣。因而在动作技能的教学中,教练应向学员提出明确的目的和任务,以提高动作技能的教学效果。一个人天天写字,书法不一定有明显的改进;一个人天天骑车,骑车的本领不一定有显著的提高,其原因就在于在重复这些技能活动的过程中,没有提出明确的目的和任务。

二、正确进行示范

动作技能教学的原则之一是,开始就要教给学员正确的动作。这就需要教练给以正确的示范。在实际教学活动中,示范与指导是结合进行的。示范和指导可以是教师的实际表演与言语讲解,也可以通过视听手段来进行。

动作技能教学中的示范手段

国外学者利用滚式跳高影片指导助跑跳高学习,结果使不应有的错误减少了。还有学者进行了这样的研究:在指导操作车床的学习中,把受试者分为两组,一组观看影片,另一组用言语讲解。结果观看影片的一组比用言语指导的一组学习进度进行得快。

电影教学的优点是,可以呈现学习的全部过程。学习者可以观察全部情况,而且可以同时供多人观看,获得共同的经验;可以提高兴趣,扩大经验范围,提高学习和指导效率。但是,也有心理学家指出,不可过多地应用电影进行动作技能教学的示范。否则,将会使学习者在观察上消耗大量时间,不利于他们主动进行学习。因此,在动作技能教学中,应该适度、恰当地运用视听手段。

资料来源:邵瑞珍.1990.学与教的心理学.上海:华东师范大学出版社,146~147

三、反馈练习结果

在动作技能练习过程中,及时向学生反馈练习结果,能使正确的动作得到巩固,错误的动作得到及时纠正。

练习,不是动作的简单重复。就这个意义来说,只有当学习者从他们的动作或动作的结果中得到反馈时,它才能对学习起促进作用。因此,提供信息反馈,是动作技能学习最重要的外部条件之一。

反馈提高了练习效果

在一项研究中,以大学生为被试进行打靶训练。被试按照动作能力分为均等的两组:甲组在开始练习时,练习者依据附近的发声装置是否发出声音而能够判断自己是否击中目标;乙组进行同样的练习但没有报告是否击中的反馈信号。练习1小时之后,调整两组的练习条件,即甲组无论是否击中都没有发声装置的响声,而乙组击中目标则有发声装置发出的反馈信息。结果表明,动作技能练习中有无反馈信息对两组前后练习的成绩产生了显著影响(图9-8):甲组第1小时内因为有反馈,练习成绩直线上升,进步速度快;但在第2小时因为没有反馈,虽有练习但无进步表现。乙组的情况恰恰相反:练习的第1小时内由于没有反馈,打靶成绩几乎没有进步;而在第2小时内由于反馈的存在,练习效果迅速提高。

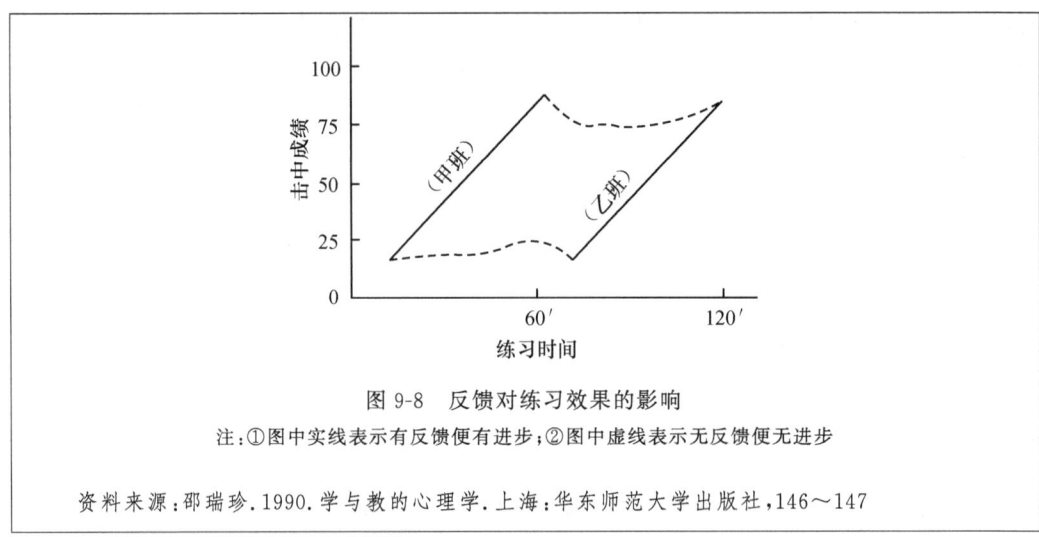

图 9-8 反馈对练习效果的影响

注：①图中实线表示有反馈便有进步；②图中虚线表示无反馈便无进步

资料来源：邵瑞珍.1990.学与教的心理学.上海：华东师范大学出版社，146～147

研究发现，在一系列练习中，得到练习结果反馈的次数多少，对练习的效率也有影响。例如，要求被试在眼睛被遮挡的情况下，画 10cm 长的线段。第一组被试知道练习结果的次数占练习总数的 20%，即 5 次练习中有 1 次知道结果；第二组被试知道练习结果的次数占 50%；第三组被试对每次练习的结果都知道。实验表明，得到反馈的练习结果越多，练习进步就越快。

四、选好练习方法

练习方法得当，会提高动作技能练习的效率。练习时间的安排有两种，即间隔练习和集中练习。前者是在练习过程中插入一些休息的练习；后者是指在练习期间不间断地反复进行练习，中间不安排休息时间，直到练会为止。许多实验表明，间隔练习的效果比集中练习好。例如，在一项研究中，主试让被试学习以数字代替字母的技能，练习的总时间为 120 分钟。被试分为 4 组，各组练习的时间分配不同：甲组每天 2 次、每次 10 分钟，共 6 天；乙组每天 1 次、每次 20 分钟，共 6 天；丙组隔天 1 次、每次 40 分钟，共 3 天；丁组只集中练习 1 次、120 分钟。结果表明，虽然每组被试练习的总时间相等，但练习的效果存在显著差异：甲组和乙组最好，丁组最差，丙组居中。该研究表明：①间隔练习优于集中练习；②在间隔练习中，时间分配适当，练习效果最佳。

间隔练习之所以优于集中练习，可能是由于集中练习容易使人产生疲劳，注意力分散，反应迟钝，出现反应抑制，因而影响练习成绩；而间隔练习因为有适当的休息时间，头脑清醒，精力充沛，反应灵活，因而练习效果好。也有学者研究表明，如果在练习开始时进行一次集中练习，以后改为间隔练习，比单纯进行间隔练习的效果更好。

在动作技能练习过程中，还可以根据技能的性质、学习者的年龄、能力、身体特点等因素，选择使用整体练习法或部分练习法。当一种技能容易被分解为个别、局部的动作时，如学习排球、步枪射击等，可以从组成技能的局部动作入手，逐渐学会连贯的动作技能，因而采用部分练习或被称为分解练习的方法能够获得较好的效果。但是，对于某些难于分解局部动作的技能来说，应用整体练习的方法效果会更好些。

五、重视智力训练

在动作技能的练习中,人们往往会在头脑中反复思考身体动作的要领和进行过程,从而形成动作概念和动作表象。

 **例解　　　　　动作技能训练中的智力训练**

我国学者沈德立(1983)等人进行的研究,证明了智力活动对动作技能形成的作用。他们让被试双眼注视着镜画仪上的镜子,手握一支带有金属笔尖和导线的画笔,沿着镜子中所看到的一条5毫米宽的路线,学习画一个六角形。判断这种技能形成的标准是:在90分钟的练习时间内,被试能够不犯一次错误(即金属笔尖不碰到5毫米宽路线两边金属板)地画完一遍六角星。

在40个被试中已经形成镜画技巧者29人。根据镜画技巧已形成者的个别谈话得知,他们都能总结出镜画练习具有"上下方向相反,拐角处容易碰边"的规律,并能运用这个规律去指导自己的镜画练习。而从镜画技巧未形成者来看,他们几乎都没有掌握正确的动作概念,表现为只是照着镜子画,找不到可遵循的规律。

资料来源:沈德立.1983.中学生动作技巧形成的实验研究.心理科学通讯,(5):26~30

因此,在动作技能教学中,要为学生提供一定的智力训练的时间,使学生形成动作概念和动作表象,提高动作技能的练习效果。

六、激发学生的练习动机

由于动作技能需要经过长期、大量的练习才能够形成,因此,激发学生的练习动机是调动他们练习积极性的主要措施之一。许多心理学家认为,激发或唤起中等强度的动机,对练习具有较佳的效果。对于一部分人来说,焦虑水平可以看作其动机的激发或唤醒水平的标志。对于焦虑水平较高的学生,宜采用压力较低的教学和测验,降低他们的动机唤醒水平,使之由高趋向中等;反之,对于焦虑水平较低的学生,宜采用有较大压力的教学和测验,使他们的动机唤醒水平由低趋向中等。

七、重视动作技能迁移的特点

动作技能的迁移可以分为下列三种:

一是动作性迁移。一种动作技能能够向另一种动作技能迁移。如会开拖拉机的人,就比较容易掌握驾驶汽车的技能;擅长绘画的人,也容易学会书法。有时,动作性迁移也存在消极作用。例如,在打网球与打羽毛球之间就有负迁移的存在。这是因为两种运动的刺激虽然类似(都用球拍打球)而所要求的反应却不同:打羽毛球运用手腕的动作,打网球运用整个手臂的动作。共同的刺激情境和不同的反应要求,便产生了明显的负迁移。

二是语言—动作迁移。练习前的语言训练对掌握动作技能有积极作用。例如,在一个实验里,主试要求被试对某些光刺激作出选择性动作。实验之前对部分被试进行有关的语言训练:"见红光按第一个按钮,见蓝光按第二个按钮。"实验过程中发现,与未经训练的对照组相比,经过语言训练的被试选择性动作技能学习的效率有很大提高。

三是两侧性迁移。人的身体一侧学会的技能可以迁移到身体的另一侧。研究发现,两侧性迁移在身体的对称部位,如右手—左手、右腿—左腿,表现得最突出;在同侧部位,如右手—右脚、左手—左脚,表现得较弱;位于对角线的部位,如左手—右脚、右手—左脚,迁移的作用最弱。

教练必须重视上述动作技能迁移的不同特点,才能提高动作技能的教学效果。

复习思考题

1. 解释概念:动作技能,智力技能,高原现象
2. 简述动作技能形成的阶段。
3. 简述动作技能形成的特征。
4. 怎样进行动作技能教学?
5. 动作技能的迁移包括哪些方面?

参考文献

曹日昌.1980.普通心理学.北京:人民教育出版社

丁秀峰,李新旺.1996.心理学.开封:河南大学出版社

胡艺.2000.想象练习在动作技能形成中的运用.扬州职业大学学报,3

黄希庭.1997.心理学.上海:上海教育出版社

李新旺,何蔚.1998.心理学辅助教材.开封:河南大学出版社

彭聃龄.1988.普通心理学.北京:北京师范大学出版社

邵瑞珍.1990.学与教的心理学.上海:华东师范大学出版社

沈德立,刘景全,林镜秋.1983.中学生动作技巧形成的实验研究.心理科学通讯,5

吴钞来.2010.女子散打运动员动作技能形成过程及其影响因素探析.搏击·武术科学,12

许尚侠.1986.动作操作遗忘进程的探讨.心理科学通讯,1

朱晓峰.2008.舞蹈动作技能学习的反馈理论.北京舞蹈学院学报,3

第十章　品德学习与培养

开学不久,陈老师发现杨朗同学有许多毛病,心想,像杨朗这样的同学缺少的不是批评而是肯定和鼓励。一次,陈老师找他谈话说:"你有缺点,但你也有不少优点,可能你自己还没有发现。这样吧,我限你在两天内找到自己的一些长处,不然我可要批评你了。"第三天,杨朗很不好意思地找到陈老师,满脸通红地说:"我心肠好,力气大,毕业后想当兵。"陈老师听了说:"这就是了不起的长处。心肠好,乐于助人,到哪里都需要这种人。你力气大,想当兵,保家卫国,是很光荣的事,你的理想很实在。不过当兵同样需要科学文化知识,需要有真才实学。"听了老师的话,杨朗高兴极了,脸上露出了微笑。如果你是老师,你会怎样教育像杨朗这样的孩子?

学生品德的培养是全面发展教育的重要组成部分,也是实施素质教育的重要任务。学生品德的形成是在社会环境影响下一系列心理因素相互制约的极其复杂的过程。在对学生进行道德品质教育时,必须从学生的实际出发,遵循学生品德发展的特点和规律,才能取得良好的教育效果。

本章知识点:
- ◆ 品德与道德的概念及关系
- ◆ 品德的心理结构
- ◆ 品德形成的理论
- ◆ 品德的形成和培养途径
- ◆ 品德不良的矫正方法

第一节　品德概述

一、品德与道德

(一) 什么是品德

品德即道德品质,是社会成员按照一定社会的道德准则与行为规范行动时所表现出来的稳定的心理特征。在我国品德又称为德行、品行或操行等,是社会道德在个体身上的具体表现。例如,热爱祖国、关心集体、遵守纪律、勤奋学习、助人为乐等都是我国要求青少年具备的品德。品德是一种相对稳定的心理特征。只有一个人具有了某种稳定的道德观念,并在它的支配下,在一系列道德行为中经常地表现出来,我们才认为他具有某种品德。因此,品德是一种特殊的个性心理,是个性心理中具有道德评价意义的核心成分。

(二) 什么是道德

道德是人类社会所特有的一种社会现象,属社会意识形态范畴。在社会生活过程中,人们为了维护所在群体或个人的利益,规定了一些大家都要遵守的行为准则,以协调彼此在工作、学习和生活中的相互关系。人们不仅根据这些准则来评价一个人的行为,而且也依据这些准则做出相应的行动。当一个人按照其中的一些准则行动时,我们就认为他的行动是合乎道德的,就会受到社会舆论的赞许,个人也会感到心安理得、问心无愧。否则,违反这些准则就会受到舆论的谴责,个人也会感到内疚、羞愧。这种由舆论力量和内心驱使来支持的行为规范或行为准则的总和便是道德。虽然道德与法律都是一种行为规范,但二者是不同的。法律是由国家制定和认可、人们必须遵守的行为规范,它具有强制性,违犯法律的规定就要受到法律的惩罚和制裁。道德是靠舆论力量维持的,不具有强制性,人们违反道德准则只会受到社会舆论的指责。

(三) 品德与道德的关系

品德与道德是两个既有区别又有着密切联系的概念。

1. 品德与道德的联系

品德与道德的联系主要表现在以下三个方面:第一,个人品德离不开社会道德。个人品德是社会道德的组成部分,是社会道德在个体身上的具体反映。我们评价一个人的道德品质,总要以社会行为准则为衡量的标准。个体品德的发生、发展与社会道德的发生发展是一致的,都要受到社会发展规律的制约。第二,个人品德是在社会道德的影响下形成和发展起来的。个人品德不是与生俱来的,它是个体在社会化的过程中、在社会道德舆论的熏陶和学校道德教育的影响下,通过自己的实践活动逐步形成发展起来的。因此,社会道德风气的发展变化会在某种程度上影响个人品德的变化,品德的形成、发展以一定的社会道德为前提,离开了社会道德,品德就无从谈起。第三,个人品德虽然不可避免地要受到社会道德风气的影响,但是它对社会道德风气也能产生一定的反作用。即众多的个人品德能构成并影响社会的道德面貌和风气,特别是一些优秀代表人物的品德,往往可以作为一种道德品质的典范,超越时空和个体的存在,外化为社会道德,常常对社会道德风气产生深远的影响。如果离开了社会中具体人的道德品质,道德就只能成为无实际意义的行为规范,也就失去了其应有的作用,因此,从某种意义上来说,品德是道德的基础。

2. 品德与道德的区别

品德与道德的区别主要表现在以下四个方面:第一,品德是一种个体现象,它依赖于某一个体的存在而存在;道德则是一种社会现象,它依赖于整个社会的存在而存在,不以个人的存亡和品德的有无为转移。第二,品德是对社会道德要求的部分反映,是社会道德规范局部的具体体现;道德反映的内容比品德反映的内容更广阔、更概括。道德是对整个社会生活的总体要求的反映,是调节社会关系的行为规范的完整体系。第三,品德的形成和发展既受社会发展规律的支配,还受个体的生理和心理发展规律的制约;道德的产生、发展和变化服从于整个社会的发展规律,随社会的发展而发展。第四,品德是教育学、心理学研究的对象;道德则是哲学、社会学与伦理学研究的对象。

资料窗   **我国古代思想家的品德思想**

关于品德的形成和发展,我国古代思想家提出两种不同的观点,即内求说和外铄说。

内求说认为,人的品德生来就存在于自己的心中,只需向内心去求,就可以得到它们。孟子明确地提出:"仁义礼智,非由外铄我也,我固有之也,弗思耳矣。"在他看来,人生来就具有恻隐、羞恶、辞让、是非"四端",如果将这四个"善端"扩而充之,就会产生仁、义、礼、智等道德品质。历代有不少思想家都持此种观点,特别是宋明理学家和心学家是彻底的内求论者。在他们看来,品德的形成就

> 在于明理。"学者不必远求,近取诸身,只明天理,敬而已矣。"天理就在心中,"心皆具是理,心即理也……所贵乎学者,为其欲穷此理,尽此心也。"可见品德的形成,全靠对本心的体认,是内求心中之理的过程。
>
> 外铄说认为,人的品德并非内心所固有,只有在外界条件的影响下才能得到他们。例如,荀子认为,具有高尚品德的"君子生非异也,善假于物也。"亦即"终日而思"的内求式学习不会有什么结果,只有"善假于物"(善于考察客观事物)的外铄式学习才会使人受益无穷。因而他很强调环境和教育在培养德行中的作用,主张"居必择乡,游必就士"。此后历代不少思想家赞成这一观点。如王廷相就认为一个人的学问、道德的成长,应从"实践处用功,人事上体验",因而进一步肯定:"诸凡万事万物之知,皆因习、因悟、因过、因疑而然,人也,非天也。"也就是说,人的知识、品德是在人的社会实践活动中通过学习和思考,通过自己错误的改正和疑惑的濯除来获得和形成的。
>
> 资料来源:李伯黍、燕国材.1993.教育心理学.上海:上海师范大学出版社,10~11

二、品德的心理结构

品德的心理结构是指构成品德的心理成分及其相互关系。一般认为,品德的心理结构分为道德认识、道德情感、道德意志和道德行为等四种心理成分。

(一) 品德的组成

1. 道德认识

道德认识也叫道德观念,是人们对道德行为准则及其执行意义的认识。道德认识包括道德观念、道德概念、道德信念的形成以及运用这些观念去分析具体的道德情境,对人、对事、对己做出是非、善恶、美丑等的道德评价等内容。其中,道德概念的掌握、道德信念的形成和道德评价能力的发展是衡量青少年学生道德认识形成和发展的主要标志。

2. 道德情感

道德情感是伴随道德认识产生的一种内心体验,即人们在心理上所产生的对某种事件或道德行为的爱慕或憎恨、喜好或厌恶等情感体验。如荣辱感、自尊感、友谊感、集体荣誉感、责任感、爱国主义情感等。这些情感既反映了人们的道德需要,又表现出人们对客观现实是否符合自己的道德需要而产生的一种态度体验。一般而言,人们对符合自己的道德认识或自己所维护的道德观念的事物会产生积极、肯定的情感体验,否则就产生消极、否定的情感体验。例如,我们对英雄人物的敬佩之情,对损人利己者的厌恶之情,对自己乐于助人的行为感到欣慰,对自己自私自利的思想感到羞愧,等等。可见,道德情感是一种自我监督和自我调节的力量,因而对人们道德品质的形成具有重要作用。

3. 道德意志

道德意志是人们在履行道德义务的过程中,自觉地调节行为,克服所遇到的各种困难和障碍,以实现既定道德目的的心理过程。它体现在人们实现道德目标过程中的一系列行为中,离开了道德行为,道德意志就无从表现。但道德意志并不等同于道德行为,它是调控人们道德行为的内部力量。

一个人具有了道德认识,也产生了道德情感,最终能否产生相应的道德行为往往取决于道德意志。如果没有坚强的道德意志,就会在道德行为过程中畏缩不前,向各种阻力和困难低头,最后半途而废;而一旦具备了坚毅的道德意志,则能够抵御现实中的各种诱惑,战胜前进道路上的种种困难,坚持道德行为,最终达到目的。因此,道德意志是个人能否达到一定道德水平的重要条件,也是个人是否具备某种道德品质的重要标志。

4. 道德行为

道德行为是指个人在一定的道德意识支配下所表现出来的,对他人和社会有道德意义的活动。它是人的道德认识的具体表现,也是个人道德品质的外显成分。道德行为是实现道德目的的手段,因此道德行为比道德认识更重要。一个满嘴仁义道德却从不把行动落到实处的人,无论如何也不能算作是品德良好的人;而一个默默无闻埋头苦干的人则可能是一个品德高尚的人。

道德行为包括道德行为技能和道德行为习惯,他们与一般的技能、习惯并无本质的区别,只是在完成一定的道德任务时,他们便具有了道德的性质。道德技能的掌握有助于实现道德目的,它将指导道德行为做出对他人和社会具有道德意义的事情,不至于好心办坏事。道德行为习惯的养成则需要经过反复的训练和实践,使某种道德行为成为经常的、持续的、自然的、牢固的行为倾向。它是衡量人道德品质的标志。因此使学生养成良好的道德行为习惯是学校道德品质教育的重要目的。

(二) 品德心理成分的交互作用

在品德结构中,品德的四种心理成分既不能相互替代,又不能截然分开。它们既彼此联系、相互影响、互为前提,又相互渗透、相互促进、相互制约,构成一个互动的、开放的统一体。道德认识是前提,是整个品德心理结构的基础,在一定程度上决定着品德的性质、方向及道德意志与道德行为技能和习惯的形成和发展。道德情感是伴随着道德认识而产生的一种内心体验,影响着道德认识的倾向。道德意志则在一系列具体的行动中表现出来,并与道德情感一起作用于道德行为。道德行为是道德认识、情感和意志的具体表现和外部标志。它是在道德知、情、意的共同影响下,通过一定的练习、训练,在掌握行动技能、养成行为习惯的基础上形成的。因此,道德行为常被看做是某种品德形成的终末环节。同时,道德行为又可以巩固、发展道德认识,增强、丰富道德情感,促进、锻炼道德意志。因此,品德的形成与发展是四种心理成分交互作用、均衡发展的结果,其中任一成分的偏离,就会打破整个品德结构的协调统一,削弱品德心理结构的整体效能,影响品德的形成。因此,品德的形成是这些心理成分协同活动、交互作用的综合过程。

关于品德结构中诸心理因素的地位和作用,存在着认知派和行为派两种根本对立的观点。认知派强调,品德取决于个人的道德认识及其发展水平,认为许多不道德行为都是由于道德认识的无知,由于缺乏对各种事物的健全概念所形成的,因此主张要根据认知活动及其发展规律培养儿童的道德品质。行为派认为,有相应道德认识不一定产生相应的道德行为,道德行为是通过学习形成的,并通过学习而改变,因此决定道德行为的是环境与社会文化条件,主张通过提供良好的榜样和强化学生的适当行为,促进学生良好道德行为的形成和发展。

认知派和行为派在培养学生道德品质上都提出了一些有价值的观点,但他们夸大品德结构中某些成分的作用而抹杀其他成分的存在和作用,则是片面的。如果在教育过程中只强调道德认识的作用,满足于道德知识的传授和说服教育,则可能会造成言行脱节现象。同样,如果只重视道德行为习惯的训练,忽视道德认识的提高,那么学生就不可能懂得道德行为的依据，就会使学生道德行为的原则性和灵活性受到限制，也会对学生道德评价能力的发展及道德行为的迁移产生不良影响，甚至出现"好心办错事"的情况。

第二节 品德的形成过程

个体的品德是如何形成与发展的，是品德心理学研究的重要问题之一。特别是20世纪60年代以来，西方心理学家对儿童品德形成与发展的研究，以及我国心理学家对儿童、青少年道德发展的研究，为我们探索学生品德形成的发展规律，加强学校道德教育提供了科学的理论依据。

一、品德形成的理论

(一) 国外有关品德形成的理论

当代西方关于品德形成的研究中，以皮亚杰、科尔伯格等人的关于品德发展的理论最具代表性。

1. 皮亚杰"儿童道德认知"的发展理论

皮亚杰(J. Piaget)对儿童的道德判断进行了系统的研究，在其所著的《儿童的道德判断》(1932)一书中提出了儿童的道德发展理论，为儿童道德发展研究提供了一个理论框架和一套研究方法，初步奠定了品德心理研究的科学基础，对品德心理研究作出了突出贡献。

皮亚杰的道德发展研究是建立在思维发展基础上的。他认为：儿童的道德发展是认知发展的一部分，儿童的逻辑思维能力和道德判断能力是一种蕴涵关系；儿童道德判断的发展与儿童认知发展的阶段相平行，儿童道德发展的进程可以在他们的认知发展中找到依据。皮亚杰在研究儿童的道德发展时，采用了一种行之有效的研究方法，即对偶故事法。所谓对偶故事法，是指根据所要研究的道德现象，设计编拟一些包含道德价值内容但在行为动机和行为结果上相反的对偶故事，组成不同的结构形式，要求儿童辨认是非对错，并说出自己的理由，从他们对特定行为情境的评价中推断他们的道德观念。

皮亚杰在大量研究后指出，儿童道德的发展具有一条总的规律，即从他律发展到自律。所谓他律，是指儿童早期的道德判断只注意行为的客观后果，不关心行为的主观动机，是受自身以外的价值标准所支配的道德判断，具有客体性。所谓自律，是指儿童根据自己的主观价值标准所支配的道德判断，具有主体性。他律水平与自律水平是儿童道德判断的两级水平。儿童的道德判断从他律到自律的发展是贯穿皮亚杰关于儿童道德发展理论中的一条思想主线。

皮亚杰进一步提出了儿童道德发展的阶段理论。他认为儿童品德的成长是一个从低级到高级、由自律到他律逐渐发展的有阶段的连续过程，这些阶段与认知发展密切相关。皮亚杰把儿童的道德发展分为四个阶段：

(1) 自我中心阶段(2~5岁)。这一阶段的婴幼儿在游戏时，游戏规则或成人的要求对他们没有约束力。他们只按照自己的意愿去执行游戏的规则，并不理解游戏的结果。皮亚杰认为，这是以自我为中心的行动阶段，称之为"单纯的个人规则的阶段"。这是由于这一时期的儿童还没有产生真正的社会交往和社会合作的关系,他们还没有把主体与客体分离,不能把自己的事和别人的事真正区别开来。他们的游戏活动只是个人独立活动的任意行为,与成人、同伴之间还没有形成合作关系。

这一阶段的儿童,由于认识的局限性,还不理解、不重视成人或周围环境对他们的要求,有时看来似乎接受了成人的指导,但往往正是他自己想要做的;有时还表现为对成人或同伴要求的不服从、执拗、甚至反抗。因此,对待这一阶段儿童的活动不应多加干涉,而应耐心具体地进行指导。在皮亚杰看来,只有当儿童意识到在游戏活动中应该共同遵循的行为准则时,规则对儿童来说才能成为他的行为准则,否则,它只是一种单纯的规则而已。

(2)权威阶段(6~8岁)。在这个阶段,儿童的道德生活几乎完全是以服从权威为特征的,服从权威的力量是一种约束的道德判断和道德品质。在儿童看来,一定要尊敬权威,绝对服从父母、老师等成人或年长者的命令。服从他们的命令就是正确的行为,就是好孩子,否则就是错误的行为,就是坏孩子。同时,儿童也服从周围环境对他们所规定的规则或提出的要求,并认为这些规则或要求是固定的,是不能更改的,必须绝对服从、不可违背。谁若违反或破坏了规则,就是犯了极大的错误,必须要接受惩罚。

皮亚杰和他的合作者经过大量的研究后指出,7岁、10岁和13岁是儿童的公正判断时期,分别以服从、平等和公道为特征。年幼儿童对公正概念尚不理解。他们以成人的是非为是非,他们的好坏标准取决于服从、不服从,认为听话的就是好的行为,按自己的意愿行事就是坏的行为。他们分辨不出服从和公正,不服从和不公正之间的区别。对他们来说,公正还没有从服从中分化出来,所以年幼儿童的公正判断以服从成人为特征。这是权威阶段的特征。皮亚杰把儿童绝对驯服地服从规则要求的倾向称为道德实在论。他认为,成人的约束和滥用权威对儿童的道德发展是极其有害的。

(3)可逆阶段(8~10岁)。这个阶段的儿童不再把成人的命令看做是应该绝对服从的了,也不把道德的规则看做是不可改变的了。他们已经意识到同伴之间的相互关系,认识到所谓准则只不过是同伴之间共同约定的、用来保障共同利益的东西。如果所有人都同意的话,规则是可以改变的。因此,规则对他们来说,只是用来协调相互之间的行动的。在规则面前同伴之间是一种"可逆关系",我要求你遵守,我也得遵守。即这个阶段,儿童的道德判断不再是以单方面服从权威为特征,而是以相互遵从规则为特征。

儿童不再按是否服从权威来判断行为的好坏,而是以是否公平来判断行为的好坏,认为公平行为就是好的,不公平行为就是坏的。这表明儿童的道德判断已经摆脱外界的约束,具有了自律道德水平的初步萌芽。

(4)公正阶段(11~12岁)。公正阶段是从可逆的道德观念发展而来的。皮亚杰认为,这个阶段的儿童的道德观念发展倾向公正。所谓公正就是承认真正的平等,不像前一阶段仅满足于形式上的平等。所谓真正的平等,就是要依据每一个人的具体情况作出恰当的处理。例如,皮亚杰做了一个实验:"一个假日的下午,妈妈带了她的孩子们去河边散步,四点钟,她给孩子们每人发了一个卷饼,他们各自吃着自己的卷饼,但小弟弟没有吃,不小心把卷饼掉进河里了。妈妈将怎样处理这件事?再给一个吧?哥哥他们会怎样说呢?"皮亚杰询问了6~14岁儿童,年龄小的儿童主张不应再给他了,以表示对他的惩罚;

年龄稍大一点的儿童则主张再给他一个卷饼,这样人人都有一个(平等);年龄大的儿童也主张再给他一个,但这是考虑到弟弟年龄小,应得到照顾,这样才公平,即公正。年龄大的儿童已能根据自己的价值标准对道德问题作出判断。他们已能用公道这一新的标准去判断是非,认识到在依据准则去判断是非时,应先考虑他人的一些具体情况,从关心和同情出发作出他们的道德判断。在皮亚杰看来,公正观念是一种高级的平等关系,这种道德观念已经能够从内部对儿童的道德判断起决定性的作用。

皮亚杰对儿童的道德判断所做的创造性的研究,开创了现代道德认知发展学派的先河。无论是他采用的对偶故事法,还是他提出的儿童道德发展水平和阶段理论,都对后继的研究产生了深远的影响。

2. 科尔伯格的儿童道德发展阶段论

科尔伯格(L. Kohlberg)是美国当代著名的心理学家和教育家,也是现代道德认知发展理论的奠基人。他以皮亚杰儿童道德判断的研究为基础,采用"两难故事法",对个体的道德认知发展进行了大规模的追踪研究和跨文化研究,先后长达30多年,取得了丰硕的成果。他所建立的道德认知发展理论对当代道德心理学的发展与道德教育均产生了深远的影响。

1) 科尔伯格研究儿童道德发展的方法

在科尔伯格看来,皮亚杰的对偶故事法在操作上不够严密(因为两个故事中有不同的情景),为了更好地研究儿童品德发展的规律,他在对偶故事法的基础上,总结出了一种新的研究方法,即"两难故事法"。所谓"两难故事法"是指根据所要研究的道德主题,设计并编写出一些包含道德价值内容的两难故事,组成不同的结构形式,要求个体作出是非、善恶的判断并说出自己的理由,从他们对特定行为情景的评价中去推断他们的道德发展水平。在科尔伯格设计的两难故事中,以"海因兹两难故事"最为著名:

欧洲有个妇女患了癌症,生命垂危。医生认为只有一种药才能救她,就是本城一个药剂师最近研制的一种治癌特效药,但这种药价格昂贵。病妇的丈夫海因兹变卖了家产,到处向熟人借钱,才只凑到药费的一半。他请求药剂师降价卖给他一剂药,药剂师不同意。他请求分期付款,药剂师也不答应。妻子病危,药又买不起,海因兹走投无路。不得已,他在晚上竟撬开药店的门,为妻子偷来了药。

科尔伯格围绕这个故事提出了一系列问题:海因兹应不应该偷药?为什么说应该?为什么说不应该?法官该不该判他的刑?为什么?等等。

2) 科尔伯格道德发展阶段论的基本观点

科尔伯格继承和发展了皮亚杰的道德发展理论,他把儿童道德发展看成是整个认知发展的一部分,认为儿童的道德成熟过程就是道德认识的发展过程。与皮亚杰的看法相似,科尔伯格将儿童看做是道德哲学家,认为儿童有自己的关于价值观问题的思考方式,能自发形成他们的道德观念,这些道德观念又形成有组织的思维方式。按照科尔伯格的看法,道德认知是对是非、善恶行为准则及其执行意义的认识,并集中在道德判断上。道德判断是一个人根据道德原则对什么是正确的或错误的行为进行的判断,即道德评价。他认为,儿童的道德成熟首先是其道德判断上的成熟,然后是与道德判断相一致的道德行为上的成熟。

科尔伯格认为,对道德发展阶段的划分是根据判断的结构,而不是道德判断的内容;道德发展的机制是道德判断的认知结构的变化发展过程;处于不同发展阶段的个体或同一个体处于不同的发展阶段,对道德问题的判断、推理有明显的区别。

在科尔伯格的理论体系中,道德发展的概念是一个核心概念。他认为道德发展阶段具有四个基本特征:一是结构的差异性。科尔伯格发现处于不同发展阶段的个体或同一个体处于不同的发展阶段,其道德判断和推理的结构(思维模式)有不同类型,它们之间不是量的差异,而是质的差异。他正是按照这种结构的差异特征来划分个体的道德发展水平和阶段的。二是不变的顺序性。个体的道德发展遵循由低级向高级发展的不变的、普遍的阶段顺序。文化和教育可以加快、延缓或阻止个体道德的发展,但绝不能改变其阶段顺序。三是结构的整体性。每个不同的、依序发展的思维模式形成了一个结构上的整体。在特定的道德任务中,一个特定的阶段反应不只代表与该任务相似的任务所决定的具体反应,而代表了一种潜在的思维组织。四是层次的整合性。道德发展的阶段形成一种不断增加分化与整合的结构顺序,以逐步达成其共同的功能。前一阶段的思想总是融合到或整合进下一阶段的思想中,并且为下一阶段所取代。新的阶段是从前一阶段中发展出来的,因而它是新旧结合的综合体。

科尔伯格按照道德判断结构的性质不同,将个体的道德发展划分为三级水平六个阶段,提出了他的最全面的结构模型。

(1) 前习俗水平。这一水平的主要特征是,儿童的道德观念是纯外在的,儿童是为了免受处罚或获得个人奖赏而顺从权威人物规定的行为准则的。它包括两阶段:

第一阶段,惩罚和服从取向。该阶段的儿童根据行为的直接后果来判断行为是好是坏及严重程度,服从权威或规则只是为了避免处罚;认为受赞扬的行为就是好的,受惩罚的行为就是坏的。他们没有真正的准则概念。属于这一阶段的儿童认为海因兹偷药是坏的,因为"偷药会坐牢"。即使有一些儿童支持海因兹偷药,推理性质也是同样的。如有的说:"他可以偷药,因为他先提出请求,又不偷大的东西,不该受罚。"

第二阶段,朴素的利己主义取向:该阶段的儿童为了获得奖赏或满足个人需要而遵从准则,偶尔也包括满足他人需要的行动。他们认为如果行为者最终取得成功,获得奖赏、满足相互间的需要,就是对的,否则就是坏的。好与坏均以自身利益为根据,带有浓重的互利交换的实用主义色彩。儿童也不再把规则看成是绝对的、固定不变的东西。他们能部分地根据行为者的意向来判断过错行为的严重程度。比如有的孩子认为:"海因兹妻子常为他做饭、洗衣服,因此海因兹去偷药是对的。"也有的认为:"偷药是不对的。因为做生意是正当的,这样药剂师就赚不到钱了。"

科尔伯格认为大多数 9 岁以下的儿童和许多青少年犯罪,在道德认识上都属于第一级水平。

(2) 习俗水平。这一水平的主要特征是,儿童是为了得到赞赏、表扬或维护社会秩序而服从父母、同伴、社会集体所确立的准则的。他们都能顺从现有的社会秩序,而且有维持这种秩序的内在欲望;规则已被内化,自己感到是正确的。因此,行为价值是根据遵守那些维护社会秩序的规则所达到的程度。它也可分为两个阶段:

第三阶段,好孩子取向。在这个阶段,儿童尊重大多数人的意见和惯常的角色行为,避免非议,以赢得赞赏,重视顺从和做好孩子。儿童心目中的道德行为就是取悦于人的、有助于人的或为别人所赞赏的行为。他们希望保持人与人之间良好的、和谐的关系,希望被人看作是"好孩子",要求自己不辜负父母、教师、朋友的期望,保持相互尊重、信任。这时儿童已能根据行为的动机和感情来评价行为,寻求别人认可,凡是成人赞赏的,自己就认为是对的,否则就认为是错的。这个阶段的少年在读到海因兹偷药的故事时,有的说"偷药不对,好孩子是不偷的",或强调"海因兹爱他的妻子,因为已经走投无路才去偷的,这是可原谅的"。

第四阶段,权威和社会秩序取向。这个阶段的儿童所做判断的根据是相信准则和法律维护着社会秩序,认为每个人应当承担社会的义务和职责,应当遵循权威和有关规范去行动,不能因处境特殊而感情用事。判断某一行为的好坏,要看它是否符合维护社会秩序的准则。这个阶段的青少年在回答海因兹的问题时,一方面很同情他,但同时又认为他不应触犯法律,如有的说"他要救妻子的命是自然的,但偷东西犯法",必须偿还药剂师的钱并去坐牢。他们认为如果人人都去违法,那社会就会混乱一片了。另有一些人认为,药剂师见死不救是不应该的,他应受到法律的制裁。

科尔伯格认为大多数青少年和成人的道德推理属于该级水平。

(3) 后习俗水平。这一水平的特点是道德行为由共同承担的社会责任和普遍的道德准则支配,道德标准已被内化为他们自己内部的道德命令,表现为个体的义务感、责任感。它也可以分为两个阶段:

第五阶段,社会契约取向。这一阶段的道德推理具有灵活性。他们认为道德准则是为了使人们能和睦相处,经大家同意所建立的。如果他们不符合人们的需要,可以通过共同协商和民主的程序加以改变,因此认为反映大多数人意愿或最大社会福利的行为就是道德行为。那些按民主程序产生的、公正无私的准则是可接受的,强加于人或者损害大多数人权益的法律是不公正的,应予以拒绝。这一阶段的青少年回答海因兹的问题时,赞成偷药的人说:"法律禁止人偷窃,却没有考虑到为救人性命而偷东西这种情况。取走药违背了法律,但是海因兹在这种情形下偷窃是正当的。如果海因兹由于偷窃被控告,法律需要被重新解释去考虑这些情形。"反对偷药的人说,"我知道不合法地去偷药是可以理解的,但是目的正当并不能证明手段正当。你不能说海因兹去偷药是完全错误的,但在这种处境下也不能说他这种行为是对的。"海因兹偷药是一件不道德的事,但他的意图是善良的。

第六阶段,良心或原则取向。该阶段的人已具有抽象的以尊重个人和个人良心为基础的道德概念,他们认为应运用适合各种情况的抽象的道德准则和普遍的公正原则作为道德判断的根据。背离了一个人自选的道德标准或原则就会产生内疚或自我谴责感。在对海因兹事件的反应中,赞成偷药的人认为,当一个人在服从法律与拯救生命之间必须作出选择时,尊重生命、保存生命较之偷药就是更正确的更高的原则。反对偷药的人则认为,还有很多像他妻子一样急需这种药的病人,海因兹不应感情用事,要考虑所有人的生命价值。

科尔伯格认为只有少数人在20岁后能达到第三级水平。

科尔伯格的儿童道德发展阶段理论为我们勾画出了道德发展的连续变化过程。他强调,道德发展的顺序是固定不变的,既不会超越也不会逆转,而且各个阶段的时间长短也是不相等的。同时,由于受到个体认知发展水平和社会化条件的制约,个体的道德发展速度和水平又是不同步的。儿童道德判断力的发展在 10 岁前大多处于前习俗水平;13 岁前后半数以上处于习俗水平;只有少数个体(16 岁以上有 30%)能进入后习俗水平。有些人可能只停留在前习俗水平或者习俗水平上,而永远无法达到道德判断的最高水平。

(二) 国内关于品德发展的研究

我国古代思想家和教育家都十分重视道德教化的作用,在他们的言论及著述中蕴涵了丰富的品德教育思想。但从心理学角度对品德的形成和发展问题进行研究则是近代的事情。从西方现代心理学传入我国以后,心理学工作者开始了对国外有关品德研究理论和方法的消化和吸收,一系列有关品德研究的论文和著作相继发表,形成了我国品德心理学的研究特色。

李伯黍教授和全国各地的同行协作,沿着皮亚杰和柯尔伯格的路线,对我国 5～11 岁儿童的道德判断发展作了相关研究。其研究结果证实了皮亚杰"儿童的道德判断经历着从客观判断(依据行为外在结果)过渡到主观判断(依据行为的动机意向)的发展过程"的观点。他还发现中国儿童的一些不同特点,如中国儿童 4 岁已经能够摆脱成人的影响,开始作出较多的独立的道德判断,7 岁儿童的主观性判断已经有了明显的发展,到了 9 岁,这种判断已基本上取代了客观性判断。与国外儿童相比年龄均有些提前。

章志光教授与他的合作者开展了有关学生品德形成问题的课题研究,先后进行了近二十项有关品德的实验研究,提出了"品德动力系统结构"的新设想(章志光,1990)。认为品德结构可以从生成结构、执行结构和定型结构三个断面或维度上进行探讨。当这些结构和宏观的社会环境及微观的群众环境(包括人际关系、教育方式等)发生关联或相互制约时,就构成了一个包括品德机制在内的大的社会动力系统。对上述结构的探析不仅有助于了解品德形成的动态过程,而且有助于进一步研究结构内部各种心理成分在内外条件下的发生、发展及其在品德形成中的地位、作用和相互制约的关系。

林崇德教授在《品德发展心理学》一书中从发展心理学的角度对我国儿童青少年的品德发展进行了系统的探讨。他认为儿童与青少年品德发展的条件主要有三个方面:①遗传与生理成熟是品德发生、发展的生物学前提;②环境教育在品德发展中起决定作用;③实践活动是儿童与青少年品德发展的必要基础。在儿童和青少年的学习与生活过程中,社会和教育向其提出的要求所引起的新的需要,同他们已有的心理水平之间的矛盾,构成了儿童和青少年心理发展的动力。林崇德教授将儿童与青少年的品德发展分为彼此联系的六个年龄段,其中 2.5～3 岁,5.5～6 岁,小学三年级、初中二年级是儿童与青少年个性发展、特别是品德发展变化的关键期。他们的品德发展到了青年初期就达到了成熟期,这个成熟期一般出现在初三末到高二初。到了成熟期,每个人的品德结构和个性特点基本定型。

二、品德形成的心理过程

品德的形成不是由遗传决定的,而是个体在社会道德舆论及教育等的影响下,在后天的社会生活实践中逐步将道德规范内化形成道德行为习惯的过程。

(一) 道德认识的形成

道德认识是个体对道德知识的感知、理解、掌握的过程。其形成包括道德知识的掌握、道德评价能力的发展和道德信念的产生三个基本环节。

1. 道德知识的掌握

学生对道德知识的掌握，常常是以道德概念的形式表现出来的。道德概念是社会道德本质特征的反映。学生理解和掌握了道德概念，就能在复杂的社会生活中揭示人的行动的本质特点，分清各种事件与行为的是非、善恶、美丑、公正与偏见、道德与不道德的界限，才能根据对道德知识的理解程度调节和支配自己的行动，并能以一定的道德准则对自己和他人的道德行为作出正确的评判。

学生对道德知识的掌握有明显的年龄特点。不同年龄阶段、不同认识水平的儿童，对道德概念的掌握是不同的。在小学阶段，低年级学生对道德概念的理解是一种比较肤浅的、具体的和表面的理解，只是从行动的后果和行动的外部现象上去理解道德概念，对是非、好坏的意义的认识与成人的禁止和赞许有关。高年级学生对道德概念的理解逐渐发展到比较精确的、本质的理解，能从概念内涵的各方面因素中加以概括，指出概念的本质内容，但具体性较大，概括性较差。到了中学阶段，随着学生抽象思维的发展，其思维的独立性、批判性不断增强，对道德概念的理解的正确率逐步提高，对道德知识的掌握在形式上更加概括、抽象，在内容上更加深刻。研究表明：高中生对道德知识的理解水平已经基本达到对"道德行为规范与道德准则的本质"的掌握。但到青年后期才能真正掌握诸如"虚伪"、"谦虚"等更概括、更抽象的概念。

道德知识和概念的掌握同其他知识和概念的掌握一样，要经过感性认识和理性认识这两个阶段才能实现，所以学生掌握知识概念的许多规律在掌握道德知识和概念的过程中也同样起作用。但道德知识的掌握比自然科学知识的掌握要复杂和困难得多，因为道德概念不仅是一种知识，还涉及行为，并受人的行为动机的影响。因此，道德知识的掌握是一个更为复杂的过程，依赖一系列条件：第一，使学生了解道德概念的意义，加深对道德概念的理解；第二，注意将抽象的道理与具体事例相结合，加深学生对抽象概念的理解；第三，及时纠正学生的一些错误或糊涂的观念，使学生正确的理解道德概念；第四，教师要以身作则，言传身教，起到表率作用。

2. 道德评价能力的发展

学生道德评价能力的发展，不但有助于学生巩固和扩大道德经验，加深对道德意义的理解，而且可促使道德知识转化为个人行动的自觉力量，增强道德规范对个人行动的支配能力。

学生的道德评价能力是随着其道德知识的丰富和加深，在社会舆论、他人评价和教育影响下逐步形成和发展起来的。道德评价能力发展的一般规律如下：

（1）从"他律"到"自律"。小学低年级学生往往是以成人或老师的评价为依据来进行道德评价，以后随着年龄的增长和知识经验的增加，才慢慢地学会依据自己的评价标准，独立地对别人进行评价。

（2）从效果到动机。小学低年级学生在评价时，只是注重对行动的直接结果和外部原因的分析。中学生则逐渐趋于将行动效果和内部动机联系起来加以评价。

(3) 从评人到评己。小学低年级学生还不会对自己作出评价,往往根据家长或老师对别人的评价来评价自己。随着自我意识的发展,中学阶段的学生开始关注自己的内心体验,并逐渐学会了自我评价。

(4) 从片面到全面。小学低年级学生容易根据个体行动表现中的某一点,就对其道德品质作出全面肯定或全面否定的结论。随着年龄的增长和道德知识的丰富,到了高中阶段,他们才逐步学会对自己和别人进行比较全面、客观、公正的评价。

道德评价能力的发展是道德认识形成中一个重要的组成部分。在教育教学过程中,教师要有意识地培养学生的道德评价能力。首先,教师要注意道德评价的示范,经常利用教材中或学生日常生活中的典型事例作出简明而正确的评价。其次,组织学生开展各种形式的道德评价活动。教师要充分利用各种机会,如课堂教学(语文课、思想品德课等)、班团队会的讨论、三好学生的评选等活动,有意识有步骤地提高学生的道德评价能力。最后,注意学生自我评价能力的培养,有意识地引导学生由对别人的评价过渡到自我评价。

3. 道德信念的确立

当个体坚信自己的道德观念正确,并使这种道德观念伴随着内心体验成为自己的行动指南时,就产生了道德信念。道德信念不是单纯的一种道德认识,它是坚定的道德观念、强烈的道德情感和顽强的道德意志的"合金",且一经形成就不会轻易改变,可以使人的道德行为表现出坚定性和一贯性,是道德品质形成的关键因素。

心理学研究表明,在年龄发展的不同阶段,学生道德信念具有不同的特点。小学一、二年级的学生只有道德信念的某些因素,还没有真正形成道德信念;三、四年级学生开始有了道德信念萌芽,但不够明确和稳定;五、六年级学生开始表现出某种自觉的道德信念。从初中阶段开始,真正概括、深刻而坚定的道德信念才逐步形成,为高中阶段的人生观、世界观的形成打下一定的基础。

道德信念的确立依赖以下条件:①丰富学生的道德知识,加深学生对道德准则及其意义的领会和理解;②引导学生参加各种实践活动,帮助学生获得道德行动的经验和富有感情色彩的体验;③恰当利用班级集体和舆论的力量,强化学生良好的道德行为;④防止学生吸取反面经验与体验,增强道德要求的说服力;⑤开展理想、价值观、世界观教育,增强学生道德信念的深度和强度。

(二) 道德情感的激发

道德情感是道德行为的内部动力之一,也是一种自我监督和自我检查的力量。道德情感的内容十分丰富,在不同的时代,由于所处的地位不同,道德标准以及道德情感的表现也不相同。在社会主义条件下,道德情感的主要内容有:爱国主义情感、集体主义情感、民族自豪感、责任感、义务感、荣誉感、同志感、友谊感和自尊感等。

从形式上分析,道德情感有三种:直觉的道德情感、想象性的道德情感和伦理性的道德情感。

1. 直觉的道德情感

直觉的道德情感是通过对某种情境的感知而引起的情感体验。由于产生非常迅速,因而往往对道德准则的意识不明显,自觉性较低。如某人舍己救人的行动,当时直接驱使他作出行动的并不是被清晰意识到的某种道德观念,而是由迅速感知到的危机情境引起的道德情感。这种道德情感的产生和相应的道德行为的发生看起来是偶发的,但实际上与个体以往在道德环境中受到周围舆论的影响,以及个体已有的道德行为积累和道德习惯的养成有关。

2. 想象性的道德情感

它是通过对某种道德形象的想象而引起的情感体验。例如,人们想起了岳飞、文天祥、杨靖宇等人物的形象与事迹,便产生了对英雄人物的敬慕与爱国主义的情感;想起白求恩、黄继光、罗盛教的形象便激起国际主义、革命人道主义的情感;想起向秀丽、雷锋的形象便唤起社会主义责任感与自我牺牲的精神。由于储存于经验中的道德形象非常直观生动,且作为社会道德标准的化身而存在,因而往往能给人以强烈的感染,激起鲜明的情感体验,并成为产生高尚道德行为的强大动力。

3. 伦理性的道德情感

这是一种把道德的感性和理性认识结合在一起的、对道德要求及其意义有较深刻认识的最概括的情感体验。例如爱国主义情感,只有当人们意识到个人与祖国的关系,个人对祖国应尽的义务与忠诚的必要性时才会真正地发展起来,它是在许多情绪体验的基础上形成的,是和爱家乡、爱母校、爱党、爱国旗、爱人民、爱祖国的地理与历史、对共产主义远景的热望、对工作的高度责任感等情感交织在一起的,并在它们的基础上形成起来,它是最概括的道德感。伦理性的道德情感与人们的道德信念、世界观紧密相连,因而具有较大的自觉性、概括性和伦理性,是一种比较深沉、持久、有着强大动力作用的情感体验。

我国学者的研究认为,小学阶段是儿童道德情感发展的关键期,其中小学三年级是道德情感发展的转折期。小学儿童道德情感的表现形式是以直觉的道德情感体验和想象性的道德情感体验为主,而伦理性的道德情感体验则随着年龄的增长而有所发展。随着学生年龄的增加、知识经验的增多和概括能力的提高,中学生道德情感的内容表现得越来越丰富,他们的集体荣誉感、义务感、良心、爱国主义情感等方面均有明显发展。中学生的道德情感更具自觉性,直觉的道德情感体验逐渐减少,伦理性的道德情感体验逐渐占据优势。但他们的道德情感仍然不稳定,具有冲动性。

激发和培养学生的道德情感可以通过多种方式和途径进行。①丰富学生有关的道德观念,并使其与各种情绪体验结合起来,以激发他们的道德情感。②利用艺术作品、文学形象与具体生动的优秀榜样,引起学生情感上的共鸣,扩大他们道德实践的间接经验,丰富道德情感的内容。③培养学生对情感的自我调控能力。④激发和保持学生健康的情感,预防和消除不健康的情感。⑤训练学生的移情能力,促进学生道德情感的发展。

(三) 道德意志的锻炼

道德意志是道德认识有效地转化为道德行为的重要心理因素,是调控人们道德行为的内部力量。

在具体情境中,个体能否有效地抗拒不良诱因的诱惑,战胜内外困难,采取道德行动并将这种行动进行到底往往取决于道德意志。道德意志在实现道德行为过程中的作用表现在两个方面:一是为实现道德目标积极进取,使道德动机战胜非道德动机;二是克服各种内外困难,战胜外部阻碍和内心动摇、厌倦等消极情绪,将道德行为坚持下去,直到达到目标。因此,道德意志是个人能否达到一定道德水平的重要条件,也是个人是否具备某种道德品质的重要标志。

在集体生活和学校教育影响下,小学生道德意志的自觉性、自制力等均有所发展,但这种自觉性与自制力相对不够成熟,还不能完全离开外部的检查和督促。随着年龄的发展,中学生道德意志的控制能力和行动的自觉性逐渐发展起来,高中生一般能够依靠内心的道德自觉来调控自己的行为,从而坚持完成任务,但仍不完善,抗诱惑力较差,还需要一定的外部监督和检查。因此应创造条件,不断磨炼学生的道德意志,增强其抗诱惑能力:①进行道德意志锻炼必要性教育,引起学生自觉锻炼的意向;②提供道德意志的榜样,激发学生意志锻炼的愿望;③创设困难的道德情境,激发学生锻炼意志的动机;④培养学生抵抗诱惑的能力;⑤针对学生意志上的差异,采取不同的教育措施。

(四)道德行为的训练

道德行为是人的道德认识的具体表现,也是个人道德品质的外显成分。在现实生活中,我们评价一个人的道德面貌,不只是看他已经达到了怎样的道德认识水平,也不只是看他具有怎样的道德情感表现,更重要的是看他是否有履行道德的实际行动,以及履行了怎样的道德行动,因此道德行为是衡量人们道德品质的最重要标志。

在学校教育的影响下,小学生各种道德行为习惯逐渐发展起来,但水平偏低,不巩固,易变化,且呈"马鞍形"发展,即低年级和高年级的道德行为习惯较好,而中年级较差。中学生的道德行为有很大发展,形成道德行为习惯的人数逐年增加,道德行为习惯的稳定性逐渐增强,但随着年龄增长,中学生良好的道德行为和不良行为的人数都在增加,两极分化现象十分明显。

在教育教学过程中训练学生的道德行为习惯,应注意以下几点:①使学生了解道德行为的社会意义,产生自愿练习的愿望;②创设良好的教育环境,促使良好的道德行为不断重复出现;③合理利用奖励和惩罚,塑造良好道德行为习惯;④针对学生实际,采取不同的训练措施。

📋 资料窗　　新时期德育方法的登门槛技术和冲突引导法

所谓"登门槛技术法",是指在学校德育工作中,教育者运用心理学中的"认知协调"理论,在学生普遍认可的"基础道德标准"的前提下,循循善诱,逐渐提高受教育者品德水平的德育方法。实施该方法要注意以下两点:

其一,以"基础道德标准"为基本要求,然后再逐步提高。要使学生的品德进步,不能硬性而简单地提出要求,也不能一下提出太高的要求,切不可操之过急,企图一蹴而就。而应首先提出基础道德标准,诸如诚实、公正、相互尊重、遵守社会公德等;然后,在此基础上逐步提高对学生的品德要求。

其二,保护学生的自尊心。自尊心是自我意识中最敏感的部分,是肯定自我形象、维护自我尊严的心理需要。任何人都不允许别人亵渎、侵犯个人的自尊心。日常生活中的一些矛盾、纠纷和一些攻击性行为,往往都是因为自尊心受损害而引起的。

所谓"冲突引导法",是指在德育活动中,教育者虚拟再现各种道德冲突情景,让学生间接"体验"各种道德场合,辨析各种道德言行的利害实质,以引导学生理性地走出道德冲突,并树立正确的人生观、价值观和道德观的德育方法。具体实施"冲突引导法"时需注意以下几点:

> 一是引导学生正视道德冲突现象的存在。所谓"道德冲突",是指道德主体在进行道德选择时所遇到的一种矛盾状况,它会使主体陷入举棋不定、左右为难之地。也就是说,道德主体在特定的情况下必须做出某种选择,但这种选择一方面符合了某一道德原则,另一方面又违背了另一道德原则;一方面实现了某种道德价值,另一方面却又牺牲了另一道德价值。这是现实生活中我们必须面对、不能回避的问题。
>
> 二是指导学生理性地面对道德冲突。在社会生活中,处处都存在着中国与西方、传统与现代、进步与落后、新与旧等诸多道德冲突,往往令人眼花缭乱,甚至无所适从。在这样的社会环境中,我们不可能把学生置于"思想无菌室"中,唯一的办法就是帮助、指导学生理性地面对道德冲突。
>
> 三是引导学生灵活地化解道德冲突。教师首先要对学生的道德水准做出判断,然后选择适当的道德两难事例或用学生思想中的"困惑点"、"疑难点"来引发讨论,以使他们"通过冲突,冲刷、洗涤思想上、道德上的污泥浊水,蜕掉肮脏陈腐的东西,吐故纳新,超越自我,实现自我完善"。
>
> 资料来源:冯文全.2005.论新时期德育方法的变革.中国教育学刊,5:16~24

三、良好品德的培养

学生品德的形成不是与生俱来的,而是在后天的社会道德舆论与教育的影响下,在学生从事的社会实践活动中逐渐形成和发展起来的。因此要培养其良好的道德品质,必须按照中小学生的年龄特点及品德形成的规律,有目的、有计划地通过多种渠道施以教育影响。

(一) 晓之以理——确立正确的道德信念,发展良好的道德评价能力

道德认识是道德情感和道德行为的基础,在学生品德形成过程中起着重要作用。因此,在实际教育工作中,我们要为学生提供多种多样的道德实践机会,扩大和丰富学生的道德经验,加深学生对道德意义的理解,增强学生辨别和评价是非的能力,从而提高学生的道德认识。

1. 对学生进行道德知识的教育,引导学生逐步确立正确的道德信念

道德信念是推动学生产生道德行为的强大动力,是道德品质形成中的关键因素。引导学生确立正确的道德信念,应从以下几个方面综合进行。

(1) 道德知识的讲解要注意将抽象的道理和具体事例相结合。结合生动的事例讲解道德知识,做到理论与实际的结合,有助于学生对道德概念的理解。同时,为了帮助学生深刻领会道德概念的本质,举例时要多运用变式。

(2) 开展丰富多彩的实践活动,丰富学生的道德经验。利用清明节、"五四"、"七一"、"八一"、"十一"等重要节日,"七七事变"、"九·一八事变"、"一·二九运动"等重要事件纪念日,开展主题班会、团(队)会,请革命先辈和各行业的英雄模范作报告、讲故事,组织学生观看反映伟大民族精神的影视片等。通过晨会、课堂教学、课外活动等多种途径,组织开展集中体现中华传统美德的经典格言、诗词诵读活动。通过定期组织参观爱国主义教育基地,瞻仰革命圣地和遗址,祭扫烈士陵墓,缅怀民族英雄、仁人志士、革命先烈,学习他们的高尚品德和感人事迹。通过参观城市、农村和名胜古迹,了解改革开放的成就和祖国悠久的历史文化。通过组织征文、演讲、讲座、知识竞赛、社会调查等教育活动,引导中小学生认知社会、了解社会,进而融入社会。通过这些形式多样的实践活动,引导学生陶冶

情操,锻炼意志,培育民族自尊心、自信心和自豪感,增强为中华民族崛起而勤奋学习努力奋斗的责任感,自觉维护祖国的尊严和利益,为祖国的繁荣富强而奋发成才。

(3) 积极构建学校、家庭、社会三位一体的中华民族传统美德教育网络模式。一是要发挥学校教育的主阵地作用,把进行传统美德教育与各门学科的教学、课外活动、团队活动、学生日常行为规范的要求相结合。二是要发挥家庭教育的辅助功能。家长要以自己的言传身教引导孩子树立尊老爱幼、孝顺父母、勤劳节俭、自己的事情自己做等意识,教会孩子为人处世的基本道理。三是要发挥社区的依托功能。街道社区是中小学生学习之余的主要生活空间,在中小学生传统美德教育环节中,有不可替代的作用。街道团工委、社区团支部等要确立组织社区内中小学生开展传统美德教育的主要责任人的意识,组织中小学生开展健康向上的文体活动、青少年社区文明行动、青少年志愿者行动,陶冶中小学生的情操,引导中小学生树立优良的道德信念。

(4) 加强理想、信念、世界观教育。要构筑中小学生正确的理想信念,就要坚持用马列主义、毛泽东思想,特别是邓小平理论和"三个代表"重要思想教育和武装中小学生的头脑,坚持对中小学生进行党的基本路线、方针、政策的教育,帮助中小学生解决好理想信念问题,树立正确的世界观、人生观和价值观。开展理想信念教育要力戒枯燥、单调、填鸭式的灌输方式,要善于结合时事,以中小学生易于接受的方式进行,才能达到举一反三、事半功倍的效果。如组织学生参观历史古迹和历史展览,利用假期,了解家乡的变化,让学生全方位感受今天的中国是成千上万的仁人志士求索奋斗的结果,自觉地把个人利益和党与国家的前途命运紧密相连,从而增强学生道德信念的深度与强度。

(5) 培养学生的自我教育能力。教育者的教育只有转化为学生的自我教育,才能真正发挥教育的作用。良好的自我教育能力可促使学生不断进行自我评价、自我调整,最终达到自我超越、自我完善。但学生的自我教育能力不是天生的,而是在参与实践活动的过程中、在与他人的合作与交往中通过自身经历和体验发展来的。因此,在教育和教学过程中,教育者要创造条件,引导学生进行自我教育。如引导学生记日记,要求学生在日记中严格、公正、公开的审视自己,不断进行自我反省,激发强烈的情绪体验,从而达到自我教育的目的。引导学生参加社会调查、科技服务、义务劳动等多种社会实践活动,在活动中积累道德经验,磨炼道德意志,养成自我教育、自我管理的习惯,从而提升自觉地将道德知识转变为道德信念的能力。

2. 发展学生的道德评价能力

道德评价是道德认识的重要组成成分,学生道德评价能力的发展有助于道德信念的形成,有助于道德认识的提高。

(1) 采取多样化的方式,开展有导向的教育活动。在教育活动中,教育者要注意道德评价的示范,经常利用教材中或学生日常生活中的典型事例作出简明而正确的评价;同时还应该利用教育与教学活动中的各个环节,如在学科教学、作文课、出墙报、班会讨论、优秀生评选、少先队队员和共青团团员的选拔等活动中有意识、有步骤地提高学生的道德评价能力;还可以通过分组讨论、个别和团体作业等形式讨论他们在日常生活中遇到的道德两难问题,给予机会使学生能充分地表达自己的看法,指导学生耐心倾听、领会别人的观点,从而促使他们的道德评价水平渐渐由表面到本质、由别人到自己、由片面到全面、由浅入深地得到发展。

（2）加强主体教育，促进学生自我评价能力的发展。对学生的道德教育不仅要教会他们最基本、最先进的道德知识，同时要注重学生认识能力的培养，使他们学会独立思考。但在实际教育过程中，学生是否接受教育，以及接受的程度，都受其主观能动性的制约。因此，必须强调学生在道德教育活动中的主体作用，才会使道德教育成为以学生为主体的活动，才能培养出根植于学生内部的道德性，才能使他们真正成为具有主体性、能动性、能够独立思考和善于独立思考的人，从而促进其自我评价能力的发展。

（二）动之以情——培养高尚的道德情感，训练积极的移情能力

道德情感伴随道德认识而产生，并与道德认识一起，构成推动个体产生道德行为或制止不道德行为的内在动力。学生的道德情感不是天生的，需要教育工作者满怀热情，积极地予以引导和培养。

1. 通过教学艺术将学生的道德观念与情绪情感体验结合起来

教育者可以通过言语启示激起学生的情绪情感，使他们在领会道德要求的同时，伴有积极或消极的体验。例如，教育者从积极肯定的态度出发，满怀感情地使用赞扬、颂扬的词句，讲述爱护集体利益的行为，会使学生意识到这种行为会给集体、个人带来荣誉，从而产生羡慕、向往、愉快的情感体验。

2. 循序渐进，使学生的具体情感上升为道德情感

教育者要在激发学生具体的情感体验的基础上进一步阐明道德要求的概念与观点，引导学生的情感体验不断概括、不断深化，使具体的情感体验上升为高级的伦理性的道德情感。

3. **构建健康的校园文化氛围，激发学生积极的道德情感**

良好的校园文化是一种潜在的教育力量，对学生身心的健康成长有着巨大的影响。如诗如画的校园风光，布局合理的校园建筑，鸟语花香的校园景观，美观大方的教室布置，文明健康的娱乐设施，无不给学生以巨大的精神力量，激发学生爱校、爱环境、爱自然的道德情感。学校特有的校风、校训、学风、教风和各种规章制度等优良的文化传统是一种不以人的意志为转移的客观力量，具有强大的感染、暗示、熏陶作用，它能使学生耳濡目染、潜移默化地接受教育，规范行为，起到润物细无声的作用。同时，多姿多彩的校园文化活动既丰富了学生的课余文化生活，也寓教于乐，使学生获得了知识，增长了才干，更优化了学生人格，陶冶了学生情操，丰富了学生道德情感的内容。

4. 创设良好的道德情境，培养学生健康的道德情感

道德情感总是在一定的道德情境中产生的。因此，在教育活动中，有意识地创设良好的道德情境是诱发和培养学生积极、健康的道德情感的有效途径。例如，学校举行升国旗仪式、游览名胜古迹、瞻仰革命圣地，开展优秀历史题材电影展播、"缅怀先烈、勿忘使命"宣誓、签名活动等，有助于培养学生的爱国主义情感。组织班级和团队活动，有助于增强学生的集体荣誉感。开展孝敬父母、尊敬师长、关爱他人主题活动，有助于学生学会感恩，培养爱心。

5. 通过移情训练的方式，丰富学生的道德情感

移情训练是指教育学生关心他人，体察他人的情绪，理解他人的情感，为他人着想，富有同情心，站在他人立场上看问题的训练方法。移情训练包括情绪追忆、情绪换位、作品

深化等三个子方法。情绪追忆是运用言语指示唤醒学生在过去生活经历中亲身感受到的、最强烈的情绪体验，加强情绪体验与特定社会情境之间建立的联结。情绪换位则是提供一些假定的社会情境，让学生转换到他人的位置去体验情境。如假设情境："如果你是个行动迟缓、无人照顾的老人，你的心情如何？你觉得该如何对待老人？"通过情绪追忆和情绪换位，学生更易于把过去的情绪体验迁移到相应的社会情境，使自己置身其中，加强对情境中他人状态的替代性情绪情感反应。作品深化则是对上述活动的引申，是指让学生以书面语言记录自己的真情实感，使他们不再拘泥于具体情境，而是掌握抽象的普遍性的情绪情感规律。在学生描述自己的情感后应及时提供反馈信息，以强化学生作品中的正确反应(姚本先，2008)，从而提高学生的移情能力，丰富学生的道德情感。

资料窗　　　　　　　　　　**德育教学案例一则**

今天，语文课讲完一课书之后，还剩下十几分钟的时间，我便在黑板上写下"12月25日"，回头问学生道："请问，你们知道这是个什么日子吗？""圣诞节！""是耶稣的生日！"四十多名学生几乎是同时大声回答。一个嘴快的学生末了又补了一句："老师，昨天我送出去的圣诞卡都快五十张了，光往卡上写名字就写得手软。""哇——！"果然，黑板上写的这个时间，撞上了学生的兴奋点，讲台下喊喊喳喳好不热闹。我接着又在黑板上写下了"12月26日"，转身问道："请问，你们谁知道这又是个什么日子？"一刹那，四十多双眼睛看着黑板，无语了。呆了近一分多钟，才有个机灵鬼来了一句："是耶稣诞生的第二天啦。"周围响起了一片善意的笑声，但很明显大家对这个答案并不认同。"同学们，告诉你们吧，12月26日是毛泽东诞辰纪念日。""噢——！""同学们，如果，我们把毛泽东、耶稣这两个人物放在一起，比较一下，你说，他们两个哪一个与我们的命运、与我们的生活关系近呢？""毛泽东！"学生又是一个齐声回答。"对！可是，现在，我们却记住了一个离我们远的或者说是与我们毫不相干的西方宗教传说中的人物，而忘记了一个与我们的国家、与我们的民族密切相关的现实生活中的伟人。毛泽东是我们党的缔造者，是我们社会主义新中国的缔造者。我们都学过历史，回忆一下吧，鸦片战争以来，中华民族多少仁人志士，为了驱逐帝国主义的侵略势力，为了推翻封建主义的专制统治，为了建立一个独立、民主、自由、富强、人人平等、没有压迫和剥削的新型国家，不知付出了多大的代价和牺牲，然而，一次次的斗争都没有能够取得成功：轰轰烈烈的义和团运动被镇压了，席卷大半个中国的太平天国运动也失败了，就连孙中山领导的辛亥革命，最终也没有能够从根本上改变中国社会的性质。东方红，太阳升，中国出了个毛泽东。有了毛泽东，有了毛泽东缔造、领导的中国共产党，中国人民的革命斗争，才出现了开天辟地的新面貌。毛泽东带领着中国人民，经过近三十年的浴血奋战，终于在世界的东方，建立起了一个崭新的社会主义的新中国。为了这个新中国，仅毛泽东一家就献出了六位亲人的宝贵生命：毛泽东的妻子杨开慧，毛泽东的弟弟毛泽民、毛泽覃，毛泽东的继妹毛泽建，毛泽东的儿子毛岸英，毛泽东的侄子毛楚雄。尽管毛泽东晚年在执政方面出现了一些失误，给我们国家的社会主义建设事业造成了不小的损失，但是，几年前，邓小平就很客观地指出，如果没有毛主席，中国的新民主主义革命也许要在黑暗中摸索更长的时期，才能取得胜利。记得报纸上曾刊登过这样一篇报道，说是一名西方记者到邓小平的故乡——四川省广安县协兴乡牌坊村——游览采访，他在一个旅游景点旁边见到一位当地的做小买卖的老大娘，老大娘看上去没什么文化，连游客买东西付钱找钱都得靠小孙女在一边帮忙算账，但是老大娘性格爽朗，快言快语，一副生活满足、心情愉快的样子。这位西方记者忍不住就走上前去和她攀谈起来。谈话中，西方记者不无用心地说：'老大娘，如果没有邓小平的改革开放，您就不可能在这里做买卖赚钱，您的生活也不可

第十章 品德学习与培养

> 能像现在这样美满、开心。因此,我想问问您,毛泽东、邓小平这两个领导人,您更热爱、拥护哪一个?'老大娘一听这话想都没想,随口就回答说:'如果没有毛主席,就没有新中国;没有新中国,又哪来中国的改革开放!毛主席、邓小平都是我们中国人民的好领导,我们都热爱、我们都拥护。'一番话说得老外竖起大拇指,连声赞叹讲得好。早在20世纪三十年代,我国的一位著名作家就曾经说过:'没有伟大的人物出现的民族,是世界上最可怜的生物之群;有了伟大的人物而不知拥护、爱戴和崇仰的国家,是没有希望的奴隶之邦。'同学们,大家一定要记住,像毛泽东、邓小平这样的人物,就是值得我们炎黄子孙世世代代崇仰的伟人。"说着,我转身又在黑板上写下了两行大字:"吃水不忘挖井人,幸福不忘毛主席"。写完,我面对学生道:"同学们,今天,为了表达我们对毛泽东的怀念和敬仰,让我们把黑板上的这句话大声诵读一遍好吗?""好!"
>
> "吃水不忘挖井人,幸福不忘毛主席。"
>
> 四十多个学生动情地齐声高喊。喊声把下课的电铃声都淹没了。
> 资料来源:徐世奇.德育教学案例一则.http://shiqixu.blog.hexun.com/7064119_d.html,2011-3-24

(三)持之以恒——锻炼坚强的道德意志,增强抗诱惑能力

道德意志是道德认识有效地转化为道德行为的重要心理因素,是道德认识能动性的体现。在具体情况下,学生掌握了某些道德要求和行为方式,但能否经得起外界的引诱,能否战胜内心的不道德的动机,能否表现出合乎要求和合乎道德的行为,最终依赖于其道德意志的坚强程度。培养学生的道德意志,可采用以下措施:

(1)提供道德意志的榜样,激发学生锻炼道德意志的主观愿望。教师可以通过教材讲解、课外谈话、英模报告等形式,向学生介绍一些英雄模范人物的事迹、著名科学家的传记、优秀学生的先进事迹等,通过这些生动、鲜明的范例,使学生获得道德意志的概念和榜样,明白锻炼道德意志的重要性和必要性,从而将锻炼道德意志内化为自己的主观愿望。

(2)开展道德行为实践活动,丰富学生道德意志锻炼的直接经验。在德育实践中,教师应有意识地为学生创设困难的问题情境,激发他们克服困难的动机和决心,并给予适当的帮助和指导,鼓励学生不断克服各种困难,争取成功,从而获取意志锻炼的直接经验。教师也可以通过完成学习任务、遵守课堂与学校的纪律、执行委托的任务及校外无监督的文明行为等方式锻炼学生的道德意志。

(3)增强学生的抗诱惑能力。教师要通过科普讲座、主题板报、观看专题片等方式,让学生充分认识不良诱因的危害,教给学生抵制不同诱因的方法,提高学生辨别是非的能力和自我约束的能力,增强抗诱惑能力。

(4)根据学生的意志类型差异,有针对性地进行锻炼。学生的意志品质是存在个别差异的,因此,要根据学生意志的特点,采取有针对性的措施,才能取得较好的教育效果。例如,有的学生依赖性强而又易受他人的影响,就要着重培养其自觉性、独立性;有的学生做事缺乏耐心,遇事还容易冲动,则要着重培养其坚持性、自制力等;对于畏首畏尾、优柔寡断的学生,应培养他们大胆、果断与沉着、勇敢的品质;对于萎靡不振、缺乏毅力的学生,则需调动他们的积极性,不断激励他们的奋发向上与坚韧精神。

(四)导之以行——塑造良好的道德行为习惯,促进优良道德品质发展

培养学生的品德,仅仅依靠动机教育和行为方式的指导是不够的,还要通过不断的练

习与实践,使学生不经常的、偶然的、具有情境性的道德行为转化为经常性的自动化的道德行为习惯。在道德教育过程中,教师要有目的、有计划地培养和训练学生良好的道德行为习惯。

1. 让德育回归生活,使学生在生活中体验道德的魅力

长期以来,学校的品德教育被看成"高、大、空"的口号和可望而不可即的"空中楼阁",其主要原因在于它把源于现实生活的理论抽象化,过分强调道德知识和规范的传授,脱离了学生活生生的生活世界,忽视了学生的社会生活、个人生活中的教育因素,从而使德育效果大打折扣。因此,学生的品德教育只有走出纯粹的理性世界,根植于丰富多彩的现实生活世界,才具有与时俱进的生命活力。

学生的生活内容是丰富多彩的,因而品德教育的内容也应是多姿多彩的。学校的品德教育要深入研究探索学生的思想特点和成长规律,适应学生的身心特点和接受能力,贴近学生的生活实际,使德育回归于生活,根植于生活。在德育内容上,使学生摆脱从书本到书本,从知识到知识的状态,融入学生自己的生活内容,增强德育内容的情境性和生活性;在德育方法上,要改变过去追求理性化,片面强调道德观念的灌输和道德行为的训练的状态,采用灵活多样的方法,开展丰富多彩的活动,营造现实生活的氛围,增强德育方法的开放性和活动性;在德育空间上,要走出单一的、封闭的学校和教室,走进学校、家庭、社区等学生生活的各个空间,体现德育空间的丰富性和广阔性。对学生进行品德教育,既要以现实的生活实际为基础,围绕着社会生活中存在的问题,帮助学生理解和掌握社会生活的要求和规范,引导学生深入思考,从而提高道德认识,形成正确的道德判断能力,又要关注学生的生活体验,引导学生学会生活、学会做事、学会做人,养成良好的道德品质。

2. 在实践活动中,并通过实践活动培养学生的道德品质

对学生进行品德教育要强调道德实践活动,注重实践育人,重视养成教育。学生只有经过亲身的实践,才能在实践中增加感性认识,才能在实践中产生内心感触,才能把这种切身体验化为其内在素养。许多中小学坚持德育创新,开展一系列富有成效的道德实践活动。如有的学校课后开展以孝敬父母为主题的"五个一"家庭活动:每日做一次家务,每周为父母做一顿饭,每月进行一次家庭大扫除,每季度陪父母活动一次,每年为父母过一次生日。有的学校开展"五心"系列教育活动,即忠心献给祖国、爱心献给社会、关心献给他人、孝心献给父母、信心留给自己。通过这些活动,寓教于乐,寓教于德,让学生在活动中体验情感,在实践中养成习惯,增强了品德教育的针对性和实效性,促进了学生良好道德品质的形成。

第三节 品德不良的矫正

对学生不良品德的矫正是教育工作中经常碰到的心理学难题,更是一项艰苦细致的工作。它需要教育工作者根据品德不良学生的心理特点和犯错误的原因,积极协调学校、家庭和社会的道德教育力量,有的放矢地进行教育和引导,才能取得理想的教育效果。

一、品德不良的含义及其表现

(一) 什么是品德不良

品德不良是指学生经常违反道德准则或犯有较严重的道德过错而尚未达到违法犯罪的地步。品德不良虽只在少数学生身上存在,但其影响极大,教育者若不及时采取有效措施,积极进行挽救或矫正,不仅会直接影响他们的健康成长,甚至有人会走上违法犯罪的道路,而且会影响其他同学道德品质的健康发展,严重者可能影响到学校的秩序,甚至会危及社会治安、败坏社会风气。因此,对学生品德不良的充分关注和及时矫正在学校德育中有着极其重要的意义。

(二) 品德不良的表现

1. 道德认识肤浅,道德观念模糊,是非、善恶不分

品德不良的学生把"天不怕、地不怕、不怕流血和挂花"式的流氓、坏蛋当"英雄",把"哥儿们义气、姐妹和气"当做"友谊",把自己吃好、穿好,手中有钱花当做自己的理想,看成是人生最大的快乐等。

2. 道德情感扭曲,爱憎颠倒,荣辱不分

品德不良学生一般缺乏正确的道德情感,常常爱憎颠倒,荣辱不分,贪恋低级趣味,看重江湖义气,缺乏真正的正义感;常以粗暴蛮横的行动发泄自己的烦躁与不满,甚至不惜扰乱课堂,毁坏公物;情绪外露多变,高兴时狂呼乱叫,发怒时暴跳如雷,喜怒无常,难以自我控制。

3. 道德意志薄弱,缺乏自制能力

一些品德不良的学生,经过教育后也会后悔,一方面表示"决心改正",在一段时间里,也会有较大的进步;但由于过去基础差,有些不良的习惯很难在短期内克服,常常有曲折和反复,因而使他们常常对自己的进步持怀疑态度。另一方面,由于缺乏自制力,不能用正确的思想约束自己的行动,因此常经不住同伙煽动和一定的物质诱惑,而失去控制自我的能力,出现时改时犯,边改边犯,不断反复的现象。

4. 行为习惯不良

品德不良的学生养成了不少坏习惯,如说谎、抽烟、喝酒、赌博、好吃懒做、爱占小便宜等。在学习上,他们大都没有明确的学习目的和自觉的学习态度;课堂上挤眉弄眼、交头接耳,喜欢搞恶作剧;课后不独立完成作业,或是抄袭,或是让人代做等;对劳动的态度消极,不能自觉地遵守劳动纪律,没有养成劳动的习惯;在集体中,不愿受纪律的约束,不遵守纪律,有时甚至故意违反规章制度。但对他们自己小团体的规定却极力遵守,甚至甘愿接受惩罚也不触犯。

二、品德不良产生的原因

学生品德不良是在某些不良的客观因素影响下,通过学生一定的心理活动而形成的,是主观因素与客观因素交互作用的结果。

(一) 学生品德不良的客观原因

1. 社会环境的不良影响

随着年龄的增长,学生越来越广泛地接触到社会的各个方面,社会对他们的影响也越

来越大。社会环境中的不良因素,如形形色色的拜金主义、享乐主义,不良的社会风气,不健康的文化生活,混乱的文化娱乐场所,某些不良的大众传媒,网络中的信息垃圾和网络犯罪等,都会对学生道德品质的形成和发展产生极其不利的影响。另外,环境中具有各种恶习的人的影响,品德不良的同伴之间相互教唆与影响,尤其是不法分子的引诱和教唆等,使学生形成了不良的品德。

2. 家庭环境的不良影响

家庭成员品行不端,如偷窃、赌博、酗酒、生活腐化等,往往把子女引入歧途。家庭教育的方式方法不当,如有的父母双方对子女教育的要求不一致,有严有松,使子女感到无所适从;有的父母对子女养而不教,放任不管;有的父母对子女简单粗暴,信奉"棍棒出孝子"的古训,经常训斥打骂;有的父母无原则的溺爱娇惯,放纵迁就等,使儿童形成自私自利、任性傲慢、畏惧反抗等不良的个性品质。家庭结构不完整,如父母一方亡故或父母离异、再婚等,都会给儿童以精神上的打击,易形成不良品德。家庭气氛不当,如父母感情不和,经常吵嘴打架,或家庭里婆媳关系不良、关系紧张等,导致儿童向外寻求温暖,很容易受坏人影响,形成不良的道德品质和行为习惯。

3. 学校教育工作上的失误

学校教育者在教育观点上的偏颇或教育方法上的不当,也在一定程度上间接地造成或助长了学生的不良品德。如片面追求升学率,只教书不育人,重智育轻德育,忽视了对学生进行思想品德教育;对学生不一视同仁、处理问题不公正;对学生缺乏了解,工作不深入、不细致;对学生要求过高或过低,教育方法不适当,缺乏灵活性;不能正确对待品德不良学生的"反复"过程,工作缺乏耐心、恒心和毅力;对学生缺乏感情,冷淡、歧视及不适当的批评、指责,使学生产生厌恶情绪和逆反心理,造成师生之间的对立等。这些在一定程度上都会降低学校教育的效果,可能使学生的品德向不良方向发展。

4. 社会教育、家庭教育和学校教育脱节

由于历史的原因和社会条件限制以及错误思想影响,我国学校、家庭、社会三方面的教育存在着联系不够,配合不好,彼此脱节的现象。家庭教育不能配合学校教育,甚至有的家长的教育与学校教育背道而驰,抵消了学校正面教育的作用。社会教育呈现无力的状态,社会上丰富的教育资源被闲置,社会教育边缘化,不能发挥正常的教育作用。由于监管不力,社会中很多不健康的内容,如禁而不绝的黄、赌、毒,格调低下的影视节目等,形成一股学校、家庭无法阻拦的冲击波,腐蚀着这些涉世未深、思想不定型、可塑性很大的学生的心灵,冲击、弱化了学校正面教育的作用。

(二) 学生品德不良的主观原因

1. 缺乏正确的社会导向能力

由于品德不良学生的道德认识肤浅,道德观念模糊,缺乏独立的道德判断能力,他们在复杂的社会面前,就不能正确地自我定向,不能按照社会行为准则和道德规范来分析行为,认识行为的后果,调节和控制自己的行为。有的学生本意是想做好事,但由于他们没有正确的道德观念,分不清是非,便常常出现"好心办坏事"的现象。例如,学校号召学雷锋做好事,他们就把邻居的树挖到学校来栽;看见一大一小两个同学吵架,他不是去劝导,而是打抱不平,帮助小同学把大同学打得鼻青脸肿。他们还常把不守纪律看成"勇敢",把敢于顶撞老师、逞强闹事看成是"英雄行为",把尊敬老师看成是"拍马屁",把"哥们义气"当做是"友谊"等。

2. 缺乏顽强的自我约束能力

有些品德不良学生在道德认识方面并非无知,他们对是非、善恶的判断是清楚的,但在现实环境中,当道德观念与个人欲望发生矛盾时,由于意志力薄弱,自我克制与自我约束能力差,做出了违背社会道德规范和侵犯他人或集体利益的不道德行为。如有的品德不良的学生也能认识到自己的过错行为,也想改过自新、做好学生,保证书、检讨书写了一次又一次,在老师面前信誓旦旦,但行动上总是改不过来,或者有改过行为,但没过多久又"旧病复发"。出现这些现象,并不是学生不愿改过,主要是自己管不住自己,缺乏顽强的自我约束能力。

3. 缺乏正确的辨别能力

中小学生具有极强的求知欲、好奇心,但对善恶、美丑的分辨能力较差,常常不加分辨地接受或模仿社会上的新鲜事物。如他们喜欢交友,但往往良莠不分,结交上一些品行不良的坏朋友,染上不良的行为习惯。他们对外界的新鲜事物充满好奇,什么事都想亲自"体验"、亲身"实践",却常常不辨好坏,在不知不觉中中毒受害。

三、品德不良的矫正

品德不良学生的心理发展尚处在不成熟到成熟的过渡阶段,思想还未定型,可塑性大。只要积极采取符合其心理活动规律和特点的教育措施,满怀热情地去关怀和引导他们,他们的不良品德是完全可以得到纠正或改变的。

(一) 创设和谐的交流环境,了解学生不良的行为动机

品德不良学生的行为动机是多种原因综合作用的结果,而且不同学生身上表现出来的同样一种不良的道德行为,又往往具有不尽相同的心理原因。因此,教师要善于创设各种和谐的交流环境,全面地了解学生产生不良行为的真实动机,以便对症下药,采取有效的教育措施。

(二) 构建良好的心理气氛,消除疑惧心理与对立情绪

品德不良学生经常对老师和进步同学存有戒心和敌意,并保持一种对立情绪,甚至对待真心实意帮助、教育他们的老师,也常常持以沉默、回避或粗暴无礼的态度。因此,教师必须满腔热情地从多方面关心他们,诚心诚意地帮助他们,使他们体察到教师的真情,感受到教师的诚意。同时,教师还要充分利用集体的气氛和力量,热心的帮助和对待他们,使他感受到集体的接纳和温暖,体验到自己的价值和尊严。只有这样,这些品德不良的学生才会消除对立情绪,增强对他人的信心和信任感,他们才会把教师当做知心人,把集体当做温暖的家,才会愿意接近老师并接受指导,才会乐于参加集体活动,并从中得到教益。

(三) 善于发现"闪光点",培养自信心

许多品德不良学生都渴望得到别人的尊重、理解,希望得到他人的赞许、表扬,这是他们内心深处的"闪光点"。教育者要善于发现他们身上的积极因素和各种闪光的苗头,多鼓励、勤表扬,使他们看到自己的长处和进步,从而点燃自尊的火种,获得克服缺点与错误的勇气和信心,达到长善救失的目的。

（四）把握转变关键时机，开展耐心细致工作

品德不良学生的转变是一个由量变到质变的过程，一般要经历醒悟、转变、反复、巩固、稳定的过程，这是品德不良学生行为转化过程的一般规律。教师要善于把握每一个关键时机，给予及时的肯定、表扬、鼓励和帮助，进行耐心细致的引导，强化其思想和行为上的微小进步，激发他们进步的热情和信心，逐渐使其良好的品德完善和巩固下来，成为稳定的个性特征。教师还要特别注意他们在进步过程中的反复现象，要看到他们"正在进步"的大方向，谨慎对待，切实保护他们微弱的上进愿望。同时树立不离不弃的工作态度，抓"反复"，反复抓，找出"反复"原因，发现"反复"中进步因素，对症下药，使他们的转变更加全面和巩固。因此，教师不但要允许学生反复，而且要对他们的反复、动摇有足够的心理准备，要把反复当做他们转变的契机，从而更耐心、更细致的做好教育和引导工作。

（五）提高辨别是非能力，形成正确是非观念

教师要坚持疏导教育，摆事实，讲道理，使学生心悦诚服地接受教育。教师可以通过组织班会、专题讨论帮助学生树立正确的道德观念，用现实生活中正反事例帮助学生认清不道德行为的危害。通过组织辩论、开展批评与自我批评、严格要求、赏罚分明、树立榜样等方法，帮助学生明辨是非，认清真、善、美和假、丑、恶，从而提高他们辨别是非的能力，形成正确的是非观念。

（六）锻炼道德意志，提高自我约束能力

学生产生不良品德，虽然受到外部不良诱因的影响，但关键还是由其意志力薄弱造成的。因此在对品德不良学生进行矫正时，加强监督管理的力度，切断外界不良诱因，如不良书刊、影视、同伴等是必需的。但更重要的是，教育者要通过创设各种问题情境，锻炼学生的道德意志，提高学生的自我约束能力，使他们在充满诱惑的环境下，具有抗拒诱惑、坚持正确方向和行为的能力。

（七）根据学生的年龄特征和个别差异，采取灵活多样的教育措施

对于品德不良的学生，要做到具体问题具体分析，既要考虑学生的年龄、性别和个性特征，也要依据错误的性质和严重程度，区分初犯和屡犯、男生和女生、态度的好坏等不同情况，选择不同方式进行教育，做到因人、因事制宜。因此，在矫正学生不良品德时，教师要进行深入的调查研究，细致全面地了解学生的个性特点，善于发现和利用他们的积极因素，克服消极因素，采取灵活多样的措施进行教育，做到一把钥匙开一把锁。

总之，对品德不良学生的教育是一项艰巨、细致而又复杂的工作，教育者只有怀着对学生满腔的爱，及时发现问题，掌握情况，根据学生的心理特点，做好耐心细致的教育工作，才能有利于学生的健康成长。但在矫正学生不良品德时，仅靠学校和老师的教育影响是不够的，还需要学校、家庭、社会积极配合，共同参与，形成整体合力，才更有利于品德不良学生的转化。

资料窗　　中学生品德不良的转化和矫正案例

我教过一名叫小刚的学生，他的父亲没有正式的工作，母亲经常出去打麻将。他俩从不关心孩子，不参加家长会，也不主动跟老师交流，对孩子放任自流，有时孩子犯了错误就粗暴地打一顿了事，

致使小刚养成了许多不良的习惯：学习态度不端正，不遵守课堂纪律，经常做小动作，还以扰乱课堂纪律为乐趣。常常欺负同学，同学们都不愿意和他交流。平时自由散漫，惹是生非。经常拖拉课堂作业，不做家庭作业。因此，他的学习成绩一直上不去，经常是"大错不犯，小错不断"。

经过我细致地观察与分析，发现小刚有一定的上进心，脑子也很聪明，只是从小养成的坏习惯一时改不了。在一次别的学校的教师来我班借班上课时，可能小刚觉得新鲜，上课特别认真，经常举手回答问题，而且答得非常精彩，连我都感到很惊讶。课后，我当着全班学生的面表扬了他，让同学们向他学习，学习他上课爱动脑、勤发言，还让同学们给了他热烈的掌声。这一次表扬令他兴奋不已。与此同时，我又不失时机地指出他平时调皮捣蛋、欺负同学的坏行为，要求他以后努力改正，他认真地点了点头，这是他以前没有过的。接下来，我又有意安排他一个任务，让他每堂课后擦黑板，他干得特别认真，每堂课后总能把黑板擦得干干净净，我就趁热打铁，再次表扬他。从此，他开始慢慢有所转变，不但学习有进步了，而且很少欺负别的同学了，同学们也愿意与他交流了。

小刚虽然思想品德偏差，但他有着极强的表现欲，总想在别人面前表现自己。例如，他平时回答问题的时候，总要站着举手，嘴里还要不停地喊："我，我……"或者干脆想说就说，若老师叫别的同学回答了，他总是想出一个与众不同的答案，哪怕是错的，也要站起来回答。有的时候，在课堂上还要与同学发生争执，严重影响课堂秩序。其实，他的目的很简单，就是想引起老师和同学的注意。针对这一情况，我课后找他谈话，对他说："动脑筋想问题是对的，但要举手，不能想说就说，经过老师允许后才能说。如果大家都像你这样，你一言我一语，那谁的话老师都听不清，课堂上乱糟糟的，不像上课了，你说对吗？你很聪明，老师相信你会明白的。"他点点头，答应以后遵守课堂纪律。但过两天又故伎重演了。后来我又找他谈了几次，又努力争取得到家长的支持与配合，渐渐地，他上课认真多了。

我偶然中了解到，小刚有当班干部的愿望，于是我抓住这一契机，我跟他说："只要你纪律上不出问题，和同学团结友爱，我先让你当一个值日生组长，但要先得到同学的认可。"当时他可高兴了，接下来几天表现都不错，作业也能按时完成了。于是，我就履行我的承诺，让他当星期五的值日生组长，并给他提出了新的要求，希望他继续努力，争取当一名劳动委员。从此，他有了很大转变，对自己充满自信，慢慢向班中的好学生看齐了。在老师耐心细致地教育、转化、矫正和同学们的关心、帮助下，小刚终于转变成了一名品德优良、学习认真努力的中学生，并于2004年考上了一所二批本科院校。

作为一名教育工作者，尤其是班主任，不仅要有一双见微知著的慧眼，尽量把学生的不良品德消灭在萌芽状态，以免形成不良的道德行为，走上违法犯罪的道路，造成终身的遗憾；而且更要有大爱之心，用我们的"真心、爱心、诚心、耐心"去帮助"迷途的羔羊"走出人生的泥泞。

资料来源：臧永建.2010.中学生过错行为和不良品德的转化和矫正及案例分析.现代中小学教育，1：11~14

复习思考题

1. 解释概念：品德，道德
2. 品德和道德的联系与区别是什么？
3. 简述品德的心理结构。
4. 试述评皮亚杰的儿童道德认知发展理论。
5. 试述评科尔伯格的儿童道德发展阶段论。
6. 结合中小学教学实际，在教育过程中如何激发和培养学生的道德情感。

7. 试分析中小学生品德不良的原因以及矫正的方法。

参考文献

陈琦,刘儒德.1997.当代教育心理学.北京:北京师范大学出版社
程正方,高玉祥,郑日昌.2009.心理学.北京:北京师范大学出版社
崔建平.2002.关注学生不良品德的矫正.黑龙江高教研究,6:94～95
冯文全.2005.论新时期德育方法的变革.中国教育学刊,5:16～24
李伯黍,燕国材.2001.教育心理学.上海:华东师范大学出版社
李红.2007.教育心理学.武汉:武汉大学出版社
莫雷.2002.教育心理学.广州:广东高等教育出版社
王丕.1988.学校教育心理学.开封:河南大学出版社
熊娟梅.2004.青少年品德不良的原因及对策初探.湖北社会科学,5:82～83
徐世奇.德育教学案例一则. http://shiqixu.blog.hexun.com/7064119_d.html,2011-3-24
杨韶刚.2007.道德教育心理学.上海:上海教育出版社
姚本先.2008.学校心理健康教育.合肥:安徽大学出版社
臧永建.2010.中学生过错行为和不良品德的转化和矫正及案例分析.现代中小学教育,1:11～14
张大均.1999.教育心理学.北京:人民教育出版社
张文英.2003.学生品德不良的原因分析及矫正措施。教学与管理,11:23
章志光.1990.试论品德的心理结构.北京:北京师范大学学报,1:7～17
朱仁宝.2005.德育心理学.杭州:浙江大学出版社

第十一章 学生心理健康教育

2010年12月11日,云南省楚雄市某中学高二男生宿舍,李某杀死同宿舍的两名同学后自杀未遂。是什么原因让老师和同学眼里温文尔雅、安静而又总是带着浅浅微笑的学生制造了这样的悲剧呢?李某在看守所里与记者的一段对话令人深思:上小学时因为自己把同学打伤让妈妈赔偿了一笔医疗费,妈妈的几句话让他发誓,以后宁愿被人打死也决不再给原本就很辛苦的妈妈添麻烦。在初中自己被人群殴时忍辱负重也没有还手,结果被打住院。此次经历又让他暗下决心:以后只有我打别人,不允许别人打我。当听说有同学要教训自己时,经过准备,按照"与其坐以待毙,不如先发制人"的逻辑,对同学就先下了手。事发后,当事人没有丝毫悔意。如果在第一次打架事件发生后,老师或家长能够和李某一起分析一下是否有比打架更好的解决问题的办法,而不是简单的责骂,也许不会发生第二次的被群殴事件;如果群殴事件发生后,老师或家长能够给予李某一定的心理支持,并教给其如何寻求帮助的方法……也许悲剧不会发生。

学校不仅要在德、智、体、美、劳等方面对学生进行教育,而且还要把提高学生的心理素质,培养其良好心态纳入学校教育体系,因为良好的心态是学生健康成长的基础。

本章知识点:
- ◆ 心理健康的概念与标准
- ◆ 心理健康教育的概念、意义与原则
- ◆ 心理健康教育的内容与途径
- ◆ 常见的心理健康问题及辅导

第一节 心理健康教育概述

一、心理健康与健康

(一) 健康与心理健康的含义

1946年,世界卫生组织(World Health Organization,WHO)在《世界卫生组织宣言》中开宗明义:"健康不仅是没有疾病和虚弱现象,而且是一种个体在生理上、心理上、社会上完全安好的状态。"只有同时具备健康躯体和健康人格的人,才能适应多变的社会。因此,心理健康是健康的重要内容。

心理健康是指个体在适应环境的过程中表现出来的一种内外协调的良好心理状态。良好的心理状态包括三层含义:一是心理活动与客观环境的同一性;二是心理活动过程的协调一致性;三是个性的相对稳定性。

(二) 学生心理健康的标准

心理健康标准是评价心理健康的一系列准则,是心理健康概念的具体化。由于确立心理健康标准的依据不同,国内外学者提出的心理健康的标准也见仁见智。归纳起来,心理健康标准应包括以下内容。

1. 智力水平正常

智力是以思维能力为核心的各种认知能力的总和,是个体心理健康的重要前提和基础。正常的智力是人们从事一切活动的心理条件。智力正常的学生能对周围环境及生活、学习中的各种问题冷静分析,有效地作出适当反应并解决问题。智力水平低下的人较难适应社会生活。在学习过程中,判断学生的智力是否正常的简便方法有二:一是看其是否与同龄大多数学生的智力发展水平相当;二是看其能否基本适应生活与学习。

2. 情绪丰富、稳定而协调

学生的情绪容易激动、富于变化是其年龄特征所决定的,但其丰富的情绪又具有稳定性,并总是和周围环境协调一致。心理健康的学生具有喜、怒、哀、惧等基本情绪和道德感、理智感和美感等各种情感,且当喜则喜,当怒则怒,喜怒适度,积极情绪多于消极情绪,并能适度地表达和控制自己的情绪。

3. 意志品质健全

健全的意志品质主要表现为行动具有较高的自觉性、果断性、坚韧性和自制力。心理健康的学生在学习中有自觉的目的性,能有效地调节和控制自己的行为,运用正确的方法解决学习中的问题,在困难和挫折面前采取较合理的反应方式主动克服困难。相反,怕苦怕难、优柔寡断、轻率鲁莽、顽固执拗、遇到困难半途而废、冲动偏执等则是消极意志品质的表现。

4. 自我意识正确

正确的自我意识提倡一种积极的自我观念,包括了解自我、悦纳自我和完善自我。心理健康的学生能够较客观、全面地认识自己、评价自己,能够正确地分析和看待自己的优点、长处和弱点、短处,也能够接纳自己,能够体验到自己存在的价值,对自己不会提出苛刻、非分的期望与要求,同时又努力发展自己的潜能,即使对自己无法补救的缺陷,也能安然处之。过高、过低地估计自己,会将自己陷于自傲、自卑的旋涡中,使行为产生偏差。

5. 社会适应良好

心理健康的学生能够和社会保持良好的接触,正确地认识和了解社会,了解他人,能将自己融于社会和集体之中,与社会和集体保持协调一致,乐于生活和学习。与人相处时,积极的态度总是多于消极的态度,能够恰当地处理人际矛盾,在社会中有较强的适应能力和较充分的安全感。

6. 心理特点与年龄特征相符

不同年龄阶段的人有不同的心理和行为特点。如果一个人的心理与行为严重偏离其年龄特征,如中小学生的年龄特征是求知欲旺盛,情绪情感丰富,兴趣广泛,富于理想,乐观向上,精力充沛等,如果表现得过于老成、老气横秋,或像学前儿童那样过于幼稚、依赖,则是心理不健康的表现。

7. 人格完整统一

人格,即人的整体精神面貌,人格完整是指人格构成要素的气质、性格、理想和人生观等各方面都平衡发展,认知、情感和行为协调一致。心理健康的学生具有积极进取的人生观,并能把自己的需要、愿望、目标和行为统一起来。否则,如果表里不一、言行脱节等则是人格失调的表现。

学生心理健康的标准是一种理想尺度,为我们指明了提高学生心理健康水平的努力方向。每一个学生在自己现有的基础上作不同程度的努力,都可以追求心理发展的更高层次,不断发挥自身的潜能。心理健康的状态不是固定不变的,而是动态变化的过程。随着学生的成长、经验的积累、环境的改变,心理健康状况也会有所改变。心理健康与不健康不是泾渭分明的对立面,而是一种连续状态。从良好的心理健康状态到严重的心理疾病之间有一个广阔的过渡带。在许多情况下,异常心理与正常心理、变态心理与常态心理之间没有绝对的界限,只是程度的差异。学生心理健康的基本标准是能够进行有效的学习和生活。如果正常的学习和生活难以维持,应该及时调整。

二、心理健康教育的意义和目标

(一) 心理健康教育的含义

心理健康教育是学校根据学生的生理、心理发展特点,运用有关心理教育的方法和手段,培养学生良好的心理素质,促进学生身心全面和谐发展和素质全面提高的教育活动。

心理健康教育是全面发展教育的重要组成部分,如同德育、智育、体育、美育和劳动技术教育一样,是学校教育的重要内容,简称其为"心育"。

心理健康教育与德育既密切联系,又有所不同。心理健康教育和德育的最终目的都是为了促进学生的全面发展,使学生成长成才。心理健康教育可以提高学生的心理素质和社会适应能力,为学生形成良好的品德奠定基础;学生良好的品德又会促进学生形成良好的个性品质。两者相辅相成,互为补充。但心理健康教育又不同于德育,其主要区别表现在以下方面:第一,理论基础不同。心育是以普通心理学、人格心理学、变态心理学、社会心理学、心身医学及各种心理咨询理论为基础的,德育的理论基础则是辩证唯物主义和历史唯物主义等。第二,具体目标不同。心育旨在帮助学生确认内在价值,了解自身需求,缓解消极情绪,提高适应能力,使其个性和谐发展,德育则在于塑造学生的世界观、价值观和道德观,为实现党和国家的中心任务服务。第三,教育内容不同。心育的内容主要是帮助学生分析和解决日常生活中的各种心理困难,如人际关系调整、学习与工作效率的提高、专业和职业选择、恋爱婚姻质量的提高等,德育的内容则是基本路线教育、爱国主义、集体主义、革命传统、理想道德和纪律、民主法制和国防教育、形势政策教育、热爱本职工作教育、基本行为训练等。第四,教育方法不同。心育主要通过心理测验和评定、个别咨询、团体咨询等方式进行,德育则主要通过大会报告、参观访问、个别谈话、座谈讨论等方式进行。第五,从业人员不同。心育的从业人员是拥有心理学知识、受过心理训练的专业人员,德育的从业人员主要有专职干部、各级领导干部、党团员、先进模范人物、班组长、工会、妇联积极分子及全体教师等。

(二) 心理健康教育的意义

1. 心理健康教育有利于促进学生全面发展

良好的心理素质不仅是学生全面发展的必要条件,而且也是学生全面发展的重要组成部分。心理健康教育通过帮助学生解决学习困难、改善人际关系、完善人格等提高其适应社会的能力和充分发挥自身潜能,以达到培养其良好心理素质的目的。学生任何一方面的发展都是建立在良好的心理素质基础之上的。如正确的自我意识能够使学生在客观认识、评价自己的基础上为自己确立具体可行的学习目标,胜不骄败不馁;和谐的人际关系能使学生乐于参与学校的各项活动,富于合作精神等。与不良的心理状态下的学生相比,具有良好心理素质的学生更容易在德、智、体、美、劳等方面都更容易取得进步。

2. 心理健康教育有利于推进学校实施素质教育

素质教育是以提高民族素质为宗旨的教育。心理素质不仅是个体素质的重要组成部分,而且对身体素质、劳动技能素质等的提高有着重要的影响作用。心理健康教育可以激发学生的学习动机,培养学生的兴趣和爱好,帮助学生形成良好的意志品质,有意识地调控自己的情绪情感到最佳的状态等,为其他素质的发展和提高奠定基础。因此,心理健康教育是学校实施素质教育的重要途径。

3. 心理健康教育有利于推动社会和谐发展

心理健康的学生不仅是知、情、意、行的协调统一体,更是主观与客观、人与自然平衡和谐的有机体。心理健康教育能够使学生对自己及其社会环境的认知符合客观现实,产生相应的情绪情感体验,确立具体可行的行为目标并付诸行动,达到良好的社会适应,完成自我与社会的和谐发展。

(三) 心理健康教育的目标

作为学校教育的重要组成部分,心理健康教育的目标与学校教育的目标是一致的,但又有其独特之处。根据 2002 年 8 月教育部颁发的《中小学生心理健康教育指导纲要》中的描述,心理健康教育的总目标是提高全体学生的心理素质,充分开发他们的潜能,培养学生乐观、向上的心理品质,促进学生人格的健全发展。具体目标是:使学生不断正确认识自我,增强调控自我承受挫折、适应环境的能力;培养学生健全的人格和良好的个性心理品质;对少数有心理困扰和心理障碍的学生,给予科学有效的心理咨询和辅导,使他们尽快摆脱障碍,调节自我,提高心理健康水平,增强自我教育能力。

我国有学者把心理健康教育的目标分解为基础目标、中间目标和终极目标三个层次(姚本先和伍新春,2008)。

1. 基础目标

心理健康教育的基础目标是防治心理疾病,增进心理健康。通过系统地开展心理健康教育活动使学生学会自我心理保健,有效应对生活中的各种挫折和困扰,保持乐观向上的积极心态。

2. 中间目标

心理健康教育的中间目标是优化学生的心理素质,促进其全面发展。一方面使学生学会正确对待自己,保持精神生活的内部和谐,另一方面使学生形成正确的适应行为,保持良好的社会适应。

3. 终极目标

心理健康教育的终极目标是开发学生的心理潜能,实现自我价值。即使学生成为心理高度健康及人格全面和谐发展的自我实现者。

三、心理健康教育的原则

心理健康教育原则是对心理健康教育实践工作规律的概括和经验总结,是开展心理健康教育工作必须遵循的基本要求和行为准则。

(一) 系统性原则

系统性原则是指教育者要运用系统论的观点从学生心理的完整性和统一性、个体身心因素与外部环境的制约性及协调性等综合因素出发，全面地了解和分析影响学生心理发展的各种因素，促进学生的知、情、意、行等方面的协调发展。贯彻系统性原则，要做到关注学生人格整体的发展和身心素质的全面提高；要把内外因、主客观、家庭学校社会及个体等诸因素综合起来多角度地分析学生的心理状态；采用综合模式对学生进行心理健康教育。

(二) 全体性原则

全体性原则是指教育要面向全体学生，把全体学生心理健康水平和心理素质的提高作为心理健康教育的出发点和最终目标。贯彻全体性原则要求，教育者要根据绝大多数学生的共同需要选择具有普遍性的问题作为心理健康教育的主要内容，以达到促进全体学生心理发展的目的；要对学生一视同仁，最大限度地使所有学生参与到心理健康教育的实践活动中。

(三) 差异性原则

差异性原则是指心理健康教育要重视学生的个别差异，要根据不同学生的不同需要，开展形式多样、有针对性的心理健康教育活动，最终促进全体学生心理素质的提高，此即心理健康教育的精髓。贯彻差异性原则，首先要了解学生的个别差异，其次要采用不同的方法有区别地对待不同的学生，最后要认真做好个案研究，增强个别教育的实效。

(四) 活动性原则

活动性原则是指心理健康教育通过寓教育于活动的方式提高学生的心理素质。即让学生在各种模拟或实际情境中通过活动获得体验和感悟，以提高其心理素质。贯彻活动性原则，首先要设计符合学生心理发展需要的活动；其次要启发、鼓励学生积极参与活动；最后要亲身体验，耐心引导。

(五) 保密性原则

保密性原则是指教育者有责任对学生获得心理帮助时涉及的有关个人隐私、缺陷等予以保密，这也是鼓励学生打开心扉、建立良好的师生关系的心理基础。首先，凡是涉及学生个人的信息资料，没有当事人许可不能在其他场所闲谈。其次，为教学或科研之需时，需经当事人同意后经过适当处理再发表。最后，保密的最终目的是保护当事人的利益不受损害，一旦某些信息会给当事人或其他人带来伤害时，可以正当泄密。

第二节 心理健康教育的内容与途径

一、心理健康教育的内容

心理健康教育的内容是心理健康教育目标的具体化。一方面，要根据心理健康教育目标和学生心理年龄特征规定相对稳定的心理健康教育内容；另一方面，要根据学生心理健康状况、需要及社会要求灵活选择针对性较强的心理健康教育内容，既要循序渐进，又要灵活多样。学生心理健康教育的内容主要包括自我意识教育、学习心理辅导、情绪情感教育、人际关系辅导、青春期心理辅导及挫折教育等。

(一) 自我意识教育

自我意识是人对自己身心状况及自己同周围环境关系的意识,是意识发展的高级阶段,是人格的自我调控系统。自我意识是一个具有多维度、多层次的复杂心理系统。从其表现形式上,自我意识由自我认知、自我体验和自我调控三种成分构成。从内容上,自我意识可分为生理自我、心理自我和社会自我。自我意识教育就是帮助学生在客观认知自我的基础上产生积极的自我体验,进行有效的自我调控,使自我不断完善的一种教育活动。具体包括自我认知教育、自我悦纳教育和自我完善教育三个方面的内容。

1. 自我认知教育

自我认知是自己对自己身心特征的认知,是主体我对客体我的认知和评价。自我认知教育就是训练学生对自己的生理状况(身高、体重、体态等)、心理特征(兴趣爱好、能力、性格等)及自己与周围环境间的关系(人际关系等)等进行客观认知,以培养学生积极的自我意识和良好的自我概念。如果学生对自己有一个全面且客观的认知,就能量力而行,确立适合于自己的学习和生活目标,并为此不懈努力。

自我既是自我认知的主体,又是客体,此即客观认知自我的难点,也是关键所在。因此,对学生进行自我认知教育时需要帮助其进行多角度、多方面地自我观察。如通过认知他人认知自我,通过分析他人对自己的评价认知自我,在与他人、与自己比较中认知自我,通过自我反思认知自我等。

资料窗　　　　认知自我的二十问法

1. 问自己10次或20次"我是谁",请你把头脑中浮现的答案一一写出来。例如,我是×××(姓名),我是××学校的学生等。由于这是自我分析材料,可以不给别人看,所以想到什么就回答什么,不要有什么顾虑。回答每次提问的时间是20秒,如果写不出来,可以略去,继续往下写。

2. 对自己的答案进行分析。分析的内容包括以下几个方面:

(1) 答案的数量和质量。即一共写出几个答案,答案中哪些方面的内容较多。如果能写出9~10个答案,则大体上可以认为没有特别的障碍。如果只写出7个或更少的答案,则可以认为是过分地压抑自己。回答时会以感到无聊、害羞、时间不够等为借口,不能回答更多的问题。

(2) 回答内容的表现方式。有三种情况:符合客观情况的,如"我是大女儿"、"我是小学生"等;主观解释的情况,如"我是老实人"、"我胆小"等;中性的情况,即谁都不能做出判断的情况。如果主观评价和客观评价都有,可以认为取得平衡;如果倾向于主观或客观,则不能取得平衡。在主观评价中,最好既能说到自己好的方面(令人满意的特征),也说到自己的不足之处(不令人满意的特征)。如果只说到好的,会使人觉得自满;只做不好的评价,又令人感到没有信心。

(3) 回答的内容是否涉及自己的未来。哪怕只有一个答案涉及未来(如"我是未来的大学生"),也说明自己有理想和抱负,在现实生活中充满生机。如果没有一个答案涉及未来,则可能说明自己对未来考虑不多。

资料来源:(日)依田新.1981.青年心理学.北京:知识出版社:63~64

---

2. 自我悦纳教育

自我悦纳是对自己的现状持肯定、认可的态度,并相信自己存在的价值。是否悦纳自我是能否产生良好自我体验的关键。自我悦纳教育就是培养学生的自尊心和自豪感,帮助学生认知自己的潜力和特长,培养其自嘲能力,以达到愉快接纳自己的目的。

自我悦纳教育的内容包括:培养学生悦纳自我的态度,引导学生进行客观的自我评价,帮助学生形成合理的自我期望等。

3. 自我完善教育

自我完善是指学生在实现自己的理想或目标过程中,有意识地调控自己的心理和行为,努力改善自我的过程。自我完善教育就是引导学生确立现实的、有价值的自我理想,帮助其不断提高其现实自我的水平,以最终实现自我理想。

自我完善教育包括引导学生树立正确的自我理想和帮助学生学会有效地进行自我调控两个方面的内容。正确的自我理想具有现实性和激励性的特点,即理想自我的内容要符合社会发展要求,符合自己的身心特点和现实条件,同时理想自我要高于现实自我,并使两者之间有适度的差距,以保持自我完善的动力。自我调控是学生根据行为目标主动地改变自己的心理特点和行为方式的过程,是对自己态度的具体化过程。有效的自我调控具有坚持性和不断超越自我的特点。

(二) **学习心理辅导**

学生的主要活动是学习。学习心理辅导就是教育者运用心理教育的方法和技术对学生的学习动机、学习策略及与学习有关的问题进行辅导,解决学生在学习过程中的各种心理困扰,培养其良好的学习心理品质,提高学习效率的教育活动。

1. 学习动机辅导

根据叶克斯—多德森定律,学生的各种学习活动都有一个最佳的动机水平,动机强度不足或过分强烈都不利于学生学习效率的提高。因此,学习动机辅导主要是培养和激发学生的学习动机,并使学习动机保持在最佳水平。

学生学习动机的产生是与其学习过程中的多种心理需要分不开的,如求知的需要、自我提高的需要和交往的需要等。辅导的具体策略包括:

(1) 保持适当的动机水平。在学习活动中,要尽量使学生的学习动机保持在最佳水平,特别是当学生面临重要且复杂的学习任务时,如中考、高考时,给学生提供更加宽松的氛围更有利于他们发挥最佳水平,如果此时动机强度过高,就会导致考试焦虑等不良心理状态。

(2) 给予学生积极的关注和强化。教师给予学生积极的关注不仅会增加学生的自信心,同时积极关注本身又作为一种奖励使学生学习的内部动机得以巩固,从而形成了以内部动机为主、外部动机为辅的双高动机组合。

(3) 归因训练。归因对人的行为、情绪和期待具有重要的影响。积极的归因能帮助学生树立自信心,付出更多的行为努力。进行归因训练就是引导学生进行积极归因,即把成功与努力和能力相联系,将失败与努力不足相联系,以增强学生的自我效能感。对于那些总认为自己能力不如别人的学生,要帮助其改变错误信念,树立正确和积极的归因观念。

(4) 成功体验。成功的体验不仅会增强学生在后续学习活动中取得成功的信心,而且与成功体验相伴随的身心愉悦又是一种高峰体验,会进一步激发学生的成就动机。首先,教师要相信学生能够成功。其次,教师要建立多维度的评价体系,要让尽可能多的学生能在自己擅长的领域获得成功。最后,要帮助学生制定适合自己的、恰当的学习目标。

2. 学习策略辅导

未来的文盲不再是不识字的人,而是没有学会怎样学习的人。学习策略辅导就是教育者指导学生在学科学习中逐步掌握认知策略、元认知策略和资源管理策略等,并引导学生在此基础上形成一套适合自己的独特学习方法和策略的教育活动。

3. 考试心理辅导

作为人才评价和选拔的重要手段,考试是一种普遍的教育现象。考试也因此成为学生在学习过程中面临的主要应激源之一,从而对学生的身心健康产生很大影响。因此,考试心理辅导就成为学习心理辅导的重要组成部分。

考试心理辅导主要包括两方面的内容:考试焦虑的排解和应试技能的提高。

(1) 排解考试焦虑。考试焦虑是指在应试情境下学生在心理上所表现出来的紧张、担心、恐惧等情绪状态,是一种复杂的情绪反应。学生产生考试焦虑时,会在心理、生理和行为上都有明显的表现。在心理上表现为苦恼、烦躁、无助、胆怯、自信心下降和自我否定等;在生理上有肌肉紧张、心跳加快、血压升高、手足发凉、呼吸急促等反应;在行为上表现为重复无效动作,如抓耳挠腮、坐立不安等。当考试焦虑加剧时,其反应也更为强烈,如眼花耳鸣、思维停滞、呼吸困难、神经功能紊乱甚至昏厥等。

考试焦虑自测

考试焦虑自评量表下面的测验旨在对考试焦虑心理作客观的诊断。测验共有33道题,每题有4个备择答案,根据自己的实际情况,在题前填上相应字母,每题只能选择一个答案,其相应字母的意义是:A为很符合自己的情况;B为比较符合自己的情况;C为较不符合自己的情况;D为很不符合自己的情况。

1. 在重要的考试前几天,我就坐立不安了。
2. 临近考试时,我就泻肚子了。
3. 一想到考试即将来临,身体就会发僵。
4. 考试前,我总感到苦恼。
5. 考试前,我感到烦躁,脾气变坏。
6. 紧张的温课期间,常会想到:"这次考试要是得到个坏分数怎么办?"
7. 越是临近考试,我的注意力越难集中。
8. 想到马上就要考试了,参加任何文娱活动都感到没劲。
9. 在考试前,我总预感到这次考试将要考坏。
10. 在考试前,我常做关于考试的梦。
11. 到了考试那天,我就不安起来。
12. 听到开始考试的铃声响了,我的心马上紧张地跳起来。
13. 一到重要的考试,我的脑子就变得比平时迟钝。
14. 考试题目越多、越难,我越感到不安。
15. 考试中,我的手会变得冰凉。

16. 考试时,我感到十分紧张。
17. 遇到很难的考试,我就担心自己会不及格。
18. 紧张的考试中,我却会想些与考试无关的事情,注意力集中不起来。
19. 考试时,我会紧张得连平时记得滚瓜烂熟的知识一点也回忆不起来。
20. 在考试中,我会沉浸在空想之中,一时忘了自己是在考试。
21. 考试中,我想上厕所的次数比平时多些。
22. 考试时,即使不热,我也会浑身出汗。
23. 在考试时,我紧张得手发僵,写字不流畅。
24. 考试时,我经常会看错题目。
25. 在进行重要的考试时,我的头就会痛起来。
26. 发现剩下的时间来不及做完全部考题,我急得手足无措、浑身大汗。
27. 如果我考了个坏分数,家长或教师会严厉地指责我。
28. 考试后,发现自己懂得的题没有答对时,就十分生自己的气。
29. 有几次在重要的考试之后,我腹泻了。
30. 我对考试十分厌烦。
31. 只要考试不计成绩,我就会喜欢考试。
32. 考试不应当像在这样的紧张状态下进行。
33. 不考试,我能学到更多的知识。
    计分与评价:统计你所填的各个字母的次数,每填一个 A 得 3 分、B 得 2 分、C 得 1 分、D 得 0 分。用下列公式可以算出你的总得分:总得分=3×填 A 的次数+2×填 B 的次数+填 C 的次数。根据你的总得分就可以知道你的考试焦虑水平。总分焦虑水平:0~24 为镇定,25~49 为轻度焦虑,50~74 为中度焦虑,75~99 为重度焦虑。

考试焦虑对学习和考试的影响是双重的。适度的考试焦虑使学生的精力更集中、知觉更敏锐、思维更灵活,对学习和考试具有积极作用。过度的考试焦虑则会降低学习效率,影响考试成绩,甚至形成焦虑性人格,危害学生的身心健康。因此考试心理辅导的目标就是使考生在考试时保持适度的考试焦虑,其重点是排解考生过度的考试焦虑。

第一,正确看待考试,减轻心理压力。考试是对教学结果检验的一种手段,是人才选拔的一种方式,也是巩固知识的一种有效途径。考试本身不是目的,考试会使学生看到自己的进步和差距,也会让学生距离自己的目标越来越近。一次考试,甚至是一次关系重大的考试,并不能说明一切,更不能决定一切。人生道路很多,通过考试被选拔上只是一条路而已。

第二,做好考试准备,提高自信心。考试焦虑的程度与学生的自信心呈负相关关系,即自信心高的学生,产生考试焦虑的程度较低,缺乏自信心的学生容易产生过度的考试焦虑。自信心的高低与考生的知识储备状况、要实现的考试目标及自身的人格特点有关。因此,考生自信心的提高可从以下方面进行辅导。①科学复习。重视提高学习效率,忌打疲劳战;复习时要文理交替,劳逸结合;要重视基础知识;调整生物钟与环境要求保持一致。②确立具体可行的考试目标。目标要高于现实水平,以便充分发挥潜力;目标只要经过努力就可以实现,以免造成过大的压力。③注意养成良好的人格特点。积极的心态,乐观进取的性格特点,良好的情绪状态,顽强的意志等是预防过度考试焦虑的重要品质。④掌握提高自信心的方法。如回忆辉煌,想象成功,积极的心理暗示,学会欣赏走过的路等。

第三,放松训练。放松训练的要求是"静"与"松"。静是指环境要安静,心态要平静;松是指情绪要放松,肌肉要放松。首先,做深呼吸,深呼吸时要平而舒缓;其次,在深呼吸时全神贯注于自己身体的感觉,以排除杂念;再次,体验肌肉的紧张感与放松感,体验紧张的时间是放松时间的一半;最后,要自下而上进行全身放松。在考场上放松时只放松肩部和手臂即可,不要耽误更多的时间。

(2)提高应试技能。应试技能也是影响考试焦虑的因素之一。应试技能高即会考试的学生不怕考试,且能超水平发挥。对学生的应试技能训练包括以下内容。第一,充分做好应试前的准备工作。包括物质准备(准考证、文具、考试地点、交通工具等)、知识准备(按计划完成复习)、体能准备(吃早吃好、慎吃生冷食物等)和心理准备(放松、愉悦,适时到校,缓行忌谈等)。第二,沉着应考。拿到试卷后全面浏览试题,统筹考试全局,如了解试卷的分量、题目的难易程度等,按照先易后难的原则确定答题的先后顺序和时间的分配等;认真审题;答题时要处理好质量和速度的关系,遇到记忆卡壳时跳过去,先做其他题目;只想答题,不想分数,不想结局;你考你的,我考我的,不受别人干扰;保持卷面整洁;科学把握时间,重视复查环节,不提前交卷。第三,考完一科,忘掉一科。考完一个科目后,不对答案,不讨论答案,也不问老师正确答案,积极准备下一个临考科目。

(三)情绪情感教育

情绪情感不仅使人的整个心理世界色彩斑斓,而且会影响人的行为习惯、生活方式,乃至人的生活质量。情绪情感教育就是教育者运用心理健康教育的理论和技术帮助学生客观认知、善于表达并有效调控自己的情绪,识别他人情绪的教育活动。

1. 情绪、情感与情绪智力

(1)情感、情感的含义。情绪和情感是人对客观事物的态度的体验,是人的需要是否获得满足的反映。情绪和情感的产生是以客观事物是否满足人的需要为中介的。当客观事物满足人们的需要时,人们就对其产生肯定的态度,表现出满意、高兴、喜悦、爱慕等情绪、情感;反之,当客观事物妨碍人们需要的满足时,则产生否定的态度,表现出恐惧、愤怒、悲哀、痛苦等情绪、情感;当客观事物与人们需要的满足毫无关系时,则表现出既不厌恶也不喜欢的"无所谓"态度。

情绪是情感的基础,情感是情绪的深化。情绪与生理性需要相联系,是人与其他动物所共有,具有情景性、表浅性和外显性的特点;情感与社会性需要相联系,为人类所特有,具有稳定性、深刻性和内隐性的特点。情绪可分为心境、激情和应激三种状态,情感可分为理智感、道德感和美感等三类。在日常生活中,人们习惯于把情绪和情感通用。

情绪和情感有积极和消极之分。需要得到满足,引起积极或正性的情绪和情感;需要得不到满足,引起消极或负性的情绪和情感。一般而言,积极的情绪、情感对人的行为具有增力作用,消极的情绪、情感则具有减力作用。

(2)情绪、情感的功能。情绪情感是人类适应日趋复杂的社会生活环境的必然产物。越来越多的科学研究发现,情绪情感对人的身心活动具有重要作用。①动力功能。适度的兴奋情绪可以使人的身心处于最佳的活动状态,促进主体积极行动,从而提高活动效率;一定紧张度的情绪可以使人积极地思考和解决问题。②信号功能。在人际交往中,人们除了借助语言进行交流外,还通过表情动作流露自己的情感来传递态度和意图,甚至有些无法用语言充分表达的信息,则可以通过表情达到"意会"。此即情绪情感的信号功能。③调节功能。情绪情感的调节功能是指情绪情感对人的行为或活动具有指引和维持方向的作用。如人们会主动模仿那些能引起积极情绪体验的行为,改变或避开那些能引起消极情绪体验的行为。同时,良好的情绪状态对人的认知活动如记忆、思维、想象等具有积极的组织作用,不良的情绪状态则会产生消极的瓦解作用。④感染功能。人与人之间的情绪情感是可以相互影响并产生共鸣的。在人际交往中,一个人的情绪情感会对他人的情绪情感产生影响,他人的情绪情感又会反过来影响这个人的原有情绪情感。总之,情绪情感不仅影响人的活动效率,影响人际交往状况,而且影响人的身心健康,乃至人的生活质量。

(3) 情绪智力的含义。美国心理学家萨洛维(P. Salovey)和梅耶(J. Mayer)用情绪智力(emotion intelligence)表示不同个体在情绪调节过程中能力的差异,并用情商(emotional quotient)来衡量个体情绪智力的高低。他们认为情绪智力包括以下五种能力:认识自己情绪的能力,即当某一情绪刚出现时便能察觉的能力;妥善管理自己情绪的能力,即调控自己的情绪使之适时适地适度;自我激励的能力,这是一种服从于某目标而调动、指挥情绪的能力;识别他人情绪的能力,是指觉察和理解他人的感受和意图的能力;处理人际关系的能力等。

不同个体在情绪智力的各个方面具有很大的差异。例如,有些人长于排解自身的焦虑,却拙于安慰他人的痛苦。虽然情绪智力的生理基础是神经系统,但基于人脑的高度可塑性及人们终身学习的习惯,人们在情绪智力某方面的缺憾在很大程度上是可以通过正确的努力得到改善的。

2. 情绪情感教育的内容

(1) 情绪情感认知教育。情绪情感认知教育的内容包括:教育学生认知人类的基本情绪(喜悦、愤怒、悲哀、恐惧)和社会情感(理智感、道德感、美感);情绪情感的两极性特点即积极的正性情绪和消极的负性情绪;正性情绪对学习具有增力作用,负性情绪具有减力作用;良好的情绪状态是正性情绪多于负性情绪等。

(2) 情绪情感识别教育。情绪情感识别教育是帮助学生敏锐觉知自己或他人所处的情绪情感状态,并了解各种感受产生的原因。常用的识别情绪情感教育的方法有两种:情绪情感辨析技术和情景体验。情感辨析技术是帮助学生辨别与分析其内在情绪情感的复合状态,使他们明晰其中所蕴含的各种情绪的性质、强度和比例,并使其由"混沌"趋向"有序"。情景体验就是通过让学生进入模拟情景、实际情景或想象情景中去体验、思考和分析,以了解某一情绪情感体验的具体感受的一种方法。

(3) 情绪情感表达教育。情绪情感表达教育就是帮助学生学会准确表达、善于表达情绪情感的方法。哑剧表演是一种常用的训练学生准确表达情绪情感的方法。教师要求学生用表情和动作(不用语言)来表演某一主题或情景,如让学生表演喜怒哀乐的面部表情,愤怒时的动作表情,喜欢或讨厌别人时的身段表情等。善于表达是指在适当的时机运用对方乐于或易于接受的方式准确传递自己的情绪情感。准确表达是基础,善于表达是艺术。

(4) 情绪情感调控教育。情绪情感调控教育是指帮助学生消解或排除不良情绪,以免给身心健康带来不利影响。教育的内容包括:善于识别不良情绪及其对身心健康的危害;学会有效控制和合理宣泄不良情绪的方法。理性情绪疗法和合理宣泄是常用的调控不良情绪的有效方法。

理性情绪疗法认为,产生不良情绪的原因是人们对事物的不合理信念所造成的,如果人的信念发生了变化,其情绪反应也会随之发生变化。其操作步骤是,了解要解决的情绪问题,确定情绪的诱因,寻找情绪背后的不合理想法,树立新的合理信念,原有的情绪反应消解,产生新的良好情绪。

合理宣泄是指把不良的情绪通过间接的方法释放出来,这种间接的方法又不会对自己或他人造成伤害。常用的合理宣泄的方法有剧烈的体力劳动,运动锻炼,放声歌唱、尽情舞蹈,放声大哭,找人倾诉,给自己写信或写日记等。通过释放不良情绪的能量以恢复身心状态的平衡。

(四) 人际交往辅导

人际交往辅导是指运用心理健康教育的理论和技术,帮助学生掌握人际交往的方法,以促进其人格成长的教育活动。学生的人际交往主要有师生、同伴和亲子间的交往等,任何一种交往出现问题,都会影响学生的身心发展。人际交往辅导的内容主要包括以下方面。

1. 人际交往认知教育

帮助学生了解人际交往活动在自身成长中的重要作用,人际交往应遵循的原则,树立正确的对人待己的态度,克服人际偏见等。

2. 人际交往技能的培养

学生都有良好的交往愿望,但由于缺乏基本的交往技能,常常力不从心,弄巧成拙。教育者通过对学生进行感情移入训练,角色扮演,榜样示范,人际敏感训练等方法帮助学生掌握如何表达、如何倾听、如何换位思考、如何建立良好的第一印象、如何提高社会知觉能力(自我知觉、角色知觉、他人知觉、人际知觉等)、如何拒绝等人际交往技能。

3. 人际冲突的心理辅导

当学生的人际关系出现失调时,就会导致大量的负性情绪郁积,严重危害学生的身心健康,甚至由于一时冲动导致过激行为,或者由于人际冲突长期得不到解决而积郁成疾,产生心理疾病。因此,教育者要敏于观察,及时对具有人际冲突的学生进行个别辅导,教给他们解决冲突和自我调控的方法。

学生的人际失调与其人格特点、情绪情感调控能力等有着密切联系。因此,学生的人际关系辅导应与心理健康教育的其他内容结合起来,才能收到良好的效果。

(五) 青春期心理辅导

随着第二性征的出现,学生的性机能逐渐成熟,两性的差异也日渐扩大。对此,不少学生产生了许多微妙的心理变化,如他们既兴奋又困惑,对异性既好奇又害羞等。青春期心理辅导就是要帮助学生科学认识两性生理发展的各种表现,正确看待自己的性意识活动(被异性吸引、性幻想、性梦等),正确认识和处理自己的性冲动,防止婚前性行为和性罪错的发生,正确区分友谊与爱情的界限,树立正确的异性交往观念,发展适当的异性交往行为等。对于个别由于青春期心理、早恋、失恋等导致心理困扰的学生,教育者要对其进行个别心理辅导,以免产生严重的心理行为问题。

   **青涩的果子——中学生早恋问题座谈会**

针对中学生在信件咨询(心理咨询的一种形式,编者注)中提到较多的恋爱问题,学校心理健康教育老师与团委联合举办了一次座谈会,邀请部分老师,青少年心理、社会问题的专家,就中学生早恋问题进行"实话实说"。在座谈会上,中学生和老师、专家一道探讨了早恋的成因,早恋对个人和社会发展的影响,中学生应当怎样对待早恋问题等。经过座谈,同学们认识到:虽然中学时期男女同学恋爱是一种心理发展的自然现象,但由于中学生身心尚未成熟,还担负着繁重的学习任务,因此,早恋对中学生的身心发展是弊多利少的。作为一名中学生,应当以学业为重,将萌发的爱意埋在心底。

资料来源:李百珍.2002.中小学生心理健康教育.科学普及出版社,90~91

(六)挫折教育

挫折是一种普遍的社会心理现象。挫折是福音还是灾难,关键在于你如何看待它,如何面对它。因此,加强学生的挫折教育,增强他们的心理承受能力,是心理健康教育的重要内容。挫折教育的内容包括以下方面。

1. 挫折观教育

教育学生正确看待挫折。其内容包括:挫折在所难免,人人都可能遭遇挫折;挫折对人的影响具有双重性,一方面会使人失意、沮丧,另一方面又可以使人历练意志,获得经验。

   **塞翁失马　焉知非福**

以前在北边的边塞地方有一个善于推测人事吉凶祸福的人,大家都叫他塞翁。有一天,塞翁的马从马厩里逃跑了,越过边境一路跑进了胡人居住的地方。邻居们知道这个消息后都赶来慰问塞翁,塞翁一点都不难过,反而笑笑说:"我的马虽然走失了,但这说不定是件好事呢?"

过了几个月,这匹马自己跑回来了,而且还跟来了一匹胡地的骏马。邻居们听说这个事情之后,又纷纷跑到塞翁家来道贺。塞翁这回反而皱起眉头对大家说:"白白得来这匹骏马恐怕不是什么好事喔!"

塞翁有个儿子很喜欢骑马。有一天,他骑着这匹胡地来的骏马出外游玩,结果一不小心从马背上摔了下来跌断了腿。邻居们知道了这个意外后,又赶来塞翁家慰问他,劝他不要太伤心。没想到塞翁并不怎么太难过、伤心,反而淡淡地对大家说:"我的儿子虽然摔断了腿,但是说不定是件好事呢!"

邻居每个人都莫名其妙,他们认为塞翁肯定是伤心过头,脑筋都糊涂了。过了不久,胡人大举入侵,所有的青年男子都被征调去当兵。由于胡人非常剽悍,所以大部分的年轻男子都战死沙场。塞翁的儿子因为摔断了腿不用当兵,反而因此保全了性命。此时邻居们才体悟到,当初塞翁所说的那些话里头所隐含的智慧。

2. 应对挫折方式的教育

(1)拥有积极心态。积极心态(positive mental attitude)就是面对困难、挫折、挑战、责任和失败时,从可能成功的角度进行肯定性思维。拥有积极心态的人常能心存光明远景,即使身陷困境,也能以愉悦和创造性的态度走出困境,迎向光明。

 **例解**　　　　　　　　　　　**蜘蛛的故事**

> 雨后,一只蜘蛛艰难地向墙上已经支离破碎的网上爬去,由于墙壁刚刚被雨水淋湿,蜘蛛爬到一定的高度就会掉下来,但它就是不放弃,从头再来,爬到一定高度又掉下来……就这样,蜘蛛一次次地向上爬,一次次又掉下来。这一情景先后被三个均遭遇挫败的青年人看到了。第一人叹息,既为蜘蛛也为自己。他自言自语地说:我的一生不正如这只蜘蛛吗,总是遭遇挫折和失败,上天对我不公平。于是他日渐消沉,在碌碌无为中度过余生。第二人目睹了这一切后,说:这只蜘蛛真愚蠢,为什么不从旁边干燥的地方绕一下再爬上去?我今后可不能像它这样愚蠢。毫无疑问,受到启发并懂得"绕一下"的他变得聪明起来,失败变成了财富。第三个人则被蜘蛛屡败屡战的精神所感动,他承认这正是自己所缺少的。于是他变得坚强起来,无论遇到什么样的困难都不轻言放弃,失败磨炼了他的意志。

要拥有积极的心态,须注意做到以下几点:第一,打破点状思维或线状思维,养成多角度立体思维的习惯。一切事物都有利弊两个方面,而且利中有弊,弊中有利,利弊是可以相互转化的。第二,养成善于发现事物美好一面的观察习惯。第三,养成积极的自我心理暗示的习惯。

(2)建立积极的心理保护机制。挫折打破了原有的心理平衡,人们常常会感到痛苦。由于自我保护的本能,人们自觉不自觉地采取某种方式恢复心理平衡,此即心理保护机制。心理保护机制通常有积极和消极之分。积极的心理保护机制可以帮助人们缓冲心理压力,减轻焦虑情绪,并表现出一种自信、进取的倾向,有助于人们战胜挫折。消极的心理保护机制大多表现为退缩、逃避、自欺欺人等,虽然也可暂时缓解内心的冲突,但常会使人们趋于自我否定,甚至产生心理障碍。

常见的积极的心理保护机制有以下几种:①认同。遭遇挫折时通过效仿他人成功战胜挫折的经验和方法,增强自己战胜挫折的信念。②升华。遭遇挫折后将自己的负性情绪或情感转化为有利于自身或社会发展的行为力量。如把考试失利的痛苦转化为奋发学习、加倍努力的力量。③增强努力。通过对挫折进行归因分析,如果是行为的强度或坚持性不足,通过增强努力即可战胜挫折。④补偿。由于主客观条件的限制,既定目标已无法实现,通过确立、实现新的目标以弥补挫折造成的损失。"失之东隅,收之桑榆"。⑤改变策略。由于选择的行为方式或方法不当,导致目标无法实现,通过采取新的方法再做尝试,使目标得以实现。⑥幽默。在困境中,通过自嘲、说笑话等幽默的方式以化解负性情绪,取得心理平衡。

吃不到葡萄就说葡萄酸,压抑、攻击、退行、固执、冷漠等则是消极的心理保护机制,不利于战胜挫折。

(3)学会自我心理按摩。教给学生自我心理按摩的方法。①自我放松。包括腹式深呼吸、冥想放松、肌肉放松等。②转移注意力,即把注意力转移到自己喜欢的事情上。③合理宣泄,如痛哭、怒吼、倾诉等。④自我激励,如对自己说自我肯定的话,回忆自己成功的经历,听、唱励志歌曲等。

 **例解**　　　　　　　　　　　　**冥 想 放 松**

> 让自己置身于安静的环境中,以舒服的姿势或坐或躺,松开紧身的衣服,摘掉首饰等。在脑海中想象自己正置身于风景优美的自然环境中,如湖畔,感到非常的轻松、舒适、愉快和安静。自己躺在湖边柔软的草地上,清澈、宁静的湖水恰似你此刻轻松、平静、无牵无挂的心情。湖的四周绿树环绕,青草遍地;辽阔的水面尽头有浅浅的蓝色的远山;空气清新,阳光柔和,微风拂面,鼻孔里有一丝淡淡的青草气息;周围静悄悄的,没有任何东西打扰这里的宁静。你尽情地舒展肢体,全身都非常放松,甚至失去了对身体的感觉,仿佛它不属于你似的。你的心情格外平静、放松和安详。除了眼前的景物,你的心里也是空荡荡的,很轻、很轻⋯⋯

（4）寻求专业的心理帮助。教育学生要树立寻求专业心理帮助的意识,并善于寻求帮助。专业的心理帮助可以倾听求助者的心声,可以为求助者提供心理支持,可以与求助者一起分析挫折产生的原因,并最终使求助者获得心理成长。

3. 挫折容忍力训练

挫折容忍力是可以通过训练提高的,它与人的抱负水平、对行为结果的心理预期、自我的意志品质和挫折经验等因素有关。因此,挫折容忍力训练可从以下方面进行：

（1）保持适度的抱负水平。抱负水平是指人的行为要达到什么程度的心理愿望。抱负水平过高,容易导致挫折和失败;抱负水平过低,不能发挥自己的潜能。适度的抱负水平既可以使人在挑战中获得自信与成功,又能避免挫折和失败,使个体得以顺利发展。

（2）做好应对挫折的心理准备。虽然在确立行为目标、制订行动计划时对行为结果是充满信心的,但一切都在发展变化,再加上一些不确定的因素,结果不尽如人意也是在所难免的。因此,教育学生在憧憬未来的同时,也要充分考虑到可能遇到的困难,甚至是失败,以便遭遇挫折时有备无患。

（3）在活动中培养良好的意志品质。良好的意志品质包括独立性、果断性、坚持性和自制力。具有良好意志品质的学生能够对挫折进行正确的归因分析,在困难面前镇定自若,作出理性的选择,力争把挫折带来的损失减到最小,具有较大的挫折容忍力。良好的意志品质是在与困难抗争的过程中不断历练的结果,因此,要教育学生主动地参加实践活动,有意识地向自我挑战。

（4）丰富挫折经验。挫折经验是人在经历、体验到了挫折情境下内心的冲突、痛苦甚至挣扎,一旦走出困境后,内心的经历就会作为财富为以后应对挫折奠定心理基础。正所谓"宝剑锋自磨砺出,梅花香自苦寒来"。因此,教育者要有意识地为学生创设一定的挫折情境,使其在挫折中历练自我,丰富自我,为以后应对更多、更大的困难积累经验。当然,要注意不要为学生制造一些无端的挫折,挫折的强度也要适当,以免给学生造成不必要的伤害。

4. 对挫折应对不良学生的个别心理辅导

学生的心智尚在不断地发展,重大的挫折可能会使他们力所不及,出现应对不良的现象。教育者要敏于观察,并及时对其进行个别心理辅导,帮助他们尽快战胜挫折,以免其因挫折导致的负性情绪不能得到纾解而导致心理失调。

二、心理健康教育的途径

学生心理素质的提高是一个系统工程,既需要开设心理健康教育课程和开展学校心理咨询对学生进行专门教育,也需要在学校的学科教学、学生管理、课外活动和校园环境中渗透心理健康教育,需要家庭心理健康教育的支持与配合。只有多途径地形成教育合力,才能不断提高学生的心理健康水平。

(一) 心理健康教育的专门途径

心理健康教育的专门途径有两条,一是对全体学生进行心理健康教育,二是对有心理困扰的学生进行心理咨询。前者主要通过开设心理健康教育课程来实现,后者则要通过建立学生心理咨询中心等来进行。

1. 心理健康教育课程

(1) 心理健康教育课程的性质。学生心理品质的形成和发展总是在活动中进行的。因此,与其他课程相比较,心理健康教育课程具有独特的性质。①生活性。心理健康教育的选题源于学生的生活实际,是学生在学习或特定的时期遇到的心理困惑;心理健康教育的内容是符合学生心理特点且来自于生活的典型材料;心理健康教育的过程是让学生在创设或模拟的生活情景中通过角色扮演来实现教育目标的。课程内容并不过于追求知识性、学术性和结构性,而是与生活相伴而生的。②体验性。心理健康教育课程以活动为载体,学生通过在活动中的情感交流和思维碰撞产生真切而深刻的情感体验,使情境陶冶与内心感悟有机融合,达成心灵成长。③主体性。学生是心理健康教育课程实施的主体。心理素质的提高,心灵的成长是学生主动探索和自主建构的过程,必须以学生自主自觉的参与为前提。否则,心理健康教育将是无效的。④生成性。心理健康教育课程的设计是一个生成的过程,而非预成的过程。虽然心理健康教育课程具有既定的教育目标,但课程实施过程中教师与学生、学生与学生之间的心理互动使"过程"本身具有了很多的不确定性,学生心理建构的过程就是自我不断生成的过程,这是教师不可控的。

(2) 心理健康教育课程的形式。心理健康教育课程包括心理健康教育学科课程、心理健康教育活动课程等显性课程和心理健康教育环境课程等隐性课程。其中学科课程是心理健康教育课程体系的基础部分,活动课程是核心,环境课程是必要部分。①心理健康教育学科课程是传授较系统的心理发展和心理健康基础知识的课程形式。该课程能使学生获得必要的心理发展和心理健康知识,有助于对自己心理世界的认知。该课程具有知识性、基础性和逻辑性的特点。②心理健康教育活动课程是教师根据学生心理发展的规律和特点,有目的、有计划地设计主题活动,并使学生在参与活动的过程中提高心理素质的一种课程形式。该课程具有活动性、系统性、主体性和互动性的特点。由于"活动"本身符合学生心理形成和发展规律的特殊性,是心理健康教育有效的载体,心理健康教育活动课程在整个"心育"的课程体系中居于核心地位。③心理健康教育环境课程是指通过教育环境传递给学生的关于心理发展方面的教育经验的一种课程形式。其关键在于有目的地营造有利于学生心理发展的教育环境,如校园文化、人际关系氛围、物理环境等。该课程具有导向性、陶冶性的特点。

2. 心理咨询

心理咨询是指由经过专业训练的咨询者运用心理学的有关理论与方法,通过特殊的人际关系,帮助来访者解决心理问题,增进心身健康,提高适应能力,促进个性发展与潜能发挥的活动过程,是心理健康教育的一种重要途径。与心理健康教育课程相比较,心理咨询虽然也面向全体学生(团体心理咨询),但其更关注少数有心理困扰的学生。

(1) 心理咨询的原则。心理咨询是一种专业化的助人自助活动。咨询者在从事心理咨询活动时必须遵循以下原则:①尊重来访者利益原则。咨询者在心理咨询过程中的一言一行都应尊重来访者的利益,凡有损于来访者根本利益的、不利于咨询活动的言行均应避免;咨询者应对来访者的有关资料给予保密,不得对外公开来访者的姓名、个人情况等。在公开案例研究或发表有关文章中必须使用特定来访者的有关个人资料时,必须充分保护来访者的利益和隐私,并使其不至于被他人对号入座。②自愿性原则。即来访自愿,"来者不拒、去者不追"。③发展性原则。在心理咨询过程中,咨询者不仅要以发展变化的观点来分析和评估来访者的问题,而且在对问题的解决和咨询结果的预测方面也要有发展的观点。④整体性原则。该原则要求咨询者要对来访者的心理问题进行全面考察、系统分析,在确立目标和实施的过程中要综合运用多种方法和技术,以使咨询工作准确有效。⑤伦理原则。心理咨询活动的开展必须以一定的伦理规范为约束力。

(2) 心理咨询的形式。心理咨询的形式很多,咨询者可以根据学生心理问题的特点,综合运用不同形式帮助其解决心理问题。①根据咨询的内容,心理咨询可有发展性咨询和障碍性咨询两种形式。发展性咨询是指帮助来访者更好地认识自己和社会,充分开发潜能,增强适应能力,提高生活质量,促进人的全面发展的咨询。障碍性咨询是指对程度不同的非精神病性心理障碍、心理生理障碍者的咨询,以及某些早期精神病人的诊断、治疗或康复期精神病人的心理指导。②根据咨询对象的人数,心理咨询可有团体心理咨询和个别心理咨询两种形式。团体心理咨询是指根据来访者问题的性质将其分成若干小组,咨询者同时对多个来访者进行咨询。个别心理咨询是指咨询者与来访者之间的单独咨询。③根据咨询的方式,心理咨询可有门诊咨询、现场咨询、信函咨询、专栏咨询、电话咨询和互联网咨询等形式。④根据咨询时间的长短,心理咨询可有长期咨询、短期咨询和限期咨询等形式。

(二) 心理健康教育的渗透途径

心理健康教育的渗透途径是指心理健康教育融合到学校教育的整个过程。如学科教师充分利用和挖掘本学科的特色和优势,把心理健康教育渗透于日常的学科教学过程中,使学生耳濡目染,潜移默化;班主任老师在班级管理中,有目的、有计划地通过主题班会、学生、家长座谈会,家访及与学生的个别谈话,板报等形式,使学生在日常的学习过程中循序渐进地获得心理成长;通过校园环境渗透心理健康教育等。

通过在学校教育的全过程中渗透心理健康教育,使学校的全体教育工作者都参与到学生的心理健康教育活动中,形成心理健康教育的网络系统,如图11-1所示。

(三) 心理健康教育的支持途径

学生的心理健康水平与家庭环境、父母的教养方式及家长自身的心理健康状况有着密切的联系。心理健康教育的支持途径是指为配合学校心理健康教育,家长对孩子接受

图 11-1 学校心理健康教育的渗透

学校所提供的教育信息的帮助过程。

家庭的支持途径有两条:协助学校开展心理健康教育和家庭主动进行心理健康教育。首先,家长要有对孩子进行心理健康教育的意识,主动、积极地协助学校或主动进行心理健康教育。其次,家长要不断提高自己的心理健康水平。最后,家长还要具备对孩子进行心理健康教育的能力。因此,要发挥家庭在学生心理健康教育中的支持作用,学校还必须通过"家长学校"来"领导"家庭。

总之,学生心理健康教育的专门途径、渗透途径和支持途径共同构成了一个相对完整的心理健康教育系统。在实施心理健康教育时,学校既要注意各种途径的相互结合和补充,也要根据自身的实际条件,发挥优势,弥补不足,使学生的心理健康教育取得良好效果。

第三节 常见的心理健康问题与辅导

近年来,虽然学生心理健康的总体水平在不断提高,但也出现了越来越多的心理和行为问题。了解学生常见的心理与行为问题及其形成原因,掌握有效的心理健康辅导技能,有利于提高心理健康教育的效果。

学生常见的心理与行为问题主要有说谎、厌学、学习疲劳、网络成瘾、欺负等。

一、说谎

说谎就是不说真实的事情。学生过度使用说谎的行为,不仅无法取信于人,而且还可能造成其人际关系恶化,甚至形成人格偏差。

(一)说谎产生的原因

1. 环境因素

学生的说谎行为与其周围的环境因素有关。如老师或家长只是从自己的愿望出发,忽略学生的需求和感受,作出一些不合理的规定,学生很难达到要求,而处罚又过于严厉等,为取得自我保护,学生只好说谎;老师或家长的态度过于权威,不给学生申辩解释的机会;对学生的期望过高,不容许学生犯错;老师或家长自身有言行不一的表现,无意中为学生做了错误的示范等。

2. 个人因素

很多时候,学生说谎都是为了满足自己的某种心理需要。如害怕说出真相后会受到责罚;知道自己的行为是错误的,但希望能符合老师或家长的期望,不想使其生气,自己也想做一个乖孩子;为了维护自己的尊严和地位,博取别人的注意和羡慕;或者为了满足自己的某种兴趣,想看电视谎称老师没有布置作业等。有些时候是因为学生缺乏对行为结果的责任感,或者学生只是出于对成人的一种模仿,觉得好玩。

(二)说谎行为的心理辅导

根据学生说谎的原因,在对其进行心理辅导时应从以下方面努力。

1. 防患于未然

教师或家长要以身作则,言行一致,做学生的榜样。要了解学生的心理状况,重视其心理需求和感受,和学生共同讨论出合理的、彼此可以接受的规范。要循序渐进,容许学生犯错误,避免过于严厉或频繁的惩罚。指导学生要勇于面对问题,承担责任等。

2. 掌握处理说谎的技巧

第一,要耐心倾听,接纳学生的惧怕情绪。发现学生说谎时,不要马上指责,要给予学生适当空间,耐心倾听学生的解释,对学生害怕说出真相的情绪表示理解,并给予肯定。第二,要善于调控自己的情绪,不要向学生逼供。第三,了解并和学生一起分析其说谎的潜在原因及说谎的危害。第四,鼓励学生要有说真话的勇气,当学生说出真话时,要原谅学生,并尽可能帮其解决相关问题。

在对学生的说谎行为进行辅导时,要特别注意做到以下两点:第一,不要让说谎的行为看起来比背后的错误行为更严重。第二,不要设计情境用以考验学生的诚实性。否则,由于教育者的过分关注,反而会强化学生的说谎行为,或者使学生接受自己已经不被信任的负性信息,不利于说谎行为的矫正。

二、厌学

厌学是指学生对学习失去兴趣,产生厌恶、反感、冷漠的态度或无所谓的心理倾向。主要表现为不愿意去学校上课,常常无故旷课或以种种借口请假不上学;即使到学校上课也是人在教室心在外,一进课堂就发呆,一见作业就烦,就头疼,或伏桌睡觉,或恶作剧,干扰课堂,对考试、测验无所谓;总幻想离开学校、离开老师等。

(一)厌学产生的原因

厌学情绪产生的原因很复杂,是环境因素和学生自身相互作用的结果。

1. 环境因素

(1)社会环境的不良诱惑。网吧、游戏厅等周边环境中的一些不良诱惑使原本就意志薄弱的学生沉迷其中,不能自拔,淡化或转移了学生对学习的兴趣,甚至玩物丧志;黄色的书刊、影像等更是对学生毒害有加,使他们精神萎靡,无心、无力于学习。

(2) 学校教育失当。学校为追求升学率,过于关注学生的学习成绩,知识、技能的灌输使学生的学业负担过重,导致身心的疲惫;教育过程的单调乏味,"满堂灌"、"填鸭式"的教学方法不能激发学生的学习兴趣和学习热情;教师过于看重"优等生",对于学习成绩不好的学生则置之不理,听之任之,甚至对其缺乏应有的尊重,使用一些刻薄的语言伤害了原本就比较脆弱、敏感的学生的自尊心等,都会导致学生对学习的厌烦情绪。

(3) 家庭环境的不良影响。父母对知识的消极态度,如认为读书无用,能挣钱就是有能力;父母自身消极的生活态度和行为习惯,如贪图享乐,今朝有酒今朝醉;父母对孩子的学习漠不关心等都会使孩子在潜移默化中形成对学习及生活的消极态度。同时,父母对孩子的教养方式不良也是导致孩子厌学的重要原因。如父母对孩子的期望水平过高,惩罚过于严厉等,当孩子的学业成绩没有达到自己的期望水平时,对孩子施以粗暴的训斥,甚至体罚等,使孩子把自己的痛苦体验总是与学习联系在一起;或者父母对孩子过于溺爱,过度保护,使孩子在安逸的环境中丧失了自己的生活目标。

2. 个人因素

(1) 学习动机缺乏。由于缺乏对知识、学习的正确认识,没有学习目标,学习动力不足;虽然也曾经努力过,但学习成绩依然没有明显进步,自信心降低;由于学习成绩不如他人,不能得到老师的表扬,且经常被老师忽视,甚至被老师讽刺挖苦,于是破罐破摔,最终导致恶性循环。

(2) 不良的人格特点。学生不良的学习习惯,如上课注意力不容易集中,不能按时完成作业,害怕吃苦,不够勤奋,自控能力较差等不良的人格特点,使其在学习过程中面对困难时常常选择逃避、退缩等方式,导致学业成绩不理想。

(3) 情感需要的缺失。周围环境对学生的评价更多地是以其学习成绩的好坏为标准的。由于学习成绩不好,父母常常对其严厉惩罚,老师经常批评,并因此得不到同学应有的尊重。紧张的人际关系使学生强烈的情感需要不能得到满足,他们感到孤独,渴望温暖,于是他们广交朋友,寻求刺激,使自己的注意中心和兴趣逐渐偏离了学习。

(二) 厌学的心理辅导

厌学是所有学生都可能出现的负性情绪,厌学将直接导致学业不良,甚至影响学生的心理健康发展。要具体分析学生厌学的原因,采取有针对性的措施帮助学生消解厌学情绪。

1. 优化教学过程,实施多元评价

(1) 改变单一的学业成绩评价办法,注重对学生进行过程性评价。如"成长记录袋"的评价方式,由学生、老师等共同收集评价的相关资料,评价学生在进步过程、努力程度、反省能力及最终发展水平等各方面的进步状况,使每一个学生都能为自己在某一方面的进步感受到成功的快乐。当学生知道自己所取得的成绩将会以一种适当的方式进行评价时,学生的学习动机将维持在一个很高的水平上。

(2) 创设欢乐课堂,使学生愿学、乐学。首先,教师要善于把教学内容与学生的生活实际及心理需要相结合。其次,教师要采用灵活的教学方法寓教于乐,培养学生的学习兴趣。如运用现代教育技术,使课堂"动"起来,精选典型生动的生活事例,让课堂"有趣"起来等。最后,教师要通过不断变换教学的组织形式,让学生参与到学习过程中,使其真正成为学习的主体。如合作学习、探究学习、自主学习等。

(3) 营造良好的人际关系氛围,增加学生的归属感。师生关系、同学关系都是在学校教育情境中通过心理互动形成的人际关系。和谐的师生关系、友好的同学关系会使学生产生被接纳、被认同的心里感觉,增加自己对班级的归属感。教师要接纳、关爱每一个学生,要少一点审查责备的目光,多一些欣赏鼓励的热情,让学生在合作、探究的过程中体验学习的乐趣,尽显各自的智慧,感受成长的快乐。

2. 学校教育与家庭教育有机结合

由于学生的家庭环境及教育方式各不相同,且良莠不齐,学校要通过"家长学校",召开家长座谈会、家访、邀请家长走进课堂等形式,让家长了解学校的相关教育信息,使其有意识地修正观念,规范行为,成为孩子学习的榜样,发挥家庭教育应有的作用。

3. 培养学生良好的人格特点

(1) 培养学生形成积极思维的习惯,保持良好心态。许多厌学学生习惯于负性自动思维,如成绩不理想时首先想到的是自己不如别人,老师不点名批评同学时就会想到老师肯定是在批评自己,某件事做得不够理想时就想到我完了,我一事无成等。负性自动思维导致学生倾向于自我否定,降低自信心,习惯于悲观、消极地看问题,丧失学习和生活目标。教师和家长要引导学生多角度地分析问题,而且要多看到事物的积极因素,并使其养成积极思维的习惯。

(2) 帮助学生形成正确的学习态度,确立明确的学习目标。要根据学生现有的学业状况及自身特点确立适合于自己的学习目标。尤其要结合学生的特长或兴趣唤起或增强他们的自信心,并将其迁移至学科学习中去。

(3) 根据学习目标制订具体的学习计划,并对结果进行及时反馈。多数厌学学生的自我调控能力较差,教师和家长要帮助学生制订具体可行的学习计划,合理安排时间。如根据班级的课程表确定当天自习课的学习内容及家庭作业,并且要有数量要求。当学生完成时要及时给予肯定和表扬,使学生建立起愉悦情绪与完成作业之间的联系,逐渐养成自觉学习的良好习惯。

(4) 多给学生创设成功的机会,增强学生的自信心。教师和家长要善于发现学生的特长和兴趣点,使其在相应的活动中展示自己的能力,体验成功的喜悦,因势利导地激发学生对学习的热情。

三、学习疲劳

学习疲劳是指学生在长时间紧张学习后出现的注意力不集中、思维迟钝、思路狭窄的现象。学习疲劳除少数属于生理疲劳外,绝大多数属于心理疲劳。心理疲劳比生理疲劳更难消除,很容易转化为慢性疲劳,从而使学生失去学习兴趣,影响学习效果。

例解　　　　　　　　　心理疲劳引发"大脑罢工"

日本的一位心算能力很强的心理学家曾做过一个著名的实验。他以自己为被试,让自己每天心算17组4位数乘以4位数的数学题,每4题一组,共计68题,每组做完后间隔1~2分钟。结果是,

> 做第一组题时用时20分钟,做最后一组题时用时47.1分钟。实验结果表明,长时间紧张的脑力劳动,导致开始时的工作效率与最后的工作效率相差2倍以上。严重的心理疲劳降低了大脑活动的效率,大脑产生了严重的抑制现象。
>
> 资料来源:赵国祥.2007.现代大学生心理健康教程.北京:人民教育出版社,108

(一) 学习疲劳的表现

学生出现学习疲劳时常会有以下表现:早晨起床后感到全身发懒、四肢沉重,并伴随有心情不好;学习提不起劲儿,什么事都懒得做,甚至不愿与人交流;活动与作业中差错多,学习效率低下;神经过敏,反应失常,常为一点小事大动肝火;出现眩晕、头疼、背酸、恶心等不舒服的感觉;眼睛容易疲劳,视力迟钝,眼睛发浑,眼睑发颤;容易发困,但躺到床上又睡不着;出现非病理性的便秘与腹泻;缺乏食欲,挑食,口味变化快等。

(二) 学习疲劳的预防与消除

1. 科学学习,合理安排学习内容

第一,学习要讲究方法,学会学习。学习内容要量力而行,循序渐进,不要过多过难;一次性的学习时间不宜过长;学习方法要灵活多样。

第二,合理安排学习内容。由于学习不同学科时神经系统的兴奋区域、疲劳值是不同的,安排学习内容时要注意文理交替、难易结合;由于学生在不同时间段的觉醒水平不同,要注意把难度大、疲劳值高的科目安排在觉醒水平较高的时间学习。如星期一、星期五及周末可适当安排疲劳值较低,比较容易学习的科目;星期二、三、四上午的第二、三节课的时间可以学习疲劳值较高又难学的科目等。

2. 营养要充足合理

虽然人的脑重只占体重的2%,但学习时人脑消耗的能量占身体总消耗量的20%左右。因此,为了提高人脑的活动效率,必须保证脑的营养供给,要多吃健脑益智的食物,如各种瓜果蔬菜,豆制品及禽蛋类、肉类、鱼虾类食物,并注意营养的均衡合理,不要偏食、挑食等。

3. 保证适当的休息

休息是学习疲劳得以缓解和消除的有效方法。休息的方式有三种。一是安静式休息,如闭目养神、睡眠等。学生应保证每天有8小时的足够睡眠。二是活动式休息,如适当的体育锻炼、散步、轻微的肢体活动等。三是通过变换学习内容使大脑的不同区域得以交替休息。大量的学习实践证明,适当的午休可以有效地提高学习效率,"开夜车"则会大大延长恢复精力所需要的时间。

4. 利用音乐缓解学习疲劳

优美的音乐不仅能调节大脑及神经系统的功能,而且还能愉悦心情,从而缓解或消除学生的学习疲劳。研究发现,旋律优美的轻音乐会使人情绪镇定,恬静愉快;激越昂扬的曲调能使人精神焕发,激发人的潜能。要避免在学习疲劳时听节奏强、音量大的音乐,以免增加心理疲劳的程度。

四、网络成瘾

网络成瘾(internet addiction disorder,IAD)是指由于过度使用互联网而导致明显的

社会、心理功能损害的一种现象。临床上称其为病理性网络使用(pathological internet use,PIU)。网络成瘾可造成人体植物神经紊乱,体内激素水平失衡,免疫功能降低,进而引发如心血管疾病、胃肠神经官能症、紧张性头疼、焦虑症、抑郁症等,甚至猝死。由于网络成瘾,不少学生弃学、犯罪,许多家庭离散,严重影响着学生的健康成长。

(一) 网络成瘾的原因

1. 网络的特点

网络的便利性、匿名性、即时性等特点,不仅使学生的交往范围、自由度有了很大增加,而且他们行为的约束力及自我克制力也被大大削弱,甚至不复存在,极大地满足了学生求新、求变、求奇的心理特点。同时,学生使用网络又可以暂时逃离现实生活中的一切不愉快。网络的这些特点使其对学生具有强大的吸引力。

2. 环境因素

学生的学习压力过重,教师、家长的期望过高,使学生的心理不堪重负。尤其是当其遭遇困难和挫折时,网络游戏不仅可以帮助学生转移注意力,宣泄情绪,他们还可以从游戏中获得成功的愉悦。亲子关系的淡漠、师生关系的紧张、同学关系的松散等,使学生很多的心理需要在现实生活中无法满足,而网络恰好可以使其得以补偿。

3. 学生的生理特点及个性特征

有研究表明,长时间使用网络会使大脑中的"内啡肽"水平升高,使学生出现短时间的高度兴奋,并沉溺于网络的虚拟世界不能自拔,但之后的颓废感和沮丧感会较之以前有所增加。大量网络成瘾与人格因素的相关研究结果是,与抑郁有关的人格特征,如低自尊、动机缺乏、害怕被拒绝、孤独、社交焦虑及自我封闭等,是促使网络成瘾的重要原因。

 网络成瘾的诊断

1. 你常想着网络吗(想着前次上网的情形或期盼下次上网)?
2. 你觉得有必要增加上网的时间,来满足自己吗?
3. 你曾一再想控制、减少或停止上网,但都没有成功吗?
4. 你试着减少或停止上网时,你会觉得焦躁、情绪不稳、沮丧而且容易发脾气吗?
5. 你在网上待的时间是否比预期的还久?
6. 你是否曾因为网络,冒过可能会失去重要关系、工作、教育或生涯机会的风险?
7. 你是否曾对家人、治疗师或其他人撒谎,隐瞒你上网的程度?
8. 你是否以上网来逃避问题、舒缓负面情绪(如无助感、罪恶感、焦虑、沮丧)?

以上八项中符合五项者即被视为网络成瘾。

资料来源:(美)Patricia Wallace. 2001. 互联网心理学. 谢影,苟建新译. 北京:中国轻工业出版社,198～199

(二) 网络成瘾的辅导

1. 改善网络环境,规范网络行为

首先,网络要提供优秀的传统文化和优秀文化资源。其次,建立网络行为监督机制,引入道德监督和法律约束机制,净化网络信息。最后,制定学生上网行为规范与条例,提

高学生的网络责任意识,加强学生网络行为管理。

2. 营造良好的人际关系氛围

良好的人际关系氛围不仅能使学生增加心理的安全感,敞开心扉,有效缓解或释放因学习产生的心理压力,而且良好的人际关系本身就是一种强大的社会支持系统,可以帮助学生有效应对生活中的问题。首先,教师要尊重、宽容、赏识学业成绩不良的学生,并相信他们会不断进步。要克服成见、偏见等,不要以"成绩"取人。其次,加强班集体建设,增强集体凝聚力和学生的集体归属感,并善于运用同学间的模仿、暗示及从众心理等,建立真诚的同学关系。最后,家长要善于蹲下身子与孩子平等对话,用心体察孩子的生存状态,建立良好的亲子关系。

3. 优化学生的人格结构

（1）帮助学生学会自我分析、自我评价和自我管理。客观认识自我,形成正确的自我体验,确立明确、可行的学习目标。

（2）帮助学生学会正确面对现实问题。首先,要以积极的心态看问题。凡事都有两面性,多看其积极的一面,有助于积极寻求解决问题的方法。其次,应对、解决问题的过程就是自己获得成长的过程。最后,逃避不仅不是解决问题的积极态度,相反累积的问题会使自己面临更严峻的挑战。

4. 帮助学生合理安排上网时间

引导学生有益、有节、有序地上网,合理安排时间,有选择、有取舍地利用信息。首先,明确上网目标,有针对性地浏览信息。其次,合理控制上网时间,时间不宜太长,连续操作一小时后应安排合理休息。最后,设定强制关机时间,按时下网,必要时可请求家长、老师或同学帮助监督。

5. 主动寻求专业帮助

获得心理咨询机构的专业帮助是消除网瘾的有效途径。心理咨询人员会根据学生的成瘾程度,学生的人格特点及学业状况等,从专业角度采取必要的治疗措施,帮助学生及早消除网瘾。因此,要引导学生鼓足勇气,积极主动地面对自己的问题,寻求专业人员的帮助。

五、欺负

欺负是指力量占优势的一方(一人或多人)在未受激惹的情况下对力量相对弱小的一方实施的攻击行为。其根本特征在于行为双方力量的不均衡性。欺负行为通常有三种类型:直接身体欺负(如殴打)、直接言语欺负(如言语威胁、起绰号等)、间接欺负(欺负者借助于第三方对受欺负者实施的攻击,如散布谣言或群体排斥等)。欺负行为对受欺负者、欺负者、旁观者及整个校园都有很大的危害。欺负行为容易使受欺负者丧失自尊和安全感、孤独、无助、厌学、抑郁,甚至自杀。欺负行为又会强化欺负者专横跋扈等不良的人格特征极其不合理的信念,并极有可能受诱惑参与犯罪团伙。目睹欺负行为过程的旁观者不仅会产生忧伤、焦虑的负性情绪,而且会担心自己也将成为被欺负的对象,并因此缺乏安全感,不能集中注意力于学业。如果欺负行为不能得到有效干预的话,还会使整个校园氛围遭受破坏,使学生和老师因担惊受怕而不能安心于课堂。

(一) 欺负行为产生的原因

欺负行为产生的原因是多方面的,既有社会环境中不良因素的诱导,学校及家庭教育的缺失及对欺负行为干预不当或无力等客观因素的影响,又有欺负者、受欺负者自身不良人格特点的影响。

1. 社会环境

影视作品中社会暴力、武打的画面,网络游戏中枪击、格斗、"英雄"人物的场景,良莠不齐的文学作品中不加掩饰的血腥与暴力宣传等都给是非判断能力薄弱的学生提供了模仿的榜样。他们常常不加批判地予以吸收和模仿,从而产生了欺负行为。

2. 学校教育

学校教育过于看重学生的成绩,过分强化竞争意识,再加上教育引导不力,就对每个学生的心理承受力及容忍度提出了挑战。学生一旦在竞争中失利,或者教育有失公平时,相互之间就会产生嫉妒、不满、同学或师生关系紧张等负性情绪,为发泄不满就可能导致欺负行为。

3. 家庭教育

在家庭环境中,家长对孩子的教养方式过于简单粗暴,易导致孩子对他人产生敌意进而进行攻击以补偿自己的失衡心理。家长常以欺负的方式解决夫妻、亲子及邻里关系,孩子就会通过观察模仿,习得欺负行为,以解决同伴之间的冲突。另外,不完整的家庭结构会使学生因爱的缺失而压抑、沮丧,并以欺负行为来发泄心中的不满。研究发现,那些具有高攻击性的欺负者多来自高权威型、溺爱型或放纵型的家庭;受欺负者更可能是家庭虐待行为的延续,父母的虐待和同伴的欺负共同促成了受欺负者的"习得性无助"(徐本华和李新旺,2004)。

4. 欺负者的不良人格特点

欺负者的不良人格特点是发生欺负行为的重要原因。

(1) 强烈地支配欲和冲动性。欺负者常常具有强烈地支配欲。在同伴交往中,欺负者通过使他人服从自己或占有他人的财物等来展示自己的支配力量,获得他人对自己的敬畏,从中体验某种快乐和愉悦。他们自控能力差,容易冲动,一旦自己的"领袖"或"核心"地位受到挑战,就会不计后果地发动欺负行为。

(2) 贫乏的同情心。欺负者常常以自我为中心,缺乏同情心,从来不考虑他人的感受。一些研究认为,虽然多数学生对欺负行为持否定态度,但一些欺负者则对欺负行为持中性甚至肯定的态度。即他们认为欺负行为是可以理解的,或者"无所谓"等。同情心的欠缺致使欺负他人的学生体会不到欺负行为给被欺负者带来的痛苦及不良情绪,此即欺负行为频繁烦发生的重要原因(张文新,2002)。

(3) 去个性化。欺负者常常三五成群结成非正式群体,他们彼此依赖,共同实施欺负行为。当欺负行为发生时,因为有很多人参与欺负行为,从而降低了学生个体对事件的辨别力和责任感,这种责任的分散会减弱其对欺负事件产生的负罪感,最后导致群体欺负行为的产生。欺负者觉得溶化于群体中越厉害,去个性化就越厉害,其行为的冲动性就越多。

5. 受欺负者的不良人格特点

许多受欺负的学生被欺负后,不敢或不愿向他人诉说自己的遭遇,致使欺负行为不断得到强化,自身持续受到伤害。受欺负者对欺负行为的应对方式与其不良的人格特点有密切关系。

(1) 过度的自卑心理。受欺负者有较低的自我评价,有强烈的自卑感,常常怀疑自己的能力。受欺负的经历进一步加重了这种消极的自我评价,坚信自己除了忍耐,无力应对欺负行为,并陷自己于受欺负的恶性循环中。

(2) 过于顺从、怯懦。受欺负者在社会交往中常常表现出顺从和退缩行为,他们更愿意服从他人,缺乏自我防御的动机和能力。受欺负时,他们更多表现为易哭、退却、顺从、忍耐和不反抗,甚至也不向家长、老师或同学求助,害怕遭受更为严重的报复。调查表明,只有37.44%的受欺负者向老师报告,45.34%的受欺负者向父母报告,大部分受欺负者选择了忍耐和沉默(金盛华和张杰,1995)。

(3) 过于内向、敏感。受欺负者对环境比较敏感,且过于内向,不善表达,缺乏人际吸引力。受欺负时,由于口吃或拙于表达等原因,不善于自我表露,甚至有时反而受到家长或老师的训斥,自讨没趣,最终成为"沉默的羔羊",逆来顺受。

(二) 对欺负行为的干预

校园欺负行为是一个普遍的社会性问题。对欺负行为的干预不仅能为学生提供宽松、舒适、和谐的成长环境,使学生获得健康成长,而且对于校园文化建设及整个社会的稳定、和谐发展都具有重要意义。

1. 建立健全学生行为规范,成立欺负干预小组,营造良好心理氛围

学校管理者要在学生行为准则中明晰欺负行为的界限、具体的报告程序及学校对欺负行为的具体干预措施,并充分发挥师生在干预欺负行为中的重要作用。如成立由师生共同参加的欺负行为干预小组,加强对经常发生欺负行为的地点进行监管,设立特别工作日宣传反欺负政策,讨论帮助欺负者改正错误以及给被欺负者提供帮助的有效途径等。

2. 帮助学生形成良好的人格特点,提高应对欺负行为的能力

学生的成长是在遗传素质与外部环境的交互作用下实现的,其人格尚处在不断形成的过程中。通过教育使学生对欺负行为有一个客观的认知,即欺负行为是一种不被社会接受的攻击性行为,一旦发生欺负行为,要对其做出积极的理智应对。

对于欺负者,通过培养他们的同情心和提高其自控能力,逐渐减少或抑制其发生欺负行为。如通过让其扮演受欺负者的角色,设身处地地体验被欺负的痛苦,从而改变自己的欺负行为;通过组织他们参加"爱心"活动,帮助孤寡老人或饲养小动物等培养其爱心等。同时,要帮助他们学会理智思考,养成自我检查的习惯,并掌握自我调控的方法,如当其有冲动情绪时可通过体育活动或做自己喜欢做的事等转移注意的中心,使负性情绪得以宣泄,恢复心理平衡,逐渐减少其侵犯行为。

对于受欺负者,通过帮助他们提高自尊水平和自信心等提高他们积极应对欺负行为的能力。首先,引导他们正确表达因受欺负而产生的负性情绪,并帮助其学会合理宣泄。其次,与受欺负学生一起分析被欺负的原因,寻求积极的应对方法。如有的学生爱

搬弄是非，有的学生不善于沟通，还有的学生缺乏解决问题的技巧等，要根据学生的具体状况进行不同内容的辅导。最后，帮助学生提高自信心。一方面帮助学生客观地认知和评价自己，而且要善于看到自己的进步，多参加体育锻炼，磨炼意志力，增加对自己的信心；另一方面教师、家长要善于发现他们的长处，并及时给予表扬和鼓励，多为他们创造成功体验的机会，让他们感受到自己的价值，相信自己有能力积极应对欺负行为。

3. 完善受欺负学生的社会支持系统，丰富应对资源

完备的社会支持系统可以使受欺负者产生安全感和力量感，有助于他们增加积极应对欺负行为的信心。因为当同伴、教师、父母和其他成人对受欺负者的处境都很关心时，即使受欺负者的应对策略并不成熟（如哭喊、逃跑等），欺负行为也会受到有效干预。首先，优化班级心理环境，改善受欺负者的同伴关系。通过主题班会或小组讨论的形式认识欺负行为的危害，形成共同干预欺负行为的正确舆论，让受欺负者感受到集体的力量。其次，加强师生、亲子间的有效沟通，充分发挥教师及家长在欺负行为干预中的主导作用。有调查表明，46.07%的欺负者没有因为欺负其他同学被老师批评，47.40%的欺负者没有因欺负行为被家长批评（陈世平和乐国安，2002）。因此，教师和家长是否能够对欺负行为进行及时且适当的处理，不仅会直接影响对欺负行为干预的有效性，而且还会影响受欺负者对老师、家长支持的信心。最后，发挥心理咨询机构的支持作用，开通帮助热线，为受欺负者提供专业帮助。

4. 提高受欺负学生的社交技能，积极应对欺负行为

欺负行为发生时，受欺负者常常以哭叫或逃跑等消极方式应对，此种方式不仅易助长欺负者的控制欲和成就感，还会激惹他们施以更激烈的方式进行报复性欺负，使受欺负者遭受更大的伤害。首先，教给受欺负学生基本的应对知识。如被欺负时尽可能保持镇静，智慧地适当坚持"正义"的立场，并合理提出自己的要求及解决冲突的方案等，学会正当防卫。当欺负者施以武力时，要注意及时躲避，且不要进一步激惹对方等。其次，通过活动对学生进行技能训练。如通过言语指导、模拟情景、榜样示范、角色扮演等方式让学生设身处地地体验被激惹、被欺负的情绪状态，练习积极的应对方法。同时，老师要给予及时的反馈与鼓励，并注意引导学生把技能迁移到自己的生活情景中。最后，有意识地安排社交技能较好的同学与受欺负者结成"对子"，潜移默化地提高他们的社交技能。

复习思考题

1. 解释概念：心理健康，心理健康教育
2. 判断学生心理健康的标准是什么？
3. 为什么要对学生进行心理健康教育？
4. 心理健康教育应遵循哪些原则？
5. 心理健康教育包括哪些内容？
6. 心理健康教育的途径有哪些？
7. 学生常见的心理健康问题有哪些？

参考文献

中国轻工业出版社

陈世平,乐国安.2002.中小学生校园欺负行为的调查研究.心理科学,25(3):355~356

戈尔曼.1997.情感智商.上海:上海科学技术出版社

金盛华,张杰.1995.当代社会心理学导论.北京:北京师范大学出版社

李百珍.2002.中小学生心理健康教育.北京:科学普及出版社

刘儒德.2005.教育中的心理效应.上海:华东师范大学出版社

徐本华,李新旺.2004.关于儿童欺负行为研究的思考.信阳师范学院学报(哲学社会科学版),(4):27~29

姚本先,伍新春.2008.学生心理健康教育.北京:中国轻工业出版社,16~17

姚本先.2010.学校心理健康教育新论.北京:高等教育出版社

依田新(日).1981.青年心理学.北京:知识出版社

张文新.2002.儿童对待欺负问题态度的研究.心理科学,25(2):226~227

赵国祥.2007.现代大学生心理健康教程.北京:人民教育出版社

Larbara L,McCombc,James E Pe.2002.学习动机的激发策略.伍新春,秦宪刚,张浩译.北京:中国轻工业出版社

Patricia Wallace.2001.互联网心理学.谢影,旬建新译.北京:

第十二章 学校群体心理

在现实生活中我们常常可以看到,个人单独不敢表现的行为,在群体中则敢于表现;一个人单独很少做的事情,在群体中却做了。如在观看足球比赛中,有些平时非常理性的人,也会作出和其他球迷一起起哄,乱扔东西、破坏公共设施等不符合社会准则的行为。一个平时非常胆小、内向,不愿出头露面的学生,在希望工程募捐的宣传活动中,受大家热烈气氛的影响,也会大胆起来勇敢地走出来向行人宣传,表现得异常活跃。一个学习态度不端正的学生,来到学风很浓的班级,在良好班级规范的制约下,他就会逐渐改变自己的学习态度。以上种种现象都是群体心理的具体表现。

群体是人类活动的基本单位,任何个体的社会化过程,都是在群体的影响下逐渐完成的。个体通过群体接受社会的影响,从而使其行为既具有社会的组织特性,又具有个体的独特性。为了实现有效的教育,教师不仅要了解学生个体心理发展的特征和规律,还应掌握群体心理的特点及规律。教师理解学生个体在群体中特有的心理状态和行为表现,不仅有助于优化教育教学心理环境,促进学生个体心理的发展,而且有助于形成发展班集体、密切师生关系和同学关系,增强群体凝聚力、从而使学生更好地适应学校群体生活。

本章知识点:
- ◆ 群体心理的概念
- ◆ 群体心理效应
- ◆ 班集体的心理特征及其形成的阶段
- ◆ 班集体形成的社会心理因素
- ◆ 班集体中的非正式群体心理
- ◆ 建立与发展良好人际关系的途径和方法
- ◆ 学生良好人际关系的建立与发展

第一节 群体心理概述

一、群体概述

(一) 群体的概念

群体是指人们按照某些相同的心理和社会原则,以特定方式组合起来进行活动并相互制约的人群共同体。如学校、班级等,都是群体。群体虽然是由个体组成的,但是,并不是任何由个体结合的人群都可以称为群体。群体具有自身的构成要素、自身的特点和功能。

1. **群体成员具有共同的社会需要或目标**

共同的需要和目标是群体活动一致性的基础,也是活动具有方向性和目的性的保证。成员由此产生共同的兴趣和愿望,从而联系在一起共同实现目标。例如,一个学习小组的目标是在学习上互相帮助,共同提高;一个篮球队的目标是刻苦训练,赢得比赛。

2. **群体具有组织结构**

群体并不是由两个以上人的偶然集合组成,而是一个能够密切配合和协作的整体。

每一个成员在群体中都扮演一定的角色,执行一定的任务,并由此构成一定的关系网络和信息沟通网络。群体中的核心成员占据领导地位,多数成员处于从属地位,各成员间地位相对稳定。例如,一个班级,有班长、班委等领导,还有几十名同学,同学还可以按不同的方式分成各个小组,这样就建立起一个班级的组织结构。

3. 群体具有自己的规范

规范是群体成员间相互作用而约定俗成的行为准则。群体规范能统一每个成员的信念、价值观和行为,使群体成员的活动与群体目标的实现保持一致性。它对群体成员具有心理上的约束力,它使成员之间相互制约、自觉自愿的遵守约束。成员倘若违反群体规范,将会受到群体的惩罚,甚至被驱逐出群体。

4. 群体成员具有一定的心理联系

群体中的成员相互影响,相互作用,并能彼此相容。他们在交往中彼此交流情感、交流信息、交流思想,各成员相互依存、相互认同,在心理上产生"同属一群"的情感和依赖关系。大家有明确的归属意识,视自己为群体中的一员,具有群荣己荣、群耻己耻的群体意识。

所以,现实生活中不是所有的人群都称为群体。没有心理上、感情上的联系,不具有群体特征的人群不能称为群体,如马路上东奔西走的一群人,从特定的时空看是聚集到一起了,但彼此并无心理上的联系,因此,这样的一群人并不能被称为群体。

(二) **群体的功能**

群体的形成和存在主要在于它具有特殊的功能。一个有效的群体同时能较好地实现两大心理功能,即完成目标任务的功能和心理维系的功能。一方面,群体通过成员的分工协作不但能承担上级分配的任务,让每个成员完成自己的职责,实现组织目标。而且也能满足其成员归属、安全、自尊等多种心理需要。例如,参加群体活动,获得他人的关心和帮助,可以减少孤独和恐惧,获得心理上的安全感;在群体中每个人都有自己的角色和地位,因此就有了归属感;在群体中,当受到其他成员的欢迎和肯定时,就会满足我们想得到他人尊重的需要;在群体中成员可以向其他成员提供帮助,满足自己的自我实现的需要。此外,对于成员的交往需要在群体中也能够得到满足。另一方面,群体还能密切成员之间的关系,增强群体成员的凝聚力,将个体力量汇合成一股新的、更大的力量,使群体发挥出单个个体所不能发挥的作用。

心理学家认为,任何一个群体功能的大小,都可以从这两个方面加以衡量,二者相互制约,相互促进。只有完成目标任务,更多地创造财富,成员的心理需求才能得到满足,心理的满足又会影响到目标任务的实现。

(三) **群体的类型**

按群体的社会规定性,群体可以分为正式群体和非正式群体。正式群体是由正式组织设立和明文规定的群体组织形式,如学校里的教研室、学生班级、学生会、团支部等。正式群体有固定的编制,有规定的权利和义务,有明确的分工,活动直接与组织目标相联系。非正式群体是没有正式组织设立,没有明文规定、成员按自愿组合、自发形成的群体。非正式群体没有明确的组织、编制,它的建立以感情融洽或承认权威为基础。

按群体规模的大小,群体可以分为大群体和小群体。大群体是指群体成员之间没有直接面对面的交往和沟通,人数众多的群体,如部队、学校等。小群体是人数较少的,成员能够直接交往的群体,如班级、小组、车间等。小群体的人数上限为30～40人。

按群体发展的水平,群体可以分为松散群体、联合群体和集体。松散群体是指人们仅仅是在空间和时间上的一致结成的群体。松散群体没有严密的组织机构,没有共同行动的内容、目的、意义,成员缺乏群体意识,彼此心理上远没有达到相容,群体松散没有凝聚力,从严格意义上还不能算真正的群体。联合群体是指人们有共同的活动,但这种共同活动又往往只具有个人意义、与个人利益密切相关。集体是群体发展的最高阶段,是以对个人、对社会都有价值的活动为中介而结成的群体。集体不仅有共同的活动目标、共同的利益,而且有稳定的合作和友谊关系,群体成员具有很高的团结性和心理相容性,集体活动对每个成员都具有广泛的社会意义。

二、群体心理

(一) 群体心理的概念

群体心理是指群体成员在不断相互作用、相互影响的群体活动中,形成的共有的、有别于其他群体的心理现象。群体心理是群体成员个人心理特征的综合与概括,表现为群体成员共有的价值取向、行为倾向和心理状态,如群体需要、群体情感、群体态度、群体行为等。群体心理具有如下基本特征。

1. 群体心理具有共有性

群体心理是群体成员共有的价值、态度和行为方式的总和,具有共同性。这种共同性是在群体活动中,通过成员之间的模仿、暗示、从众、认同、情绪感染等心理机制建立起来的。群体成员的情感评价、价值取向、行为倾向和心理状态都会具有"我们的"的特点。

2. 群体心理具有群体界限性

群体心理既是群体内共有的,又是区别于其他群体的心理。群体心理的界限乃是心理倾向上的界限,道是无形却有形。当组成群体的各个成员意识到自己是群体的一员,意识到其他成员的存在,并与他们发生相互影响,建立起"我们的"相互依存关系与情感时,群体心理同时便具有了界限性特征。所以,一个班级不允许其成员成为疏离组织的脱离者,也不允许成员牺牲集体利益,有损于集体形象。群体界限性既可能增强成员的团结意识,也可能形成"小群体意识",不利于与其他群体的团结。群体心理的界限性,在竞争场合往往表现得尤为明显。

3. 群体心理具有动态性

群体心理总是呈动态发展的。成员的变化、目标的调整、领导的变更、群体业绩的升降,会使已经形成的群体心理发生变化;群体外部环境的不同也会影响群体心理。因此,群体心理既稳定,又常常处于变化之中。

(二) 群体心理与个体心理的关系

人生活在群体中,既要接受群体和群体中的其他成员对自己的影响。又要对群体和群体中的其他成员施加影响。彼此通过在群体中的相互交往、相互作用,不断地发展和完善自己。群体心理与个体心理是相互联系、相互制约的。

一方面,群体是由个体组成的,个体心理是群体心理的基础。群体中的每一个成员都带着自己的个体心理加入到群体中形成群体的心理,没有个体心理就无所谓群体心理。每个个体的心理都对其他成员的心理有所影响,尤其是群体中核心人物的心理能对群体心理产生很大的影响。如一个有威望的教师到一个学习气氛差的班任教,会增强学生的学习信心,改变学生的学习态度。

另一方面,群体心理又是个体心理存在和发展的条件,个体对群体心理有选择地接受,可以改变个体原有的心理。一个依赖性很强的学生,一旦进入了一个充满自强自立气氛的群体,他就可能从接受到的影响中改变自己,选择新的自强自立的行为方式。而新的行为方式,新的态度等个体心理又会反过来影响群体心理。

可见,群体心理虽然是由群体中个体成员的心理构成的,但群体心理并不是个体心理的简单相加,而是在相互作用、相互影响中不断发展变化的每个成员心理特征的有机整合。

三、群体心理效应

群体心理效应是指个体在群体中的心理行为受到群体的影响而发生的变化。群体心理效应主要表现在以下方面。

(一) 社会助长作用与社会致弱作用

赛跑、歌咏比赛等活动,因有人观看或有拉拉队的助阵,往往比个人独自跑步和唱歌的效果要好的现象就是社会助长作用。社会助长作用是指因他人在场或与他人一起活动使个体的行为效率提高的现象;相反的,因他人在场或与别人一起活动降低个体的行为效率的现象,就称为社会致弱作用或社会干扰作用。例如,一个演员在家里把台词背得滚瓜烂熟,可一上舞台,面对众多观众,却变得结结巴巴,甚至忘掉整段台词。

社会助长作用是早期实验社会心理学研究的一个中心课题。早在1897年,心理学家特瑞普来特(Triplett)就开始涉及这个研究领域。他让人们在3种情况下骑车完成25英里路程:第一种是单独骑车计时;第二种是别人伴他骑车计时;第三种是与别人竞赛。结果发现,第二种情况比第一种速度提高30%,第三种比第二种又提高35%。社会助长的概念就由此提出,他的实验报告在《美国心理学杂志》上发表后,立即引起了社会心理学家的极大兴趣。

美国社会心理学家奥尔波特对社会助长作用进行了系统的实验研究证实了这种现象确实存在。同时他又发现,在从事复杂的思维工作时出现了相反的现象,单独活动比结伴活动效果好。后来又有许多实验研究表明:活动性质、认知风格、个性差异、群体正确的评价等是影响社会助长或社会致弱作用的主要因素。奥尔波特在20年代(1920年,1924年)做了一项实验,要求被试完成难易程度不同的5种活动:从句子里抹掉元音字母、辨别图形、自由联想、计算乘法题、反驳古代哲学家的语录。结果,前四种活动都是在与他人共同工作时效率高,只有最后一项活动是个人单独工作时质量高。

一般来讲,所从事的活动是简单机械的工作或手工操作时,他人在场工作要更出色,产生社会助长作用;而从事生疏的,复杂的工作时,就会产生社会致弱作用。

(二) 社会惰化作用

社会惰化作用就是指在群体中许多人共同工作完成任务时,个人所付出的努力比单独完成时偏少的现象,也叫社会懈怠作用或社会性磨洋工。现实生活中,人们常说的"三个和尚没水喝"就是社会惰化作用的典型例子。

国外学者曾做过一次有意义的实验研究:分别测量被试在一对一的拔河比赛中出力的大小;然后测试两人一起时、3人一起时、8人一起时出力大小的情况。结果发现:参加拔河的人数越多,每个人出的力就越小。1988年,杰克逊(J. M. Jackson)等人总结了49项同类研究,涉及被试400多人,得出结论是:当一起完成一项共同活动的群体规模越大时,个人所做的努力水平就越低,当群体人数达到8人时,个人努力程度是单独工作时的80%左右。在一定范围内,随群体规模增大,个人努力水平还在继续下降。

一些心理学家的研究也指出,社会惰化作用主要是由于群体中个体角色模糊、职责不明,管理上奖罚不明,致使个人缺乏责任感而导致的依赖性和心理惰性产生的结果。也有实验证实,当个人知道自己在群体中的努力程度可以被鉴别、群体按个人努力程度给予报酬时,或感到任务艰巨个人有责任多作贡献时,社会惰化作用就可避免。

(三) 社会从众与服从

1. 从众

(1) 从众的概念。从众是指个人在群体的压力下,在心理与行为上表现出与群体中多数人一致的现象。生活中通常所说的"随大流"就是从众的典型例子。群体压力是指群体成员与群体多数人的意见、行动不一致时,主观上想象或感受的一种心理压力。这种压力是一种很难违抗的心理力量,是从众效应产生的主要原因。

20世纪50年代,美国社会心理学家阿希(S. E. Asch)从知觉方面开创了从众观察的实验研究。他所做的实验被认为是从众的经典性实验。阿希以大学生为测验对象,每7~9人一组,其中有1人是真被试,其他人都是实验者的助手。每组进行若干次试验,实验内容是让被试判断1张卡片上的3条线段,其中哪1条与另1张卡片上的标准线段等长,备有18套卡片。前6次大家都做出了正确选择,从第7次开始,假被试在判断时按事先交代好的故意做出错误判断,真被试每次安排在倒数第2个回答。实验结果表明,真被试中有37%以上的人为了使自己与群体一致,也跟着多数人做出错误的判断。而在一般正常条件下单人测试时判断的错误率在1%以下,这说明在群体中由于群体压力的存在,使个体顺从了群体压力而产生了社会从众现象。在以后的实验中,阿希允许每组假被试中有1人做出正确回答,结果发现从众现象者的比例降低到了35.5%。可见,在全体意见一致的情况下,引起从众行为的群体压力特别强大。后来许多实验都验证了阿希的实验结果是可靠的。

 例解   从 众 现 象

大街上,一个人突然跑了起来。也许是他猛然想起了与情人的约会,现在已经过时很久了。不管他想什么吧,反正他在大街上跑了起来,向东跑去(可能是去马拉莫饭店,那里是男女情人见面的最佳地点。)另一个人也跑了起来,这可能是个兴致勃勃的报童。第三个人,一个有急事的胖胖的绅士,也小跑了起来……十分钟之内,这条大街上所有的人都跑了起来。嘈杂的声音逐渐清晰了,可以听清"上帝"、"大堤"这些词。"决堤了!"这充满恐惧的声音,可能是电车上的一位老妇人喊的,或许

是一个交通警察说的,也可能是一个小男孩说的。没有人知道究竟是谁说的,也没有人知道真正发生了什么事。但是 2000 多人都突然溃逃起来。"向东!"人群喊了起来——东边远离大河,东边安全。"向东去!向东去!"一个又高又瘦、目光严厉、神色坚定的妇女从我身边擦过,跑到马路中央。而我呢?虽然所有的人都在喊叫,我却不明白发生了什么事情。我费了好大劲才赶上这个妇女。别看她已经快 60 岁了,可跑起来倒很轻松,姿势优美,看上去还相当健壮。"这是怎么了?"我气喘吁吁地问她。她匆匆地瞥了我一眼,然后又向前面跑去,并且稍稍加大了步子,对我说:"别问我,问上帝去!"

这段描写,虽然有些可笑,却很恰当地说明了人的从众现象。

资料来源:朱传义.1998.当代社会行为心理学.南昌:江西人民出版社

(2) 从众的影响因素。从众是一种普遍的社会行为,是个体认知、观念、行为在群体压力影响下转向多数人一致方向的现象。但并不是在同样的情境和条件下,都表现出从众,同一个人也不是在任何条件下都表现出从众。影响从众的因素有群体因素、个体因素和情境因素。

首先,群体因素对从众行为产生一定影响。群体因素包括群体规模的大小、群体的一致性、群体的凝聚力等。一般来说,群体规模越大,群体成员所持的意见和采取的行为越一致,群体成员的人际关系越密切,凝聚力越强,越容易使个体产生更大的心理压力,也就越容易从众。

在现场研究中,米勒格拉姆(Milgram,1969)让实验助手望着马路对面一个办公大楼的六层窗口,当助手人数不同时,过路人停下来观望的人数也不同。当助手一人观望时,停下来观望的人只有 4%,当助手有 5 人时,增至 16%,10 人时增至 22%,15 人时,达到 40%。当然,边走边观望的人数就更多了,而且也与助手的人数同步增长:1 人时,有大约 40%的观望;15 人时,有近 90%的人观望。该实验说明群体规模对从众行为的影响。

伯克威茨(Berkowitz,1954)在一项实验中把被试分成三人小群体,其中包括一个真正大学生被试和两个实验助手。大学生被试经过诱导,或者喜欢他的两个伙伴,或者对他们持一般态度。然后让他装配烟灰缸,并在开始工作的 20 分钟内通过书面信息相互交流。通过这种方式,有的被试得到伙伴期望高产的信息,有的则相反。那么,被试是否遵从伙伴的期望呢?当被试一开始就喜欢伙伴时,便对伙伴期望的工作标准,表现出最大的遵从。当伙伴期望高产时,他们工作效率会提高,甚至在最后的 20 分钟已经没有信息交流的时候,这些大学生仍然表现出工作效率的持续增长;同样,如果伙伴期望低产,他们也降低了工作标准,表现出工作效率的最小增长。可见,群体凝聚力越大,导致的从众量也就越大。

如果群体意见一致性低,则会降低个体的从众量。在安徒生的童话《皇帝的新装》中,一开始,所有群众都看到了赤身裸体的皇帝穿着他想象中的漂亮的新衣裳。然而,当一个孩子说出"皇帝是光屁股"的时,其他人也就找到了抵抗多数人(规范)压力的力量,降低了从众量。

其次,个体因素对从众行为的影响。个体对信息了解地越多、个体智力水平越高、自信心越强、在群体中的地位越高,就越不容易产生从众。现实生活中有人认为,女性比男性更容易从众,但 20 世纪 70 年代的研究推翻了这种观点。研究者指出:过去的实验研究之所以得出女性比男性更容易从众的结论,是因为用来实验的材料为男性所熟悉,在那些熟悉程度相仿的问题上,男女从众的比例几乎相等。可见,从众行为在男女之间的差异是不存在的。另外,个体群体成员在群体中的地位不同,对从众行为也有不同的影响。

最后,在从众情境方面,刺激的模糊性、反应的匿名性、承诺感对从众行为有不同的影响。有学者研究了反应的匿名性对从众的影响这一问题。被试被安排在两种条件下:一种是重复阿希的程序,结果,从众量为30%;另一种条件是,每个被试在一个单独的小屋里,当知道了其他人的判断结果后,通过按电钮,匿名地表示他自己对线段的判断。在这种条件下,群体成员并不知道哪个人表示了哪种特定的意见,结果,从众量下降到25%。这是因为,在匿名的条件下,个人对偏离群体可能导致的惩罚的恐惧感降低,即规范压力降低了。

从众现象在日常生活中屡见不鲜,也是学校中常见的群体心理现象。例如,把一位后进生安排到一个先进的班级中,在新的班级良好集体舆论和集体规范的影响下,该生的思想和行为就会发生变化并多半是朝好的方面转化,表现为和班上同学一样爱学习,自觉遵守学校和班级规章制度。相反,如果把一个先进生调到一个学习风气很差、纪律很差的班级中去学习和生活,那么,在不良的群体舆论影响下,该生的思想和行为则多半会朝坏的方面转化,产生"随大流"的心态和行为。

2. 服从

服从是个体在群体压力下所采取的与社会要求、群体规范和他人意志相符的行为。服从与从众有一定的联系,两者都是在一定的压力作用之下完成的,但二者又是不同的。从众是与众人一致、个人并非按照自己的本意去做,却是没有人直接命令或要求你怎样做,是感到一种无形的群体压力而自愿按他人的做法去做的。例如,一个人看到很多人都买一种衣服,于是自己也买了一件,这时并无人强迫你非买不可,你有自行选择买与不买的权力,最后是你自己主动选择了买。可见,人们的从众行为是自己愿意的,是自行选择的,是主动做出的。而服从既可服从众人,也可服从个人,服从行为是在别人的直接要求或命令下做出的。比如,军人执行任务是典型的服从,士兵在指挥官的命令下向手无寸铁的老百姓开枪,在这种情况下,很多士兵是被迫的,是不情愿的。人们做出服从行为时,是应别人的要求,是被动做出的,甚至被迫去做的,往往会伴随不满意、不情愿等否定性情绪。

服从产生的规律基本与从众相似,但也有其独特性。如对权威者的服从往往受权威人物的权威性,权威者与服从者的空间关系等影响。1963年,美国心理学家米尔格雷姆(Milgram)做了一个有关服从的实验。他通过报纸登广告征集了40名有偿的男性被试,年龄在20~50岁。实验的主持者告诉被试,实验目的是确立惩罚对学习效果的影响,实验中每两人一组,通过抽签决定分别充当"教师"和"学生",由于某种安排,抽签的结果是真被试总是当"教师",而"学生"都是假被试,由实验者的助手来充当。实验内容是关于单词记忆的,由"教师"诵读配对的人名单词,让"学生"记忆,学生的任务是在需要回答时,对备选答案作四选一的选择。如果答对了就继续学,答错了"教师"就按一下电钮对"学生"电击惩罚。电压强度从15伏到450伏,共分30个档次,电钮下方对应标明"弱电压"、"中等电压"、"强电压"、"强烈电压"、"极剧烈电压"、"危险电压"等以区分电压的严重程度。

实验前,"教师"与"学生"被分别安排在相邻的两个房间,实验者告诉被试,虽然电击能引起痛苦但并不危险,然后做了一次示范性电击。实验开始后,"学生"果然出错,教师给予指正并施行电击,每错一次电击强度增加 15 伏。当电击升到 75 伏时,有人开始有轻微反应,当电击升到 150 伏时,被试大声喊叫:"我不愿再做实验了!"当电击升到 300 伏时,有人极度尖叫,并拒绝回答问题,330 伏以后学生便没有了反应。"教师"面对"学生"的痛苦和反抗时,不忍心继续做下去,主试要求继续下去是实验的需要,一切后果由他负责,并要求 10 秒内"学生"不回答便算误答施行电击。事实上电击时并未通电,"学生"的反应只是放录音而已。

实验结果发现,绝大多数被试都服从实验者,其中 60% 以上的人一直服从命令,使用的最大电击强度达 450 伏。由于充当"教师"的被试既要执行主试的惩罚命令,又要承受被惩罚者的反抗压力,内心的冲突和焦虑很厉害,有明显地出汗、颤抖、口吃或神经质呼叫等现象。尽管他们对实验者的要求也并非全无反抗,但并没有阻止他们去服从。此外,影响服从的因素还有个体对服从后果的认知、感受、归因等。

(四) 去个性化

一个老人躺在马路边,如果你一个人单独从他身边路过,你可能会过去看看他是生病了,还是摔倒了,把他扶起,但是,如果你置身于上下班熙熙攘攘的人流之中,你都看到老人躺在路边,可能也不会停下来看看是怎么回事,帮老人一下。去个性化是指人们在群体中会出现一些单独时不会出现的行为的现象。即个人在群体压力或群体意识影响下,淡化了理性,放弃了对自己行为的控制,表现出与群体一致的行为。例如,足球赛中,有些平时非常理性的人,也会作出和其他球迷一起起哄、乱扔东西、破坏公共设施等不符合社会准则的行为。一个平时非常胆小、内向,不愿出头露面的学生,在希望工程募捐的宣传活动中,受大家热烈气氛的影响,也会大胆起来勇敢地走出来向行人宣传,表现得异常活跃。

去个性化尤其是在群体破坏性行为中表现得最为典型。现实生活的例子和去个性化的实验都证实了去个性化的存在。1952 年,费斯廷格(L. Festinger)、佩皮通(A. Pepitone)和纽康姆(T. Newcomb)进行了去个性化的实验。他们要求各组男大学生在两种条件下议论自己父母的缺点。一种条件是,被试身戴名签,互称名字,在明亮的教室里进行,这是可辨组;另一种条件下,被试身着长袍,头戴面罩,只露出眼睛和鼻孔,相互都不知姓名,在灯光昏暗的房间里进行,这是去个性组。结果表明,去个性组肆无忌惮地数落、辱骂自己的父母,充分表现对自己父母的厌恶与不满。在各组议论完了之后,以问卷调查的方式了解被试对再次参加议论的喜欢程度,结果,去个性化小组比其他小组对群体成员更加富有吸引力,也就是说,大学生们更喜欢在去个性化的小组里再次议论自己父母的不是。

去个性化的产生应归因于个体受群体气氛的渲染而产生的激情作用,或者是群体压力对个体行为的制约作用。在群体气氛中和群体压力下,当群体成员觉得自己是个匿名者,外人谁也不知道他是谁、在干什么时,就会助长个人的冒险精神,做出平常不敢表现出来的行为;尤其是和其他群体成员共同活动时,责任感会分散到每一个人头上,于是就不再像单独活动时有强烈的责任感,而会任凭自己的行为由一时强烈的情绪所支配。一般来讲,群体成员数量越多,共同的行为越多,去个性化程度就越高,其成员的行为就越自由,也就更加不受约束。

因此,要使人们的行为更加符合社会行为规范,使人们循规蹈矩遵纪守法,一个可行的办法是尽可能减少去个性化的程度,使责任分工明确,处在他人的监督之下,使每个人都难以逃避自己的责任。例如,各行各业的人们有一些职业服装,军人要穿军装,警察要穿警服,学生要穿校服,戴校徽,这相当于给每个人贴了个标签。一名警察穿上警服走在街上,面对歹徒行凶,就很难袖手旁观;大学生带上校徽,在很多情况下,对自己的行为和责任就有了更多的约束。如果不安排值日生,教室里就没有人擦黑板,如果不仅安排了值日生,而且把值日生的名字每天写在黑板上,情况就会完全不同。

第二节 班级群体心理

学校是一个大群体,它包括许多小群体,如班级、教研室、兴趣小组等,其中班级是学校群体的基本构成单位,学校群体的教育计划及其实践,大部分是在班级中进行的。因此,了解学校中的班级群体心理,尤其是学校中的班集体心理具有多方面的作用。

班级也叫班级群体,是学校按照学生的年龄阶段和教育管理的需要组织起来的正式群体。班级是学生学习、进行集体活动的基本场所,也是学生成长的微观环境。班集体是由班级群体发展而来的,在学生成长和走向成人社会的准备阶段中发挥重要作用。

一、班集体的心理特征及其形成的阶段
(一) 班集体的心理特征

班集体是班级群体发展的高级阶段,是学校教育、教学、管理三位一体的基本组织。一所学校里有许多班级群体,但班级群体不一定都能发展成为班集体。班集体除了具有一般群体的特征之外,还有自己的心理特征。

1. **班集体活动的目的具有社会意义,成员在活动中具有较高的积极性**

班集体的活动都是围绕着教育目标而开展的,具有明确的社会意义,班集体成员的主要任务是学习,每个成员都能把社会和学校的要求内化为自己的目标。这就使得班级成员在认识、情感、意志上保持定向统一,具有明确的发展方向。在班集体中成员不仅能认识集体活动对个人的利益,也能认识集体活动对整个社会的意义,所以集体荣誉感强,在活动中具有强烈的活动动机,能积极参加各项活动,使集体活动更有成效。

2. **成员之间的人格具有平等性**

在班集体中,同学之间是完全平等的关系,享有同等的权利和义务。每个同学扮演不同的角色,承担不同的职责,共同为班集体服务。

3. **成员能自觉遵守群体规范**

为了保证集体活动的顺利进行,班集体成员在相互作用的过程中形成了一些约定俗成的行为准则即群体规范。群体规范既有《学生日常行为规范》、《学生公约》、校规校纪、班级制度等明文规定的正式规范,也有不成文的、潜在的被大家所认同的非正式规范。但

无论何种规范都是通过模仿、暗示、认同等心理机制逐步形成，都对个体的心理和行为发生影响作用。班集体成员并不感到集体规范是自己行为的枷锁，他们能把规范化作内在的需要，视为行为的保证，自觉地维护班集体的规章制度，做到令行禁止。

4. 成员的个性在班集体中能得到全面发展

班集体能容纳各种个性的学生，并满足每个学生的精神需要和全面发展的需要，每个学生都能从班集体中得到关心、帮助和发展，使成员的个性得到全面发展。

5. 班集体有正确的集体舆论，良好的人际关系

在班集体中绝不允许有损害集体的言论和行为存在，不良的言行会受到全体成员的谴责和制止，而有利于集体的言行会受到正确舆论的支持。班集体中成员之间有共同的需要、动机、情感、信念、价值观，有共同的态度和行为规范，彼此之间团结互助、相悦相容、十分愉快，具有非常融洽的气氛，是一个团结互助具有良好的人际关系的集体。

6. 班集体有坚强的领导核心

班集体是有组织、有领导的正式群体，健全的、坚强的领导核心既是班集体形成的标志，也是班集体得以形成的保证。班主任是班集体的组织者和领导者，班集体领导核心的成员主要由学生中有威信的优秀分子组成，他们思想进步、品行端正、工作踏实、成绩优良，有较强的组织能力或某些专长，在同学中有较高的威信，既能带头完成学习任务，又能提出合乎同学需要的班级活动建议。他们在班主任的领导下通过合理分工，密切合作，能保证班集体各项工作任务的圆满完成。

(二) 班集体形成的阶段

班集体的形成经历了一个从低级到高级、由简单到复杂的过程。根据班集体成员群体意识的强弱程度和成员之间交往的密切程度，班集体的形成可以划分为以下四个阶段。

1. 松散期

刚组建的班级，尤其是刚刚入学的新生组成的新班级，成员来自四面八方，彼此之间互不认识、缺乏了解，身上还保留着家庭、社会和原来的学校、班级给予的各种各样的影响。虽然成员对于集体活动会表现出较高的兴趣，希望通过更多地接触来加深相互间的认识和了解，但活动缺乏一种明确一致的认识与相应的主动行为，一切行动都是服从教师的指挥，学生的参与是被动的。班级对成员暂时还缺乏吸引力，同学之间的关系建立在直接接触和情感开始沟通的基础上，对于对方的好感与反感是按其与自己的立场、志趣是否相投去判断，还不能肯定的描述彼此的关系。集体舆论还没有形成，处于表面上既无争论，也无共同的态度和意见的状态。

2. 同化期

经过一段时间的接触与了解，对周围的人有了初步的认识，同学之间慢慢熟悉，相互间有了一些共同的语言。少数学生开始频繁往来，并在接触中根据了解到的各自的学习能力、交往能力、表达能力、兴趣倾向等，去寻找情投意合的伙伴，班级中逐渐形成了一些小群体。部分积极分子开始带头接受教育的要求并协助班主任开展工作，学生在班级中的地位和作用开始分化，班级处于联合群体的状态。

在这个过程中，如果给予适当的指导和组织丰富的集体活动，人们的价值观念和习惯就会在相互影响下很快趋向一致，加速同化的进程，为集体核心的形成打下坚实的基础。

3. 凝聚期

再经过一段时间后（大约半学期），班级群体进入到班集体形成雏形的阶段。这时班级中一些有才干的人开始崭露头角，在各自的岗位上施展自己的才能，并取得大多数人的信任与拥护，能主动协助班主任工作，对集体活动的内容和方向有着很大的影响，成为集体的"核心层"。班级中大多数成员开始产生对班级活动的期待，班级成员的向心力开始形成。多数成员能自愿参加集体组织的活动，相互了解水平达到比较深刻的程度。班级规范和舆论初步形成，大家对班集体的基本问题开始形成一致的意见和态度。

4. 成熟期

集体的核心形成之后，集体将进入一个新的发展阶段。在此阶段，班级群体具有了班集体的心理特征：集体的凝聚力开始形成，集体荣誉感普遍增强，逐渐形成关心集体，互相帮助，团结友爱的风尚。在成熟的班集体中，成员活动的主动性、创造性能得到充分发挥和发展。他们不再需要外来监督就能主动提出要求，自觉遵守群体规范，并能完成集体任务，创造出较高的社会价值。在活动中同学之间的关系更加密切，班级中充满了和谐、融洽、积极的心理气氛。

二、班集体形成的社会心理因素

一个班是由几十个年龄基本相同、知识水平大体相当的学生组成，从最初的学生群体到建立一个坚强的班集体，需要教师按照群体的社会心理规律去做大量的工作。影响班集体形成的社会心理因素很多，主要有以下几方面。

(一) 班集体的心理气氛

班集体是班级群体发展的理想境界。一个班级从一个一般群体发展为班集体，一个重要的特点就是具有良好的群体心理气氛。

班集体心理气氛也称班风，是班集体中大多数学生的态度、情感、精神状态的共同表现形式。班集体的心理气氛是整个集体成员精神状态的总和，也可以说是一个班集体的个性，会给这个班级的活动染上一层特殊的色彩。

每个班集体都有自己独特的心理气氛，可能是和谐、欢乐、民主的，也可能是冲突、烦闷、专制的。根据学校教育的实际，学生群体心理氛围主要有三种类型：一是积极欢快型。表现为师生关系、生生关系和谐融洽，民主平等，师生配合默契。二是消极沉闷型。表现为师生关系、生生关系不冷不热，学生被动服从，气氛沉闷，师生沟通少。三是紧张对立型。表现为师生关系恶劣，生生关系不友好，出现敌对小团伙，气氛紧张对立。心理气氛不仅使各个班级各具特色，而且也使班集体中的每个学生受到熏陶、感染，对每个成员的行为和心理产生一定的影响。

班集体良好的心理气氛是实现有效教学的重要条件，如果班集体心理气氛和谐、活跃，会给人以愉快之感，在这种宽松愉快的气氛下，学生精力旺盛，思维敏捷深刻，想象丰富，记忆力强，有利于人的智力活动；如果处在消极、压抑、紧张的气氛之下，学生的智力活动会受到抑制，表现出思维拘谨、呆板、思路狭窄，不利于学生的全面发展。因此积极欢快的心理氛围是营造良好班级群体心理氛围的理想境界。

影响班集体心理气氛的主要因素

首先,班主任或班干部的领导方式影响班集体的心理气氛。在具有民主作风的班集体里,由于事事都是在大家共同商讨的基础上形成决议并解决问题的,学生参与性、自主性强,因此,容易形成和谐、欢乐的气氛;相反,在专制型领导的班集体中,由于活动大都具有强制性,学生自主性少,同学们的意见、想法无法表达出来。因此,大家可能苦恼、烦闷,甚至充满敌意。特别是受到挫折时,同学间更可能彼此埋怨或推卸责任。

其次,任课教师与学生之间的关系也影响班集体的心理气氛,这种心理气氛又称课堂心理气氛。不同的科任教师由于管理方式、教学艺术、个人风格不同会出现不同的气氛。有的教师上课学生可能盼望已久,有的教师一进教室学生就可能烦躁不安。这说明心理气氛对教学效果的影响作用。

研究表明,心理气氛的形成、发展、稳定与改变,班主任、任课老师起主导作用。有人把班主任工作作风大致分为家长式、警察式、同志式、保姆式、勤杂式五种类型。青少年学生最欢迎的是班主任那同志式的工作作风,最讨厌勤杂式的工作作风,最反对家长式的工作作风。

再次,占优势的成员的态度和情感对班级心理气氛有着重要的影响。占优势的成员可能是班级的骨干,也可能是少数的学生领袖,他们具有的共同特征,是对班级心理气氛有较大的影响力,在心理上占据一定的优势。班级心理气氛的好坏往往与这些成员的基本倾向有关。

又次,人际关系也直接影响着班级心理气氛。班级人际关系可大致分为师生关系与生生关系两大类,他们是班级心理气氛的重要基础。一个人际关系民主、融洽的班级,必然洋溢着一种和谐、友爱的气氛,这种气氛使人开朗、舒畅、愉快,就像沐浴在温暖的阳光之中,使生活充满了幸福和欢乐的旋律。

最后,教室环境对心理气氛也有着较重要的影响。教室是师生共同学习生活的场所,科学研究表明,混乱不堪的环境会使人的心绪变得坏,爱发脾气,使得气氛紧张,充满火药味。

资料来源:班级心理气氛的优化研究. http://blog.sina.com.cn.cnpu 1216245537

此外,班集体心理气氛还与全班学生对班集体目标与任务是否认同,对班干部领导能力是否心悦诚服,对班集体工作开展现状是否满意,同学之间关系是否友好等有关。

班集体心理气氛是一种多维复合结构,可以通过编制有关心理气氛测量的量表进行测定。

(二) 班集体的集体舆论

集体舆论是在集体中占优势,为大多数人所赞同的言论和意见。它以议论、评论等形式肯定或否定集体的动向和集体中成员的言行,成为影响个人心理和行为的一种力量,是集体成员自我教育的手段。在正确舆论的调节下,某种心理气氛就会形成。一个班级有无正确的集体舆论,是衡量这个集体是否真正形成的一个重要标志。班集体的正确舆论对学生行为的导向、集体生活的美化、学生的集体荣誉感和自豪感的培养起着潜移默化的作用。

在一个具有正确舆论的班集体中,学生能够明辨是非,提倡和支持正确的东西,批评和抵制不正确的东西,学生之间能够互相监督、互相鼓励,使班集体沿着正确的方向不断发展。作为教师要不断地研究它,给学生以正确的引导。

(三) 班集体的集体凝聚力

集体凝聚力指集体使其成员保持在集体内的吸引力。它包括集体对其成员的吸引力、集体成员之间的吸引力和集体成员对集体的满意程度。班集体的凝聚力主要通过学生的团结、向心力、荣誉感、责任心、友谊等表现出来。一个凝聚力强的班集体有以下几个特征：一是大家相互之间了解、和谐，意见沟通快，信息交流多，班级气氛祥和；二是班集体自身具有强大的吸引力和向心力，学生响应号召，一呼百应，自愿参加集体活动；三是学生间相互关心，对班级有高度的责任感、荣辱感，事事关心班集体，愿意承担集体的任务；四是全班学生在集体中会有一种尊严感、安全感和归属感。

班集体的凝聚力是维持集体存在，增强集体功能，实现集体目标的重要条件。也是衡量一个班集体是否有战斗力，是否成功的标志。一般来说，班级凝聚力强，成员就会自觉保持一致的行为，有较高的士气和更稳定的动机，能视其他成员为自己人，有相互的吸引力和较深的情感，工作相互配合、相互协作，能共同努力去实现群体目标，班集体活动的效率就高；而凝聚力低的群体，成员像一盘散沙、离心离德，显得松散无力，缺乏战斗力，也就难于完成任务。

研究表明，影响班集体凝聚力形成的因素主要有以下几种：①班集体成员的相似性。即全班学生的需要、动机、信念、兴趣是否一致。若学生这些方面的一致性高，学生态度就容易一致，活动的配合也就默契，班级的凝聚力也就越高。②教师的领导方式。班集体中教师的领导方式不同，班集体的心理气氛不同，凝聚力也就不同。从民主、专制和放任三种领导方式对比看，民主型领导方式更有利于凝聚力的形成。③与班主任的正确引导、合理奖赏以及班集体外部的竞争压力有关。

在班集体中组织丰富多彩的集体活动，提高集体的心理水平，培养成员的集体主义精神，就可以提高集体凝聚力。

三、班级群体中的非正式群体心理

非正式群体与正式班级群体的协调一致，是班集体建设的一个重要心理条件，在班集体建设中不可避免地会遇到非正式群体的问题。

(一) 非正式群体的心理特点

班级中非正式群体的成员往往是由于观点信念的相同性，兴趣爱好的一致性，有类似的经历或背景，感情上比较接近等原因而自愿结合在一起的，或者是由于个体心理需要在正式群体中得不到满足，就会在非正式群体中寻求满足而形成的。形形色色的非正式群体可以给不同成员以心理满足，无时无刻都会对集体和个人发生这样那样的影响作用。

与正式班级群体相比较，非正式群体具有以下显著的特点。

1. 成员感情比较融洽

由于非正式群体是以相近的心理特征和共同的心理基础，以感情为纽带而自发形成的，非情投意合者不会入内，所以感情融洽是非正式群体格外引人注目的特点。"友情为重"是非正式群体成员普遍信奉的规范，在处理事务上感情的力量往往超过理智的力量。

2. 群体意识浓厚

在非正式群体内部都有自己不成文的、无形的规范，这些规范从非正式群体成员的共同利益、共同需要、共同爱好出发来规范成员的行为,调整非正式群体内部的关系,比正式群体的规范有更大的约束力。由于群体压力很大,成员的认知行为和规范化倾向强烈,非正式群体成员之间容易形成封闭的"抱成一团"现象和"我们是一伙"的排他性。

3. 自然形成的"领袖人物"威信高、影响大

非正式群体的"领袖人物"往往不是由组织任命或由群体推举产生的,而是由成员心理上拥戴而自然产生的。他们往往具有某方面的特点或特长,在群体内有很高的威信,对成员有一种无形的吸引力,是凭借"领袖"本身固有的内在影响力如知识、经历、特长、能力、品德、体力等力量把成员"吸引"到自己身边的。他们虽然没有学校班级赋予的正式职务和权力,但却对周围的同学具有较大的影响力,可以左右小团体内每个同学的一言一行,使其他同学多以他为中心,无条件地自愿接受他的指挥,服从他的安排,常常比正式群体的领导者更具有权威性,对成员影响更大。

4. 群体内部信息传递畅通、迅速、随意性大

由于非正式群体规模小,成员关系密切,彼此交往频繁,且更多是面对面的直接交往,所以信息传递畅通、迅速。只要校内外、班级内外发生一点事情,小团伙内的学生就会迅速传递和交流信息,直到人人知晓。与此同时,由于这种信息的传递带有明显的情绪色彩,故随意性较大,易表现出明显的夸大倾向。

(二)班级非正式群体的管理

非正式群体在班集体中的存在是常见的、不可避免的,既有积极的,也有消极的,教育者要把握非正式群体的类型和特点,正确对待非正式群体,使之与正式群体协调一致发挥积极作用。

1. 要保护、利用积极型的非正式群体,发挥其作用

积极型的非正式群体的目标和班集体的目标基本一致,可以利用其成员感情亲密的特点引导成员相互学习、取长补短,使他们成为班集体的骨干力量和活动的积极分子;也可以利用其群体成员归属感强、沟通好的特点,吸引他们多参加班级有益的活动,以满足其需要,发展他们的个性。

2. 对中间型的非正式群体要因势利导、热情帮助,尽量发挥其积极正面的作用

中间型的非正式群体,既有有利于班集体的一面,又有不利于班集体建设的一面,要以其优点克服其缺点。可以通过有意识地联络成员的感情,开展有吸引力的班级活动,以及做好领导人物的工作等,引导非正式群体的目标与班级组织目标相接近,让成员的活动与班集体建设相一致,把其纳入到班集体的发展轨道上。

3. 对消极型的非正式群体要尽力改造,使其迅速转化为积极型

消极型的非正式群体是班级中具有反集体倾向的群体,其活动常常违背学校教育的目标,成员思想上不求上进,行动上不守常规,常常扰乱班级秩序,做一些损人不利己的事情。这种非正式群体数量虽少,但能量极大,具有消极破坏性质,容易在学生中产生畸形甚至错误的友情观念、价值观念、生活态度、人生信仰和行为方式,从而危害班集体、学校和社会。一些青少年犯罪团伙的形成,多是从消极的非正式群体演变而来。

因此,对这样的非正式群体要采取有效的教育措施进行改造,使其转化。第一,要严格清查和控制反集体倾向的客观影响源。第二,要十分耐心地从心理上帮助他们找回自

我的尊严。第三，教师应做好群体中核心人物的转化教育,善于发现和肯定核心人物的优点长处,给予真诚的关心爱护,激发他们健康向上的精神。切忌采取"枪打出头鸟"、"杀鸡给猴看"的办法,以避免招致这类群体学生的强烈不满和反抗对立,甚至产生破釜沉舟、铤而走险的极端行为。

对转化确实有困难的群体,可采用解体的方法予以分化瓦解。如把关键人物调离原来的班组,也可以有意识地将不同非正式群体的成员安排在一起,让那些消极型非正式群体的成员在与他人共同活动之中,改变原来的观念和行为,进入新的非正式群体。

学校中绝大多数消极型的非正式群体,只要耐心教育是可以转化为积极型群体的。

第三节 学校人际关系的建立与发展

凡是有人群活动的地方,就有人际关系的存在,学校是典型的"人—人"系统,所以学校中的人际关系无处不在、无时不有。学校人际关系是学校群体心理的一个重要方面,它不仅反映学校成员之间的感情疏密,也反映学校群体凝聚力程度。学校人际关系的好坏是群体行为有效性的指标,它直接影响着学校教育功能和教育目标的实现,影响学生的心理健康和个性的形成与发展。

一、人际关系概述

(一) 人际关系的概念

人际关系是人们为了满足某种社会需要通过交往形成的彼此间比较稳定的心理关系。它体现的是心理上的距离,人际关系的好坏可以用彼此心理上的距离来衡量。

在社会生活中人有各种各样的社会需要,这些社会需要必须借助于与他人的交往和共同活动才能得到满足。如果在交往中双方的需要能得到满足,就会产生喜欢、亲近、友好的心理关系;相反,就产生厌恶、疏远或敌对的关系。这种以需要为基础、以交往为手段而形成的彼此在思想上、感情上的距离,或者相互吸引、相互排斥的心理状态,就是人际关系的具体体现。

人际关系同社会关系密切相关,但是不同于一般的社会关系。人际关系是心理关系,社会关系虽然也涉及心理关系,但更重要的是指社会生产关系;人际关系是以社会关系为基础,在人们进行社会交往中建立起来的,要受社会关系制约;反过来人际关系又影响社会关系的发展,是形成各种社会关系的条件。由于社会生活的复杂性,在社会生活中建立的人际关系就更加复杂,常常显得非常微妙,如亲密关系就有手足式的亲密、恋人式的亲密、母女式的亲密等诸多在程度上与性质上的不同;疏远关系也有陌生的疏远、反感的疏远、空间距离变大和时间间隔延长引起的疏远等。

(二) 人际关系的心理成分

人际关系包括了认知、情感和行为三个相互联系的心理成分。

1. 认知成分

人际关系中的认知是指人们对社会环境中的有关个体和群体特性的感知、记忆、思维,其主要包括对他人的动机、情感、意向、人格等的认识,以及对人与人之间关系的认识。

它是人际关系形成、发展和改变的基础。人际关系的建立离不开人们之间在直接交往中的相互感知、理解、评价和判断,彼此不认识,不可能建立人际关系,相互之间认识产生偏见和误解,就会导致人际关系障碍;而且,在人际关系中认知既能唤起情感产生,又能控制和改变情感的发展,所谓的"知之深则爱之切"就是这个道理。世界上绝没有无缘无故的爱,也没有无缘无故的恨,对一个人的爱或恨是以对此人的认识为前提的。

2. 情感成分

情感因素是在认知的基础上产生的。人际关系中的情感是指交往双方在感情上的好恶程度及对交往现状的满意程度,是与交往需要相联系的一种心理体现。情感是人际关系的主要成分,也是人际关系形成发展的动力。不同的情感会导致不同的人际关系,因为人际关系在心理上总是以彼此满意不满意、喜欢与厌恶等情感体验为特征的,没有情感参与调节的人际关系是不可想象的。所以,只有好的认知而没有融洽的情感,难以形成良好的人际关系。而且,情感因素的不同水平和强度对人际关系的影响作用也不同,情感因素水平越高,对人际关系的调节作用就越大。如一般直觉印象所引起的一见如故、一见钟情的情感水平和高水平的道德感、理智感所引起的疾恶如仇、赤胆忠心对应的人际关系是不同的。

3. 行为成分

行为成分是指人们在交往中表现出来的言语、表情、举止、风度等外部动作。行为是建立和发展人际关系的主要途径,也是人的需要、动机、情感、个性的具体体现,没有交往行为就没有彼此的认识和情感,也就谈不上心理上的联系和行为倾向的一致。人际交往行为是形成良好人际关系的实践基础,交往水平越高,人际关系也越深化越巩固。

(三) 人际交往与人际关系

人际交往是人与人为了交流信息、沟通感情而相互作用的过程。每个人几乎每天都要与他人进行交往,人际交往是人类极为普遍的社会现象和最重要的社会行为,是人类最基本的精神需要之一。

人际交往与人际关系是相互作用、密切相关的。一方面,人际关系是在人际交往的基础上产生和发展起来的,人际交往是人际关系形成和发展的重要条件。人们是在交往中相互了解,获得较多的共同经验和感受,从而促进彼此之间的心理相容,使彼此关系协调、融洽,或产生心理冲突,使关系不协调甚至敌对;人际交往水平越高,人际关系越深化,交往的水平可以从交往的频率和交往的深度来衡量。另外,人际关系的性质、亲疏程度也只有在与人交往中才表现出来。所以,人际交往是人际关系建立的行为基础,人际关系是人际交往的结果。离开了人际交往,不仅人际关系无法建立,已建立的人际关系也无从发挥。另一方面,人际关系一经形成又反过来会对人际交往产生影响,已经形成的人际关系会促进人们之间的交往或阻碍人际交往。

二、学校中的人际关系

学校人际关系是学校成员之间在教育实践中,为满足自身的需要而形成的心理关系。主要包括学校领导者与教师之间的关系、教师与学生之间的关系以及领导者之间的关系、教师之间的关系和学生之间的关系等类型。其中,师生关系和同学关系是学校人际关系的主要类型。学校人际关系受学校组织特点与学生生活内容制约,同社会上的人际关系相比学校人际关系有其自身的特点。

(一) 学校人际关系的特点

1. 教育性

学校是培养人才的场所,是对青少年进行有目的、有计划、有组织地系统教育的专门机构。学校的一切工作都是围绕教育学生进行的,所以学校人际关系是一种具有教育功能的人际关系,有着鲜明的教育性,教育性是制约学校人际关系的调节器。学校人际关系的教育性具体表现在:

第一,学校人际关系的形成与发展,始终要围绕教育目标的实现在教育实践中展开,教育目标和教育活动是学校人际关系的基础。

第二,良好的学校人际关系也是教育的目的和内容。学习和掌握有关人际关系的性质、内容、准则以及必要的人际交往的知识和技能,既是学校教育重要的内容,又是教育目的的组成部分。学生通过学习和掌握人际关系的知识技能,提高自己判断人际关系的能力,学会处事做人。

第三,学校中的人际关系也是教育的一种手段。一方面,学校良好的人际关系本身对学生就是一种陶怡,是一种潜移默化的影响,学生会以此作为自己建立人际关系的标准和模仿的榜样,从中学到有关人际交往的知识和技能。另一方面,在教育过程中,教师主要是通过人际关系这个有效的途径向学生"传道、授业、解惑",不论是知识传授、思想教育还是智力开发,都离不开师生之间的人际交往这个主要手段。如果师生关系好、彼此信赖,学生就容易接受教师的教育,教育效果就好。如果师生关系紧张、情绪对立,教育教学活动就难以进行,思想教育也难有成效。

2. 纯洁性

学校是人类精神文明的炼狱,是传播历史和现实中一切真善美的场所,它的一切活动都要受社会道德规范的制约。学校教育的目的就是要把学生培养成为社会主义的建设者,育人成才是为了社会的发展。因此,学校教育的内容、学校教育的标准和目的均具有纯洁性。另外,学校里的教育对象是天真纯洁的青少年,学校的教育者都是由接受过专门训练、知识渊博、品德高尚的专门人才组成的,角色规范要求他们处处要为人师表,而且学校中的师生关系、同学关系都是以教育活动为纽带的。因此,学校中的人际关系比社会其他的人际关系更纯洁是极为自然的。

3. 丰富性

学校中所有成员都能进行直接交往,因此学校人际关系非常丰富。具体体现在三方面:

第一,教育活动是以人际交往为特征的,几乎全部的学校教育活动都以人际交往的形式来进行的。学校越是追求教育效果,就越是注重开展各种教育活动,如课外活动、思想教育活动、校内外社会活动等,丰富多彩的活动使学校人际关系也更加趋于丰富。

第二,学校成员之间时空隔离小,交往方便,社会心理距离较近,在客观上为人际关系的丰富化提供了有利条件。

第三,学校是知识分子集中的地方,追求精神生活是学校成员的共同特点,所以在学校中人们之间的交往活动和友谊都十分活跃,这是学校人际关系丰富化的内在原因。

(二)学校人际关系的意义

学校人际关系的性质不同,产生的心理效应也不同,良好的学校人际关系会产生积极的心理效应,具体表现在:

1. 影响群体凝聚力

人际关系会影响群体心理气氛,在一个班级中,成员如果彼此友好、关系融洽,必然洋溢着一种和谐、友爱的气氛,这种气氛使人开朗、舒畅、愉快,就有助于相互的沟通,从而增强成员对群体目标的认同感,增强了群体凝聚力。

2. 影响活动效率

人际关系的好坏,直接影响到个体活动的效率。当人际关系和谐、协调时,人就像沐浴在温暖的阳光之中,心情舒畅,精神振奋,活动成功的可能性就大大提高。如果人际关系紧张,人与人之间互不信任,矛盾丛生,内耗严重,个体在群体中孤立无助,活动的效率就会降低,而且可能导致活动失败。如师生关系紧张,学生就可能把对教师的不喜欢转移到对该教师所教的课程上来,会严重影响学生学习这门课程的效果。

3. 影响个性的形成与发展

马克思曾经指出:"人的发展取决于直接和间接进行交往的一切人的发展。"在良好的人际关系中,大家彼此开诚布公,坦然相见,就会形成和发展个性中坦率和开朗的一面;群体中彼此互帮互学、相互促进,也会影响彼此个性的形成发展。可以说个性的发展在很大程度上取决于一个人同他周围人的关系以及同他周围人相互作用的性质。反过来,一个人一定个性特点的形成又会影响着与周围人的关系。

4. 影响个体身心健康

人际关系的性质不同会引起不同的心理体验,从而影响个体身心健康。协调的、融洽的人际关系,彼此亲密无间,互相关心、互相体贴,心情舒畅,有助于身心健康。相反,不协调的人际关系会使彼此产生不愉快的情绪体验,如感到紧张、抑郁、愤懑,而长期的紧张和压抑会造成心理的失常,引起身心疾病。据生理心理学家研究,有些疾病如神经衰弱、高血压、溃疡病等都与人际关系失调有关。研究发现,在人口稀少、人际关系简单的地区人的寿命都较长。所以,建立良好的学校人际关系对师生身心健康具有重要作用。

(三)学校人际关系的测量

学校中的人际关系可以用特定的技术和方法进行测量。

1. 社会测量法

社会测量法也叫群体成员关系测量法,是美国社会心理学家莫雷诺(Moreno)于20世纪30年代最早创立的,可以定量地描述整个群体的人际关系状况以及每个成员在群体中的人际关系状况的方法。莫雷诺认为,人们心理上的联系反映在具有评价意义的相互选择上,肯定性的选择意味着接纳,否定性选择意味着排斥。如果一个人在许多方面都对另一个人作出肯定性的选择,那就意味着另一个人对他具有高度的可接纳性。如果肯定性选择是相互的,那就意味着双方相互接纳,彼此心理距离小。反过来也一样。所以我们通过考察人们之间在不同方面的选择情况,就可以在较短时间内测量整个群体和各成员之间的人际关系状况,了解谁是群体中最受欢迎的人,人缘最好;谁是最不受欢迎的人,被嫌弃;谁是被忽视、被孤立的人;谁是相互不喜欢、互相排斥的。

社会测量法在测量前要首先选好测量的项目、编制测定的问题、确定被测的人数。测量的项目一般以2~7个为宜,测量的项目和问题是根据测量的具体目的确定的,可以是个人特征,也可以是对个人的总体印象方面的问题。例如,你认为班上谁人品最好?你最喜欢跟谁在一起?你觉得哪些人较难相处?等等。一般选择的答案按喜欢程度依次排列,比如"你愿意和谁一起组成学习小组?"按首先是谁、其次是谁、第三是谁的顺序排列。一般规定被试为3~5名,如果人多不加限制,统计起来比较困难。然后要把社会测量获得的具体资料进行整理,结果可用人际关系矩阵和人际关系图表达出来。

人际关系矩阵是根据测量总人数而编制成的"$n \times n$"的行列表,表内记入各成员的喜欢或排斥的选择关系,被选择次数最多的就是最受人喜欢或最不受喜欢的个体。还可以按照喜欢或排斥的程度打分,例如最喜欢的打3分,其次打2分,第3位打1分;同样最不喜欢的依次打-3分,-2分,-1分。如表12-1所示,把分数一一填入表内之后,就可以从表中的数字一目了然的知道该群体内的人际关系结构和人际关系,包括谁选择谁、谁反对谁、谁威信最高、谁最受排斥以及选择的方向是单向还是双向的等,统计结果谁分数最多说明谁在群体内最受欢迎,相反,谁就最不受欢迎。从统计结果中还可以了解群体的社会心理气氛。

表 12-1 某群体人际关系统计表

选者	被选者						
	A	B	C	D	E	F	G
A		3	2	1	3	1	2
B	1		1	1	2	3	2
C	2	3		2	2	1	3
D	3	3	1		3	2	1
E	2	2	2	1		3	3
F	1	3		1	2		2
G	3	3		1	2	2	
分类合计	12	17	10	7	14	12	13

从12-1表可以看出,B是最受欢迎的人,人际关系最好,D最受孤立,人际关系最差。

人际关系图就是在群体中,把成员彼此之间喜欢和不喜欢的关系用图形的方式表示出来。人际关系图比人际关系矩阵更具有直观性。莫雷诺曾在一个群体里做实验,问题大多是关于群体成员喜欢和厌恶谁以及希望和乐意一起工作的人是谁。他将群体成员的关系按照吸引、排斥、漠不关心分为三类,绘出了群体成员的人际关系图,如图12-1所示。

从图12-1可以看出,X就是一名群体中的孤立者,Y就是两个互选且排他的好朋友,Z则是三个互选的成员组成的小群体,0显然是群体中的明星。

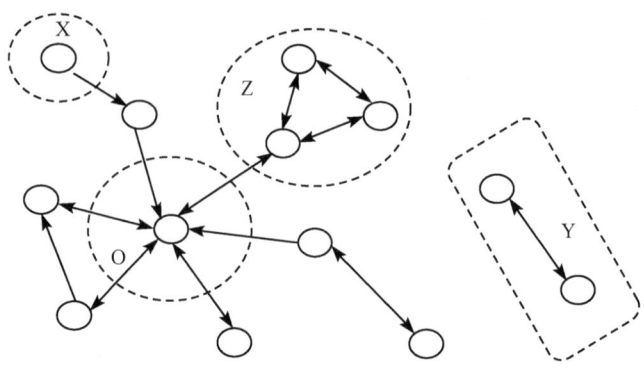

图 12-1　某群体成员人际关系图

社会测量法有省时、直观之便利,但有时信度、效度比较低。所以,在运用社会测量法时应注意三个问题:第一,要打消学生的顾虑,使其真实反映彼此的关系;第二,要慎重对待结论的可靠性,结论的可靠性取决于学生回答的是否真实,所以要结合其他方法对结论进行验证;第三,这种方法并不能揭示人际关系的成因,测验之后教师要进一步了解成因,并有的放矢地进行教育和引导。

2. 参照量表法

参照量表法是彼得罗夫斯基在社会测量法的基础上于1976年建立起来的测量人际关系的方法。利用参照量表法可以进一步揭示学生对他人的人格特征、行为方式、意见等方面的关注状况。

具体操作步骤是:首先,让学生之间相互书面评价,然后把所有对某学生的评价装在一个大信封中。然后,让学生知道别人是如何评价自己的,但仅限看其中一部分人的评价,比如在30~40人的班级,允许看3~4个人的评价,而这3~4个人可以由学生自由选定,据此可以了解学生心目中最有威望或最有见解、最可信赖的人,而同学集中提到的人,就是班级内起实际作用的中心人物。

参照量表法所测结果比较可靠,但如果测量人数较多,就需要花费很多时间。而且研究也表明,社会测量法与参照量表法揭示出来的班级中选择的对象不一定一致。如用社会测量法所反映出来的被排斥的人,有时恰好是用参照量表法揭示出来的权威人物。因为这些人虽不受喜欢,却有见解,大家愿意听他们对自己的评价。所以,要了解学生的人际关系,可以将不同的方法参照使用以避免片面性。

此外,还有社会距离尺度法、自我评定法等也可以用来测量学校人际关系,可根据具体情况去选择最适合的方法。

三、学校人际关系的建立与发展

(一)建立与发展良好人际关系的途径和方法

学校人际关系是一个动态的发展过程,可以通过有意识地引导与调节,使之朝着预期的发展状态建立和完善。

1. 正确的人际认知

正确的人际认知是建立良好人际关系的基础。人际认知是个体在交往中,观察了解他人的外在特征和外显行为,形成比较概括的认识并判断其心理状态、人格特征、行动动机和意向的过程。人际认知既包括对他人的仪表、表情、人格特征的认知,也包括对自己与他人的关系、他人与他人的关系以及对社会角色的认知等。人与人之间正确的认知是有效人际交往的第一步,我们总是根据对他人的认知所形成的对他人的印象而采取交往行为的,人际认知的结果,决定了双方是否相互喜欢和喜欢的程度,决定双方交往的行为,也决定双方未来的人际关系。例如,当认为对方是一个善良的、聪明的、令人喜爱的人时,就会乐于与其交往并发展良好的关系;相反,就采取回避或提防的态度,就形成排斥、敌对的关系。而要形成正确的人际认知需要注意以下几点:

(1)要尽量利用他人的仪表和表情所传递的社会性信息。在人际交往中,人的相貌、风度、服饰等,绝不仅仅是一些单纯的物理现象,这些往往会被认知者赋予一定的社会意义。例如,一个喜欢穿红色服装、眉开眼笑的女孩会使人觉得她热情、活泼、直爽、自信。尽管这些信息并不总是准确的,但确实会影响人的人际认知。

(2)要避免仅仅依靠短时间内收集到的信息就推测他人的人格特征。对人的人格特征必须通过长期的共同生活才能了解,但在交往中,人们又总是期望更多、更快地了解他人的特点,就往往会利用自己所能收集到的有限信息去推测他人的人格。例如,看到一个说话嗓门大、速度快的人,就推测他是一个性情比较急躁、直爽的人,或者把人的容貌与人格联系起来以貌取人,这必然会妨碍正确的人际认知。

(3)要克服认知偏见所产生的消极效应。认知偏见是在交往中,由于主客观方面的原因,使人们对他人的知觉产生了偏差,从而妨碍对人的正确认知。具体表现在以下几个方面:

第一,首因效应。首因效应也叫第一印象,指初次见面所形成的最初印象产生了强烈的影响,影响到对交往对象以后的认知和交往关系。研究表明:人们首次交往所形成的看法不管正确与否,总是比较鲜明、强烈、牢固,对人际知觉起着定势作用,从而形成先入为主的印象,影响着今后交往的深度和进程。第一印象要改变往往需要相当长的时间,所以在交往中一方面要注意见好第一次面,利用初次见面所带来的强烈影响使彼此关系有一个好的开始,同时也要注意每个人都不能仅凭第一印象就去判断、评价一个人,第一印象所获得的信息毕竟有限。而事实上,随着交往的深入和增多,第一印象的作用会逐渐减弱,后来的印象也会改变。

第二,近因效应,是指最近获得的信息对人的认知具有强烈的影响所产生的心理效应。如果说首因效应更多产生于对陌生人的认识,那么近因效应就更多存在于熟悉者的认知中,是由于熟悉的人的新的变化影响了对该人的看法而改变了第一印象。

第三,晕轮效应,是一个人的突出特征所形成的或好或坏的印象,直接影响到对此人其他方面特征的认识和评价的心理效应。所谓的"一好百好"、"一俊遮百丑"就是晕轮效应的体现,它容易使人犯一叶障目、以偏概全的错误。

第四,刻板印象,也叫社会定型效应,是指对社会上某一类别的人所持有的固定看法,并以此作为评价其中个体的依据的心理效应。例如,我们常常会认为商人是精明的、唯利是图的;知识分子比较俭朴、举止文雅;南方人精明、北方人憨厚等。刻板印象虽然或多或少会反映认知对象的若干情况,但是也容易使人产生认识上的偏差,导致成见,从而阻碍人际间的正常交往。

2. 有效的人际沟通

人际交往是人与人之间相互联系、建立人际关系的重要渠道,而人际交往是从人与人之间的相互接触开始的,交往双方一旦发生接触,就总会相互传递、交流些什么东西,这就进入了人际交往中的人际沟通过程。沟通是信息的传递交流过程。人际沟通是人们之间相互交流思想、观念、意见、知识、情感等过程。人际沟通主要包括信源(发送信息者)、信息(传递的内容)、信道(沟通的途径和手段)、信宿(接收信息者)、反馈(接收信息者给发送信息者的回应)五个要素。

人际沟通的类型是多种多样的,主要包括正式沟通、非正式沟通;单向沟通、双向沟通;语言沟通、非语言沟通;下行沟通、上行沟通和平行沟通等。各种沟通虽有各自的特点和功能,但它们是相辅相成的。

一个人在清醒时有70%的时间都在与人沟通,沟通是社会生活的必要条件。人们不仅在沟通中相识、相交、相知从而建立丰富多彩的人际关系,人们也在沟通中通过感受、反省、比较他人对自己的认识和评价形成自我意识。所以只有畅通沟通渠道,才能深厚人际情谊,发展良好的人际关系。有效地人际沟通是建立和完善良好人际关系的必要条件。要取得良好的沟通效果,在沟通中需要注意掌握沟通的能力和技巧。

(1) 要尽量保证沟通双方对信息理解的一致性。沟通双方在社会文化背景、知识经验、教育程度、立场观点以及使用的语言和非语言符号系统等方面的共同点和相似之处越多,对信息的理解就越趋于一致,沟通的效果就越好。

(2) 沟通双方在选择信息时,要照顾彼此的愿望和兴趣。在社会生活中,人们对自己不感兴趣的事情常常听而不闻、视而不见,一厢情愿的沟通往往难以进行,为了引起对方的关注,传送的信息要尽量符合对方的需要和兴趣。所以在沟通之前要做好充分的准备,使双方有共同语言,避免互不理解引起的沟通不良。

(3) 沟通双方要更多地进行平行沟通和双向沟通。在不同主体之间进行的交往中,不论是下行沟通还是上行沟通,由于交往主体的差异所导致的心理位差易使交往传递的信息失真,如歪曲或误解。单向沟通虽有其自身的优势,但无信息的反馈且容易压抑信息接受者的个性。而平行状态下的双向沟通,既可以使交往主体处于平等的地位,又由于交往主体位置的互换,可以使交往双方各抒己见。教育实践证明:课堂教学中,教师采用启发式教学和谈话法就比传统的"填鸭式"的满堂灌效果好。

(4) 要发挥语言沟通的优势,并注意同非语言沟通形式的结合。语言是一种社会约定俗成的符号系统,为特定社会的所有成员共同掌握和使用,借助于语言,人与人之间可以超越时间和空间的限制进行沟通,使生活在不同地域、不同时代的人能够分享信息。因此,语言是人际沟通最有效、最便捷的工具。语言包括口头语言和书面语言,口头语言的沟通交往迅速、灵活,是通过"说"和"听"来进行的,有亲切感,可以随机应变。但由于其受空间及信息发出者、接受者条件的限制,信息传递容易失真,从而降低沟通效果。书面沟通即借助于文字符号系统进行的沟通,可以不受时空条件限制,可以长久地保持,表达的信息准确、全面、完整。但是如果语言沟通没有非语言沟通,如手势、表情、动作等的配合,就会显得呆板、单调,会降低语言沟通的效果。所以,在利用语言传达思想、态度和情绪时要尽量与非语言沟通相结合,这样就可以增强沟通中彼此的表现力、感染力和吸引力,提高语言表达的效果。

(5) 合理安排沟通的空间,增强沟通的效果。一方面,沟通的场所要选择环境优美、风景宜人、恬静舒适的地方,这有助于人们更好地坦露心声、相互交流。另一方面,沟通者之间要根据相互了解和亲密程度以及文化背景、社会地位、性别差异等因素,保持适当的距离。美国人类体语学家爱德华·霍尔教授研究发现:人际关系不同,交往时人际空间距离也不同。他在1963年出版的《躯体行为的符号体系》一书中,把人际距离分为四个区。一是亲密区,0.5米以内,这是属于具有直接血缘关系、夫妻或恋人以及同性要好朋友间的交往距离范围。二是个人区,0.5~1.2米内,这是属于非正式场合较熟悉的同事、同学或朋友间的交往距离范围。三是社交区,1.2~3.7米内,这是一种社交性的较正式的人际交往距离范围,属于公事公办关系人员的交往距离范围。四是公共区,3.7米以外,这是人际交往界域的最大距离,是一切人都可以自由出入的交往空间范围。适合于陌生人之间沟通,比如演讲者与听众的距离。一般来说,人际距离越近,人际关系越亲近。相反,人际距离越远,人际关系越疏远。

3. 增进人际吸引

人际吸引是人与人之间相互悦纳、亲近、喜欢的心理现象。人际关系集中表现在人与人之间的相互吸引与相互排斥,不同层次的人际关系反映了相互吸引的程度。高水平的人际吸引是建立和完善人际关系的核心成分。社会心理学家研究发现,影响人际吸引的主要因素有态度的类似、需要的互补、距离的远近、交往的频率、仪表的魅力和个性品质等。因此,可以通过创造条件,增进人际吸引建立良好的人际关系。

(1) 力争交往双方态度相似,形成相似性吸引。俗话说"物以类聚,人以群分",人以群分的基础就在于他们对某些事物有共同的认识态度和相同的价值趋向。人们喜欢态度与自己相似者,因为这意味着对自己态度的肯定和赞赏,能增强人的安全感和自信心,所以态度一致者思想上容易产生共鸣,感情比较融洽,相互能够吸引从而产生"志同道合"的亲密关系。正所谓"酒逢知己千杯少,话不投机半句多"。

我国心理学工作者研究指出,大学生在班集体中选择郊游、学习和分配工作中的朋友时,在心理因素上有一定的差异,但对品德和心理倾向相似性的要求是相同的。所以,要用科学的世界观、正确的人生观教育学生,使交往双方在观念、心理倾向上具有更多的相同性和相近性。

(2) 利用需要互补,形成互补性吸引。当交往双方的需要以及对对方的期望正好能互补时,就会产生强烈的吸引力,双方关系就有继续维持的可能性。人都有补偿的需要,往往特别羡慕具有自己所缺少的那类特征的人。例如,脾气暴躁的人往往喜欢同脾气温和的人相处,依赖性强的人更愿意和独立性强的人共事,温柔顺从的人与支配欲强的人常常成为伙伴。当交往双方能给对方带来收益补偿时,就能增强相互间的吸引。研究表明,互补性吸引更多发生在交情深厚的朋友,特别是异性朋友、恋人和夫妻之间,而在从朋友到夫妻关系的发展中,初次交往主要受外貌、社会资源等因素吸引,而结交后双方在态度上的相似性更重要,人格特征、需要互补则是推动双方关系进一步向亲密的友谊和婚姻关系发展的因素。

（3）拉近交往距离，增加交往频率形成相近吸引。空间上距离的远近是交往双方接近与否的客观因素。空间距离越小，则双方越容易接近，彼此之间容易相互吸引；距离较远，形成和持续友谊的可能就较少。俗话说，"远亲不如近邻"就包含有此意思。人们在单位时间内相互接触的次数多少，尤其是原不相识者在建立人际关系的初期，交往频率起着重要的作用。但交往的频率并不能说明交往的深度，高水平的人际交往要求交往双方既要有一定的交往次数，也要有一定的交往深度。例如，一面之交、萍水相逢与朝夕相处、多年同窗相比，说明交往频率不同，但只有在频繁交往中形成了心心相印、同舟共济、患难与共的关系才说明交往较深，才容易形成相互吸引。

（4）利用个人仪表和人格魅力，增进人际吸引。在交往过程中，相貌、衣着、风度等方面具有魅力的人，更具有吸引力。研究表明，仪表魅力所产生的心理作用不论是在男人之间、女人之间，还是男女之间都普遍存在。亚里士多德早就感叹"美丽比一封介绍信更具有推荐力。"仪表魅力之所以产生吸引力是因为喜爱美、渴望美是人的天性。当然仪表魅力所产生的吸引力在交往初期比较强，随着交往的深入、相互了解的增多，个人魅力更多地取决于良好的个性品质方面的人格魅力。一般来说，聪明能干、富有才华的人容易产生吸引力。因为聪明和才华既可以给人以精神享受，也可以使人从中获得帮助，但过分精明近乎完美的人，也会降低吸引力，十全十美的人可望而不可即，会给人造成一定的心理压力，从而使人敬而远之。所以，人们最喜欢那些才能出众但也暴露了弱点和错误的人。而优良的人格特征如正直、诚实、热情、自信等是人与人建立亲密关系的基础，是长久个人魅力的根本所在。其中，热情和诚实的品质是人的诸多人格特征中最能产生吸引力的品质，尤其是热情的品质是最关键的因素，而与热情相反的冷漠是最不具有吸引力、最不受人欢迎的人格特征。

4. 积极的竞争与合作

竞争与合作是两种不同的人际行为，显示着人际关系的两种基本形态。所谓竞争是个人或群体为了实现自己的目标，而力求胜过对方的人际行为。竞争具有对抗性和排他性的特征，在竞争中，由于有共同争夺的目标，竞争的情境又只能一方获胜，所以个体或群体在渴望实现自己的目标的同时，往往会力图阻止其他人接近目标，竞争的双方互不相容。所谓合作是指群体成员为了共同利益，协调一致地为实现同一目标而共同努力的人际行为。合作具有互助性和相依性的特征，在合作中人与人之间的目标是一致的，活动的结果不仅有利于本人，也有利于对方。

竞争与合作是相互对立的人际行为，二者都有积极的一面和消极的一面。通过竞争可以加强学生的成就动机，促进学生提高学习目标，发展学生的能力，竞争的胜利也会使学生产生成就感，增强自信心。但竞争也会带来紧张、压力，导致利他精神削弱和群体内部涣散等消极影响。合作有利于发展学生良好的个性，可以促使复杂问题的解决，提高活动效率，有利于发展合作者的友谊和培养克服困难的意志，有利于增强群体凝聚力等。但合作也会产生社会惰化作用，产生小团体主义和成员之间过分依赖、相互埋怨的消极影响，使合作效果下降。在学校的人际关系中，竞争与合作并不是截然分开的，而是你中有我、我中有你，是彼此共存的关系。彼此之间是竞争还是合作往往以能否满足各自的利益为前提，如果利益相斥，一方面的满足会阻碍他方需要的满足，就会出现竞争；相反，如果利益一致,相互作用有助于各方面需要的满足就会出现合作。我们提倡学校中积极的竞争与合作,就是要尽量利用竞争与合作积极的一面,避免消极的一面,鼓励在竞争中合作,在合作中竞争,这样才有利于学校人际关系的发展。

> **例解 积极合作,石头也能做出汤**
>
> 一次战争过后,有三个士兵从前线回来。他们来到一个村庄,想留下来,却发现村民们都在哀叹战争使他们缺衣少食,难以度日。三个士兵商量了一会,其中一个士兵说:"我们有一个生存的诀窍,想让大家共同分享,那就是用石头做汤。"
>
> 村民们感到非常好奇。不久他们就点起了一堆火,架起了一只大锅。士兵们往锅里放了三块光溜溜的石头,一个士兵说:"一会儿就能煮成美味的汤。"另一个士兵说:"不过,要是放上点盐,再来点芹菜,它的味道就会更加鲜美。"一听这话,一位村妇说:"太巧了!我正好想起来什么地方还剩下一点盐呢。"于是,村民们一个个都想起了什么东西。不一会儿,萝卜、牛肉、奶酪纷纷添到了大锅里。实在是什么都拿不出来的村民就主动去拾柴火,或者负责挑水,或者负责熬汤。在大家的努力下汤终于熬好了,在准备坐下来喝汤的时候,有人还推来一桶酒。村民们欢聚在一起,喝着美味的汤,忘记了战争带来的苦难。
>
> 在实际生活中,我们每个人都愿意与他人分享,只是我们可能像故事中的村民一样担心没有什么像样的东西能够拿出来,奉献给他人。"石头做汤"的故事告诉我们只要积极参与合作,就可以取长补短。即使是再微不足道的东西,在众人的奉献与分享下,也会发挥出让我们为之惊奇的作用。人类社会也正是通过人与人的合作,才完成了一项项奇迹。
>
> 资料来源:http://www.zz6789.com/Article/I/I2/200504/Article_20050429225451.html

(二) 学生良好人际关系的建立与发展

学生良好人际关系的建立与发展,也必须遵循人际关系建立与完善的一般规律,但是师生关系和同学关系作为中学生人际关系的主要类型又有其特殊性,所以有必要针对师生关系和同学关系进一步分析。

1. 师生关系

师生关系是以教与学为纽带而形成的教师与学生之间的关系。这是学校最基本、最重要的人际关系。在学校里师生关系如何,不仅影响师生之间的相互认知和态度,而且直接影响着教与学的质量,影响着师生的身心健康。因此,师生关系应成为学校中最关注的问题。教师必须理智地了解和研究自己与学生之间的人际关系,采取有效的措施,有目的地形成良好的人际关系。具体可以从以下几方面入手:

(1) 教师要转变教育观念,树立正确的学生观。教师是为了学生的健全发展而教,还是单纯的为应试而教?教师把自己当做学生的朋友,还是当成学生的主宰?这些问题决定着教师对学生的态度和情感,决定着教师相应的行为模式,对师生关系产生重要的影响。如果教师单纯地为应试而教,就往往会"以分取人",把分数作为评价学生的主要标准,他们会对高分的"尖子"关怀备至,也必然使成绩不好的同学受到冷淡、疏远,甚至是厌恶、歧视,导致师生关系畸形发展;如果教师把自己当成学生的主宰,就会将个人的尊严看得高于一切,往往独断专行,不容许学生违背自己的意志,在与学生交往中保持一定的距离,经常采取强制、压服的手段教育学生,这必然引起同学的不满、对立和反抗,会破坏正常的师生关系。相反,如果教师为了学生的健全发展,把学生当做自己的朋友,就会真诚地期待学生的进步,想方设法地发现和欣赏学生的长处,调动学生的积极性,从而形成和谐的师生关系。

(2) 教师要热爱自己的学生。教师热爱学生是一种美德,它是教育成功的基本条件,是师生之间建立友谊的基础。青少年对师爱的反应很敏感,甚至比对父母的爱更渴望,如果教师满足了对师爱的需要,学生就会视教师为知己,愿意对教师诉说心中的秘密,与教师建立友谊。

(3) 教师要加强自身修养,真正做到为人师表。调查表明,教师有才能和待人真诚是受学生欢迎并能与学生建立良好人际关系的必要条件。教师专业能力强,就具有较强的权威性和吸引力,自然能赢得学生的好评,并吸引学生到自己身边。尤其是教师创造性的教学能力和教学特色,对学生的影响很可能是终身的。而教师虽然专业能力强,但并不能赢得学生尊重的主要原因往往是具有学生不喜欢的人格特点,如对学生不尊重、不真诚、不公正、不宽容等。所以教师要与学生建立并保持良好的关系,就要加强自身的修养,不仅要使自己具有丰富的知识和卓越的才能,也要具有高尚的品德、美好的情操、民主的作风。另外,学生要尊敬教师,不仅把教师视为做人的楷模、治学的表率、严格的师长,也要把教师作为知心的朋友。尊师爱生是良好的师生关系形成的标志。

2. 同学关系

同学关系是学生在同一学校学习过程中结成的人际关系。同学关系包括同班同学和同校同学两种含义。人们在回忆过去时,总是留恋学生时代的生活,尤其是怀念学生时代的同学关系,因为同学之间的关系没有根本性的经济、地位与利害的冲突,比较单纯,但是这种同学关系对人的影响是很大的,同学之间良好关系的建立可以为日后学生走向社会建立人际关系奠定基础。中学阶段正是人身心迅速发展并趋于成熟的时期,随着年龄的增长,中学生的交往需要不断扩大,并变得更为强烈。而中学生的交往是以学习为主要内容的,同学关系的建立是在一系列教育教学活动中完成的。所以,教师可以通过创造交往机会,让学生学习交往的技能,引导学生增强自身能力和培养良好品德;针对交往能力薄弱者进行有针对性的指导,帮助学生克服交往中的嫉妒、猜疑、自卑、害羞的心理障碍等有效措施,使同学之间的人际关系得到正常发展。

复习思考题

1. 解释概念:群体、群体心理、社会助长作用、社会惰化作用、从众、人际关系
2. 群体心理对个体的心理和行为有何影响?
3. 如何正确对待班集体中的非正式群体?
4. 学校中的人际关系有什么特点?
5. 如何利用正确的人际认知建立与发展人际关系?
6. 如何有效地进行人际沟通?
7. 影响人际吸引的因素有哪些?
8. 如何正确处理竞争与合作的关系?

参考文献

蔡笑岳.2007.心理学.北京:高等教育出版社
郭亨杰.2001.心理学.上海:上海教育出版社
韩永昌.2001.心理学.上海:华东师范大学出版社
黄希庭.1997.心理学.上海:上海教育出版社
李新旺.2003.心理学.北京:科学出版社
李铮.1999.心理学教程.合肥:中国科学技术大学出版社
莫雷.2000.心理学.广州:广东高等教育出版社
全国十二所重点师范大学联合编写.2002.心理学基础.北京:教育科学出版社
宋月丽.1994.学校管理心理学.南京:南京大学出版社
熊川武.1996.学校管理心理学.上海:华东师范大学出版社

第十三章　教学策略和课堂管理

教学活动面对的是知识背景、能力水平、学习动机、自我控制能力各不相同的学生。教师怎样才能科学地把教学内容传授给学生、指导他们有效地进行学习，从而提高教学效果？一般说来，教学策略和课堂管理水平，对教学效果有重要影响。因此，教师必须学习和掌握教学策略，不断提高课堂管理水平。

本章知识点：
- ◆ 教学策略的含义和特性
- ◆ 教学准备策略的主要内容
- ◆ 教学实施策略的分类
- ◆ 教学监控策略的内涵
- ◆ 课堂管理的概念和意义
- ◆ 课堂环境管理
- ◆ 课堂纪律管理
- ◆ 课堂管理策略

第一节　教学策略

一、教学策略概述

教学策略是教学设计的有机组成部分，是在特定教学情境中为实现教学目标和适应学生学习的需要而采取的教学行为方式或教学活动方式（张大均，2005）。确定或选择教学策略是教学设计的一个重要组成部分。

教学策略具有如下特性：

第一，指向性。教学策略是在特定的教学情境中为达到一定的教学目标而采取的教学行为，即教学策略对教学行为具有指向性，也就是说教学策略是针对特定的教学活动、教学目标和教学对象而提出的，规定了师生的教学行为。

第二，综合性。教学过程不是一个独立的环节，是由诸多环节紧密联系在一起的，在制定和选择教学策略时要从宏观角度出发，综合考虑具体的教学需求和条件以及各种教学策略的构成因素，如教学方法、手段、步骤、内容和组织形式等。

第三，可操作性。教学策略需要具有与目标、要求相对应的教学方法、技术。而这些方法、技术不是抽象的教学原则或者教学模式，而是能够供师生在教学中参照执行或操作的具体方案和明确具体的内容，从而使师生能够按照教学策略中所制订的方案计划，根据特定的教学情境做出相应的外部动作，通过外部动作达到教学目标。

第四，灵活性。在实施教学策略时，要求教师要根据不同的教学目标、不同教学对象的水平，采用最适当的教学方法，即在制定、实施教学策略过程中，要根据具体的教学情境、教学目标灵活地变通、组合教学策略的各个要素。

第五，层次性。教学有着不同的层次，那么针对每一层次的教学就会有相应的教学策略,不同层次的教学策略具有不同的适用条件和功能,并且高一层次的策略可分解为低一层次的,可以为低一层次的教学策略提供指导。

> **资料窗** 　　　　　　　　**加涅的教学策略**
>
> 　　加涅(1968)在综合各种微观教学策略的共同特点的基础上,提出了九种有效开展教学活动的策略:
> (1) 利用改变刺激的方法引起学生的注意;
> (2) 告诉学生学习目标,以帮助他们认清教学的重要性和相关性;
> (3) 刺激回忆前提性知识,使学生能把它们同新的知识结合起来;
> (4) 以适当的方式向学生呈现刺激材料;
> (5) 根据所学知识的复杂程度和难易水平,以及学生的智慧水平,提供学习指导;
> (6) 引出表示所期望的学习的行为;
> (7) 对学生的行为进行反馈,强化正确的行为,抑制不正确的行为;
> (8) 评价行为以便评价学习;
> (9) 通过提供检索线索和检索策略来增强记忆,促进迁移。
> 资料来源:周军.2007.教学策略.北京:教育科学出版社

国内外学者根据自己研究的重点对教学策略进行了多种分类。本章从教学准备策略、教学实施策略和教学监控策略三个方面介绍相关内容。

二、教学准备策略

教学准备是教学活动的最开始的步骤,要求教师对接下来的教学活动有宏观的把握,并进行相应的准备,如确定教学目标、选择组织教材、分析自我和学生、制定教学方法等。采用恰当的教学准备策略有助于教师做好教学准备工作,有条不紊地开展教学活动。教学准备策略包括:教学目标分析策略、设计教学操作策略、先行组织者策略、动机激发策略。

(一) 教学目标分析策略

教学目标是教育者对教育教学活动的预期。教学目标的分析和确立是教学活动中一个重要环节,它决定了教学活动的总方向、教学内容的选择、教学的组织形式等。教学目标分析策略包括目标关键词化、目标行为化和目标演绎。

目标关键词化是指由某个关键词代替某个具体的目标,即教师在制定某一学科的课时目标时,用明确具体的有针对性关键词来表达学生通过学习在认知、情感和动作技能方面所达到的结果,从而使教学目标具有可操作性、可检验性。目标关键词化需要将目标体系的三个方面,即认知、情感和动作技能的每一项都具体进行关键词化。

目标行为化是指用预期学生学习之后将产生的行为变化来描述教学目标。目标行为化对于教学活动具有很大的意义。首先,目标行为化后能更明确的阐述教学目的,进而设计出更合适的教学方案,学生也能更清楚地了解学习任务。其次,目标行为化给教学活动所涉及的所有对象提供了一个可以共同讨论和交流的中心,有助于这些对象之间进行有效的沟通,最终有利于教学活动的进行。最后,目标行为化可以使评价更简单,因为行为目标中包含标准这一项,即对学习结果的检测方式和评价标准。

目标演绎是指教学目标从一般教学目标到一系列特殊的学习结果,每个特殊的学习结果又与一般目标相联系。目标演绎具有自己独有的特征,比目标行为化具有更多的优势。首先,目标演绎不提供行为产生的条件和相应的评价标准,这就使教学活动具有更大的灵活性,教师也有更大的活动空间;其次,目标演绎所描述的教学目标关注的不是教师的教学行为,而是学生的学习行为结果,这样使教学活动的中心转移到学生身上,教师会更关注学生的行为变化;最后,目标行为化适合低级水平的教学目标,而目标演绎适合描述高级的教学目标,如情感水平的目标,这一水平的目标很难用具体的行为表现出来,所以需要教师根据学生的行为结果把握其心理变化的实质。

(二) 设计教学操作策略

设计教学操作是指教师根据教学内容和教学对象,确定教学目标,有序安排教学各个要素,制定教学方案的过程。

1. 任务分析策略

任务分析策略是指教师在开始教学活动之前,为了教学目标能够取得预期的结果,需要对学生习得的能力或倾向的构成成分及其层次关系详加分析,为学习顺序的安排和教学条件的创设提供心理学依据。由此可见,对教学活动进行任务分析就是要弄清楚教学的最终目标、学生的初始能力状态以及两者之间的差距,从而利用已经存在的或创设新的教学条件来缩短这个差距的过程。

任务分析遵从以下步骤:

(1) 确定学生的起点能力。起点能力是指学生在接受新的学习任务之前已经具有的知识和技能,这些知识和技能是学生获得新的能力的基础,对教学效果的高低有很大的影响。教师可以通过诊断测验、批改作业以及课堂提问等方式确定学生的起点能力。

(2) 分析中介目标。学生的起点能力与教学活动的最终目标之间可能存在差距,需要学生学习、掌握必要的知识和技能——这些就是中介目标。起点能力与学习目标之间的差距越大,学生要学习的知识和技能越多,中介目标也就越多。在面对相同的学习目标时,不同学生的起点能力不同,中介目标也就不同,这就需要教师了解不同学生的起点能力,据此确定符合该学生的中介目标。对中介目标进行清楚的分析有助于教师提出更合理的教学计划,有助于教学目标的达成。

(3) 分析学习的支持性条件。中介目标是达到最终目标的必要条件,除了必要条件,有效的学习还需要支持性条件。例如,在学习圆柱体的体积公式时,必要条件是对圆柱体和圆柱体的高两个概念的学习,而促进这一学习的支持性条件是认知策略。这里的认知策略是指知识的迁移,即用已有的知识来表述或推论新的知识。如在学习圆柱体体积时,可以把它转化为等底等高的长方体的体积,这种转化就采用了认知策略,也就是对支持性条件的分析。

2. 课堂设计策略

课堂设计是针对每堂课而制定的教学程序和教学活动的方案,一般包括目标、动因、发展、方法、材料、总结、作业等。

课堂设计策略是教师最常使用的教学准备策略,在进行课堂设计时教师要掌握最主要的两点：一是课堂时间的分配，大部分学校的课堂时间是35~50分钟，教师要掌握好在这一堂课内讲多少内容，并且要确保详略得当，保证设计的内容在规定的时间内能够完成；二是学生的差异，学生的起始能力不同，所需的中介目标不同，教师要根据大部分学生的能力水平进行课堂设计，使课堂内容适合大部分的学生，同时不能抛弃起始能力低的学生或者只关注学习优秀的学生。除了这两个最重要的因素，教师还要灵活变通，应对课堂上出现的突发状况，最终总结每堂课的成败与得失，进行评价和反思，从而做出更完善的课堂设计。

(三) 先行组织者策略

先行组织者策略是奥苏贝尔的有意义接受学习理论的一个重要组成部分。所谓的先行组织者是指，先于学习任务本身呈现的一种引导性材料，要比学习任务本身有较高的抽象、概括和综合水平，并且能够清晰地与认知结构中原有的观念和新的学习任务关联。奥苏贝尔认为，能促进有意义学习的发生和保持的最有效策略，是利用适当的引入性材料对当前所学新内容加以引导。这种引入性材料是学习新知识材料时所呈现的一种起组织作用的、抽象概括程度较高的材料，便于建立新、旧知识之间的联系，从而能对新学习内容起固定、吸收作用。

先行组织者策略的基本实施步骤如下：

(1) 呈现先行组织者。教师在正式讲授新的学习内容之前，使用学生所熟悉的观念呈现"组织者"，使学生认知结构中已有的知识和经验与"组织者"联系起来，为接下来学习新内容做准备。"组织者"的呈现方式可以是一个概念的定义、一个概括或者新材料和已知材料的类推。

(2) 逐步分化。教师有逻辑、有层次地逐步呈现材料，这种逐步分化有两类：第一类是逐渐细化，适用于学习上位概念，先呈现最一般的、包容性最广、抽象概括程度最高的知识，然后再根据包容性和抽象概括程度递减的次序逐渐呈现教学内容，使之越来越具体、深入。第二类是逐级归纳，适用于学习下位概念，先呈现包容性最小、抽象概括程度最低的知识，然后再根据包容性和抽象概括程度递增的次序逐级归纳教学内容，每归纳一次，包容性和抽象程度就提高一级。两种方式的教学内容并无不同，只是组织顺序不同，经过这一步，可以让学生逐步理解、把握教学内容。

(3) 综合贯通。教师通过让学生回忆认知结构中的有关概念、概括新学习知识的主要特征、复述新学习的定义、找出新旧学习材料之间的差异等途径帮助学生将新材料与认知结构中的相关知识联系起来。

前面的三种准备策略都是从教师的角度展开的，良好的教学活动的开展不仅需要教师做好充分的教学内容的准备，还需要促使教学对象——学生从心理上也做好准备，激发学生学习的动机，保持良好的心态参与接下来的教学过程。教师可以通过动机激发策略来实现这一点。

资料窗   **先行组织者教学策略的教学过程**

先行组织者教学策略的教学过程主要由三个阶段组成，其具体内容如表13-1所示。

表 13-1 先行组织者教学策略的教学过程

教学过程		教学活动
阶段 1	呈现先行组织者	阐明本课的目的 呈现作为先行组织者的概念;确认正在阐明的属性;给出例子;提供上下文 使学习者意识到相关知识和经验
阶段 2	呈现学习任务和材料	使知识的结构显而易见 使学习材料的逻辑顺序外显化 保持注意 呈现材料 演讲、讨论、放电影、做实验和阅读有关的材料
阶段 3	扩充与完善认知结构	使用整合协调的原则 促进积极的接受学习 提示新、旧概念(或新、旧知识)之间的关联

资料来源:何克抗等.1997.教学系统设计.北京师范大学学报(社科版).5:75~78

(四) 动机激发策略

动机激发策略是指教师在课堂上如何通过合理使用各种教学手段,提高学习兴趣,维持注意的方法。美国心理学教授 Keller 提出了 ARCS(attention, relevence, confidence, satisfaction)动机设计模式,认为激发学习动机有四类要素:一是注意,教学应引起并维持学生的好奇和注意;二是切身性,将教学与学生的重要需要和动机相结合;三是自信,教学应发展学生对成功的自信,使学生对学习效果产生积极的期望;四是满足感,即教学应组织强化,将学习成绩置于学生的控制之下,使学生从学习中获得满足。其中,注意和切身性两个因素对于学生做好课前的心理准备有着重要意义,这两个因素都能很好地激发学生学习新知识的动机,对新知识保持好奇心,从而有助于教师顺利开展教学活动。

1. 注意策略

能够有效引起学生注意的手段主要有以下六种:①制造冲突,如给学生提供一个似乎与他们已有的知识经验相矛盾的事实,或者提供两个似乎同样合理,但只有一个是正确的例子;②具体化,对所要呈现的概念详细解释,能够让学生意识到所学概念的重要性,可以使用的方法有:对所要学习的概念或原则进行举例说明,或者使用与教学内容相关的个案研究、传记等;③变化,这是能够引起学生注意的较为有效的策略,尤其是在课堂上,教师可以通过变换声调,使用各种身体语言,利用多媒体材料等方法引起学生的注意,在讲授同样的内容时,教师可以变化呈现的方式,如使用图表等代替文字材料;④幽默,可以使用幽默的比喻进行解释或总结;⑤质疑,定期向学生发问能够引导学生跟随教师的讲课步调,还可以通过提问引发学生的好奇心,进行深入的思考;⑥参与,使用要求学生参与的游戏、角色扮演及模拟活动。

2. 切身性策略

切身性原则强调让学生意识到将要学习的内容在某个或某些方面上是与自己密切相关的,学习活动对他来说是有意义的。如发现学生的兴趣或经验,并将之与教学联系起来;向学生讲述学习当前内容的价值,说明教学与学生未来活动的关系;强化学生的努力行为,给学生提供中等冒险水平下获得出色的成绩的机会;邀请优秀的学者或者优先完成任务的学生做榜样,激发学生的热情;为完成某一任务提供个人化的选择。这些方法都能够将教学与学生的需要和切身经验相结合,进而激发学生的学习动机,维持学习的积极性。

三、教学实施策略

教学实施是教学活动中的关键阶段,很大程度上决定了教学目标的实现,而教学实施策略的选择不仅符合要教学目标,还要适合教育对象的特点。

(一) 教学言语循环策略

教学言语循环是指教师的教学言语的各种成分在教学中自觉形成系列,依次循环。主要包含以下三个步骤。

1. 区别独白言语行为和情节言语行为

教师一个人讲授知识,学生机械地接受,这就是教师的独白言语行为;教师讲授知识的过程中,学生给予反馈,也表达自己的观点,这个过程中呈现的就是情节言语行为。可以看出情节言语行为更有利于教学活动的开展。

2. 将言语行为系列化

将言语行为系列化,即将独白言语行为或情节言语行为分为八个部分,并形成一个系列,如图13-1所示。这八个部分包括:①定义。对事物的界定;②描述。对事物的解释;③名称。对事件的指代与确认;④陈述。对事实、规则、概念、理论等的呈现;⑤报告。教学内容的摘要、概括;⑥替代。获得一种符号的操作行为,通常是教学或科学评价;⑦评价。对事物或某事的价值进行判断或估计;⑧观点。根据证据得出肯定或否定的结论,并说明为什么。

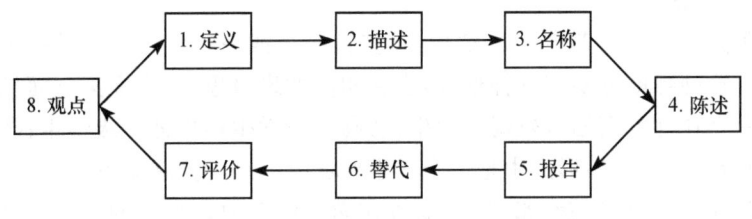

图 13-1 教师的教学言语循环策略

3. 将这八个部分形成一个系列进行循环

教师言语循环策略有利于教师将教学内容讲得透彻、生动,有逻辑性,也有助于学生系统地把握学习内容。但是教师在实施这个策略时要注意:言语表达尽可能清楚、完整,同时要有适当的表情;提高对自己言语活动的意识和对学生反应的敏感性;尽可能为学生提供词义理解的机会;建立合作、默契的师生关系。

(二) 媒体—教学镶嵌策略

媒体—教学镶嵌是指在教学过程中,根据教学目标和教学对象的特点,通过教学设计,合理选择和运用现代教学媒体,并与传统教学手段相结合,共同参与教学全过程,以多种媒体信息作用于学生,形成合理教学结构的过程。

媒体—教学镶嵌策略的具体操作程序如下:①填写媒体—教学镶嵌一览表(表13-2)。②通过填写一览表总结出媒体的使用方式:设疑—掩饰—讲解;讲解—演示—概括;演示—练习—总结；边播放、边讲解。

表 13-2 媒体—教学镶嵌一览表

课题名称	知识要点	目标水平	拟选媒体	媒体内容要点	使用时间	资料来源	媒体的作用	媒体使用方式

媒体教学镶嵌策略是一种综合了现代媒体和传统教学的策略，既能发挥现代媒体的优势，又保留了传统教学的经验，二者相结合的策略使教学和媒体完全镶嵌在一起，能够传递更多的信息、调动多种感官共同参与，激发学生的学习兴趣。教师在使用该策略时要注意：充分发挥各种教学媒体的主要优势；各种媒体应与学生的认知结构、教学内容相协调，避免哗众取宠。

（三）板书结构化策略

板书结构化策略是使教学内容的逻辑结构、课堂教学的设计程序、学生的认知结构，在板书中达到艺术性和科学性高度统一的方法。

在实施板书结构化策略时，教师要注意以下几点：①充分理解、加工教学内容；②设计有利于学生记忆和思考的板书，根据教学内容和教学对象使用不同形式的板书，如总分式、对比式、线条式、雁行式、辐射式、归纳式、网络式、表格式等，突出启发性，启迪学生的思维；③规范操作，板书字迹要清楚，合理分配板书的布局，保持结构美观，使用彩色粉笔等；④书写板书时站在一边，尽可能的接触学生的视线，避免讲话时背对学生。

（四）同辈教师策略

同辈教师是指在各种教与学的情境中，安排一个或一组学生去帮助一个学生或一组学生的方法。这种帮助主要有三种形式：①在相同的班级里，一个在某方面较为优秀的学生帮助另外一个在这方面相对较弱的学生；②高年级学生辅导低年级学生；③两个学生互相学习、互相帮助。前两种形式中是一个学生要比另一个学生在某方面优秀，主要是一方向另一方提供帮助。在第三种形式中，双方在学习活动中是平等的，是相互的帮助，因此又称为合作学习，这种形式的策略在同年级的班级中出现比较多。

同辈教师策略有很多优势，如在第三种形式的帮助中，双方是自由选择而结成的，在年龄、兴趣、态度、价值观等方面较为接近，双方的关系是平等的，即使有领导和服从，也是双方协商的结果，是彼此接受的。在这种关系中，双方能够提供学习、感情上的相互帮助，还可以展开竞赛，从而有利于双方学习成绩的提高。

教师在实施同辈教师策略时要注意：在班集体中营造一种相互学习的气氛，使每个人认识到自己能从别人那里学习知识，还能在帮助别人的过程中锻炼自己的能力，使同学之间的关系保持平等、融洽；准确评估学生的需要，合理地配对；用程序规划正规组织，对同辈教师加以指导和训练，让学生重视自己的身份，明白自己的作用；1个同辈教师最好只和1个学生为一组，双方在一起学习的时间控制在4～8个星期。

（五）合作学习策略

合作学习是几个学生组成一组在一起学习，通过合作学习小组的建立、合作学习任务的完成和合作学习的评价反馈三个方面来共同实现教学目标的过程。现代认知建构主义认为,每个人根据自己的经验和方式建构对世界的认识,会对事物产生不同的认识,只有通过合作学习才能使自己的理解更为深刻、全面。

在合作学习中,学生自己分配工作,相互帮助。而且通过合作学习能够培养学生积极的个性特征,加强自我认识和自我尊重,锻炼沟通的能力,学会理解、接纳他人,提高学生的合作意识和集体观念,保持良性竞争等。

在实施合作学习策略的过程中,教师要注意以下几点:①培养学生合作的意识,处理好合作与竞争的关系,专门设计只有通过合作才能完成的活动,让学生在这种活动中体验到合作意识和成功;②呈现小组合作的目标,按照学生的能力进行分工,并设置奖励结构促进小组目标的实现;③鼓励学生共享材料和设备,分享自己的观点;④对小组内的各个成员进行监控和评估,将小组内个人的进步与小组进步联系起来,及时提供反馈。

(六) 个别化程序策略

个别化程序策略就是允许学生按照自己的步调和水平学习,教师教学必须与学生的能力、需要和兴趣相互匹配,并及时评估、反馈的方法。

个别化程序的具体操作步骤为:①为学生设置清楚的目标,让学生明确他们的任务;②根据学生的需要和能力选择各种材料和媒体;③为学生安排设计可行的步骤、方法、图表,以便完成任务;④教师要定期监控、评估学生的学习,对学生遇到的问题进行讨论,并进行个别研究;⑤按期进行个别的研究和指导,为高成就学生提供丰富的活动,使他们获得成就感,对低成就学生给予更多的帮助,允许他们按照自己的步调学习,并及时提供反馈,给学生更多的支持和鼓励;⑥注意教室内外兴趣区域的安排。

(七) 探究教学策略

探究教学强调教学应通过为学生创设适合于探究的问题情境,让学生自己进行操作和探索,从而发现知识,变被动地接受为主动的探究和发现。其优势在于能更大程度地激发学生学习的内部动机,更好地培养他们的独立精神和创造性。

根据师生在探究教学活动中所起作用的不同,可将探究教学分为定向探究和自由探究。定向探究是指在探究教学活动中,教师是起主导作用的,而学生是在教师的指导下进行各种探究活动。如由教师提供具体的教学事例和程序,让学生寻找答案,或者教师确定要学的概念或原理,学生自己发现这些概念与具体事例之间的关系。自由探究是指在探究教学活动中,以学生为中心,学生自己提出所要探究的问题,确定探究的对象,设计探究程序,收集数据,检验假设,得出结论,整个过程中很少得到教师的指导或帮助。

根据学生在探究活动中使用的思维方式的不同,可将探究教学分为归纳探究和演绎探究。归纳探究是指在探究活动中,学生先收集数据或观察资料,然后对他们进行观察分析,形成假设,经验证后形成概念、原理或概括性结论。演绎探究是指学生采用从一般到个别的思维方式进行探究,先获得普遍性的理论知识,然后再去认识个别的、特殊的现象。

四、教学监控策略

教学监控策略是指在教学活动中为了保证达到预期的教学目标,对教学的全过程进行积极主动的计划、检查、评价、反馈、控制和调节而采取的教学谋略或措施。教师运用教学监控策略的水平既受自身对有关策略的熟练掌握程度的影响,又受教师的教学监控能力的制约。教学监控策略主要包含下面四种策略。

(一)课堂提问策略

课堂提问可以增加师生之间交流的机会,促使学生把注意力集中于所学的内容上,有利于教师评估学生对所学内容的理解和掌握,也有利于学生对其学习行为和效果做出自我评价。但是教师的课堂提问也是需要有策略的,并非不顾教学目标和学生的实际水平而一味增加问题的难度。教师通过合理的课堂提问引导学生积极思考,培养学生认知能力、分析能力和创新能力,让学生学会分析问题和解决问题。课堂提问策略中要注意提问时机的把握和提问内容的选择。

提问存在一个最佳时间的选择问题,教师必须善于抓住这些最佳时间。例如,在上课开始时,学生的思维由平静转向活跃,这时教师可以多提一些回忆性的、封闭性的问题,将学生的思维尽快地引导到教学内容上来;中期阶段,学生的思维处于高度活跃状态时,多提一些说明性、分析性和评价性的问题,让学生更多的表达自己的观点,还可以提一些开放性的问题,鼓励学生发散思维,培养学生的创新意识;将近课堂结束时,学生会感到疲惫,思维由高潮转向低潮,此时适宜提强调性、巩固性和非教学性问题。

教师还要注意提问前的准备状态和提问后的等待时间。在提问前,要保证教师和学生的思维基本保持一致,才能使提问发挥良好的作用;在提问后,教师要根据问题的难易程度、学生的能力水平给出恰当的等待时间,这样可以使学生主动而恰当地回答出较多的内容,增加学生回答问题的信心。

此外,在提问过程中,教师还可以通过自己的态度、面部表情、身体姿势和师生间的空间距离等非言语行为调动全体学生参与,变换提问的方式,鼓励学生说出问题的思路,建立和谐的师生关系,为学生的思维提供宽松的环境。

总之,正确把握课堂提问策略有助于积极开展教与学的双边活动,使学生掌握知识与技能,养成善于思考的习惯。

(二)课堂讨论策略

课堂讨论是教师和学生之间、学生与学生之间有教育意义的、反思性的、结构化的团体交流。

课堂讨论策略实施步骤为:①围绕已经确定的主题设计能够引起学生讨论的初始问题;②设计能将讨论引入更深入话题的后续问题;③教师要考虑如何站在稍微高于学生智力发展的边界上通过提问来引导讨论;④对于学生在讨论过程中的表现,教师要适时给出恰当的反馈。

教师顺利实施课堂讨论要注意以下几个方面:①合理组织课堂讨论,创设良好的讨论环境;②恰当把握讨论的时机,当学生产生对新知识的渴求之时,当学生通过操作实验探究规律之时,当学生面对开放性问题之时等,都可以引导学生展开讨论;③精心准备课堂讨论内容,要有适当的难度,处于班内大多数学生的"最近发展区";④关注每一个成员,善于发现每个学生发言中的积极因素,并给予鼓励和肯定;⑤保证讨论不偏离主题;⑥讨论将近结束时,做恰当的结论。

(三)课堂时间管理策略

课堂中的时间因素与学生在课堂中的学习行为和学业成就有着密切的关系,所以是教学监控策略中不容忽视的因素。哈尼施费格(A. Harnischfeger)和威利(D. E. Viley)曾经提出,教学时间对学生学业成就产生影响经历了一系列中介环节,包括学生的参与程度、学生积极学习时间的长短、所许可时间与学习动机、分配时间与所用时间等因素,这些因素会影响课堂教学效率,进而影响学生的学业成就。

课堂时间的优化管理策略包括以下四个方面。

1. 坚持时间效益观,最大限度地降低时间的损耗

要提高课堂的时间效益,就必须建立合理的教学制度,并增强教师的时间观念,如运用好课堂准备策略,按时上课,不在课堂上做与教学无关的活动;正确运用课堂提问策略,保证课堂时间使用的有效性。

2. 把握最佳时域,优化教学教程

心理学研究表明,一节课中学生思维的最佳时间是上课后的 5~20 分钟,这段时间可以说是课堂教学的最佳时域,教师要在这段时间内完成主要任务,解决关键问题,并辅以精心设计的教学方法,使教学过程一直向着预定的教学目标进行,保证学生一直处于积极的专注状态。

3. 保持适度信息,提高知识的有效性

现代心理学认为,学生在课堂上的学习是一个获得并加工信息,不断调整认知结构的过程。课堂信息量的多少会影响教学效果:信息量过多,容易超越学生的接受能力,教学效果不明显,相当于浪费时间;信息量过少,教学环节松散,也会导致时间的浪费。所以教师要进行深入细致的分析,保证单位时间内有适度的信息量。此外,教师在课堂上传递的信息要尽可能有效,以防止教师教学中因无用知识而导致的无效劳动,以及给学生增添的思维负担。

4. 提高学生的专注率

专注率是指分配时间内学生专注于某项教学活动时间所占的百分比。提高学生的专注率的意思是增加学生的专注时间,使其尽量接近分配时间,即要抓住可教时机及时施教,选择恰当时机处理学生的行为,防止出现破坏课堂规则和形成冲突的情境。

> **资料窗　　　　学习时间的分类**
>
> 学生的学习时间可以分为五种:名义时间、分配时间、教学时间、专注时间和学术时间。
>
> 学校活动的时间总量通常是由政府确定的,如一所学校每学期多少天,每天多少小时,这一时间量就是我们所说的名义时间。
>
> 在名义时间中,有的时间用于学科的教学活动,有的时间是用于用餐、课间休息、集会等活动,用于这些活动中每种活动的时间,通常就是我们所说的分配时间。
>
> 教师将课堂活动的时间转换成建设性的学习活动时间,这就是我们所说的教学时间。
>
> 在教学时间中,有些学生心不在焉,思想开小差,有的专注于学习,这样在教学时间里有学生专注于指定活动的实际时间,即专注时间。

> 实际上,学生有时专注于某一活动,只是停留在表面上,而没有真正地投入和理解学业学习。这就有一个学术学习时间的问题,即学生花费在学业任务上并取得成功的时间,它不包括学生听不懂或理解错误的时间,即学术时间。
> 英美等国研究认为,名义时间与学生学业成就没有多大影响,因为名义上分配的教学时间往往由于教师或学生缺勤等原因而无法实现。许多研究的结果证明,专注时间与学生学业成就存在着正相关,学术学习时间与学生的学业成就有相当稳定的正相关关系。
> 资料来源:陈旭远.2002.课程与教学论.大连:东北师范大学出版社

(四) 课堂强化策略

课堂强化策略是指教师在课堂教学中所采用的,为增强学生某种课堂行为重复出现可能性的方法和技术。教师通过使用课堂强化策略增加学生正确反应的次数,减少不正确反应的次数,以此达到提高课堂教学效率的目的。

根据强化物的不同,可以将课堂强化策略分为:言语强化、非言语强化(如教师的面部表情、声调、身体语言等)和替代性强化。替代性强化是指观察者因看到他人受到强化而自己也受到强化,如教师在课堂教学中通过赞赏、表扬和鼓励等方式强化某学生的某些行为,该同学的这些行为会增加,其他学生也会因此受到强化,增加类似的行为。

第二节 课堂管理

在课堂教学中,教师除了"教"的任务外,还有一个"管"的任务,也就是协调、控制课堂中各种教学因素及其关系,使之形成一个有序的整体,以保证教学活动的顺利进行。这一活动即为通常所说的课堂管理。有效的课堂教学管理是保证教学策略实施,从而提高教学效果的重要途径。并且,随着基础教育课程改革的不断深入,教师的角色正在发生变化,由课堂的权威者、主宰者变为组织者、促进者,而学生在课堂教学中的地位不断提升,由被动的接受者变为主动的建构者。因此,教师必须关注课堂管理问题。

一、课堂管理概述

(一) 课堂管理的含义与特点

课堂管理是教师通过协调课堂内的各种教学因素而有效地实现预定的教学目标的过程。课堂管理的任务就是维持良好的课题纪律,营造和谐的课题心理气氛,协调师生之间的人际关系。课堂管理具有如下的特点。

1. 整体性

课堂管理是一个系统,包括课堂人际关系管理、课堂环境管理、课堂纪律管理、教师的自我管理、教师对教学内容的管理等方面。影响这一系统的因素是多种多样的,各种因素相互交织、相互影响使得课堂管理成为一个有机整体。课堂管理者必须学会综合把握,才会取得理想的教学效果。

2. 协作性

课堂教学是老师和学生共同参与和建构的教学过程。师生间的互动协作有利于形成良好的学习环境,是课堂良性发展的基础。传统教学模式下教师是教学的中心和主体,学生接受的多是"填鸭式教学"。在这种模式下,学生的积极能动性没有得到充分的发挥;在新课程改革的思潮下发展起来的"以学生为中心"的教学模式强调学生的主体地位,鼓励学生积极参与,这改变了传统教学中教师主宰课堂的状况。

3. 自律性

有效的课堂管理要求学生在不同的课堂情境、面对不同的教师都能始终如一地遵守课堂行为规范、表现出适当的行为,在这个过程中学生提高了自觉性并逐渐树立良好的行为习惯。

4. 创新性

随着时代的变迁,学生也呈现出一系列不同于以往学生的特点。而且不同年级的学生表现出的班级气氛也大不相同,同一年级不同班级的学生也各有差异。不同的学生又有不同的个性和需求。为适应这些课堂内外的变化,就要求教师在进行课堂管理的过程中进行创造性思考,只有这样才能使动态的课堂管理趋近理想的状态。

(二) 课堂管理的目标

课堂管理的目标不仅仅在于保证知识的顺利传授,更注重教师和学生的全面成长和发展。具体来讲,现代课堂管理要达到的目标可以概括为以下三点。

1. 为学生争取更多的时间学习

争取更多时间用于学习是课堂管理的目标之一。国外有研究者把教学时间划分为四个层次(图 13-2):分配时间、教学时间、投入时间和学业学习时间,其中投入时间和学业学习时间与学生的学习成绩密切相关(陈琦和刘儒德,2005)。研究表明,学生课堂学习时间的质量与之成绩呈显著的正相关。由此可见,投入学习的时间及学习效率非常重要,学生要在提高学习效率上下工夫,如果只是单纯盲目的延长学习时间,得到的结果将会是事倍功半。

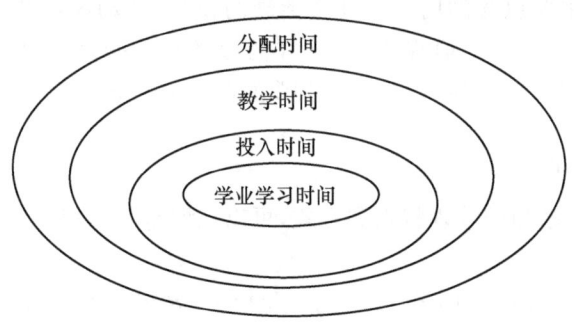

图 13-2 教学时间的 4 个层次

2. 争取使更多的学生投入学习

教师可以通过创设有趣的教学情境,强化良好学习行为,增加与学生的互动,尽量照顾到每一位学生的需求等方式促使更多学生投入学习活动。教师要相信即使是差等生也有求知欲,厌学现象是由多种因素造成的,其中因素之一可能就在于教师教学的设置不符合该部分学生的兴趣和需求。良好的课堂管理应使多数学生能够积极参与教学活动,并从中收获知识和成长。

3. 帮助学生自我管理

促使学生进行自我管理和自我调节学习是教师进行课堂管理的最终目标。帮助学生自我管理虽然不是教学的直接目标，但从发展的角度看，懂得为自己的学习生活负责的学生会更自律、更成熟，对自己未来的规划也更清晰。达成这一目标虽然一开始需要花费很多的时间，且不会产生立竿见影的效果，但发展这一目标是富有意义的。

（三）课堂管理的内容

课堂管理包括的内容有常规管理、环境管理、秩序管理和活动管理四个方面。

1. 课堂常规管理

课堂是由教师、学生、教学环境组成的教学系统，课堂常规管理也涉及其中每一个方面，大致包括制订课堂管理目标、拟订管理计划、组织并协调课堂活动、资料的管理和有效运用等。

2. 课堂环境管理

课堂环境包括物理环境和社会（心理）环境两类。物理环境是学生在学习过程中体验到的外部环境，会对学生的学习活动产生直接或间接的影响。比如，课堂的光线、通风、桌椅的摆放、容纳的学生数量、卫生等因素；课堂的心理环境也会影响教学质量。教师要做到尊重学生，相信学生具有潜能，通过营造一种融洽的课堂气氛促进学生学习和成长。

3. 课堂秩序管理

有序的课堂秩序是有效教学活动开展的前提和保障，无序的课堂秩序会扰乱正常的教学任务，阻碍教学目标的实现。课堂秩序管理主要涉及的问题包括解决课堂冲突和问题行为、制定课堂规范等。有效解决课堂冲突有赖于教师长期积累的管理经验和教师的威信，教师在解决问题的过程中要注意做到公正、公平、客观。

4. 课堂活动管理

课题活动管理主要包含的内容有课堂活动的设计、活动内容的选择、活动方法的运用、活动资源的整合等方面。研究表明，多样的教学活动会增加课堂教学的吸引力，也是课堂活动管理取得成功的原因之一。教师在教学中要善于利用课堂活动，促进学生学习和潜能的开发。

（四）课堂管理的类型

根据课堂管理中教师的管理特点和方式，可以把课堂管理划分为以下几个类型。

1. 权威型管理

权威型管理模式下的教师十分注重规则和指令，要求学生绝对服从，缺乏自主性，并采用惩罚、控制等强制性手段实现管理目的。

2. 放任型管理

放任型管理模式与权威型相反，主张学生有权自由选择自己的行为并对其负责，教师不应对学生施加任何干预和限制。此种模式不主张设置过多的课堂规则限制学生的行为，认为学生应该拥有广阔的空间和自由发展的可能。

3. 行为型管理

行为型管理是基于行为主义理论发展而来的一种管理模式。教师在课堂管理中要想塑造学生的良好行为，可以强化学生的良好行为，鼓励发展教师期望的行为，减退非期望的不良行为。还可以在课堂中设置榜样,让其他学生通过观察习得良好行为。

4. 社会型管理

社会型管理将课堂看作一个特殊群体,认为课堂群体也是一个社会系统,具有一切社会系统所具有的特征,学校教育应该基于这种群体关系从总体把握系统内部的各种关系,促进课堂教学。

5. 教学型管理

该管理模式主张,有效的课堂管理的关键不在于采取怎样的管理方式,而是应该注重课堂教学的设计和实施。该理论认为,活跃有序的课堂气氛、有趣的教学设计会激发学生的学习兴趣和动机,减少课堂问题行为的发生。教师的任务重点在于设计教学、激发学生的兴趣,并创设有趣的教学情境、营造轻松融洽的学习气氛。

6. 沟通型管理

这种管理模式认为,营造良好的课堂气氛、维持融洽、和谐的师生关系和同伴关系会促进学生学习行为的发生,不良行为问题也会随之减少。因此,教师的任务在于促进和学生之间的良好沟通,创造健康向上、友爱团结的班级氛围。

二、课堂社会环境管理

课堂环境作为学生学习的情境性因素,会对课堂教学产生显著的影响。一般来讲,我们把课堂环境分为课堂物理环境和课堂社会环境两类。其中物理环境是课堂活动的物质基础,包括教学场所内所呈现的一切物质条件,从任课教师的角度上说,对这一环境的影响程度相对较小;社会环境即心理环境,对教学的影响程度更大,同时,任课教师也能够对课堂社会环境进行有效管理,从而提高教学效果。课堂社会环境包括人际互动、课堂气氛、课堂目标结构等。

1. 人际互动

(1) 师生互动。师生之间发生的相互作用和影响我们称之为师生互动,包括促进作用和阻碍作用两种形式。师生之间是一个相互作用的动态过程,教师对学生的态度和行为会影响学生学习状况;反过来讲,学生的学习成绩和行为表现也会影响教师对其的态度。教师对学生的影响通过教师期望发生作用,即心理学的"罗森塔尔效应"。教师在教学过程中应该尽量使自己保持客观公正的态度,一视同仁地对待所有学生。

(2) 同伴互动。同伴关系是学生成长过程中非常重要的一种社会心理资源,良好的同伴关系能够促进学生之间的学习交流。教师要引导学生在同伴之间建立相互吸引、和谐的关系。

2. 课堂气氛

课堂气氛是课堂教学活动发生的心理背景。在不同的课堂气氛下,学生的积极主动性、情绪、注意力保持、学习兴趣等方面也存在较大差异性。活跃且有序的课堂气氛有利于提高学生的学习效率;压抑、紧张的课堂气氛则会减少学生参与课堂活动的热情,致使学习效率降低。

根据师生在课堂上表现出来的注意状态、情感状态、定势状态及思维状态,课堂心理气氛可以分为积极、消极和对抗三种类型,如表13-3所示。

表 13-3 课堂气氛基本类型表

课堂气氛类型 师生的心理状态 表现	积极的	消极的	对抗的
注意状态	师生对教学过程表现出注意的稳定和集中，全神贯注甚至入迷	呆若木鸡，打瞌睡（在教师要求较严厉的情况下）；分心，做小动作（在教师管理课堂能力较差的情况下）	1. 学生注意指向与课程内容无关的对象，而且常常是故意的； 2. 教师为了维持课堂纪律而被迫中断教学过程
情感状态	积极愉快； 情绪饱满； 师生感情融洽	压抑的、不愉快的（在教师要求较严厉的情况下）；无精打采、无动于衷（在教师管理能力较差的情况下）	1. 激情，学生有意捣乱，敌视教师，讨厌上课； 2. 教师不耐烦，乃至发脾气
意志状态	坚持，努力克服困难	害怕困难，叫苦连天；设法逃避	冲动
定势状态	学生确信教师讲课内容的真理性	对教师讲的东西持怀疑态度	不信任教师
思维状态	学生智力活跃，开动脑筋，从而迸发出创造性；教师的语言生动、有趣、逻辑性强，学生理解和解答问题迅速准确	思维出现惰性，反应迟钝	不动脑筋

资料来源：莫雷.2007.教育心理学.北京：教育科学出版社

积极的课堂气氛有助于提高教学活动的效率，教师可以从以下几个方面着手营造积极的课堂气氛：

(1) 建立和谐的课堂人际关系。这是营造积极课堂气氛的基础。师生之间、生生之间关系融洽和谐，树立团结友爱、尊师重教的班风，都将有助于良好班级氛围的形成。

(2) 运用灵活多样的教学方式。有教学经验的教师善于运用丰富多样的教学方式激发学生的好奇心，并在必要情况下维持学生对教学的注意。新颖多样的教学方式必会激发学生的学习热情和兴趣，进而营造出一种积极活跃的课堂气氛。

(3) 采用民主的领导方式。领导方式可以分为专制式、民主式和放任式三种。采用民主领导方式的教师会给予学生一定的自由权利，学生在课堂中可以自由发表观点和言论，通过讨论和分享的形式解决问题、获得知识。这种管理方式下的课堂氛围活跃而民主，最大限度的激发了学生的积极参与性。

(4) 给予学生合理的期望。教师对学生的期望会通过微笑、点头、目光接触以及其他支持性行为等非言语动作和表情将信息传递给学生，然后学生会按照教师期望的方式塑造自己的行为。教师对学生的期望就是以如此微妙的方式发挥作用，因此教师在传达期望的过程中，最好能够针对不同学生的客观情况，以恰当的方式传达对每个学生的适度期望。这样可以调动学生的学习积极性，促进良好课堂气氛的形成。

例解　　　　　　　　教师对管理对象的偏爱

有学者(杨心德,1990)曾经从10个初中班级中选取100名学生,其中50名是老师认为学习成绩最好的,50名是老师认为学习潜力最小的,调查这些学生对教师课堂行为的认识。结果发现,优生与差生所觉察到的教师课堂活动中的言语行为和非言语行为均存在着显著的差异。例如,有33名优秀学生觉察到老师课后常坐到旁边的空位上来,主动与他交谈,而有31名差生则反映教师很少坐在身旁,极少主动与他交谈;当学生不能正确回答问题时,22名差生觉察到教师经常直接告知答案,12人觉察到经常为此而受到教师的批评,教师极少反复解释问题或用言语暗示;而优秀学生中有32人觉察到教师经常反复向他解释问题的条件和要求,16人认为教师经常用言语暗示他,极少直接告知答案,或立即让其他同学代替其回答,没有人认为会马上受到批评。这表明老师对优生和差生的期望值和关心程度完全不同,这就是教师在管理对象上的偏爱,它严重影响着学生对老师的情绪态度,影响着学生的自我意识和学习行为,进而影响学生的学业成绩。

资料来源:莫雷.2007.教育心理学.北京:教育科学出版社

3. 课堂目标结构

课堂目标结构是指在班级中由奖赏机制决定的占主导地位的学习目标取向。一般来讲,课堂目标结构分为竞争型、合作型和个人主义三种类型。在持有竞争型目标结构的班级中,学生不断地将自己与他人比较,力求超过其他同学获得成功,这种结构下的奖赏制度的主要根据是学生在竞争中取得的成就。合作型目标结构与竞争型相反,奖赏的是合作行为,个体的行为只有在团体获得成功的前提下才有意义,这种目标结构强调的是合作的重要性。个人主义目标结构注重个人努力,在这种结构下教师要让学生认识到奖赏主要取决于个人努力,而不是与他人进行比较。这种情况下获得奖励的依据是是否达到了教师或自己设置的目标要求。教师在课堂教学中导学生建立合作型课堂目标结构,有利于学生和谐、快乐地学习。

三、课堂纪律管理

课堂纪律管理,也称课堂秩序管理,是课堂管理中的一个重要组成部分。课堂纪律的好坏将直接关系到学生的学习效率,维持良好的课堂秩序是学生进行有效学习的前提和保障。

(一) 课堂纪律的概念及分类

课堂纪律是指为了维持正常的教学秩序,协调学生行为,保证课堂目标的实现而制定的要求学生共同遵守的课堂行为规范。

根据课堂纪律的形成途径,我们可以将课堂纪律作以下分类:

(1) 教师促成的纪律。教师促成的纪律是指在教师的指导和约束下形成的班级行为准则,是班级纪律形成的一种主要方式。

(2) 集体促成的纪律。集体促成的纪律是指在集体压力的约束和规范下形成的纪律。人是具有社会性的,群体中的个体通常会受到群体规范的限定和约束,并遵守所属群体的行为准则和价值标准。例如,同伴群体作为学生参与的重要群体,对个体所产生的影响是很大的。

(3) 自我促成的纪律。自我促成的纪律就是自律,具有自我约束、自我控制的行为特点。它是课堂纪律管理的最终目标,学生由他律向自律转变的过程也标志着他们正逐渐向成熟迈进。

(4) 任务促成的纪律。任务促成的纪律是指以任务为导向形成的纪律规范和准则。在教学活动中,不同的教学任务都有特定的要求和需要遵守的纪律,如科学实验、课堂辩论、外出实习等,分别会对学生做出不同的要求,随着任务的完成这些纪律也就随之消失了。

(二) 维持课堂纪律的策略

课堂纪律管理是课堂管理中的一项重要内容,课堂纪律直接关系到教师的教学质量和学生的学习效率。那么如何才能维持良好的课堂秩序,保证教学活动的顺利进行呢?

1. 建立积极、有效的课堂规则

良好的课堂秩序建立在合理而明确的课堂规则基础之上,是在课堂规则的生成与执行过程中实现的。没有适宜的课堂规则,就不会有良好的课堂秩序。课堂规则的制定应符合以下原则:课堂规则应由教师和学生共同参与制定;课堂规则应该简短精练、条理清晰,内容表述上以正面引导为主;课堂规则的制定要及时,一般为开学时候制定,必要时可以根据需要进行补充和修正。

2. 合理组织课堂教学,维持学生的注意和学习兴趣

有趣的教学设计和丰富多彩的教学内容会吸引学生把注意力始终保持在学习内容上,认真听讲并自觉遵守课堂纪律。维持学生的注意和学习兴趣既是教学的重要目标,又可以作为保持课堂纪律的有效策略之一。维持学生注意和兴趣有多种方法,教师可以根据自己的教学经验和学生的特点自行设计教学方案,激发学生的学习兴趣。

3. 保持良好的课堂监控

教师在授课的过程中,还要注意随时监控学生的不良行为,并在必要时给予提示和警告,以维持良好的课堂秩序。如果教师发现课堂上出现了有人违反课堂纪律的情况,可以进行一定的提醒和暗示。可以使用目光接触、手势、身体接近等非言语的方式;也可以直接进行口头提醒,如"请注意认真听讲"、"回答问题前请先举手"等。这里要注意一点,口头提示的时候,尽量使用正面的语言进行表达,而不要采用批判性或否定性的语言,因为正面表达教师的期望传达出教师对学生的积极期待和宽容心。下表列举了口头提示的几种积极性和消极性的语言提示,请仔细体会其中的区别。

例解 积极性的引导性语言与消极性的引导语言

积极性的引导语言	消极性的引导语言
关门要轻一点。	不要"砰"的一声关门!
如果能回答问题就举手。	怎么不举手?
应该自己把这些题目做出来。	别看其他同学的作业!
答题时应该仔细检查。	怎么这么粗心!
身子要坐正。	不要瘫坐在凳子上!

资料来源:莫雷.2007.教育心理学.北京:教育科学出版社

4. 培养学生的自律品质

自律是人作为主体在认同、内化社会道德规范的基础上自主、自觉地进行自我限制、自我约束。表现在课堂教学中,具有自律品质的学生能够自觉遵守课堂纪律,将外部的行为规范和准则内化为自己的行为标准。

自律是学生纪律发展的最高阶段,同时也是课堂学习纪律管理的最终目的。教师可以从以下几个方面培养学生的自律品质:首先,保证学生明白每一条课堂纪律的含义、传递遵守课堂纪律的意义所在,并对学生提出明确的要求;其次,教师要有意识发展学生的自我调控能力,这是由于自律就是个体有意识对自己的行为进行自我监控和调节的一种活动;最后,自律品质是在课堂中通过与教学环境中他人的互动和影响来实现的。因此,教师要充分利用集体舆论和集体规范引导、约束、规范学生的课堂行为,发展学生的自律品质。

四、课堂管理策略

有效实施课堂管理,对于激发学生学习的积极性,提高课堂教学效率都有极其重要的作用。目前有关课堂管理策略方面的研究从多个方面和角度进行了阐述,对于实际教学中提高课堂管理水平、推动课堂管理向纵深方向发展具有非凡的意义和价值。下面我们将要详细地介绍其中六种主要的管理策略。

(一) 和谐沟通策略

和谐沟通(effective communication)策略是以人本主义学派作为其理论基础的。主张这一课堂管理策略的心理学者认为,真正有效的管理来自于学生的自制行为,只有当学生发自内心地感受到学习的价值以及教师的支持性态度,才有可能发生持久的改变。美国教育心理学家季洛特是这一策略的积极倡导者。他曾经在其著作《师生之间》详细论述了具体的沟通技巧和方法,我们简要介绍以下几点。

1. 理性的信息

理性的信息是指针对情景而非学生人品的语言信息。对于犯错误的学生,教师不应该将错误归结为学生的人品问题,而应该就事论事,针对具体情境描述学生行为所犯的错误。

2. 教师应表达自己的感受

受多种因素的影响,在课堂管理的过程中教师不可避免会体会到愤怒、烦恼等消极情绪的困扰。这时教师应该真实表达自己的感受,但同时在表达方式上要注意以下几点:真实表达自己的所看、所听、所想;注意语言的使用,尽量用"我……"之类的话语,避免伤及学生的人格;避免使用侮辱和贬低学生的语句等。

3. 和学生合作

传统教学中教师在课堂教学中起主导作用,要求学生绝对地服从教师的要求和指令。这样做通常会导致学生产生厌烦和抗拒情绪,不利于师生之间融洽关系的形成。在现代教学体系下,教师应该更多从学生的角度出发,融入到学生群体中体会他们的想法、需求和情感;教学过程中也应该鼓励学生积极参与教学互动,关于教学内容和形式的制定也可以征求学生的意见和建议,让学生切实体会到学习的自主性、责任感,真正做学习上的"主人翁"。

4. 接受与承认学生的感受

学生由于认知及经验上的局限性,常常会过于夸大自己的感受,所呈现出的情感与事实依据不相符。这时教师不要急于纠正学生的错误、否定他们对于自我的感受,而应该表现出理解和接纳的姿态,并向他们提供帮助。这会让学生感受到教师对他们的理解和尊重,增加相互之间的信任感。如果教师只是盲目地将自己的意见强行灌输给学生,会造成学生内部情感的矛盾和混乱,进而不愿意对教师敞开心扉。

5. 教师应避免直接诊断学生的缺点

学生处于迅速发展的阶段,具有相当大的可塑性。教师在与学生的交流中切忌使用断言性质的评价,尤其是负面的评价。这会对学生形成一种强烈的自我暗示,学生会相信这些断言是真的,并逐渐丧失自信心。教师在教学管理中应注意这一点,要多多鼓励学生的进步和成就,积极启发,循循善诱。

6. 适当地赞美

赞美应该着重强调行为本身并最好能够指出进一步发展的方向,这样的赞美方式是具有建设性的;赞美如果带有评价的含义,侧重于对人格的赞许则可能会适得其反。教师在赞美学生时,也要充分注意这一点。例如,教师对学生说道"这篇作文写得很好,在刻画人物性格方面描写的很细致和深入",这就是对行为本身的赞美,教师没有把作文的成功归于学生的人格特质。赞美的功能是支持、激励和鼓舞,而不是评价。

(二) 团体动力课堂管理策略

团体动力(group dynamics)是指团体会创造出自己的心理动力,并强烈地影响其成员的行为,这种心理动力亦可称为"团体动力"。它主要是指影响团体中个人行为的心理力量。这一策略是由美国学者雷德和华顿伯格提出来的,他们认为对于团体动力的觉察能够用来进行课堂管理。

教师对于团体动力的成功把握会有助于课堂管理的顺利实施,雷德和华顿博格提出了四种课堂管理策略可供教师在进行课堂管理时进行参考:支持自我控制、提供情境协助、评价现实、诉诸"痛乐原则"。

1. 支持自我控制

学生在课堂上出现的不良行为多数是因为缺乏自我控制,有些情况下学生没意识到自己违反了课堂纪律,教师要做的就是帮助学生重新找回控制力。支持自我控制这一方法不主张运用暴力、强迫、惩罚的手段来对待学生,认为教师的任务是协助学生自我帮助。具体可以采用以下几种方法:

(1) 传递信息。教师可以通过一些肢体语言,如眼神交流、摇头等方式向学生传递信息,让学生意识到自己正在犯错误,通常这一方法适用于不良行为刚刚出现的情况。

(2) 趋近控制。这是指当教师利用传递信息的方式不能达到目的时,可以靠近违反纪律的学生以警示学生,这样就可以促使学生停止不良行为,集中注意力。

(3) 表示兴趣。有些学生出现课堂违纪行为是因为对学生缺乏兴趣,这种情况下教师可以走进学生,鼓励他,激发他的学习兴趣。

(4) 幽默。教师还可以运用幽默的言语给予学生提示,既让学生意识到自己的不良行为,又不损伤学生颜面,是一种积极有效的方法。但教师要注意不能用带有讽刺意味的言语戏谑学生,应该运用支持性的语言。

(5) 视而不见。视而不见是一种行为主义上的消退法,尤其当学生违反纪律的目的是吸引教师注意、试探教师的时候,教师可以忽视他们的行为。但要注意不能让学生误解为教师的行为是对他们的放纵。

2. 提供情境协助

对于自控力比较差的学生,需要教师进行外部协助。通常的做法有如下几种:

(1) 跨越障碍。学生因为遇到学习中的困难而讲话,不是故意违反课堂纪律的情况下,教师不应当责罚学生,而应该积极帮助他们克服障碍。

(2) 调整进度。在学生刚刚进行了剧烈活动使得身体或心理无法平复下来的时候,这时按计划实施教学不会取得好的效果,教师可以适当调整一下教学进度,换个活动方式进行。

(3) 固定的进度。固定的进度可以增加学生对于课程的预测性,也可以做好更充分的学习准备,否则缺乏稳定进度会让学生对于学习缺乏控制感。

(4) 隔离。对于在课堂上扰乱纪律的学生,教师可以暂时将他们与其他同学隔离。例如,小明在上课时跟别人讲话,老师可以拉着他的手到教室后面跟他说:"等你决定好好听课时,就可以回到座位上。"教师要避免使用惩罚的方式解决问题。

3. 评价现实

当学生在课堂上表现出不良问题行为时,教师要帮助进行分析行为可能产生的后果,对学生的行为做出客观中肯的评价,让学生认识到课堂上应该做什么、不应该做什么,为什么不能那样做等,修正学生对于自己行为的认识误区。此外,教师要注意在评价学生行为时的用语要客观真实、具有支持性,言辞不能带有侮辱或伤害性质。

4. 诉诸"痛乐原则"

痛乐原则是让学生认识到其不良行为之后必然会带来不愉快的结果。当学生认识到这一点,在进行行为选择的过程中就会趋利避害,趋向于选择能带来良好结果的行为。这一原则通常适用于以上几种方法都不奏效的情况下。

(三) 目标导向策略

目标导向(goal directed)策略是由著名心理学家德雷克斯提出来的,他认为,人的一切行为都受到其内在需要的驱使,即使是不良行为也是如此。学生作为一类社会群体,有着强烈的归属和被认同的需要,如果这些需要得不到满足就会表现出不良问题行为。这种情形下学生的行为目标是带有偏差性的,在学生中常见的偏差行为目标主要包括:获得注意、寻求权力、寻求报复和表现无能。

1. 获得注意

有的学生为了获得关注和认可故意扰乱课堂秩序或提出特别要求,借此引起教师的注意。这种情况下教师如果给予他们更多的关注,会强化这些学生的不良行为使其行为延续下去。如果学生采取的获得注意的行为没有得到想要的效果,他们就会发展到下一阶段——寻求权利。

2. 寻求权力

发展到这一阶段的学生,为了继续引起教师的注意会采用另一种方式——与教师对抗,表现出许多令教师头疼和烦恼的行为,如反驳、争辩、说谎、攻击行为等。这时教师如果表现得气急败坏,为了维护自己的尊严而采用强制手段迫使学生服从,学生的行为就达到目的了。在这种对抗中,如果学生占上风,学生就会习得权力的重要性,其不良行为得到了强化;如果教师在这一过程中占优势,学生就会产生怨恨心理,接下来产生更严重的行为:寻求报复。

3. 寻求报复

第三种错误的目标是:伤害别人可以补偿自己的挫折心理,如果我有能力伤害别人,我就会变得比较重要。如果学生用其他方法都没能满足自己被认可的需求,就开始转向该目标寻求满足感。他们会表现得令教师难以容忍,变得特别难以管理,处于这一阶段的学生不怕惩罚,教师惩罚的越严重,他们越是觉得自己取得了成功,并形成了扭曲的认识:被人讨厌也是一种胜利。

表面上这些学生很张狂不羁,其实在内心深处却深藏着挫败和沮丧的心理感受,渐渐他们也会认识到自己的行为是没有任何价值的,接下来就进入了第四个阶段:表现无能。

4. 表现无能

学生会感到自己一无是处,是个完完全全的失败者。他们会尽量远离一切课堂活动以免让自己感受到失败的威胁,维持自己的仅存的自尊心。

以上四种偏差行为目标会使学生表现出相应的行为,教师在课堂管理的过程中要根据学生的行为表现仔细分析、探究学生行为背后的深层次动机及需求,每一个错误行为目标如何导致学生不良行为等。针对学生的不良行为,教师可以采取下列步骤给予查明和纠正。

首先,确认学生的错误目标。既然课堂上学生的不良行为都是由错误目标引起的,那么确认具体错误目标就变得尤为重要。主要有两种方法:一是教师可以通过记录自己对学生不良行为的反应来确认学生的需求和期待;二是可以观察学生对于教师纠正其行为的反应。

其次,教师向学生解释错误目标及相应的错误逻辑。在确认错误目标之后,教师应该向学生阐明其行为目标的错误之处,要注意不要直接指出学生的错误,可以采用"产婆术"的方法让学生自己认识到自己的错误,这样更有信服力。教师可以采取友好的、温和的方式,向学生提出一系列的问题,使学生在思考这些问题时,能检视其行为背后的目的。

资料窗　　　　教师应该问有不良行为学生的问题

德雷克斯要求教师依次询问学生下面几个问题,观察学生对哪一种错误目标有反应:
1. 是不是你想要我注意你呢?
2. 是不是你想要证明没有人能指使你?
3. 是不是你想要伤害我或伤害别人?
4. 是不是你想要我相信你是不能做任何事的?

资料来源:杜萍.2007.有效课堂管理:方法与策略.北京:教育科学出版社

最后,帮助学生改变错误目标,引发学生新的建设性行为。例如,针对为获得注意而产生的不良行为,教师应该做的事情是:坚决忽视学生所有为寻求注意而做出的行为,同时教师也要引导学生寻找获得肯定的新途径,否则学生就有可能转向下一种错误目标即寻求权力。教师可以在学生表现出良好行为时给予注意,强化他们的良好行为,这样学生就会认识到可以用努力学习、取得成就来得到老师的认可,而且这是一条更加安全有效的路径。

(四) 需求满足策略

需求满足策略是由美国心理学家格拉塞(William Glasser)提出的,他认为只有通过建立一个有意义的、真正能够满足学生需要的积极课堂环境,才能确保学生做出积极的、符合教学目标导向的行为。为此,格拉塞提出了三个基本主张:学校应有组织地满足学生在隶属感、权力、兴趣及自由等方面的需求;高品质的学习活动及评价工作可由学生自行完成;教师不能再采用只会用口语命令的"老板式管理者"的方式,而应采用以刺激及协助学生思考学习的"领导式管理者"的方式。

这三个主张中涉及两个主体,一个是学生,一个是教师,教师想办法满足学生的需求。

学生主要有下面五种需求:①生存的需求(食物、免于受伤的自由等);②隶属的需求(安全、舒适、成为团体的一员等);③权力的需求,学生希望自己的想法及地位受到重视,希望自己的意见能被接纳、认同等;④兴趣的需求,学生希望自己在情绪和理性思考上觉得有趣,而不是机械地接受知识;⑤自由的需求,学生希望能自我决定、自我导向,且能为自己负责,萌生自我价值感。

只有满足了学生的这五方面的需求,才能让学生积极的学习,为了能达到这一点,教师可以从以下几方面实施:①正确认识学生,与学生建立好的人际关系;②建立课堂常规以引导学生成功,在学生出现违背课堂常规的行为后,不接受学生错误行为的借口,直接指出学生的不良行为是什么,强调学生当时的行为本身,并且要求学生对自己的行为做出价值判断,进行正确的选择;③培养学生的责任感和自律的行为,让学生明了行为的合理结果,从而能够控制自己的行为;④对学生的行为给予及时的评价、反馈。通过这些策略可以满足学生的基本需求,并愿意留在学校进行高品质的学习。

例解　　当学生出现不良行为时,教师的应对方法

【当学生出现不良行为时】
教师:你在做什么?这是不是违反了规定?你应该怎么做呢?
学生:(以负面的方式回应)
教师:我想私下和你谈谈(在指定的时间)。

【师生间的个别谈话】
教师:(重复)你在做什么?那是不是违反校规?你应该怎么做?
学生:(同意将采取适当的行为)
当学生再次出现不良行为时,教师可再约定一次个别谈话。
教师:我们必须解决这个问题,你能想出有什么方法能使你遵守规则吗?
学生:我不再犯错。

> 教师:不行,我们需要你清楚地知道你该"怎么去做"的办法。让我们一起制订出一个你能确实去做的简单计划,我会帮助你。
>
> 学生仍然重复不良行为,并没有遵守计划。
>
> 学生仍然重复原来的不良行为甚至更加恶劣,可以考虑不让其参与团体活动,或者暂时请他离开教室。
>
> 当学生回到班级后又违反规定时
>
> 教师:我们制订过计划,但是你并没有做到。我们还有一次的机会,如果你还是不能做到遵守这个班级的规定,你就必须考虑离开这个班级。现在你需要到校长办公室报告(校长在事前就已经被通知有这种可能性)。
>
> 如果学生实在无法管束,校长便可通知其家长,要求他们把学生带回家。
>
> 如果学生一再地被送回家,就应考虑请学生转班或转学。
>
> 如果教师能够一直坚持这些步骤,就能让学生认识到不良行为的错误价值,做出正确的选择,并渐渐相信选择好的行为能带来个人的正向发展。
>
> 资料来源:杜萍.2007.有效课堂管理:方法与策略.北京:教育科学出版社

(五)果断纪律策略

美国学者肯特夫妇(Lee Canter,Marlene Canter)根据许多优秀教师的行为模式,归纳出了"果断纪律"的课堂管理策略,用来帮助教师以一种冷静而有力的态度与学生相处,提高课堂管理效率。

教师在课堂管理中运用果断纪律策略时,可以遵循以下五个步骤:

(1) 明确提出对学生的要求。

(2) 学会使用果断的反应方式。果断的反应方式能够维护师生双方的权益,能够让学生了解教师对他们的期望,并按照这些期望做出相应的行为。

(3) 确认对学生的期望行为和非期望行为的后果。确定课堂教学中学生应有的行为规范,即让学生清楚什么行为是教师所期望的行为,什么行为是教师所不能接受的行为,然后教师要告诉学生遵守规范和违背规范所要面对的结果。

(4) "追究"学生行为的后果。当学生在课堂上表现出正当行为时,教师应及时给予鼓励;当学生表现出非正当行为时,教师应给予惩罚。

(5) 实行一套积极、果断的制度。当学生的行为有所改善或取得进步时,教师也要做出积极的反应,如凭借称赞、微笑和友善的眼神接触来表示教师对学生的个人注意;给学生积极的评语或颁发奖状;赋予学生特别的权利;物质奖励;用积极的方式向家长反应等。

除了遵循以上五个步骤来运用果断纪律策略外,教师还要注意以下几点:

(1) 教师明确教导学生应有的行为方式,有具体的方向指导,而不仅仅是口头命令。

(2) 强化学生的恰当行为。

(3) 冷静分析、处理学生的不良行为。

> **例解** 破唱片策略——把一句话说很多遍,一再重复最初的信息
>
> 教师:王易,在课堂上是不准打架的,我不能姑息这件事,记住,下不为例。
>
> 学生:这不是我的错,是罗亮先开始打我的。

> 教师:我知道情况可能是这样,但是我没看到,问题是你们不应该在教室打架。
> 学生:是罗亮先打我的。
> 教师:可能是这样,我会留意,但是你还是不可以在教室里打架。
> 在这个例子中,教师一直重复不可以在教室打架,而不让这个打架事件转移到由谁开始这个问题上,这就是破唱片策略。
> 资料来源:杜萍.2007.有效课堂管理:方法与策略.北京:教育科学出版社

(六) 行为矫正策略

行为矫正策略来源于行为主义心理学家斯金纳提出的强化理论,将强化作为控制或促进学生的行为的手段。行为矫正策略相当于强化,要求教师以积极的方式与学生共处,避免使用严厉的处罚,强调积极性、减少消极性,该策略不仅可以促进学生良好行为的形成,还可以增进学生学习的速度。

强化是通过某种事物来增加某种行为的过程。强化可以分为正强化和负强化。在课堂上的正强化是指学生的行为受到称赞、鼓励、奖赏后会得到增强,从而使这一行为发生的频率和持续性也随之增加。负强化是指通过移开某些学生所厌恶的刺激,促进学生良好行为的发生。

强化物主要有四种类型:社会性强化物、符号性强化物、活动性强化物、实物性强化物。社会性强化物主要是教师通过言语、手势和脸部表情表现出来的赞赏;符号性强化物可以是教师用笔和橡皮章制作的特殊符号;活动性强化物是指在学校中学生所喜欢的活动,如游戏、额外的休息时间等。实物性强化物是以真正的事物作为奖品,如本、笔、旗子等。

行为矫正策略是一套有组织、有系统、连续不断的方法,教师要真正系统地以强化作为塑造行为的手段,才能获得理想的效果。建立行为矫正系统包含以下几种方法。

1. 强化目标行为

教师在课堂上要先确定学生必须具有的目标行为,一旦学生完成这些行为就及时奖赏,这不仅可以强化该学生的正确行为,也可以通过替代强化增加其他学生相似的行为。该方法适用于小学中低年级的学生。

2. 常规—忽视—奖赏(RIP)

常规—忽视—奖赏中教师和学生首先共同制定简明、清晰、易于记忆和理解的课堂常规。然后教师密切注意学生的行为表现,当有学生出现违规行为时,不予注意,忽视其行为;当有学生遵守规则时,就立即给予奖赏。这种方法适用于小学,不适用于中学。

3. 常规—奖赏—处罚(RRP)

常规—奖赏—处罚与上一种类似,都是要先建立课堂常规,对好的行为给予奖赏,区别在于不忽视学生的违规行为,当学生表现出不良行为时,给予惩罚。这种方法适用于高年级的学生。

4. 代币制

代币制是指教师使用代币来激发学生做到教师所期望的行为。如当学生在课堂上表现出教师所期望的行为时,教师就给学生一些代币(如塑料筹码、小红花等),当这些代币积累到一定数量时就可以换取奖品或特权(笔记本、奖状等)。

5. 订立契约

通过"订立契约"的方法,要求教师通过契约明确指出哪些工作和哪些行为必须在什么时候完成,同时契约也指出了如果学生如期完成工作,教师的奖励是什么,学生和教师在相互同意的前期下在契约上签字。通过这种方法能够建立一个合法、承诺、责任的气氛,让学生乐于用这种方式约束自己的行为。这种方法适用于高年级学生。

复习思考题

1. 请解释教学策略的概念。
2. 教学策略的分类方式有哪些?
3. 请解释目标关键词化的概念。
4. 请解释先行组织者策略的概念。
5. 课堂管理的功能有哪些?
6. 课堂学习纪律的特征和功能分别是什么?
7. 简要分析课堂学习纪律的种类及特点。

参考文献

陈琦,刘儒德.2005.教育心理学.北京:高等教育出版社
陈琦,刘儒德.2007.当代教育心理学.北京:北京师范大学出版社
陈琦.2004.教育心理学:原理与应用.合肥:安徽教育出版社
杜萍.2008.有效课堂管理:方法与策略.北京:教育科学出版社
黄甫全.2006.现代课程与教学论学程.北京:人民教育出版
李晓文,王莹.2000.教学策略.北京:高等教育出版社
莫雷.2007.教育心理学.北京:教育科学出版社
邵瑞珍.1997.教育心理学.上海:上海教育出版社
施良方,崔允漷.1996.教学理论:课堂教学的原理、策略与研究.上海:华东师范大学出版社
王坦.2002.合作学习的理念与实施.北京:中国人事出版社
姚本先.2002.儿童发展与教育心理学.合肥:安徽大学出版社
袁振国.1999.当代教育学.北京:教育科学出版社
袁振国.2007.教学策略.北京:教育科学出版社
张大均,郭成.2006.教学心理学纲要.北京:人民教育出版社
张大均.2003.教与学的策略.北京:人民教育出版社
张大均.2005.教育心理学.北京:人民教育出版社
Borich G D.2004.Effective teaching methods.New Jersey:Pearson
Smith P L,Regan T J.1992.Instructional Desion.New York:Macmillan Publishing

第十四章 教师心理

美国教育心理学家吉诺特（Ginatt H. G.）说："在经历了若干年的教师工作之后，我得到了一个令人惶恐的结论：教育的成功和失败，'我'是决定性的因素。我个人采用的方法和每天的情绪，是制造学习气氛和情境的主因。身为老师，我具有极大的力量，能够让孩子们活得愉快或悲惨。我可以是制造痛苦的工具，也可能是启发灵感的媒介。我能让人丢脸，也能叫人开心，能伤人，也可以救人。无论在任何情况下，一场危机恶化或解除，儿童是否受到感化，全部决定于我。"

教师是学校教育教学工作的承担者。教师的人格特点、教育能力、威信及心理健康水平等对教师自身和学生的发展，对教育教学质量的提高等都具有重要影响。加强对教师心理的研究，不仅有利于促进学生的全面发展和教师的专业成长，而且还有利于提高教育质量、推动教学改革。

本章知识点：
- ◆ 教师职业角色的概念、特点
- ◆ 教师职业心理品质的内容
- ◆ 教师专业发展的概念、过程
- ◆ 教师职业压力的自我管理
- ◆ 教师职业倦怠的干预策略
- ◆ 教师心理健康的标准及维护

第一节 教师的职业心理

无论是东方还是西方，近代还是现代，人们都将教师这一社会角色定位于超出普通人的一种境地，如"教师是太阳底下最光辉的职业"，"教师是人类灵魂的工程师"，"教师是红烛，点燃了自己，照亮了别人"……但教师的角色到底是什么？一方面，教师是普通人，认识到这一点，我们就会站在理解、宽容的立场上体验教师工作的辛苦，体会教师教育教学任务的艰巨。另一方面，教师又是专业的教育工作者，与其他各种非专职教育者，如孩子的父母亲相比，其角色的内涵和功能又有着很大的差别，这也正是教师这一角色的重要特征。教师要根据不同年龄阶段儿童在心理发展水平和特点上的差异，对自己的角色行为进行调整，不断完善自身的职业心理品质，以完成社会赋予的教书育人的使命。

一、教师的职业角色

（一）教师职业角色的含义

"角色"一词源于戏剧。自1934年美国社会心理学家乔治·赫伯特·米德（George Herbert Mead）首先运用角色的概念来说明个体在社会舞台上的身份及其行为以后，角色的概念被广泛应用于社会学与心理学的研究中。所谓角色是指由一定的社会地位和身份决定的、符合于一定的社会期望的行为模式。教师职业角色是教师在教育系统中的特定地位及其相关联的行为模式。教师角色是社会对教师的要求,它不仅规定了教师的职业责任,而且规定了教师的职业行为方式。社会对教师角色的要求与期望称为教师角色期待。这种期望可以来自自身,也可以来自相关的他人。教师按照教师角色的要求规范自己的行为,履行自己职责的过程就是角色扮演。

教师对自己教师职业角色地位和作用的认识,称为教师角色意识。其主要内容有对教师角色的认知、体验、评价和调控等。教师角色认知指教师个人对教师职业的社会地位、作用、行为规范的认识及对教师角色扮演的意义认识。教师角色体验是指教师在教育教学活动中受到社会、家长、学生及其他教师的评价和期待时所产生的情绪体验。教师角色评价是指教师在角色扮演中按照一定的角色要求对自己进行的价值判断。教师角色调控是指教师在角色扮演中对自己的心理和行为的调控。

教育与社会的关系、教师与教育及教育与学生发展的关系决定了教师是专业教育者的角色。即教师是社会的代表,为社会培育下一代,使之成为社会所期望和需要的人。因此,教师的职业角色是一个角色丛,其内涵包括两方面内容:教师在社会文化传承中的角色和教师在对学生教育教学中的角色。教师既是社会的传道者,学生学习的榜样,又是学生学习的指导者,人格、品德的塑造者,交往、行为的引导者,身心健康的保护者。

1. 社会的传道者

在人类社会的发展中,教师处于承上启下的地位,起着传递人类文明的作用。教师是学生认识社会、适应社会并走向社会生活的重要领路人。教师不仅在学校组织大量与学生的社会生活密切相连的教育活动和教育内容,而且经常带领学生走向社会,直接帮助学生了解、体验社会生活。同时,在这些活动中,教师总是适时地结合学生的经验、感受,教给他们大量的社会规则、行为规范,引导他们观察、体会人与人之间适宜的情感态度、相互关系和相处方式,并积极创造机会、条件,帮助他们实践并逐步掌握友好、恰当的交往行为和技能策略。在学生、家长及其他公民的心目中,教师是知识的象征,是一部活的教科书。教师的作用就是把知识和技能传授给学生。这一角色要求教师具有精深的专业知识和较高的教学业务能力。"他精通他所教的科目据以建立的那门科学,热爱那门科学,并了解它的发展情况——最新的发现,正在进行的研究以及最近取得的成果。除此而外,本人若能热心于本门科学正在探讨的问题,并具备进行独立研究的能力,这样的教师则可成为学校的骄傲。"(苏霍姆林斯基,1983)

2. 榜样和模范公民

教师是教育者,人们理所当然地要求其成为学生和公民的榜样。在学生心目中,教师是知识的源泉,是智慧的化身与行为的典范,教师所有的言行举止都无疑会成为学生模仿和学习的表率,并在其心灵中打上深深的烙印。对此,卢梭认为,"在敢于担当培养一个人的任务以前,自己就必须要造就成一个人,自己就必须是一个值得推崇的模范"。(卢梭,1978)教师不仅在学校教育情境中要严格要求自己,在日常生活中也应注意自己的行为修养。

3. 学生学习的指导者和激励者

教师对知识的传授体现为帮助和指导学生的学习。在教学过程中,教师要做"领航员",根据教育教学的规律和学生身心发展的特点,通过知识、学习过程背后所蕴含的意义、价值来引导学生,调动学生学习的积极性,以使他们牢固地掌握科学文化知识,发展多方面的能力。现代社会中,教师不再是学生获取知识的唯一信息源,学生获取知识的途径在逐渐增多,教师指导学生如何学习的功能日趋增强。教育家提出的"教是为了不教","告诉学生怎样和在什么地方找到答案,而不是直接给他们知识"的呼声,都是在对教师的指导者功能的强调。同时,教师的任务不仅是传授知识,而更在于激励学生学习、思考、认识、掌握新的学习资源、学习途径、学习方法和学习方式,启发学生思维,发展学生的问题解决能力,以达到学会学习和促进思维。因此,教师应为学生创设主动学习、合作学习的环境与机会,使他们体验在新的学习方式中的收获与成就感。

4. 学生灵魂的塑造者

学生学习的过程,是他们获取知识、发展能力的过程,同时也是他们的世界观、人生观、人格和道德品质形成的过程。教师不仅要向学生传授知识,培养其能力,而且还要培养学生具有正确的世界观、人生观和远大理想,培养他们丰富而高尚的精神境界,培养他们追求真理、热爱科学、热爱和平和不断完善自己的品质。教师在宽松、适宜的环境中通过与学生民主、平等的对话、沟通与交流,发掘他们内心世界中美好、善良的一面,拨动他们的心弦,震颤他们的心灵,引导他们走向自主与完善之路,自我建构与生成积极的人生观、世界观与价值观。教师通过有效指导学生在与社会生活互动中引发的种种具体问题,帮助学生形成对世界、人生、学习、生活的积极体验与看法,并树立与巩固良好的价值、信念。

5. 学生人际关系的协调者

教学的互动过程形成了教师与学生之间的师生关系,学生在学习的过程中建立了同学关系。与此相连的学生家长与学校的关系,教师之间的关系,教师与学校管理者之间的关系等,都会对学生的学习和人格的发展产生重要的影响作用。在处理师生关系时,教师应有意识地调节和控制自身的态度和行为,热爱学生、尊重学生,努力使自己成为学生的朋友和知己,走进其内心世界,与他们展开自然、平等的沟通与交流,充分了解他们的内心想法。教师还要帮助学生建立良好的同学关系,注意引导其正确择友,通过帮助他们建立积极的友谊,以良好的同辈力量影响学生的健康发展。除此之外,教师还要协调和处理教学过程中方方面面的关系,要加强沟通,善于交往,促进彼此之间的相互了解。

6. 心理保健者

教师要通过创造良好的课堂心理氛围,使学生能够在自我激励、自我约束的环境下充分地表现自我,使自己的能力得到充分发挥,不断提高其心理素质。同时,教师还应承担起学生心理问题的解决与疏导工作。在学生遭受心理挫折后,教师要设法创造一种谅解和宽容的气氛,帮助学生减轻焦虑或紧张,并及时提供帮助和咨询,给学生以心理方面的支持,以增强他们克服困难、走出挫折的自尊心和自信心。

(二) 教师职业角色的特点

教师专业教育者角色的特殊身份和与这个身份相适应的行为规范要求教师在他的角色行为方式上表现出与其他职业不同的特点。

1. 教师角色的自主性

教师角色的目标是统一的,即教书育人,为社会培养有用的人才。但对于相同的教育目标,不同的教师个体则可以采取各种不同的方式去达到。教师的工作,在教学手段的选择、教学形式的组织等方面都具有很强的自主性。教师角色的这一特点为教师发挥个人的主动性和创造性提供了较大的空间,同时也要求教师具有较强的自觉性。

2. 教师角色的个体创造性

教师的劳动是复杂的脑力劳动,这种劳动只能是个体的。主要表现在两个方面:第一,教师必须根据每一个学生个性发展的要求与特点因材施教和个别教学;第二,教师的行为方式本身也具有较强的个体性特征。无论是在时间还是在空间上,教师的工作都是以个人活动为主;教师成绩的提高与自身的发展也主要是靠个体的活动来完成的。因此,学校应允许和鼓励教师发扬个人的特长,形成自己的教学特点和风格。

3. 教师角色的人格化特征

教育是一种培养人的活动。教师不仅要通过自己掌握的知识去影响学生,还要通过自己的人格和道德力量,通过自己的言传身教去影响和感染学生。教师的这一角色特征要求教师注意自己的人格和道德方面的修养,并在实际的教育教学中注意自己人格因素对学生所起的影响作用。

4. 教师角色的多样性与发展性

如前所述,教师角色是一个角色丛,具有多样性的特点。教师既是社会的传道者、榜样和模范公民,又是学生学习的指导者、灵魂的塑造者、人际关系的协调者和心理保健者等。随着时代的进步和社会的发展,人们对教师的要求也在不断提高,教师的责任也随之加重,需扮演的角色也自然增多。这就要求教师不仅要对自己正在承担的角色有所了解,而且还要以发展的眼光来看待自己的角色,并根据时代的变化对自身的角色进行不断地适应与调整。

资料窗

真实的谎言

1968年,美国著名的心理学家罗森塔尔和助手们来到一所小学,说是进行7项测验。他们从一至六年级各选了3个班级,对18个班的学生进行了"未来发展趋势测验"。之后,罗森塔尔以赞赏的口吻将一份"最有发展前途者"的名单交给校长和相关老师,并叮嘱务必保密,以免影响实验的正确性。8个月后,罗森塔尔对这些学生进行复试,结果奇迹出现了:凡是上了名单的学生,个个成绩有了较大的进步,且性格活泼开朗,自信心强,求知欲旺盛,更乐于和别人打交道。罗森塔尔这才对他们的老师说,自己对这几个学生一点也不了解,这让老师们很是意外。实际上,名单上的学生是随意挑选的,罗森塔尔撒了一个"权威性谎言"。

资料来源:刘儒德.2005.教育中的心理效应.上海:华东师范大学出版社,123

二、教师的职业心理品质

教师的职业心理品质是指教师这一特殊职业所必需的心理品质,主要包括教师的教育能力和人格特点两方面的内容。

(一) 教师的教育能力

教育能力是指教师成功地进行教育活动所必须具备的心理特征的总和。教师的教育能力是影响教育教学效果的最直接和最基本的因素。它主要包括以下几种能力。

1. 教育预见能力

所谓教育预见能力就是教师在教育活动开始以前对自己进行该活动的能力、教育对象的身心状况、教育内容的适合性、各种因素的干扰性以及教育效果的估计能力。

教师对自己影响学生学习行为和学习成绩的能力的主观判断称为教师的教学效能感。它包括一般教育效能感和个人教学效能感两个方面。前者指教师对教育在学生发展中的作用等问题的一般看法与判断，即教师是否相信教育能够克服社会、家庭及学生本身素质对学生的消极影响，有效地促进学生的发展。后者指教师对自己教学效果的认识和评价，即教师具备有能力教会学生学习的信念（辛涛和申继亮，1995）。

教师的教育预见能力是为学校教育的目的性、计划性和组织性所要求的。教师只有对自己、教育对象、教育内容、影响因素和效果有一个比较客观的、准确的估计，才能最大限度地保证教育活动目的的实现。教师教育预见能力的核心是教育思维。教师只有对自己、教育对象和教育内容有足够的、充分的认识和了解，只有对各种影响因素的产生基础有充分的了解和自信，才能对教育活动做出分析、判断，达到比较科学的估价。教师的教育预见能力影响着教师对学生的期待和指导，影响着教师对教育工作的努力程度，以及在遇到困难时的坚持程度。

2. 教育传导能力

教育传导能力是指教师将处理过的信息向学生输出，使其作用于学生身心的能力，即教育影响能力。教师的教育传导能力包括教师组织教学的能力和表达能力两个方面。

组织教学的能力主要表现在制订教学计划和组织课堂教学两个方面。制订教学计划是教师上好每一节课、对学生施加有效教育影响的前提。教师要在对教学大纲和教学目的充分理解，对学生了解熟悉的基础上，对教材进行深入细致的钻研，准确、熟练地把握教材。在课堂教学中，教师要根据不同的教学目的和内容、不同的学生选择不同的教学方法，并能创设一定的情境和气氛，使学生的全部心理活动处于积极的状态之中。

表达能力是教师教育传导能力的核心。从形式方面分析，教师的表达能力包括言语表达能力和非言语表达能力两种。言语表达能力是教师借助于社会约定俗成的符号系统向学生传递信息的能力。它包括口头言语表达能力和书面语言表达能力。前者表现为较强的连贯性、逻辑性，也表现为语言的形象性、情感性和准确性。后者主要表现在教师批改作业、课堂板书等活动中。教师的非言语表达包括其面部表情、身体动作、空间和触摸、语音、语调、语速、言语中的停顿、服装及其他装饰品等，是言语表达的补充。研究表明，非言语表达的作用在教育活动中是不容忽视的。教师在教育活动中必须注意言语的锤炼和非言语的妙用。

3. 教育监控能力

教师的教育监控能力是指教师为了达到预定的教育目标，在教育的全过程中将自己所进行的教育活动和行为本身作为意识的对象，不断地对其进行积极、主动、自觉的计划、监察、反馈、评价、反思和调节的能力。这种能力包括三个方面：一是教师对自己所要进行的教育活动的事先计划和安排;二是对自己实际教育活动过程中的教育教学能力、教育行为及学生的发展情况进行有意识的监察、反馈和评价;三是对自己的教育活动和行为进行反省、校正和有意识的自我调节与控制。

根据教师教育监控能力在教育过程不同阶段的表现形式的不同,可将教师的教育监控能力分为以下四个方面:

(1) 计划与准备能力。该能力是指教师为教育活动做准备工作的过程中体现出的教育监控能力。教师在进行具体的教育活动之前,分析所要面临和解决的教育任务及教育情境中的相关因素,如教材、学生的兴趣、需要、现有的发展水平和潜能等,结合自己的教育教学能力、风格、特点和经验,确立适宜的教育目标,制订教育计划,明确所要进行的活动内容,然后根据这一特定目标和内容安排教育的步骤,选择教育的策略,构想设计出解决各种问题的方法,并预测教育过程中可能出现的问题与可能达到的教育效果等。

(2) 反馈与评价能力。在教育过程中,教师作为反馈的主体随时监控班级的状况,密切关注学生的反应和参与活动的程度,不断获取教育活动各要素变化情况的反馈信息,并根据学生的反馈或是自己将实际教育活动、教育行为同预定的教育目标相比较所获得的自我反馈信息,针对预定的教育目标客观地认识和评价自己的教育过程、教育方法、教育策略、教育效果、教育行为以及学生发展和进步的状况。

(3) 控制与调节能力。控制与调节能力是指在教育过程中,教师根据反馈信息和新情况有意识地、自觉地发现和分析教育过程中存在的问题及其原因,并据此及时调节教育活动的各个方面和环节,对自己下一步要进行的教育活动和教育行为进行调整与修正的监控能力。

(4) 反思与校正能力。该能力是指在一次或一阶段的教育活动完成之后,教师对自己完成的教育活动的全过程进行深入的总结和反思,并进行相应校正的能力。

教师教育监控能力的四个方面是一个过程性、动态性的结构,同时它还是一个相互联系的循环性结构。计划与准备能力是教师实施教育监控的前提,反馈与评价、控制与调节是教师教育监控能力在教育过程中的体现,而且二者紧密联系在一起。反馈与评价能力是教育监控的基础,教师教育监控的过程都是从其对教育活动的反馈与评价开始的,每一次的反馈与评价都对以后的教育过程产生影响。教师对教育活动和教育行为的控制与调节是以对其的反馈与评价为基础的,教师通过密切监视教育的过程,获得各种反馈信息并进行客观评价之后,才能够依据这些反馈回来的信息和不断变化的新情况对自己下一步要进行的教育活动和教育行为进行及时、灵活地控制和调节,从而达到教育监控的目的。教师通过自我反思与校正,可以全面了解和分析自己的教育效果,维持和修正预定的教育活动目标,调整与改进自己的教育行为,这又可以为下一步的计划与准备奠定良好的基础。由此可见,教师教育监控能力的四个方面在动态的教育过程中构成了一个循环的结构模式。

4. 教育机智

教育机智是指教师对学生的各种表现,特别是对意外情况和偶发事件能够及时做出灵敏的反应,并采取恰当措施以解决问题的特殊能力。

教育机智是建立在一定的教育科学理论和教育实践的基础上的教育经验的升华,是教育科学理论和教育实践熔铸的合金。教育机智是教师观察的敏锐性、思维的深刻性和灵活性、意志的果断性等在教育工作中的有机结合,是教师优良的心理品质和高超教育技能的概括,也是教师迅速地了解学生和机敏地影响学生的教育艺术。

教育机智无固定的模式可循,可根据学生的需要、特点和实际水平,因势利导,调动学生的积极因素,消除消极因素;也可根据当时的具体情境,随机应变,制造幽默和谐的心理气氛,应付使人尴尬的局面;还可根据学生的心理差异,巧妙地采取灵活多变的教育方式方法,对症下药,有的放矢地对学生进行教育。无论采用什么方法,教师都要善于掌握分寸,做到实事求是、分析中肯、判断恰当、结论合理,对学生要求适当,使学生心服口服。

(二) 教师的人格特点

人格是个体与其环境交互作用过程中所形成的一个人的思想、情感及行为的特有模式,它反映了一个人总体的精神面貌。教师的人格特点直接影响着其对教育方法、教学组织形式的选择,影响着师生的互动过程和教育结果。

1. 教师的教育观念

教师的教育观念是教师从事教育教学工作的心理背景,是教师对学生发展和教育的基本观念与看法的总和,是教师进行教育的基础和心理依据。教师总是按照自己对教育的理解,即自身的教育观念来组织教育和教学的。教师的教育观念直接决定着教育策略和教育态度,进而表现为不同的教育行为,并直接决定了教师工作的实际效果,影响学生的发展。研究表明,教师的教育观念对学生的认知发展、社会性发展,特别是自我概念的发展和心理健康教育有着重要影响。其中,教师的期望对学生发展的影响巨大。

教师根据对学生的总体印象形成对不同学生的不同期望,受不同期望的引导和影响,教师对不同学生采取不同性质、水平的接触及不同的教学、评价态度等。当教师对学生具有积极期望时,其对待学生的方式也更倾向于积极。相反,如果教师对学生持有消极期望,则常会以消极的方式对待学生。由于期望有其特定的稳定性,这种倾向性的对待也会在相当长的时间内保持相对稳定。同时,教师不同的期望与对待,又直接影响着学生形成不同的自我概念和行为动机,进而影响其各方面的发展。教师的高期望和积极对待,会使学生产生积极的自我概念和自我期望,并因此提高自己的学习、行为动机和学习兴趣,进而产生积极的发展结果,反之亦然。而且,教师期望与学生发展的实际状况之间存在着明显的良性循环和恶性循环。

2. 教师的情感

教师的情感不仅对教育活动具有动力作用,而且对学生具有感染力,从而影响整个教育过程。对教育事业的热爱和对学生的热爱是教师情感的核心。

当教师意识到自己所从事的教育活动是有意义的,并且能够实现自身价值,有利于自身发展,教师就会以饱满的热情积极投入到工作中,恪尽职守。一个对教育事业充满热爱的教师,具有强烈的使命感和责任感,时刻不忘传道、授业、解惑,在工作时间的任何时候和工作范围内的任何情况下,都会按照教师职业的职责规范和要求做好本职工作。

热爱学生是指教师在教育活动中饱含对学生发自内心的、诚挚的亲密情感。热爱学生是教师从事教育工作的基础。只有热爱学生,教师才可能真正全身心地教育学生,并在教育过程中尊重、理解学生,民主、平等地对待学生。热爱学生,不仅是教师作为人的一种基本道德要求,更是教师应该具备的一项基本素质。故有人将教师对学生的爱心称之为"师魂"。在一定意义上,热爱学生就是热爱教育事业。对此,我们将在下面的内容中详细论述。

3. 教师的意志

教育活动复杂多变,教育任务完成的过程正是教师不断克服困难的过程。良好的意志品质是教师顺利而有效地实现教育目标的根本保证。

明确的目的性能使教师动员自己的全部力量以克服种种困难,矢志不移地始终朝着教育的总目标努力。当教育过程中出现问题时,坚韧果敢的意志品质能使教师以旺盛的精力和百折不挠的毅力及时地做出反应,明辨是非,果断地做出处理;当发现自己的决定有误时,又能及时地改变或停止执行这一决定。耐心、自制也是教师有效地影响学生的重要意志品质。学生的成长是一个复杂而漫长的过程,教师要有足够的耐心对其循循善诱;教师也常会因自己内心的烦恼或学生中出现的问题而感到心烦意乱,较强的自制力能使教师理智地、巧妙地处理问题。

4. 教师的性格

在教育活动中,面对活泼、富有朝气并具有极强活动力和"向师性"的学生,教师要有强烈的与之交往的意向,要有及时阐述自己思想的健谈风格和一贯的热情乐观的待人习惯。教师对学生施加教育的过程就是其思想、学识和品德呈现的过程,是其内心语言不断表现,甚至是不间断的表述和流露的过程。因此,不管是在"言传"还是"身教"中,教师的知识和思想不能只是内隐的,而应是外显的,应具有外倾的特征。但他们外倾而不乏内省,外露而不易冲动,活跃而不失严肃,重道德价值而不乏责任感。

教师不是法官,冷峻、倔强固执和不近人情是教师之大忌。教育活动要求教师具有随和、体贴、热情等良好的性格特征。

5. 教师的自我意识

美国教育心理学家林格伦(H. G. Lindgren)指出:"教师需要了解他们自己的行为正如他们需要了解他们所教的学生那么多。"(林格伦,1983)自我意识是人格的自我调节系统。教师对自己具有比较全面、实际和最接近真实的看法,有助于其进行正确的自我剖析和自我调控。"高"自我的教师,倾向于以积极的方式看待自己,能够正确地、现实地领悟他们自己及其环境,对他人有深切的认同感,对自己具有自我满足感、自我信赖感和自我价值感。

凯尔克特曼(G. Kelchtermans)认为教师的自我意识应包括以下内容:①自我意象(self-image)。对"作为一个教师我是谁?"问题的回答,可从一般的自我描述中推断出来。②自我尊重(self-esteem)。与自我意象紧密交织在一起,是一种"评价性"自我体验,即教师对自身的教育行为和素质作出的个人评价。③工作动机(job motivation)。即促使人们从事教育活动、留在教学工作岗位的动机。④工作满意感(job satisfaction)。指教师对工作状况的满意度。⑤任务知觉(task perception)。指教师对工作内容的理解。⑥未来前景(future perspective)。教师对其教育生涯和工作景况未来发展的期望。

三、教师威信与师爱

教师的威信与师爱是教师与学生之间良好人际关系的反映,是教师有效影响学生的基础和前提。形成和维护教师的威信,保持真挚的师爱,既是教师进行有效教育的重要条件,又是教师建立和谐师生关系的前提。

(一) 教师威信

1. 教师威信的含义

教师威信是指教师具有的一种使学生感到尊敬而信服的精神感召力量,是教师对学生在心理上和行为上所产生的一种崇高的影响力,是师生间的一种积极肯定的人际关系的反映。

威信不同于威严。前者是学生对教师的信赖和尊敬,是学生的心理状态;后者是教师对学生的一种态度,是教师的一种心理状态。有威信的教师,使学生对其有钦佩、敬仰之情,亲而近之;很威严的教师,使学生对其产生惧怕感,敬而远之。有威信的教师是以其人格、能力、学识及教育艺术等自然地对学生的心理和行为产生影响,使学生自觉地接受教师的教诲,其心理和行为上的变化是自愿和主动的。威严是教师利用其职位、权威压服学生,使学生被迫接受其要求,学生在心理和行为上的变化是被动和服从的。

教师的威信在教育过程中发挥着巨大的作用。第一,教师的威信是学生接受教诲的基础和前提。有威信的教师能够获得学生的敬重和爱戴,乐意接受他的教育;没有威信的教师,学生不仅不重视他所教的课程,就连教师提出的合理的要求也容易被学生忽视或拒绝。第二,教师的威信是一种强有力的教育手段。有威信的教师本身就是一种巨大的教育力量。学生视有威信的教师为行为的楷模,不仅自觉地听其言、仿其行,而且还能领会老师极其微妙的暗示和无形的教诲。有威信的教师的教育效果是真实、深刻而持久的,即使教师不在场,学生也会自觉地、创造性地实践教师的期望和要求。

2. 教师威信的形成

教师威信的形成取决于一系列的主客观因素。教师社会地位和物质待遇的提高,教育行政机关和学校领导者对教师的尊重和关心,学生及其家长对教师劳动的正确态度等都是影响教师威信形成的客观条件。而教师自身的主观因素则是其威信形成的根本性的决定因素。

(1) 良好的职业心理品质是教师获得威信的基本条件。教师较强的教育能力和独特的人格魅力是教师获得威信所不可或缺的。

(2) 教师的仪表、生活习惯和工作作风等对其获得威信有重要影响。优雅的仪表是教师内在美和外在美的和谐统一。教师衣着整洁朴素,仪表端庄大方,可给学生以充实、稳重、积极向上的感觉。良好的生活习惯和工作作风也很重要。一个懒散成性、不讲卫生的教师难以树立较高的威信。为此,国外在培养师范生时,通过录音、录像,让他们看到自己上课时的言语、神态、仪容和表情等,使他们为自己的不恰当语言和不雅观的动作而不安,以利于克服和纠正。

(3) 教师给学生留下的第一印象也会影响其威信的形成。教师与学生初次见面,特别是一开始的几节课会给学生留下深刻的印象,产生首因效应。因为学生对新教师总是充满期望和新奇感,十分注意教师的一言一行,因此而产生先入为主的印象和相应的态度,影响教师的威信。实践证明,在多数情况下,恢复已丧失的威信要比获得威信困难得多。因此,教师必须高度重视与学生的第一次见面和开始的几节课,力求给学生留下良好的第一印象,树立初步的威信。

(4) 珍惜"自然威信",有助于"自觉威信"的形成。"自然威信"是在师生交往的初期,由学生对教师自发的信任和尊敬而产生的威信,它是建立在教师角色所赋予的权威、权力和影响力基础之上的,是教师职业本身所带来的一种不自觉的威信。教师在"自然威信"的基础上,善于运用自己的品格、学识和智慧去赢得学生发自内心的尊敬和爱戴,就会形成稳定的"自觉威信"。这是一种由信而服的威信,是真正具有教育影响力的威信。教师不要满足于自然权威,应该在"自然威信"的基础上,通过自身的努力建立起"自觉威信"。

(5) 与学生保持长期而密切的交往对教师威信的形成具有积极意义。教师的威信是在和学生长期的交往中形成的。教师与学生的交往并非只限于课堂上的师生互动,更在于日常生活中的非正式沟通。学生对那种"上课来、下课走"的老师只有一个课上得好不好的一般印象,谈不上对他较深的信赖和尊崇。在日常的师生交往中,教师以自己"角色"的言行对学生施加教育影响,学生也从老师那里获得各种心理需要的满足,学到课堂里、书本上学不到的为人处世的道理和态度。此时,老师成为学生真正的良师益友,从而增强了学生对他的信赖和尊敬。

值得指出的是,对于不同年龄和发展水平的学生来说,上述因素对教师威信的形成起着不同的影响作用。许多研究表明,小学生偏重于情感因素,中学生偏重于理智因素,在大学生中,最有威信的教师是品德高尚的专家、学者,即使他们在仪表和人格方面有某些缺点,学生对他们也佩服得五体投地。

3. 教师威信的维护和提高

教师的威信一旦形成就具有相对稳定性,但不是一成不变的,因为形成教师威信的主客观条件总是处于不断变化之中。教师威信变化的性质主要取决于教师个人的心理素质的变化状态。如果教师的心理素质处于积极的变化之中,威信就得到保持和提高;否则,威信就降低,甚而丧失。因此,教师要特别注意维护和提高自己的威信。

(1) 要正确认识和合理运用已形成的威信。教师建立威信不是为了确立自己在学生心目中的形象,而是为了更好地发挥教育效能。否则,如果教师为了维护自己的威信,而滥用教师的权威,损害学生的自尊心,就会损伤学生学习的积极性和对教师的亲近感,从而削弱学生对教师的信赖和爱戴。

(2) 要适应社会要求的变化,不断进取。教师要根据社会的要求和学生的发展变化不断地更新自己的知识、观念,提高自己的科学文化素养,使学生获得成长。如果教师因循守旧,故步自封,纵使以前他在学生心目中享有一定的威信,也必然使威信丧失殆尽。威信的变化如逆水行舟,不进则退。另外,教师威信的状况又不尽相同。有的教师在某一方面有威信,在其他方面没有威信;有的教师在这一部分学生中享有威信,而在另一部分学生中则威信不高,甚至没有威信。因此,教师要勇于正视自己尚存的不足,扬长补短,积极进取,不断提高自己在学生心目中的威信。

(3) 要不断增强自己的角色意识。在学生心目中,教师是智慧的化身,是道德的典范,是行为的楷模。教师要时时意识到自己教师的身份,处处注意检点自己的言行。如果教师的言行举止与学生心目中教师的形象不相符,哪怕只有一次,也会使他在学生中的威信一落千丈。

(二) 师爱

1. 师爱的含义

师爱即教师对学生的爱,是指教师在教育活动中对学生发自内心的、诚挚的亲密情感。学生有依恋的需要,教师是他们重要的依恋对象。学生不仅希望能在教师的指导、帮助下学习知识、技能,而且也期望教师能像自己的父母那样,给予关心和爱护。这种需要在小学低年级学生中尤为强烈,甚至可能成为他们学习的主要动机。因此,师爱既是教师对学生的一种积极、肯定的情感,是一种强大的教育力量和手段,同时又是建立良好的师生关系的感情基础。

师爱不同于母爱和友爱。师爱比母爱更伟大和无私,比友爱更纯洁和高尚。师爱是无条件的,教育者的角色要求教师必须热爱学生,因为没有爱就没有教育。师爱是博大无私的,它表现为教师对所有学生的一视同仁。在教育过程中,师爱既可以是面向学生集体的,也可以是针对学生个人的;既可以是在活动中渗透的,也可以是单纯的情感交流。

师爱是一种"疏离式的关爱",即教师在关心学生的同时,宜自觉且有意识地与学生保持适度的距离。在教育过程中,教师凡事都要经过认真、审慎的思考,依据自己对学生发展、学习以及教学法的了解,理智地规划教育教学活动,选择最适宜、有效的教育内容、方式与策略,积极适宜地与学生互动。大量的教育实践证明,凡是与学生维持过度亲密关系的教师很容易陷入"情感衰竭"的困境,丧失适宜感和反应的能力,不利于达成良好的教育效果。而适度的疏离可以使教师客观据实地看待、评价学生的发展与学习情况。另外,适度的疏离还可以增进教育的公平性。如果教师与学生的关系过于密切,很容易对某一两位学生产生特殊的情感,而导致教育的不公平。

2. 师爱的心理功能

在教育活动中,师爱作为一种特殊的社会性情感对学生的心理和行为具有独特的心理功能。

(1) 激励功能。爱的需要是人类最基本的心理需要。获得老师的爱是学生在学校受教育过程中对爱的需要的具体体现,是学生对父母的爱的迁移。对师爱的渴望往往是学生在校期间学习行为的主导性动机。为了博得老师的喜爱,获得老师的赞扬和注意,使自己成为老师心目中的好学生,他们会努力满足老师提出的各种要求,遵守学校的规章制度。由于情感的投射作用,师爱又会唤起学生相应的情感,使学生爱同样喜爱自己的老师,又把对老师的爱迁移到他所教的学科上,努力完成老师布置的作业,并产生相应的学科兴趣,取得好的学习成绩。研究结果证明,学生对老师的态度与其学科兴趣、学习成绩之间存在着正相关。即学生喜欢的老师所教的学科容易引起学生的兴趣,学生对该学科的学习努力程度高,学习成绩也好;相反,学生不喜欢的老师所教的学科也受到学生的轻视,学生学习的努力程度低,学习成绩也不好。而学生是否喜欢一个老师,在很大程度上取决于这个教师是否爱学生。

(2) 调节功能。师爱作为学生受教育的一种心理背景,对教师的教育和指导起着过滤和催化的作用,具有心理调节器的功能。同一教育要求出自不同教师之口,由于师生之间情感因素的影响,学生或心悦诚服地接受并用以指导自己的行为;或不以为然,漠然处之;甚或阳奉阴违、抗拒顶牛。由于学生往往把师爱与教师对自己的评价联系在一起,他们会以师爱为信号,在形成积极的自我概念的基础上,不断地调节自己的心理和行为。同时,由于师爱的作用,学生愿意向老师打开心扉,使教师更清楚地了解学生复杂的内心世界,从而不断调节自己的教育方式和方法,有的放矢地进行教育。

(3) 感化功能。师爱的感化功能主要表现为对学生的感召、感染和转化作用。在教育过程中,老师对学生的说服、劝导、灌输,甚至是强制、命令和惩罚等都是必要的,但这些教育方法的良好教育效果必须以师爱为前提。师爱使学生的人格受到感化,使他们的情操得到陶冶。师爱作为一种巨大的潜移默化的教育力量,使自卑者自尊,后进者上进,悲观者看到希望,冷漠者充满激情。师爱的感化功能是其他任何教育手段都难以替代的。

(4) 榜样功能。人们总是趋向于模仿爱他和他所爱的人。师爱可以使学生产生模仿老师的意向,使教师成为学生学习的榜样和楷模。师爱的榜样功能首先表现为学生对老师的情感的模仿。由于师爱的作用使学生真实地体验到了关心、爱护、信任和尊重等情感的高尚和美好,他们愿意并乐意像老师对待自己那样去对待周围的人。其次表现为学生对老师的兴趣、爱好及衣着、姿态等的模仿。师爱使学生对老师充满了敬爱和信赖之情,由于态度的定势作用,学生就会认为老师的一切都是好的,对老师的一切全盘接受。于是老师本身就成了学生"活"的教科书,对学生起着莫大的教育作用。

3. 师爱的表现形式

(1) 了解和关爱学生。深入了解学生是师爱的起点。只有当教师把每一个学生都理解为一个具有个人特点、具有自己志向、自己智慧和独特性格结构的人的时候,才有助于教师去热爱学生和尊重学生。关心和爱护学生是师爱的最基本的方面,因为爱是学生健康成长的最基本前提和需要。教师要对所有的学生一视同仁,并保证他们享有同等的受教育机会,都具有幸福、快乐的学校生活。教师对学生的关爱既表现在思想和学习方面,也表现在课外活动和生活方面。

(2) 尊重和信任学生。受到尊重是学生的权利和成长的需要。教师尊重与信任学生是师爱的重要体现。教师对学生的尊重表现在两个方面。一是容忍并尊重学生的差异。每个学生都有自己的个性特点,都有其独特的家庭成长背景和生活经验。教师要充分重视和尊重学生的这些差异,公正、平等地对待每一个学生。二是尊重并促进每个学生富有个性、充分的发展。每个学生都有其特长、天分与优势,教师要为每个学生提供表现自己长处和获得成功的多种机会,并提供积极、适时的反馈,以帮助学生在充分认识自己的基础上,锻炼和增强自己的优势和信心,最终促进每个学生在原有差异基础上积极充分的、富有个性的发展。

(3) 理解和同情学生。教师对学生的理解主要表现在对学生内心世界的理解。教师要从学生身心发展的特点和规律出发去认识、评价学生的言行举止,设身处地地为学生着想,从而正确地认识和对待学生的各种各样的行为表现,并透过现象去寻找合情合理的解释。同情是指教师对那些智力水平较低,生理上有某些缺陷,或者学习成绩差,犯了某些错误的学生表现出的关心和理解。教师对学生的同情可以唤醒他们的上进心、自信心和自尊心,排除他们的烦恼和悲伤。同情是以理解为基础的,没有理解就没有同情。

(4) 严格要求学生。对学生充满爱的教师都对自己的学生充满了美好的希望,并坚信他们将来都能成为有用的人才。同时教师也深知希望的实现又是与对学生的严格要求密切相连的。教师对学生的严格要求恰恰是师爱的强烈表现。"爱"是教师对学生的态度,"严"是教师对学生的要求,"严"出于"爱","爱"寓于"严","严""爱"相济才能教育好学生。当然"严"得要合理,不是吹毛求疵;"严"得要适度,不能苛求;"严"得能让学生理解,而不是教师的任性妄为。

第二节 教师的专业发展

一、教师专业发展的概念

(一) 教师专业发展的含义

教师专业发展是指教师由非专业人员成为专业人员的过程,是教师的专业成长或教师内在专业结构不断更新、演进和丰富的过程。

教师的专业结构是指教师作为专业人员所具备的内在素质结构,其为考察教师专业发展的过程提供了基本的维度。教学工作的复杂性决定了教师专业结构的复杂性。归纳起来,教师的专业结构包括教育信念、专业知识、专业能力、专业态度和动机、自我专业发展意识等内容。

依据教师的专业结构,教师专业发展可表现在观念、知识、能力、专业态度和动机、自我专业发展需要和意识等不同侧面;依据教师的专业结构发展水平,教师专业发展可有不同等级。

教师专业发展和教师专业化是两个不同的概念。就广义而言,两者是相通的,均指加强教师专业性的过程。但将他们对照使用时,两者具有个体、群体与内在、外在两个维度上的区分。教师专业发展是指教师个体的、内在的专业性的提高;教师专业化主要强调教师群体的、外在的专业性提升。就教师专业发展和教师专业成长来说,两者是同义的。只是前者强调发展过程,而后者主要指发展的结果;前者具有通过人为的用心努力去推动、促进、提升或改进之意,后者则含有自然而然地"成长"之意。

(二) 教师专业发展的阶段与方向

教师从职业准备、入职一直到职业退出的过程是教师的职业理想、职业道德、职业情感、社会责任感、教育实践能力和教育经验等不断成熟、不断提升的过程。在教育实践中,教师的专业发展体现为:随着时间的延续,教师逐渐从新手型教师发展到熟手型教师,再由熟手型教师发展到专家型教师。其中,"熟手型"教师阶段是教师专业发展的一个重要阶段。

新手型教师是指缺乏良好的教学效能感和教学监控能力,在教学中存在着较多的无效、低效或无关行为,不能根据教学情境的变化灵活地采取恰当的教学行为的教师。刚刚踏上教学岗位的教师属于新手型教师。

熟手型教师是指按常规熟练地处理教学问题但教学创新水平不高的教师。教师在参加工作3~6年以后即成为熟手型教师,熟手型教师是昨天的新手型教师。

专家型教师是指那些在教学领域具有丰富的和组织化了的专门知识,能高效率地解决教学中的各种问题,富有职业的敏锐洞察力的教师。

教师专业发展的三个不同水平,形成了教师专业发展的两个方向:从新手型教师发展到熟手型教师;从新手型教师经由熟手型教师发展到专家型教师。

从新手型教师到熟手型教师是指教师在踏上工作岗位几年后,逐渐学会按常规处理教学问题并达到熟练水平,但还不能基于专门化的知识敏锐察觉到教育教学中的问题自主地进行教学创新。这是所有教师共同经历的历程,而且许多教师的专业发展往往就停滞在该阶段。他们习惯于熟手的角色,直至退休也未成为专家。

从新手经由熟手再到专家型教师的发展方向是指教师在熟手型教师的基础上,通过不断学习和日常生活中的观察与反思,逐渐具备了专家型教师的特征,成为了一名教育教学专家。在教育教学实践中,仅有部分教师能够成为专家型教师。

二、教师专业发展的过程

(一) 教师专业发展过程的含义

教师专业发展过程就是教师职业生涯的演进过程,是指根据教师的个体情况和所处的环境,结合教师和学校发展的双重需要,对决定教师职业生涯的主客观因素进行测定、分析和总结,确定职业发展目标,并设计相应的行动计划的活动过程。教师和学校同为教师专业发展的主体,其中教师是设计者,学校是帮助者和引导者。

根据时间维度,可以把教师的专业发展划分为以下四种类型:

(1) 短期发展,指 2 年以内的发展规划,主要是确定近期目标,规划近期应完成的任务。如年度计划、月计划和日计划等。其内容包括,在 1~2 年内熟悉活动的条例与规则,融入到群体中去,向别人学习,搞好人际关系等。

(2) 中期发展,指 3~5 年的发展规划,包括活动要取得的业绩,成为活动的熟练者,职位、级别的提升等。

(3) 长期发展,指 6~10 年的发展规划,主要是设定长远的目标。如成为该活动领域的"专家",向更高的职位、级别奋斗等。

(4) 人生发展,指整个人生生涯的发展规划,时间长达 40 年左右。主要是设定人生的发展目标与阶梯,这是更宏观的计划。

(二) 教师专业发展的影响因素

影响教师专业发展的因素主要有两类:个体因素和环境因素。其中,个体因素起主导作用。

1. 个体因素

影响教师专业发展的个体因素很多,主要包括教师的生命发展阶段、人格特征、社会化水平及需要等。在每一发展阶段,教师心理任务的解决与否在很大程度上影响着他们对教育教学的热心和投入程度。随和、关心他人、乐群、宽容的人格特点是熟手型教师和专家型教师共有的人格特点,而能较好地控制和调节自己的情绪则是专家型教师特有的人格特点。教师的社会化水平与其职业目标、教育理想、教育风格等有着密切关系,并在一定程度上影响其是否能创造出一个职业发展的支持性环境。教师的需要更是其专业发展的原动力,需要的层次决定着职业发展的水平。

2. 环境因素

影响教师专业发展的环境因素主要包括社会因素、学校因素和家庭因素。社会中的政治、经济和文化等因素对教师职业生涯产生直接或间接的影响,先进的学校管理理念是教师职业生涯发展的前提,学校的文化氛围是教师职业生涯的催化剂。家庭中的夫妻关系、亲子关系的质量及家庭中的突发事件等则是影响教师专业发展发展的主要因素。

(三) 教师专业发展的阶段

教师的专业发展遵循一定的规律,在不同阶段具有不同的发展任务。不同的研究者对于教师专业发展的论述也各不相同。在众多的研究中,美国学者费斯勒(Fessler)的研究更有特色。他认为,教师实际经历的职业周期是教师作为发展中的人与环境因素相互作用的结果。为此,他把教师的专业发展划分为八个循环发展的阶段:

(1) 职前准备阶段。职前准备阶段是指个体在师范学院或大学的初始培养阶段,也包括教师担任新角色或工作时的再培训阶段。

(2) 入职阶段。入职阶段是指教师工作的最初几年。

(3) 形成能力阶段。该阶段的主要任务是提高教学技能和能力。

(4) 热心和成长阶段。该阶段的核心内容是热心和高职业满意度。

(5) 职业受挫阶段。该阶段的典型特征是教师的教学遭遇挫折,产生了倦怠感,职业满意度下降。

(6) 稳定和停滞阶段。该阶段的典型特征是教师只做职责范围内的事情,不会主动追求优秀和成长。

(7) 生涯低落阶段。该阶段的主要任务是准备离开教学工作。

(8) 职业退出阶段。职业退出阶段是指教师退出教学岗位之后的时期。

我国学者申继亮等人在综合国外研究的基础上,对我国中学教师专业发展的历程进行了研究,提出我国教师的专业发展经历了以下四个阶段:学徒期或熟悉教学阶段(就职后3~5年)、成长期或个体经验积累阶段(持续5~7年)、反思期和理论认识阶段(持续时间不等)、学者期(持续时间不等)。

(四) 教师专业发展规划的制定

1. 良好专业发展规划的特点

(1) 可行性。规划要有事实依据,并非是不切实际的幻想。

(2) 适时性。规划中的各项主要活动都应有时间和时序上的妥善安排。

(3) 适应性。规划要有弹性,以适应多种不确定性因素。

(4) 持续性。规划要贯穿人生发展的每一个阶段,通过不断的调整和持续的活动安排,以实现专业发展目标。

2. 制定教师专业发展规划的步骤和方法

(1) 自我评价。What are you? (你是谁?)对自己进行客观认知。

(2) 环境评价。What supports can you get? (你能获得什么支持?)对学校的人事政策、评价体系、领导态度、同事关系等主客观因素的客观认知。

(3) 确立目标。What do you want? (你想干什么?)自己对专业发展的心理趋向是什么。

(4) 职业定位。What can you be in the end?（你最终能成为什么样的人？）即自己最终的专业理想。

(5) 实施策略。规定实现计划的措施，如各项工作的起始时间和完成时间，实施的环境条件和限制条件等。

> **资料窗**　　　　　**教师专业发展规划方案(3～5年)**
>
> 前言与说明
> 一、自身成长历程和素质分析
> 1. 成长过程及现在所处阶段
> 2. 专业知识分析
> 3. 教育教学能力分析
> 4. 职业道德及个性特点分析
> 5. 身体及其他方面
> 6. 结论：优势、不足、类型和风格
> 二、外部环境的分析
> 1. 社会和教育事业环境
> 2. 社区和学校环境
> 3. 家庭环境
> 4. 结论：有利方面、不利方面。
> 三、自我定位及总目标
> 1. 成才类型设计
> 2. 成才层次设计
> 3. 总发展目标
> 四、分项目标及任务
> 1. 教学目标
> 2. 教育和班级管理目标
> 3. 教育科研目标
> 4. 学习及其他目标
> 五、措施和条件
> 1. 自身素质改进
> 2. 客观条件改善
> 3. 专业发展的模式和途径
> 4. 专业发展策略
> 5. 时间与经费预算
> 6. 预期成果与评价
> 资料来源：申继亮．2006．教师人力资源开发与管理．北京：北京师范大学出版社，106

三、教师专业发展的途径

要促进教师的专业发展需从客观环境和教师个体两方面入手，具体可从以下方面努力。

1. 观摩、分析专家型教师的教学活动

通过对专家型教师的教学观摩和分析，可以培养和提高新教师和熟手教师的教学能力。观摩的形式可以是现场的，也可以是对录像观摩。观摩后通过组织研讨和评课，使教师最大限度地理解和把握专家型教师解决问题、监控课堂的能力。

2. 采用多种训练技术提高教师教学监控能力

要发展成为专家型教师，教学监控能力的提高是关键。如前所述，教学监控能力主要包括计划与准备能力、反馈与评价能力、控制与调节能力、反思与校正能力。其中教学反思能力的提高在成长为专家型教师的过程中尤为重要。

教学反思是指教师为了实现有效教学，在教学反思倾向的支持下，对已经发生或正在发生的教学活动，以及这些教学活动背后的理论、假设进行积极、持续、周密、深入、自我调节性的思考，在思考过程中，能够发现、清晰表征所遇到的问题，并积极寻求多种方法来解决问题的过程。作为一种特殊的思维形式，教学反思是一个能动的、审慎的认知加工过程，也是一个与情感和认知密切相关并相互作用的过程。

提高教学反思能力的措施有两类：从外部环境出发的培养方法和从教师自身出发的培养方法。前者强调研究者或培训者对反思过程的引导、控制；后者强调发挥教师自身的主观能动性，把反思和日常教学活动融为一体。

从外部环境出发的培养策略有四类：第一类是行动研究方案，是研究者或专家教师引导教师在行动研究过程中培养教学反思能力；第二类是关于学生、教师、课堂和学校的个案研究与种系研究；第三类是微格教学和其他受控的学习经历；第四类是结构化的课程。

从教师出发的培养方法也有四种。①反思日记。在教学工作结束后，要求教师写下他们的经验，并与其他指导教师共同分析。②详细描述。通过相互观摩，要求教师描述他们所观察到的结果，随后与其他老师相互交流。③职业发展。来自不同学校的教师聚集在一起，提出课堂上发生的问题，讨论解决的方法，并与其他教师共享。④行动研究。教师对他们在课堂上所遇到的问题进行调查研究。

资料窗　　反思日记实例：让学生"学会"还是让学生"学懂"？

新的课程标准指出，数学学习要关注学生学习的结果，更要关注学生学习的过程。我认为更重要的应是学生的思维过程，即要让学生学懂。

在前几天教学笔算乘法这一内容时，我真正体会到让学生学懂的重要性。在第一次教这一内容时，我没有引导学生从道理上去分析；在教师的主宰下，这节课结束时绝大多数学生会"照猫画虎"地用竖式计算多位数和一位数相乘，即让学生学"会"的目标达到了，但仔细分析后可以看出，学生并没有学"懂"，这为他们今后学习多位数乘多位数等内容埋下了定时炸弹。

分析了这节课失败的原因，在另一个班我调整了自己的教学。我抓住知识间的内在联系，让学生在尝试、争论的过程中最终明白了算理，达成了共识。而且在这节课上我做了大胆的尝试，在学生试算18×3的结果后，我鼓励学生提出自己计算时遇到的问题。学生提出问题反映出他们有解决问题的愿望，学生之间互相解决所关心的问题自然会集中注意力，让学生真正去思考，这正是学生参与学习过程的最好体现。

资料来源：申继亮.2006.教学反思与行动研究.北京：北京师范大学出版社，89

3. 抓好两个转折点：从新手到熟手，从熟手到专家

课堂中教学技能的掌握程度是新手型教师转变为熟手型教师的关键变量，影响这一转变的重要心理因素是任务目标定向成为重要的工作动机及良好的人格特点的形成。因此，要帮助新手教师把注意力集中于对教育教学内在价值的认识上，树立其以学生发展为中心的教学观，促使他们尽快地获得调节课堂教学行为的程序性知识，逐步培养其随和乐观、乐群、有责任感、有耐心、宽容等良好的人格特点。高水平的课后评估和反思能力的获得是熟手型教师转化为专家型教师的关键变量，影响这一变量的重要的心理因素是自我调节情绪的能力、对教师职业高水平的承诺和规范承诺、具有强烈的职业成就感。因此，要重视提高熟手型教师服从教育需要、理智调控自己情绪的能力，加深他们对教师职业的情感认同，使之不断获得成功的体验。

第三节 教师压力管理与心理健康维护

教师不但是学生的"经师"，而且也必须是"人师"，是影响学生的重要他人。教师心理的健康与否，不仅对其个人的工作成败有重大影响，而且更重要的是它直接和间接地影响着学生的心理和行为，对学生的心理健康水平和人格的发展有着极其重大的作用。

大量的研究结果表明，与其他群体相比较，教师整体的心理健康水平相对较好，但是就教师的职业使命而言，教师的心理健康现状仍不容乐观。在美国，至少有6%~8%的教师有着不同程度的不良适应（王以仁等，1999）。采用SCL-90对山西省282所学校3352名中小学教师进行的心理健康调查发现，山西省中小学教师心理健康水平显著低于全国成人。34.9%的教师存在轻度心理问题，12.4%的教师存在中度心理问题，2.2%的教师存在严重的心理障碍（胡卫平和马玉玺等，2010）。事实上，我们从学生的反映、家长的意见、教师的无奈，新闻媒体所披露的教育渎职、对学生的恶性体罚、强行补习及推销不良参考书刊、性骚扰乃至性犯罪等许多事件也不难看出，教师的心理健康问题是客观存在的。因此，无论是教师自身或是学校管理工作者，乃至全社会都应该关注并重视教师心理的健康和维护。

一、教师的压力管理

教师是一个高压力的职业。当前，教师的职业压力已经成为一个全球性的普遍问题。充分认识教师的职业压力并采取积极的应对方式，对促进教师的专业发展具有重要意义。

(一) 教师的职业压力与压力反应

1. 教师职业压力的含义

教师的职业压力是指由教师的工作要求、期许和职责等产生的负向情感的反应症状。它包含两方面的内容：教师的压力情境和压力反应。前者是指产生压力的客观环境或事件，后者指个人主观对外界刺激所做之适应或引起的紧张压迫感。

如前所述，教师的角色向教师提出了很高的要求和社会期望。教师为了不辜负社会的期望而尽职尽责，就要对压力情境做出应对。2005年9月，中国人民大学公共管理学院组织与人力资源研究所与新浪教育频道进行的2005年中国教师"职业压力与心理健

康"调查结果显示,超过 80%的被调查教师反映压力较大。在教师的专业发展过程中,教师由于感到工作压力过大而在入职不久即离职的现象非常严重。

教师的职业压力源是多方面的,包括环境、教学、组织和人际关系等。新浪教育频道公布的调查结果中,中国教师的主要压力源依次为:所做工作得不到客观、公正的评价与回报;规章制度与要求不合理;过多僵化的考核与评比;工作得不到领导的理解与支持;被动地适应单位的各种改革;负担过重;工作缺乏成就感;学校与家长过分关注学生的分数;社会地位不高;经济负担重等。

有学者将教师职业压力按其性质的不同分为五类。①中心压力。较小的压力及日常麻烦,如某次课的幻灯片丢了。②外围压力。教师经历的重大生活事件或压力情节,如调到一所新学校或长期的人际关系障碍等。③预期性压力。教师预先考虑到的令人不愉快的事情,如将要与校长进行一次谈话。④情境压力。教师当下的心境。⑤回顾压力。教师对自己过去的压力事件及相关经历进行的评价等(郭瞻予,2005)。

可能的压力源经过教师个人的评估则成为实际的压力源,再经过教师自身的人格调节和压力源评估即产生教师的压力,进而成为慢性的压力症状。压力的产生是一个动态的过程,包括刺激发生、感受刺激、认知威胁和压力反应四个环节。

2. 教师的压力反应

当教师面临压力时会产生一系列生理、心理和行为上的反应,这些反应在一定程度上是机体主动适应环境变化的需要,它能唤起和发挥机体的潜能。但是如果反应过于强烈或持久,就可能导致生理和心理功能的紊乱。教师的压力反应主要有以下三种:

(1) 生理反应。主要表现在自主神经系统、内分泌系统和免疫系统等方面。如心率加快、血压增高、呼吸急促、激素分泌增加、消化道蠕动和分泌减少、出汗等。压力下的生理反应可以调动机体的潜在能量,提高机体对外界刺激的感受和适应能力,从而使机体更有效地应付变化。但过久的压力会使人的适应能力下降。

(2) 心理反应。压力引起的心理反应有警觉、注意力集中、思维敏捷、精神振奋等,它将有助于教师适应环境。如教师在有适度压力的竞争条件下容易取得更好的成绩。但是过度的压力则会使教师产生消极的情绪,如忧虑、焦躁、愤怒、沮丧、悲观失望、抑郁等,它会使教师的思维狭窄、自我评价降低、自信心减弱、注意力分散、记忆力下降等。心理学的研究还表明,过度的压力会影响智能,压力越大,教师的认知效能就越差。不同的教师个体在压力状态下的心理反应存在很大差异,其差异主要取决于教师个体对压力的知觉、解释及处理压力的能力。

(3) 行为反应。教师面临压力时的行为反应取决于压力的程度及其所处的环境,可分为直接反应和间接反应。前者指直接面对造成压力的刺激时,为了消除压力源而做出的反应。后者指借助某些物质暂时减轻与压力体验有关的苦恼等。一般而言,轻度的压力会促发或增强一些正向的行为反应,如寻求他人支持、学习处理压力的技巧等。但压力过大过久,则会引发不良的行为反应,如谈话结巴、刻板动作、过度饮食、攻击行为、失眠等。

教师的人格特质、需要、信念、态度、价值体系及需要不同,其对压力的反应也不同。许多有关教师职业压力与压力反应之关系的研究都一致认为,高压力的工作结果必然降低工作效率,影响身心健康,并影响教师个体的专业成长。

> **资料窗** **工作压力自测问卷**
>
> 指导语:以下问题将帮助你检查自己承受工作压力的程度。请仔细阅读每一个题目,并与自己的实际情况相对照,然后从备选答案中选择一个答案。
>
> 选项:经常(3分),有时(2分),从不(0分)
>
> 1. 你是否曾经为消除紧张情绪而在午餐时间饮酒?
> 2. 你认为同事们背地里笑话你吗?
> 3. 你怀疑同事阴谋反对你吗?
> 4. 你怀疑上级领导想抓你的小辫子吗?
> 5. 你是否认为自己的工作得不到认可?
> 6. 你是否认为单位的奖惩制度不合理?
> 7. 你是否发现自己不愿意接受新事物?
> 8. 你觉得自己被工作紧紧束缚吗?
> 9. 你害怕上班吗?
> 10. 你讨厌本职工作吗?
> 11. 你后悔自己对职业的选择吗?
> 12. 你容易生气发怒吗?
> 13. 你上班需要服用镇静剂吗?
> 14. 你是否因为工作问题而彻夜难眠?
> 15. 你曾试图自杀吗?
> 16. 你觉得孤立无援吗?
> 17. 你是否因电视节目中的观点不合自己的胃口而大叫?
> 18. 你考虑过辞职不干,另谋出路吗?
> 19. 你认为自己如果不在学校,下属会消极怠工吗?
> 20. 你感觉自己受着沉重压力的煎熬吗?
>
> 计分规则与结果解释:
>
> 将所有项目上的得分相加,即可求得总分。
>
> 若总分为:
>
> 51～60分:生活在沉重的压力与焦虑中,应尽快向心理医生咨询;
>
> 36～50分:情绪不佳并有每况愈下的趋势;
>
> 0～36分:压力的适度范围。

(二) 教师职业压力的自我管理

适度的职业压力有助于唤醒教师的警觉水平,并使其智力处于最佳的状态,如注意力集中,观察力敏锐,记忆力增强,思维敏捷而深刻,想象力丰富等,从而提高教师的教育教学活动效率。但长期的、过度的职业压力就会给教师的心理、生理和行为等带来伤害,引发职业倦怠,危害教师的身心健康,甚至殃及学生。虽然教师职业压力的缓解需要全社会的支持和参与,但是教师自身才是消解职业压力的主体。

1. 建立理性信念

理性信念可以帮助教师达到其基本目标,非理性信念导致错误、歪曲和有破坏性的自

我评价,阻碍教师实现基本目标。理性信念的建立可从以下方面进行:

(1) 理性认识教师的职业压力。生活中处处有压力,教师的职业压力是一种客观存在。压力具有两面性:适度的压力可以变成动力,使潜能得到充分发挥,使人走向更大的成功;超负荷的压力可能损害身心健康,甚至产生心理疾病。

(2) 确定理性的目标和期望。过高的目标和期望常使人感到无法实现的威胁,而且目标不能实现的结果又会危及教师的尊重需要,成为教师职业压力的一个重要来源。通过对现状的客观评估,确定一个稍高于实际水平的目标,只有通过努力才能够使目标实现;目标的水平也不要过高,只要通过努力就能使目标实现。

(3) 进行理性归因。教师在反思时都会对行为结果进行原因分析。不同的归因会使教师产生不同的心理感受,并影响其压力的感觉。理性归因包括:第一,对行为结果进行客观的分析,尊重客观事实;第二,多进行可控因素的归因,如付出的努力;第三,把成功的结果多归因于能力,有助于提高信心。

(4) 善于识别非理性信念。非理性信念是对事实的歪曲或误解,常常是过分夸大压力事件及其导致的不良结果的重要原因。学会识别常见的非理性信念有助于合理信念的建立。非理性信念有三个典型特征:①绝对化要求,是指个体从自己的意愿出发,对某一事物所持有的"必定怎样"的信念,常常与"应该"、"必须"、"绝对不能"等强制性词语连在一起。②过分概括化,是指个体对自己或他人所作的以偏概全的认识和评价,常常与"总是"、"经常"、"都"等概括性的词语连在一起。③糟糕至极,是指过分夸大不如意事情的可怕结果,常常有"我全完了"、"我无法再活下去"等念头。教师可根据非理性信念的特征找出自己有哪些非理性信念,通过与非理性信念进行质辩建立理性信念。

2. 提高压弹能力

压弹能力是指个体面对压力不被压垮的能力,包括对压力的正面评估(positive appraisal)及有效应对(effective coping)两种能力。前者指个人对压力状况的积极、乐观、自我强化的认知,后者指个人对要求的有效满足或问题解决。面对同样强度的压力,具有不同压弹能力的教师的压力反应是有很大差异的。

压弹是"压"与"弹"的完美结合。面对职业压力时,教师既需要有耐压力,也需要有排压力。耐压力会使人勇于承受各种压力,不因一时的困境而丧失斗志,放弃对自我的信念;排压力则使人善于化解各种压力,化险为夷,转危为安。教师的压弹能力有四种类型:高承受高反弹的乐观进取型,低承受高反弹的烦躁勇进型,高承受低反弹的逆来顺受型和低承受低反弹的自我挫败型。乐观进取型教师压弹能力是最强的。教师可以通过调整心态、历练意志、勤于思考、寻求社会支持等方法提高自己的压弹能力。

3. 主动寻求社会支持

社会支持是指个体社会性发展所依托的各种社会关系给予个体的心理和物理的支持。良好的社会支持系统是教师应对压力的重要资源,它不仅可以帮助个体降低对职业压力事件或情境的伤害性评估,为其解决问题提供人力或物力上的帮助,而且还能为个体提供情感上的支持,帮助个体消除或降低因压力产生的消极影响。教师要善于营造良好的人际关系氛围,面对压力时要主动与家庭成员、同事、朋友等进行沟通,寻求帮助和支持。尤其要建立良好的师生关系,因为教师与学生的接触最多,且多数问题都与学生有关,一旦得到了学生的理解和支持,教师的消极情绪就会得到消解。当自己不能使消极情绪得到有效排解时,教师要善于寻求专业的心理帮助,如求助于心理咨询师或心理咨询机构等。

4. 科学管理时间

守时的职业特点是造成教师职业压力的一个重要因素,而时间是不可再生的稀有资源,如果教师学会了科学管理时间,就会使其职业压力得以减轻。教师要善于在观念上厘清事情的轻重缓急,然后再对事情分门别类,按计划处理。

教师可从以下方面做出努力,对自己的时间进行科学管理:①考察自己时间管理的特点;②将每件工作依重要性和紧迫性排序;③要有效计划和安排时间;④改正自己的做事偏好;⑤提高做事的效率;⑥学会积零成整;⑦学会合理拒绝。

5. 掌握缓解压力的方法

通过调整自己的身心状态可使压力得到缓解。常用的方法有以下几种:

(1) 身心放松法。通过对身体各部分主要肌肉的系统放松练习,抑制伴随紧张而产生的生理反应,从而缓解心理上的压力和紧张焦虑情绪。常用的放松方法有:深呼吸;肌肉放松;冥想放松。

(2) 想象调节法。在想象中对现实生活中的压力事件及其预期结果进行预演,在想象的情境中放松自己、从容应对,并使之迁移到现实的情境中。

(3) 积极暗示法。心理学研究表明,暗示对人的心理活动和行为具有显著影响。暗示可以是积极的,也可以是消极的。教师在压力情境下更容易对自己进行消极的心理暗示,使压力加强。如果教师学会了对自己进行积极心理暗示的话,如"我以前做得不错,这一次也没有问题"、"再糟糕也不过是……没有关系"、"我能行,相信自己"等,就会使压力得以缓解。

(三) 教师职业倦怠与对策

1. 教师职业倦怠的含义

教师职业倦怠是指教师不能顺利应对工作压力时所处的情绪、态度和行为的衰竭状态。具体表现为情绪衰竭、去个性化及个人成就感丧失等。情绪衰竭是倦怠的代表性指标,其特征是缺乏活力,有一种情绪资源耗尽的感觉。去个性化指的是个人在群体压力或群体意识影响下,会导致自我导向功能的削弱或责任感的丧失,产生一些个人单独活动时不会出现的行为。个人成就感丧失是指自我效能感降低,以及倾向于对自己作出消极评价,尤其是在工作方面,觉得自己没有能力履行教师的职责,感觉无助,对自己的工作满意度也随之降低。

经受着职业倦怠的教师通常在以下方面表现出一定的症状:

(1) 生理方面。具有职业倦怠的教师在生理上会表现出一种慢性衰竭,如深度疲劳、睡眠障碍、食欲异常(厌食或贪食)、胸闷、内分泌紊乱、免疫力降低等,甚至还会出现更为严重的肠胃问题和高血压等。

(2) 心理方面。在智力上,教师注意的范围缩小,且不能有效地集中在某一特定事物上,观察力、记忆力下降,思维反应迟钝,想象力贫乏。在情感方面,对工作失去兴趣,害怕或者故意避免参与竞争,没有竞争热情,对学校或学生有强烈排斥感、厌倦感甚至恐惧感,情绪波动大,经常感觉抑郁、焦虑和烦恼等。在意志方面,畏难而退,行为的目的性、独立性及自制力降低,有时甚至疏于自我管理。

(3) 行为方面。职业倦怠的身心症状都会在一定程度上反映到行为方面,常出现职业退缩行为。第一,对工作敷衍了事,得过且过,更不愿意参加工作以外的任何活动。第二,以玩世不恭或抱怨的态度评价环境,藐视行政管理,藐视教育和学校等。第三,不愿与人交往,或以苛刻的态度待人,嘲笑同事、学生及其家长,对家庭成员无故发火等,导致人际关系危机重重。第四,倾向于对自己进行负性评价,自我贬损,甚至产生自虐行为。

资料窗　　　　　　　　　　　**测试你的倦怠**

认真阅读下列问题,请您根据自己的符合程度计分。"从未如此"记1分,"很少如此"记2分,"说不清楚"记3分,"有时如此"记4分,"总是如此"记5分。

1. 对工作感觉到有挫折感。
2. 觉得自己不被理解。
3. 我的工作让我情绪疲惫。
4. 我觉得我高度努力工作。
5. 面对工作时,有力不从心的感觉。
6. 工作时感到心灰意冷。
7. 觉得自己推行工作的方式不恰当。
8. 想暂时休息一阵子或另调其他职务。
9. 只要努力就能得到好的结果。
10. 我能肯定这份工作的价值。
11. 认为这是一份相当有意义的工作。
12. 我可以由工作中获得心理上的满足。
13. 我有自己的工作目标和理想。
14. 我在工作时精力充沛。
15. 我乐于学习新知。
16. 我能够冷静地处理情绪上的问题。
17. 从事这份工作后,我觉得对人变得更冷淡。
18. 对某些同事所发生的事我并不关心。
19. 同事将他们遭遇到的问题归咎于我。
20. 我担心这份工作会使我逐渐失去耐性。
21. 面对民众时,会带给我很大的压力。
22. 常盼望有假期,可以不用上班。

说明:该问卷包括三个分量表:情绪衰竭(1~8)、低个人成就感(9~16)、非人性化(17~22),其中9~16为反向题。A、B、C、D、E分别记1、2、3、4、5分,反向题相反计分,求出每一分量表的平均分,即代表这一分量表的程度。

---

2. 教师职业倦怠产生的原因

影响教师产生职业倦怠的因素是多方面的,既与社会大环境下的教师职业特点有关,也与学校环境及教师的人格特征相联系。

(1) 教师的职业特点。首先,教师是社会文明的传递者,社会对教师的期望较高,但与其他行业相比,教师的社会地位及物质生活水平较低,易造成教师的认知不平衡,使其对教师职业失去热情,甚至可能产生离开教师岗位的念头。其次,教师工作本身的长期性、复杂性、重复性和负荷大等特点,使教师面临着重重压力。知识的不断更新、学生问题的日益复杂、教育教学改革要求的提高等决定了教师是一个高投入、高奉献的职业,极易使教师的心理能量消耗过多,出现情绪耗竭。最后,角色冲突导致教师的角色负荷过大。教师本身是一种多角色的职业,角色主体同时承担着师长、朋友、管理者等多种角色,在家庭和社会等环境中教师承担着子女、父母、伴侣等角色。教师要随环境的变化频繁地在多重角色间进行转换,一旦转换不力,即产生角色冲突,影响行为效果。

(2) 学校环境。学校的教学情境、人际关系状态及组织氛围等对教师产生职业倦怠有着直接的影响。在具体的教学情景中,管理学生的困难、师生关系的紧张、学校评价体系的不健全等,都会增加教师工作的负荷。虽然教师的劳动方式以个体为主,但学生的成长体现出的是所有科任老师及整个教育环境协同作用的结果,教师一旦不能有效协调各影响因素,不仅会置自己于紧张的人际关系结点上,而且还会因学生的成长不力使自己产生一种挫败感。学校的不良风气、僵化的办学理念、学校领导缺乏人文关怀的管理风格等组织氛围也会使教师产生一种无力感,继而导致职业倦怠。

(3) 教师的人格特征。许多研究表明,高自尊的教师易于缓解职业倦怠,具有外控倾向的教师易于产生职业倦怠,低教学效能感教师的职业倦怠程度较高,A型人格教师的职业倦怠发生率偏高。

3. 教师职业倦怠的干预策略

教师的职业倦怠直接影响教育教学效果,损害身心健康,使教师处于人际关系紧张的处境,并最终导致教师队伍的高流失率,严重影响教师队伍的稳定。对教师职业倦怠的干预有两种途径:内部干预和外部干预。

(1) 内部干预。内部干预是通过改变教师自身的某些人格特点,提高教师的自我效能感、自尊、应对压力的能力和技巧,改变归因方式等,以增强适应教师职业的能力。内部干预的方法主要有改变认知、放松身心、有效管理时间和压力、提高社会认知能力和社交技巧等。

(2) 外部干预。外部干预是指对教师个体以外的工作情境的改造和改善。主要包括:发挥政府的宏观调控和政策导向作用,提高教师的社会地位和工资待遇,为教师创造一个宽松的舆论环境;减少教师过度的工作时间和工作负荷,更多地采纳教师对学校管理的合理化建议,力争客观公正地评定教师的工作业绩,及时为教师提供相关的培训和信息等,为教师创造一个良好的学校氛围。

职业倦怠在很大程度上是由教师的职业特点和组织因素决定的,所以最有效的干预是把外部干预与内部干预有机地结合起来。

二、常见的教师心理健康问题

(一) 教师心理健康问题的概念

心理健康问题是心理健康的相对概念。当教师的心理状态与心理健康标准中描述的内容不相符合,并达到一定程度时,即为教师的心理健康问题。同时将具有心理健康问题的教师称为问题教师。

教师的心理健康问题可分为三个等级:不良状态、心理障碍和心理疾病。

1. 不良状态

不良状态又称第三状态,是介于健康状态与疾病状态之间的状态,是正常教师群中常见的一种亚健康状态。它是由教师个人的心理素质、生活事件、身体不良状况等因素引起的,具有时间短、损害轻、能自控等特点。"很累"、"没劲"、"不高兴"、"应付"是处在此状态下的教师常说的词汇。

2. 心理障碍

心理障碍是指教师心理状态的某一方面(或几方面)发展的超前、停滞、延迟、退缩或偏离。该状态具有如下特点:①不协调性。其心理活动的外在表现与其生理年龄不相称或反应方式与正常教师不同。如表现出幼稚状态、对外界刺激的反应方式异常等。②针对性。处于此状态的教师常常对障碍对象(如敏感的事、物及环境等)有强烈的心理反应,而对非障碍对象则表现正常。③损害较大。此状态对教师的教育教学活动影响较大,它可能使当事人不能按正常教师那样完成某项工作。④需求助于心理医生。处于此状态的大部分教师不能通过自我调整和非专业人员的帮助而解决根本问题,心理医生的指导是必需的。

3. 心理疾病

心理疾病是指由于教师个人及外界因素所引起的大脑功能紊乱而导致的心理与行为的异常反应,并伴有明显的躯体不适感。其特点是:①强烈而异常的心理反应;②明显的躯体不适感;③损害大;④需心理医生的治疗。此状态之教师一般不能通过自身调整和非心理专业医生的治疗而康复。心理医生对此类患者的治疗一般采用心理治疗和药物治疗相结合的综合治疗手段。

(二) 常见的教师心理健康问题

对教师心理健康问题的研究表明,不同的问题教师表现出来的心理健康问题是不一样的。常见的教师心理健康问题有以下几种。

1. 职业的适应性问题

社会发展及教育的不断变革对处于相对封闭环境中的教师造成了较大的影响和震撼。如果教师没有很好地适应这些变化,就会产生职业的适应性问题。具体表现为:①不喜欢教育工作或现有的教育工作,缺少职业自豪感,甚至根本看不起教师职业,并为此而经常感到心理不平衡;②不愿意与学生打交道,逐渐对学生失去爱心和耐心;③遇挫时拒绝他人的帮助和建议,甚至将别人的关心视为侵犯;④自我效能感较差,自信心不足,对教学完全失去热情,甚至开始厌恶、恐惧教育工作,并试图离开教育岗位;⑤对学生和家长的期望降低。

2. 人际关系问题

由于认知的偏差,如自负、过度自卑,以及首因效应、近因效应、晕轮效应、定势效应等,使教师缺乏人际吸引力,容易主观武断,偏听偏信,误解他人,进而导致紧张的人际关系。具体表现为:沉溺于倾诉自己的不满,不听他人的劝告,攻击性行为,交往退缩,缺乏热情等。

3. 情绪问题

职业适应不良及人际关系问题都会表现为情绪问题。情绪问题主要表现为性情急躁、反应过敏、容易冲动、不善控制或过于冷漠等。如持续的忧虑和高度的警觉、预期焦虑、抑郁等。严重者可导致心因性的生理症状，如失眠、食欲不振、咽喉肿痛、腰部酸痛、恶心、心动过速、呼吸困难、头痛、眩晕等。

4. 人格障碍

人格障碍是指个体的人格明显偏离正常，与周围环境不相适应。教师中经常出现的是偏执型人格障碍和强迫型人格障碍。

5. 神经症

神经症又称神经官能症，是一组非精神病性的功能性障碍，具有精神和躯体两方面的症状。教师中较常见的神经症有焦虑症、抑郁症、恐惧症、强迫症等。

三、教师心理健康的维护

教师之所以成为问题教师，其原因是包括来自个人生活与专业生活两方面的压力，而这两方面的压力又往往会发生连锁性的反应。再加上教师自身不能从工作中获得成就感的满足，又不能与同事之间建立良好的人际关系，其问题之严重性也就必然与日俱增。因此，预防心理健康问题的关键在于尽量减少教师的各种心理压力，帮助教师提高自己的心理承受能力以适应环境，并为教师提供必要的专业帮助。

（一）社会方面

第一，弘扬我国传统的尊师重道的精神，努力提高教师的社会地位，以减轻少数教师目前所存在的自卑心理。第二，在舆论上不要对老师有过多过分苛刻的要求。第三，社区应广设托儿所、幼儿园及敬老院等，以解决许多教师的后顾之忧。第四，在社区建立必要的社会支持系统，以增强教师的社会责任感、力量感和安全感。

（二）教育行政方面

第一，教育行政部门应该通过制定各种政策，提高教师的社会地位，形成尊师重教的社会风气。第二，教育行政决策主管部门应加强师范教育，培养身心健康的老师。第三，教育行政部门要以自己的实际行动率先尊师。第四，提高教育行政人员的素质，使其在观念上真正认识并重视教师在发挥教育功能上的重要作用。

（三）学校方面

学校环境是教师身在其中的微观环境，学校方面的很多因素直接影响着教师的心理健康状况，因此，要切实而有效地提高教师的心理健康水平，还必须做好学校方面的工作。第一，适度提高教师之待遇，使其不至于因不能维持日常生活而不安，进而防止其另兼他职或其他副业，影响教学工作。第二，学校行政领导要尊重教师的学术地位，服务于教师；要尽可能地减少教师的课业和行政负担，使其有较多的休闲和进修时间，调剂其紧张的生活。第三，制定公平的奖惩制度，完善教师进修制度等。第四，加强教师的心理健康教育，帮助新进教师解决所遭遇的困扰和问题，使其更好、更快地适应，并寻找机会组织、鼓励教师多参与有益身心的活动。

(四) 教师个人方面

第一,要保持身体健康,因为健康的心理寓于健康的体魄。第二,树立正确的教育观念,善于缓解工作压力。第三,善待挫折和冲突。首先,在认知上要正确地看待挫折和冲突。其次,要对挫折和冲突进行冷静的分析和思考。一方面,要分析导致挫折和冲突的原因,针对原因或加以补救,或以免重蹈覆辙;另一方面,要分析其可能导致的结果。最后,在分析的基础上,采取补救或改进的措施,及时地从挫折和冲突中走出来。第四,掌握自我心理调节的方法和措施:①合理宣泄;②升华;③转移,即把注意力从导致消极情绪的事物转向其他事物,以淡化或忘记那些令人不快的情绪反应;④移情(换位思考);⑤自我安慰;⑥自我对话。

复习思考题

1. 结合实际说明教师职业角色的含义和特点。
2. 教师的职业心理品质有哪些?
3. 教师的威信是如何形成的?如何维护和提高教师的威信?
4. 举例说明师爱的心理功能。
5. 试述如何促进新手型教师更快地成长为专家型教师。
6. 联系实际为自己制定一个短期的教师职业生涯规划方案。
7. 如何对压力进行自我管理?
8. 试分析教师职业倦怠产生的原因及如何对教师的职业倦怠进行干预。
9. 结合实际归纳教师常见的心理健康问题,并思考解决这些问题的有效途径。

参考文献

郭瞻予.2005.教师心理健康与自我调适.西安:陕西师范大学出版社
胡卫平,马玉玺,焦丽英,等.2010.教育理论与实践,4:57～60
贾晓波.2001.心理健康教育与教师心理素质.北京:中国和平出版社
教育部师范教育司.2001.教师专业化的理论与实践.北京:人民教育出版社
林格伦.1983.课堂教育心理学.昆明:云南人民出版社
刘儒德.2005.教育中的心理效应.上海:华东师范大学出版社
卢梭.1978.爱弥儿.上海:商务印书馆
庞丽娟.2001.教师与儿童发展.北京:北京师范大学出版社
彭驾.1990.教师的心理卫生.台北:五南图书出版公司
申继亮.2006.教师人力资源开发与管理.北京:北京师范大学出版社
申继亮.2006.教学反思与行动研究.北京:北京师范大学出版社
申继亮.2006.师德心语.北京:北京师范大学出版社
申继亮.2006.新世纪教师角色重塑.北京:北京师范大学出版社
苏霍姆林斯基.1983.帕夫雷什中学.北京:教育科学出版社
王以仁.1999.教师心理卫生.北京:中国轻工业出版社
叶澜,白益民,陶志琼.2001.教师角色与教师发展新探.北京:教育科学出版社
殷朝琴.2004.我们决定着学生的成长.人民教育,5:23
余文森,莲蓉.2007.教师专业发展.福州:福建教育出版社